图解

金融学
一本通

张卉妍⊙编著

中国华侨出版社
北京

图书在版编目（CIP）数据

图解金融学一本通 / 张卉妍编著 . — 北京 : 中国
华侨出版社 , 2017.6（2020.1 重印）

ISBN 978-7-5113-6858-4

Ⅰ . ①图… Ⅱ . ①张… Ⅲ . ①金融学－图解 Ⅳ .
① F830-64

中国版本图书馆 CIP 数据核字（2017）第 129716 号

图解金融学一本通

编　　著：	张卉妍
责任编辑：	晴　裳
封面设计：	李艾红
文字编辑：	胡宝林
美术编辑：	吴秀侠
插图绘制：	圣德文化
经　　销：	新华书店
开　　本：	720mm×1020mm　1/16　印张：26.5　字数：550 千字
印　　刷：	北京市松源印刷有限公司
版　　次：	2017 年 9 月第 1 版　2020 年 1 月第 2 次印刷
书　　号：	ISBN 978-7-5113-6858-4
定　　价：	68.00 元

中国华侨出版社　北京市朝阳区西坝河东里 77 号楼底商 5 号　邮编：100028
法律顾问：陈鹰律师事务所
发 行 部：（010）58815874　　传　　真：（010）58815857
网　　址：www.oveaschin.com　　E-mail：oveaschin@sina.com

如果发现印装质量问题，影响阅读，请与印刷厂联系调换。

前言

　　当今社会，除非你的生活能够远离金钱，否则，不管你是否喜欢，人人都需要关注金融，不仅要关注国内的，还要关注国际的。这些年来，全球经济已经一体化，可谓大家都生活在一个地球村，任何地方发生的财经事件，都有可能间接或直接影响到你的切身利益。说白了，金融的变化将直接关系到你我钱包的大小。于是，有关普通百姓如何应对通货膨胀，货币、金融问题的根本，以及美元贬值策略、中国企业转型迫在眉睫、人民币走向国际等系列话题，都成了街头巷尾的谈资。

　　法国哲学家狄德罗说，人们谈论最多的事情，往往是最不熟悉的事情。金融也许就是这样。它不仅在历史的长河中主宰着各国的兴衰变迁，同时也在现实生活中与我们如影随形。可以说，我们的生活时刻被金融学的影子所萦绕，日常生活的点点滴滴都与金融学有着或远或近的关系，每一件小事背后其实都有一定的金融学规律和法则可循，我们的生活已经离不开金融学。这是一个金融的世界，人人难以置身其外。金融与我们每个人一生的幸福息息相关，与一个国家强弱盛衰的运势息息相关。经济全球化是历史发展的必然趋势，中国无法置身于外。我们只有参与到全球产业链的竞争与合作中去，才能分享全球化带来的好处。我们既要参与国际游戏、享受全球化带来的好处，又要注意防范国际游戏的风险和陷阱。这就要求我们必须熟悉和掌握国际游戏的规则。毋庸置疑，历史上任何一个国家的兴衰变迁，都离不开金融的力量，一切国际大事件的背后都蕴含着这样一个真理——金融在改变国家的命运。

　　人类已经进入金融时代、金融社会，金融无处不在并已形成一个庞大体系，金融学涉及的范畴、分支和内容非常广，如货币、证券、银行、保险、资本市场、衍生证券、投资理财、各种基金（私募、公募）、国际收支、财政管理、贸易金融、地产金融、外汇管理、风险管理等。金融学尽管主宰着大国的命运，渗透到我们生活当中的方方面面，但因为其专业性、学术性较强，并且需要精深的数学工具才能深悟其运行机理，所以一般读者很难剥去金融学复杂的表象。当面对众多复杂的金融变量和令人眩晕的金融数据时，很多人只好选择逃避。于是金融学往往被束之高阁。

知识只有普及到大众，才能显示出其持久的生命力。如何把博大精深、抽象难懂的金融学知识转化为通俗易懂的语言，如何让它从高深的学术殿堂上走下来，步入寻常百姓家，已成为人们期待解决的问题。

为了帮助广大普通读者轻松、愉快、高效地了解金融学知识，我们特精心编写了这本金融学通俗读物——《图解金融学一本通》，本书系统地讲述了金融学的基本理论知识及其在现实社会生活中的应用，以浅显的语言普及经济学常识，以轻松的笔墨回答金融学问题。书中没有艰深晦涩的专业术语，而是以金融学的基本结构作为骨架，以生活中的鲜活事例为血肉将金融学内在的深刻原理与奥妙之处娓娓道来，让读者在快乐和享受中，迅速了解金融学的全貌。并学会用金融学的视角和思维观察、剖析种种金融现象，读懂国际热点事件背后蕴藏的金融原理。书中将金融学中最生动的一面呈现在读者面前。通过回顾金融的演化历史，以通俗易懂的语言为读者解释金融专业术语和金融原理在现实生活中的应用，并通过历史上金融家的故事，让读者身临其境地去感受金融学的魅力，这是我们的编写宗旨。希望读者在阅读之后可以有所启发，在大的金融背景下，运用所学指导自己的行为，解决生活中的各种难题，从而更快地走向成功。读过本书，你会发现，金融学一点也不枯燥难懂，而是如此贴近生活，如此有趣，同时又是如此实用。

目录

入门篇　开启金融之门

基础篇 走近金融的世界

操作篇　打理金融生活

历史篇 解读金融的历史

热点篇 与金融大事面对面

入门篇
开启金融之门

第一章

我们生活在富饶的"金融时代"
——什么是金融学

推开金碧辉煌的金融学殿堂的大门

人人都喜欢的东西是什么？人民币？对，但狭隘了。钱？对，虽然感觉有点俗，但至少没有人是排斥钱的吧？既然大家都喜欢钱，那务必要了解一下金融学，因为金融学研究的就是关于金钱的问题，货币就是它的研究对象。更重要的是，当你推开金融学的大门，你会发现，金融无处不在。在这里，你不仅能接触到银行存款和银行贷款，还能知道物价上涨会对利率产生影响，不仅能懂得利用基金、股票来理财投资，还知道外汇期货也是好的金融工具；在这里，你不仅能从美国金融中心华尔街漫步到香港，还能从北京金融大街畅游到上海陆家嘴金融中心；在这里，你不仅能欣赏庄严古朴的建筑，还能欣赏神奇的以钱生钱术，甚至还有金融操纵控制政治的强大力量。

随着社会经济的不断进步与发展，金融投资活动越来越多地被人所认识并接受，成为平常百姓家的一个常见的话题，金融学早已走下学术的"神坛"，进入了寻常百姓家。

改革开放以前，由于人们日常生活中很难接触或用到金融投资方面的知识，并且与西方发达国家的交流很少，所以，在绝大部分人的观念中，金融学与金融投资是一项必须通过专业知识的学习与训练才能掌握的高深学问或技巧，而一般人也很难有专业的学习与训练机会。但是，改革开放以来，随着社会经济的发展，大量西方发达国家的金融知识或金融产品被引入，同时普通民众接触到越来越多的关于金融的实际问题。伴随着金融业的发展、老百姓日常理财和投资需要的增加，特别是网络这一全方位学习媒介的普及，越来越多的人通过学习理论知识、亲身参与金融理财实践，加深了对金融学认识的广度和深度，而这些金融学知识也往往成为他们获取更多财富的重要路径。

以前，企业经济和金融甚至都可以分开，联系还不是那么紧密；而现在，全球经济紧紧地绑在一起，企业经济和金融也无法分开，更重要的是，金融已经和每个人绑在一起了，金融和实体经济相互影响和渗透，跟人们的生活密切相关。

　　所以无论是生活还是经营，在现在这个社会里，都已经离不开金融了。金融学并不是庄严神圣的人民大会堂，普通人不可以随便进出，它就像是一个项目丰富而又幽深的公园，谁都可以进，但是对于你怎么利用它，还得看个人的知识和功力了。有些人走错道，可能走进了可怕的鬼屋，被吓得病一场；有些人好好研究了，可能就走出了正确道路，不仅有美丽的风景，也许还有很多美味诱人的果实。

融入到生活中的金融学

储蓄　　股票　　外汇　　债券　　保险

　　随着社会的发展、时代的进步，金融学已不再"神秘""高深"，已经渗透到我们生活的各个方面。

越来越多的财富是金融活动创造的

财富是怎么创造出来的？我们说，有投入才有产出，产出就是财富。所有的产业都一样，包括农业、工业和服务业，都是以创造财富为目的的。在早期的农业社会，财富是粮食，是农作物；在工业社会，财富就是产品，生产出多少产品就是创造了多少财富；在现在服务业发达的今天，财富的创造逐渐从农业和制造业转移到服务业上，而服务业里面，创造财富最多的，莫过于金融业了。

财富被产生出来的标志就是用少量成本或者不用成本创造出更多价值来。这种所谓不花成本的东西，我们称之为生产要素，主要包括自然资源、劳动力以及资本。资本呢，有些场合可以俗称钱。那么很显然，用钱生钱似乎比用其他两种要素生钱效率更高，这就是金融业的作用。

那么，金融是怎么创造财富的呢？我们都知道，同样是钱，同样是财富，在不同的时间和不同的地点，它们带来的效益是不一样的。举个例子说，同样100块钱，对于一个富人来说可能毫不在意，随手丢了毫不放在心上；但是对一个穷人来说，100块钱很有用，也许可以为孩子买一罐奶粉，也许正好给年迈的父母买上一盒急用药，也许是家里好几天的买菜钱。这就是资金的效用不同。另外，相同的钱用在不同的地方带来的收益也完全不同。比如还是100块钱，有些人可能拿来买吃的，被消费掉了；而有些人则有可能拿来投资，放到股市里从而赚来更多的钱。那么金融就有这么一个作用，在没有金融的时候，人们钱多了只能储藏起来，而有金融系统以后，人们钱多了则有很多选择，可以放在银行里拿利息；可以放到证券市场上去投资，等待股息分红；可以购买保险、国债等。这些活动有一个共同的地方，就是有闲钱的人把暂时闲置的资金拿出来，同时还有一定的收益可能；而另外一些资金可能不足但是有大好商机的人就可以先利用这一笔钱去赚钱，给提供资金的人一些回报就行。当然，金融是有风险的，这个风险则是每个人都需要承担的。但是与风险相对应的就是收益，金融创造出的巨大财富吸引广大资金闲置者将剩余资金放到金融市场里，以便为自己创造更多的财富。

作为老牌的欧美强国英国，资产阶级革命以后，随着资本市场的逐渐发展，股票和债券市场也随之建立起来。英国政府借助债券市场的力量，以较低的利率筹集到大量资金，不仅满足了各项经费开支，还利用这些资金建立起了一支强大的军队。英国在股票市场上也很有作为，英国的企业在股票市场上筹集到企业运营所必需的资金，同时所有的股东都根据投资额度而享有相应的有限责任，因此许多投资者都能够积极参与到企业的发展中去，全心为企业的发展着想。

美国的金融市场更不必说，几乎可以这么说，美国的崛起与金融是密不可分的。美国的独立战争以及南北战争，也欠下很多的战争债务。在独立战争之后，面对各种债务，财政部长汉密尔顿很轻松地化解了这些难题，其途径其实特别简单，就是发行了三只新债，并且进行债务重组，除了化解债务危机之外，还为华尔街的兴起奠定了坚实基础。

华尔街所创造的财富自然不必在这里强调，几乎大部分资本都会跑到华尔街。这充分证实金融对财富创造的一个巨大贡献。另外，几乎人尽皆知的一个人物——"股神"巴菲特，他近600亿美元的资产几乎都是通过股市这一金融活动所赚来的。再近一点，说我们的上海陆家嘴金融中心，那里林立的高楼中没有工厂，也不生产任何我们能看得见、摸得着的产品，但那些写字楼里坐着的，都是收入远远高于普通白领的有钱人。这些有钱人都是金融创造出来的，金融不只创造了巴菲特一个，

财富引擎——金融业

未来金融业将会是创造财富的主要动力。

钱生钱 100

>> 金融业，"钱生钱"的行业

股票分析师

>> 金融业兴起，增加更多就业岗位

我买的股票又赚了！

>> 懂得金融，学会理财，增加财富

财富引擎——金融业

而是创造了千千万万拥有很多资产的人。

从个人来说，重要的就是个人理财。时间往前倒退二三十年，大部分人说起理财恐怕只有一个途径：存钱。而现在，很多人都知道投资理财有多种途径，鸡蛋不能放在一个篮子里。我们除了要规避投资风险，同样要注意储蓄的收益可能被通胀抵消，所以很多人会进行股票、债券、保险、国债、基金以及不同期存款搭配选择来进行资产的保值增值。这种选择很显然，全是在金融系统里运作。

所以说，如今的生活中，越来越多的财富是被金融创造出来的，金融在经济生活中的作用也越来越重要，我们每个人都应当越来越重视金融的作用，要更加深入地去了解和学习金融知识。当然，国家也必须加快金融制度建设，加快法制建设以促进金融的发展。

为什么钱多了并没有感到富有

"钱多起来了"，这句话用来形容中国确实一点也不过分。首先国家很富有，我们的外汇储备很丰富；从人们的个人财富上来说，也确实多了起来，农民们盖起小洋楼，电灯电话不用说，家用电器全齐了，虽然消费习惯和设施选择等方面的差异还是很大，但室内设施其实已经跟城里并没太大差别了。至少，同 10 年前相比，生活水平是大大提高了，同 30 年前比，那改变更是天翻地覆。但是，如今人们的幸福感，也许还不如 30 年前呢。

为什么钱多了许多人并不感到富有？

陈志武教授说过这么一段话：以前基于亲情和友情从而实现的互助互惠的经济活动，如今已经是市场化、经济化的东西了，全部都渗透了隐性的金融交易。而现实里显性金融服务，如保险、养老、信贷以及其他投资产品又无法跟上，保障不够健全，那么中国人在钱多起来的同时，可能仍旧很不安，甚至更加不安。就像我们古有养儿防老的说法，而现在老子不要养儿子已经很好了，生活压力似乎远超过我们的收入，即使今天能过着富有的生活，但人们对未来总是惴惴不安。这会导致人们的一个储蓄偏好，消费跟不上收入水平，因而会导致内需不足，无法增长，总体的经济增长仍然需要大量依靠外需来拉动，而国人的幸福感也无法提升。

所以，虽然人们富起来了，但是金融工具没跟上。

中华民族是古老勤劳的民族，勤劳一直都是美德，但是中国人历来勤劳却不够富有。因为我们缺少金融工具，没有丰富的产业资本和生产资金。改革开放之初，我们没有资金，无法解决发展中资金的问题，因此要广引外资，借助外资的力量和技术来带动我们自身经济的发展。随着改革开放的深入，我们资金也引来了，技术也引来了，制度也开始效仿和创新了，各方面都发展起来了，但是金融的创新还没跟上。

另外，随着经济每年稳步增长，经济增长率在世界也是备受瞩目，人们财富增加的同时消费水平也逐渐提高，很平常的日常活动也需要大量金钱的支持，收入多了，支出也多了，于是总体上人们就感觉不到财富增加了多少。另外，一个很重要的因素，通货膨胀一直伴随着人们的生活，通胀预期从来就没有减少，甚至日趋加深。人们

为什么钱多了却并不感到富有

>> 财富是增加了，但支出也多了，因此感觉不到财富的增加。

>> 通货膨胀，收入水平赶不上消费水平。

>> 储蓄也不"安全"了，以前储蓄会增加财富，现在却面临贬值的风险。

>> 供房子……一年买房子，一生做房奴，被房贷套住。

的财富因通胀抵消的程度很大，甚至导致了人们不敢消费又不敢储蓄的双重困境。一方面，因未来一个不确定性以及防范风险和意外的需要导致不敢消费；另一方面，储蓄所得收益甚至都比不上通胀率，钱放在银行里不仅没有增值，反而保值都困难，大量储蓄面临贬值的风险。

现在的保障体系还不完善，城市居民可以享受到比较健全的保险，农村居民的保险还有很多不健全的地方。经济活动的广泛导致生活环境质量日益下降，一些百姓最关心最重要的问题仍然不能够很好地解决，所以，即使人们睡觉的时候手中还捏着钱，做的梦也许还是不安稳的，更提不上幸福感。

所以有些时候，所谓"富二代""官二代"这些字眼特别醒目，并不是民众有仇富心理而放大这些字眼，而是人们的幸福指数真的不够高。

在幸福感里面，一个很突出的问题就是房子的问题。在中国的文化里，本身就有一种置业文化，就类似于有房才有家的感觉。没有房子，即使结婚生子，却仍让人感觉浮萍无根，内心始终不觉得安定和充实，总有那么一种空虚感存在。因此，不管怎样，每个人几乎都有这么一个目标：要为房子而奋斗。即使是老年人，也许也还要为下一代操心，为儿女的房子付上首付才算完事。这反映了一个现实：除了房子这个本身不动产不可流通之外，人们的消费力度更加下降，流通性更加减弱，因此更加阻碍了经济的增长。

我们再想一想，为什么我们总感觉美国人有钱？为什么他们很乐意全世界到处去旅游？为什么他们敢于赚多少钱花多少钱，花没了再去赚？这一方面是观念上的差异，东西方消费观确实存在很大的不同；另外一个就是西方国家保障比较好，而我们则还有相当的差距。还有一个重要的原因，就是美国金融系统发达，相对来说，中国金融则没那么发达，这是我们经济和制度需要努力发展和创新的方面之一。

金融治国，政府有钱不如民间富有

人们常说"国富民强"，这也一直是国家和人民所追求的。可是藏富于国和藏富于民是一回事吗？会带来一样的结果吗？为什么负债累累的政府国民过得比较幸福，经济制度比较健全，能真正酝酿出民主、自由，发展科学，达到全面繁荣？而有巨额财富，拥有强大外汇储备，是别国政府大债主的政府反而不能带给国民幸福，甚至发展不够健全，各种问题层出不穷？为什么不是富有者更加具有民主法制？为什么不是有钱了才更能办事？

回想历史，国富民安的朝代多采取休养生息、轻徭薄赋的政策，这也是儒家思想治国的核心之一。但是今天，"国富"和"民富"不是一回事了吗？国家富起来难道不等于国民富起来？人民富裕了对国家影响到底如何？

国富，就是财富都集中于国家。比如商鞅时期，鼓励农业生产，但是必须"家不积粟"，农民需要努力耕地种粮食，但是收成必须上交国家，不许自己私藏。出于商鞅的考虑，也许富有的人不好管理，他们有实力可以和政府对抗，而贫穷的百姓则好管理得多，他们能解决温饱即可。可是再想一想，多少农民起义不是因为赋税严重，苛捐严税？

民富，则是指财富归百姓所有，藏富于民。这种结果多因为国家轻赋税重发展

👆 什么是拉弗曲线

阿瑟·拉弗，美国经济学家，南加州大学教授，供应学派代表人物。拉弗以其"拉弗曲线"而著称于世，作为里根总统的经济顾问，为里根政府推行减税政策出谋划策。

一般情况下，税率越高，政府的税收就越多；但税率的提高超过一定的限度时，企业的经营成本提高，投资减少，收入减少，即税基减小，反而导致政府的税收减少，描绘这种税收与税率关系的曲线叫作拉弗曲线。

当税率为100%时，货币经济中的全部生产都停止了。税率从0~100%，税收总额从零回归到零。"拉弗曲线"必然有一个转折点，即图中的A点。

转折点

税率在0~A之间，政府的税收随税率的升高而增加。

税率在A~100%之间时，政府的税收随税率的升高而减少。

而致。试想，国家如果不大力发展生产，财富就无法生成。而百姓即使有大量财富，如果都被征收税赋，则依然没有财富可言。

到底藏富于国有利于发展，还是藏富于民有利于发展呢？

陈志武曾举这么一个事例，有两组国家，分别是1600年时国库丰盛的国家，如印度、土耳其以及日本；另一组负债累累，比如像英国、意大利城邦、荷兰、西班牙、法国等。但是，从400年前直到19世纪、20世纪，当时负债累累的那组国家如今都成为经济发达国家，且民主法制建设都很好；而除日本明治维新之后改变命运逐步发展并进入发达国家之外，那些"腰缠万贯"的国家反而都成为发展中国家。

财富在民间和国家之间的分配与自由、民主、法制的发展有着相当微妙的关系。看似八竿子打不着的民主、自由、法制的建设与金融市场之间，其实有着依赖的关系。

拿美国来说，通过国债的价格的涨跌变化能够对具体政策与制度作出相应评价，可以反映出市场对国家的未来定价。国家需要通过国债来收集资金，则当国债价格下跌时政府就必须对法律或者政策作出调整以让公众满意。也就是说，负债累累的政府对百姓的税收很依赖，只有促进民主制约专制让百姓满意，百姓才愿意缴税。当政府有求于百姓时，他就不得不为百姓做事。政府钱不够用时自然需要金融市场的运作，到市场上去融资，为了能更好地融资，势必就要建设好民主和法治。

有一个很关键的词语：税收。通过阐述，国家依赖税收这个杠杆。那么税收应该在一个什么样的水平呢？是不是越多越好？显然不是。不收税是不行的，国家缺钱也无法发展建设，民主、自由、法治皆为空谈。但是税收超过民众的负担，劳动之后的成功全部被政府掠夺，则再也不会有人愿意劳动了，谁愿意辛辛苦苦却白白干活？所以关于税收，正如拉弗曲线所说，控制在一定的程度才能达到效益最大化，既不能不收，又不可多收。

对任何一个百姓来说，都是希望国家强大繁荣。国乃家之根本，是家和个人的强大后盾。但是，对于每一个普通百姓来说，生活是具体的，要的是公众温和友爱，善待他人，告别冷漠，看到别人需要帮助时就帮一把，自己需要帮助时有人愿意搭把手，这些都需要政府的帮助，因此没有人不愿意依法纳税。但是同样地，开门七件事，样样都要钱。国家富有之外，百姓也需要富有，这样才能够相互支撑，也才有能力负担税赋，以让国家充实国库，更好地发展。

从根本上说，国家的财富也是来源于民众的创造，是无数百姓将自己小份额的财产让渡给国家，才汇聚成国家的巨大财富。就好像一条大河，主干道充足的河水必定是由众多支流汇聚一起才得以形成强大水流的。小河里有水才能保证大河不干涸，而若大河抽干了所有小河里的水，大河离干涸的日子也不远了。

因此，可以说，民富是民主法治以及自由的基本条件。藏富于民则政府有求于民，有求于完善的金融市场，政府必定要全力建设好才能够让民众心甘情愿让渡出财富，致力于发展的政府才无余力扩张政府权力专制。

金融出问题了，对我们有什么影响

辛格夫妇都是工厂工人，如今退休在家，拿着养老金，日子闲适。一天在街上散步，听到很多人议论纷纷，说是金融危机来了，金融业许多公司倒闭，很多老板跳楼了。二老一边唏嘘，一边高兴地说：我们虽然没什么钱，但这个时候我们比那些有钱人幸福。我们不投资，不买股票，没有债券，有点积蓄存银行里，多安全啊！当初不买基金，那个卖基金的小伙子还说咱们老顽固呢！这下是我们对了吧！

辛格夫妇说得到底对不对呢？是不是金融只对从事金融活动的人有影响，对普通老百姓没影响呢？金融出问题了，到底会带来哪些后果？

我们先回顾一下历史上人尽皆知的几次金融危机。1929 年经济大崩溃，大批银行倒闭，产品大量剩余积压，资本家们把成桶的牛奶倒入河里，企业纷纷破产，工人失业是普遍的现象，每天排队等候救济粮的失业工人不计其数。1997 年东南亚金融危机，自泰国货币危机始，短短几个月内金融危机很快席卷整个东南亚，甚至波及日本、韩国等地，并且不断在向全球扩散。更近一点，2008 年美国金融危机，因次贷缘起，波及整个金融领域以致几乎引起全面的经济危机。受此影响，国内股市大跌，股民损失惨重，散户从 2007 年短暂的股市春天里获利的日子就此成为历史上的记忆。更甚，对外贸的影响至今尚未恢复，就危机爆发的头几个月里广东沿海许多出口加工型的企业都已经纷纷倒闭。这是国际性金融危机，但是也能波及国民个人，比如造成失业、股市暴跌、金融市场不稳定等。如果是国内金融出现问题，像解放前期国统区的通货膨胀，那种民不聊生的情况相信经历过的人都会永难忘记。

金融危机对我们生活的具体影响主要有以下几个层面：

第一个层面，首先是金融系统层面。既然金融出现问题，那么首先受影响的就是金融系统。基金债券公司倒闭，投行关门，金融从业者失业。比如 2008 年金融危机，让全球开始瞩目和震惊的就是雷曼兄弟破产，随后在同一天美林证券被美国银行收购，接着美国保险集团 AIG 也陷入危机，更有"两房"（房利美和房地美），让许多人艳羡的华尔街金融从业人员顷刻间纷纷失业，并且相当一段时间内还很难找到工作。除投行外，与民众联系更密切的银行也一样。如果银行倒闭，除银行工作人员失业外，市民的存款皆付之一炬，如果把全部存款都放在银行，且是同一个银行，则风险更大。现在国际金融系统联系越来越大，在开放的系统下，任何一个国家出现问题都会影响到全球金融，就好像"美国打个喷嚏，全球可能就要感冒"的说法

金融危机对人们生活的影响

金融危机对金融以及实体经济的影响会逐渐渗透对人的身心，具体来说，对人们生活的影响有：

公司倒闭：受金融危机的影响，工厂产品卖不出去，或者无法接到订单，最终成本无法收回，被迫倒闭。

失业增多：受金融危机的影响，公司倒闭，这就会造成很多从业者失去工作，失业人员增多。

当然，金融危机对人们的影响是方方面面的，但是给人最大冲击就是上述两点。

一样。

第二个层面，对实体经济的影响。金融危机的爆发会使实体经济进入低迷状态。金融为什么会影响实体呢？工人在工厂加工制造衣服、鞋子和帽子，和金融有什么关系？是的，看上去似乎有点不可思议，一个西方国家的人贷款买房的问题居然让一个在东方国家工厂里工作的工人失业了，似乎是不可能关联上的两件事，但它们就是切实联系在一起的。这个联系其实不复杂。制造的衣服鞋帽需要卖给西方人，当西方发生经济危机时，那边的工人失业，购买力低，银行倒闭或者资金紧缩，那边的企业也无法贷款，也没能力继续购买我们的衣服帽子。工厂里成品卖不出去，无法接到订单，企业无法回收成本，工人工资难以为继，并且也不再需要工人干活，于是东方的工厂里工人也失业了。从经济体内部讲，金融发生问题，企业融资势必就困难，并且有相当一部分企业本身会因在金融市场投资而失利，于是企业的生产就将萎缩，社会产出减少；大量工人失业，收入减少，购买力进一步下降，有效需求减弱，经济进一步萎靡；如果是全球性的问题，不仅国内需求减少，国际需求也逐渐减少，有效需求进一步降低，经济增长势必放缓，出现负增长也不是不可能，这时候的 GDP，很显然，增长会受到影响。

任何一次金融危机，都给经济带来了不同程度的影响，并且都会造成经济增长停滞或者放缓。严重的金融危机还会引起金融秩序的变化，很可能需要重新建立金融秩序。

所以，金融出现问题了，不仅仅会是国家经济增长和产出变化的问题，和我们每个人都息息相关。金融危机一旦发生，每一个人的日子都将变得艰难。所以国家需要建立起完善的金融系统。而个人虽无法控制大环境，但是在理财和投资方面也要注意避免将所有资产投资在一个方面，避免把鸡蛋放在同一个篮子里，否则，当发生危机时所有财产都会付水东流。

在现代社会里，金融盲无法生存

首先，我们一起来做一个关于金融素质的小测验。假设你要买台价值 1000 英镑的新电脑，打算贷款来买。你的选择如下：（a）分期付款，每月支付 100 英镑，共偿还 12 个月；（b）按 20% 的年利率贷款，也就是说一年后偿还 1200 英镑。这两种做法哪种更省钱，还是说应该选（c）"二者一样"？

金融学教授、金融扫盲中心主任安娜玛利亚·卢萨尔迪称，93% 的美国人不能答对。她还补充说，金融盲现象在国际上也很普遍。即使比这还浅显的金融问题也会难住大多数人。金融，看似高深，实则并不全然属于机构或专家行为。金融，看似抽象，实则并不超然于日常生活之上，换以"理财"表述，恰与普通民众有着切实的关联。正因如此，美国国会众议院以决议的形式规定，把每年 4 月确定为"金融普及月"，或可称作"金融扫盲月"。

目前，金融市场上形形色色的金融产品的复杂程度已大大提高，而消费者的"复杂程度"却没跟上。"知识没有跟上现实世界的发展，"卢萨尔迪说，"关键词是'脱盲'。如果你是文盲，你就没有办法在社会中生存，如今，金融盲也没有办法生存。"

华盛顿大学教授刘易斯·曼德尔发表的调查结果显示，金融教育对形式上的金融脱盲指标似乎没有任何影响——它的确能够改善人们日后在生活中作出的金融决策。专家认为，美国次贷危机爆发的部分原因，在于个人作出非理性金融决定和采取非理性行动，金融扫盲或许有助于防范这类危机再次上演。

对金钱，"人人都想要它，却没有人懂得它"。财务和经济涉及收入，通俗表述即金钱。对金钱，普通美国人时下所持的普遍态度和认识，依照约翰·布赖恩特的描述，可以归结为："人人都想要它，却没有人懂得它。"为低收入者提供"动手能力，而非施舍"，无异于一场"银权运动"。布赖恩特说，在美国，"金钱是一项大禁忌，大家不会公开谈论它。这就是有人会以次级贷款形式举债的原因"。

次贷举债，一度让不少低收入阶层成员圆了住房梦，时下也让其中不少人面临无力支付高利率分期还款、房产可能遭放贷机构没收的前景。一些美国民众当初为购买住房而举借次贷时，按照布赖恩特的判断，并不了解分期还款额度会随着利率上升而增加，也不明白作为抵押物的房产在交易总额中所占比例相当低，因而需要承受超乎正常贷款项目的风险。

美联储发布了一份调查报告，报告中提供了一系列数据：

——全美国范围内，高中学生中，能对个人财务和经济问题提供正确答案者平均仅为48.3%。

——同一批接受调查的样本中，认为从出生至就读大学18年间股票市场收益一般高于银行储蓄收益者仅为16.8%。

——依美国法律规定，如信用卡失窃、窃贼透支1000美元，信用卡持有者即使通报信用卡发行商，依然可能分担至多50美元损失，却有将近53%的调查对象不知。能完整、准确作答者仅为13%。

这项调查每两年举行一次，此为第六次，所获结果不如2006年。两年前的调查中，能对个人财务和经济问题提供正确答案者平均为52.4%。

次级住房抵押贷款危机的恶劣影响波及整个美国和全球金融业，影响美国乃至全球经济，看似需由政府"救市"和"埋单"，实际却最终将由纳税人，即普通民众付出代价。布赖恩特认为排除（放贷机构）贪婪以及金融解释误导因素，"这场危机的根源在于金融（知识）文盲，存在于广泛层面上"。正因如此，次贷危机之下，金融扫盲尤显必要。

📖 金融知识匮乏会造成什么问题

和真的一样的啊！

　　遭受财产损失。据调查，有相当一部分人对货币符号、尺寸、防伪标志、反假币等知识的掌握很不足，容易收到假币，损失财产等。

　　不能最大化地创造财富。相当一部分人不知道理财方式有多种，对于理财方式的选择上也不清楚哪种更适合自己，无法最大化地为自身创造财富。

储蓄？　股票？

哪种更适合我？

家里出事了，赶紧汇钱！

　　容易遭遇金融诈骗。

美联储主席本·伯南克曾经在美国首都华盛顿联邦储备委员会大楼内发表讲话，提及向年轻一代普及金融知识的意义。"我们国家的年轻人做好金融知识准备，"伯南克说，"对（改善）他们自身的福利而言必不可少，而对（维护）我们大家的经济前景而言则至关重要。"他强调，"次级抵押贷款市场出现严重问题，提醒大家意识到，个人从年轻时就熟悉金融知识是何等重要……他们可以更好地作出抉择，纵然金融市场日益复杂，也会有能力驾驭自如。"

美国人的消费信贷债务截至 2006 年累计达到 2.4 万亿美元，其中信用卡债务为 8250 亿美元。更令人吃惊，也常被学者引为全球经济失衡原因之一的数据是：美国人储蓄所占收入的比例 2006 年为 -1%，创下自 20 世纪 30 年代美国经济"大萧条"以来的储蓄率最低纪录。

财务管理技能必不可少，金融扫盲，并非次贷危机爆发之后提出的课题。美国国会众议院成员、民主党人鲁宾·伊诺霍萨 2007 年 3 月 27 日正式递交一项决议案，提议设立"金融普及月"。这项决议案当时获得 119 名众议员附议支持。2007 年 4 月 17 日，众议院全体成员投票表决，以超过三分之二多数通过这项决议，把每年 4 月确定为"金融普及月"，以推动金融知识普及。决议文本写道："个人财务知识对确保个人管理现金、信贷和债务以及成为富有责任感的员工、一家之长、投资者、创业者、企业领导人和公民而言必不可少。"至于推广金融教育的针对性，它指出，"个人财务管理技能和终身习惯形成于儿童时代"。

经济的繁荣离不开金融的发展，而金融的发展则离不开人们对金融的消费。但目前，我国有诸多的"金融消费者"对金融这份"套餐"知之甚少或一无所知，搞不清自己拥有诸如"金融获知权""金融消费自由权""金融消费公平交易权""金融资产保密权"等权利，弄不懂自己在消费过程中应知、应会的金融法规常识。2001 年 6 月，河南省某县金融系统在"金融宣传月"活动中，印发 600 份货币知识问卷，选择 300 名农民和 300 名城镇居民问卷调查，结果表明，对流通几十年的人民币符号、尺寸、防伪标志等简单知识基本掌握的城镇居民占 25%，农民仅有 10%；掌握货币形态等知识的城乡居民不足 5%。在同时进行的居民假币识别能力调查中，有 15% 的城乡居民略懂一些反假币知识，对反假币知识一无所知的城乡居民高达 85%。

由于金融知识的不普及，近几年来犯罪分子利用假存单、假支票、假货币等形式大肆进行金融诈骗活动，金融案件频繁发生。2000 年，我国因金融案件而导致的直接损失高达 10 亿元，比 1999 年翻了一番。而这一切无不缘于在"金融消费者"中存在的"金融盲区"。

历史上许多次的金融危机都源于民众的金融盲，使得最初的金融危机，变成经济危机，最后成为信任危机。实际上，经济危机是一种价值观念的危机。所以"金融扫盲"迫在眉睫。

第二章

金融如何改变了我们的生活
——为什么要学习金融学

我们的财富去哪里了——个人的"资产流失"

"新财富 500 富人榜"于 2003 年首度发布，作为中国本土第一份也是唯一的一份富人排名，是透视中国民营企业发展的最佳窗口。2009 年已是第七度推出"新财富 500 富人榜"，经历了"中国经济最困难"的 2008 年，各项财富指标首次出现下降趋势。

2009 年"新财富 500 富人榜"上榜富人的财富总额为 16285.6 亿元，较 2008 年的 26027 亿元大幅下降 37.4%，蒸发 9741.4 亿元；上榜富人的人均财富由去年的 52.1 亿元下跌到 32.6 亿元。2009 年的上榜门槛也由 2008 年的 13.5 亿元略微下降至 13.4 亿元。值得一提的是，如果以 2008 年上榜的 500 名富人（剔除 14 位目前财富状况不明者）2008 ~ 2009 年的财富数额变动计算，其总财富更由 2008 年的 25625.2 亿元下降到 2009 年的 13511.4 亿元，缩水幅度达到 47.3%。

超级富人的数量同样大大削减。2008 年财富超过 300 亿元的富人有 8 位，而 2009 年首富沈文荣的财富也只有 200 亿元；2008 年财富数额达到或超过 200 亿元的富人有 26 位，2009 年只有 1 位；2008 年身家达到或超过百亿元的为 53 位，2009 年仅为 17 位；2008 年有 366 位富人财富达到或超过 20 亿元，而 2009 年的数据是 337 位。这些统计数据显示，过去一年富人们经历了一场空前的财富蒸发过程。

有些人能够守得住自己的财富，有些人却失败了。《福布斯》杂志从 1982 年公布"福布斯 400"富豪排行榜以来，到今天，只有 50 位富豪依然榜上有名，也就是说高达 87% 的富豪富不过一代，甚至像流星一样一闪而过。

就像网络泡沫的蒸发，他们的钱也是在不知不觉中被挥发掉了。想当初，他们的财产也是经过千辛万苦一点一点积累起来的，应该说他们很善于理财投资，但是为什么却最后坠落？《福布斯》杂志的调查显示，除因为投资失败带来的财产蒸发，多数失败者并没有在生活上时刻注意，他们的钱花在一些昂贵的奢侈品上，交付巨额物业管理费用，转移财产被爱人或情人侵蚀了。

当大家在拼命攒钱的时候，你是否曾想过，自己辛辛苦苦积累下来的资产，正在被其他东西无声无息地侵蚀掉？这种你在拼命赚钱，但不断被扯后腿亏钱的感觉实在很不爽。一提到"资产流失"这几个字眼，人们首先想到的是国有资产的流失。其实，在生活中，一不小心，你的资产便会不知不觉地流失。想让个人财务正常运转，就从找出财务漏洞开始吧！个人因为财务漏洞导致的资产流失主要集中在下面几个领域：

1. 储蓄流失增值机会

如果你每年的花销超过了资产的 7%，那么 20 年后，你花光所有钱的可能性高达 80%，原因很简单，就是"通货膨胀"。很多人经常有意无意地忽略"通货膨胀"的因素，其实"通货膨胀"是财产的强"腐蚀剂"。20 年后，由于"通货膨胀"，人们手中的钱将贬值 20%，这还是乐观的估计。

因此我们提倡"适度"储蓄，过度储蓄将可能使财产增值机遇流失。有经济专家认为，中国人的 9 万亿储蓄存款，假如相对于同期的国债之间 1% 左右的利息差（斟酌到存款的本钱税和国债的免税因素），那么中国人将会在每年流失掉 900 亿左右的资本增值的潜在获利机会。

对大多数居民来说，避免这类流失，最好的办法是将银行储蓄转为同期的各类债券。从目前来看，不仅有交易所还有银行柜台都能够很便利地实现这类交易，而且流动性也很强。国人的传统观念认为应该尽力地辛劳工作，也理解节约节俭、储蓄和爱护财富，但咱们不应该只是"擅长"储蓄，还应当"善待"储蓄，合理的储蓄才能将财富发挥到增长的最大价值。

2. 股市缩水几千亿

中国股市十几年的发展成绩斐然，较保守地估计，中国股市的实际参与者至少应在 2500 万户左右，涉及近亿人，这其中不乏数量庞大的新兴的中产阶级。但是从 2001 年下半年以来中国股市陷入了长达一年半的下跌和疲软状态，到目前为止根据这十几年来的相关统计，股市中共投入资金约为 23000 亿元，这些资金换成了股票的资金，因为股价下跌、缴纳各种税费等，如今的证券市场的流通市值只剩下了 13000 亿～14000 亿元。也就是说十几年来股市黑洞共吞噬了近万亿的资金，如果排除其他背景的资金损失，那么中国普通老百姓家庭的资产在股市上至少流失了数千亿元。

3. 过度和不当消费

消费的原因多种多样，很多时候你逛完商场时手里拎着大包小包，回家一看却发现，有些东西其实不买也可以。这就是所谓的"过度"与"不当"的消费，它们也会让资产无形流失。所以，花钱买什么，一定要想清楚。

过度消费可以分解为"情绪化"消费或"冲动性"消费。例如，看到打折商品就兴奋不已，在商场里泡上半天，拎出一大包便宜的商品，看似得了便宜，实际上买了很多并不需要或者暂时不需要的东西，纯属额外开支。特别是在对大件消费品上，

比如楼盘、汽车、高档家电的一时冲动，往往会造成"过度"消费。这样，不仅造成家庭财政的沉重负担，而且会导致家庭资产隐性流失。

不当消费是指为了"面子"而不是因为需求的消费。在消费上总喜欢跟别人较劲，人家能花的我也要花，不论有没有必要。

4. 理财观念薄弱

中国家庭的活期储蓄总是太多，这让银行或其他金融机构白吃了大把的息差，其实只要稍加运作就能有效地减少利息损失。对单个家庭来说，"不当"储蓄的损失可能十分细微，但由于基数的宏大，中国家庭因此而流失的资产就是个天文数字，且仅对单个家庭来说随着时间的流逝，其累计的损失也是无比大的。资产流失很多时候都不显山露水，但只要稍一放松就可能造成大量资产的流失。所以，只有不断地强化理财意识才能成功积累财富。

不注意平日里的财富漏洞，即使你是富翁也不免要沦落为穷人，何况作为平凡人的我们本来就没有多少财产，就更应该提防财富漏洞，将财产的流失防患于未然。

为什么钱也会嫌多——流动性过剩

流动性过剩通俗地讲就是钱太多了，乍一听，是件好事，钱多了还不好吗？俗话说，物极必反，金钱也是一个道理，虽然有钱是好事，但是太多了，也会带来危机。比如说现在市场上只有价值10元的商品，按道理国家只发10元的钞票就足够了，但是现在因为种种原因，市场上有20元的钞票，如果大家用这20元买了10元的东西，结果原本值10元的东西其价值就是20元了。

通常意义的"流动性"指整个宏观经济的流动性，即在经济体系中货币的投放量的多少。"流动性过剩"一词，是指市场上的钱太多，大大超过了长期资本的数量，至于多到多少才算"过剩"，似乎并无统一的定论。现在研究者对"流动性过剩"的识别，大多是从结果和原因来判断："流动性过剩"的结果是资产市场泡沫严重，具体地说就是股价、房价虚高；"流动性过剩"的原因一般则归结为货币升值预期下的外汇涌入，为控制汇价导致央行大量投放货币，从而形成"流动性过剩"。

由于贫富差距的扩大，富人获得社会财富的比重将更上一层楼，而穷人则只能获得"做大的蛋糕的更小份额"，而富人的消费倾向很低（因为相对穷人，该买的都买了），让富人获得了更多蛋糕，他们却不会拿来消费。为了追求保值增值，他们只好将资金投向资本市场。根据上面的论述，这会使得投资增长速度大于消费，最终会形成全社会性的生产过剩，也就是我们所熟悉的经济萧条或者"经济危机"。提起2007年的全球性金融危机，大家应该都深有感触，而这场危机的源头，正是流动性过剩。

我国流动性过剩的原因

目前，我国银行体系中存在的流动性过剩，是国内外多种因素共同作用的结果。

中央银行实行扩张性货币政策。

经济周期的变化。

在全球经济失衡的诱导下，大量资金从美国流入以中国为代表的亚洲新兴经济体，造成目前我国流动性过剩。

当前，流动性过剩已经成为全球经济的一个重要特征。流动性过剩可由多个原因单个或共同导致。总的来说包括了中央银行实行扩张性货币政策（一般手段包括调降准备金率和利率，回购国债以放入资金到市场），经济周期的变化，汇率制度的缺陷，热钱大量涌入等。这些因素皆可大大提高流动性，当过度时，便会引起流动性过剩。另一方面，流动性过剩也可理解为伴随通货膨胀或者源于通货膨胀，即部分引起通货膨胀的因素也可能引起流动性过剩。

2006年末，我国外汇储备达到了10663亿美元，而央行为收购这些外汇储备就需要发行货币超过8万亿元，这是我国流动性过剩的主要内部原因。从外部因素来看，美国"9·11"事件以后，全球各主要经济体一度普遍实行低利率政策，导致各主要货币的流动性空前增长，出现了全球流动性过剩。

流动性过剩，已经成为经济金融体系稳健运行的隐患，是影响金融稳定的核心因素。经济过热、通货膨胀、股市波动，这些都与流动性过剩密切相关。

1. 经济过热

中国经济的持续增长，使得外商投资不断加大，再加上长期以来的贸易顺差，大量资金通过各种途径进入中国，客观上加剧了中国的流动性过剩。而这些多余的资金，必然要寻找投资出路，于是就出现了经济过热的现象。

所谓经济过热，是指经济的发展速度与资源供给不成比例。当经济的发展速度高于资源的承受能力时，就会出现原材料因供给不足而产生的物价上涨，可以理解为商业投资加大导致了商品生产增多，从而使得生产商品的资源供货短缺，并带来原料资源的物价上涨，也就是生产成本的提高，这样一来，成本的提高自然也就带来物价的全面上涨。同时，在一定时期内，如果社会的需求总量不变，长时间的生产过剩，商品卖不出，投资没有回报，就会产生经济危机。

2. 通货膨胀

20世纪80年代末，日本股票价格和不动产价格急剧上升，但物价指数却相当平稳，因而没有提高利率，紧缩银根。泡沫破裂后，日本陷入战后最严重的经济危机，资本市场的过度发展激活了处于冬眠状态的沉积货币，暂时退出流通的货币也重返流通领域去追逐商品，从而导致通货膨胀。所以，流动性过剩是通货膨胀的前兆，从流动性过剩到通货膨胀只有一步之遥。

流动性过剩不仅能够造成一国的经济危机，甚至能够引发全球金融危机，这一点，美国次贷危机就是一个很好的例子。

3. 股市波动

在股票市场，流动性就整个市场而言指参与交易资金相对于股票供给的多少，这里的资金包括场内资金（即已购买了股票的资金，也就是总流通市值）以及场外资金，就是还在股票账户里准备随时入场的资金。如果在股票供给不变的情况下，或交易资金增长速度快于股票供给增长速度的话，即便公司盈利不变，也会导致股价上涨，反之亦然，这是很简单的需求供给关系，但这种股价上涨是有限度的，受过多或过剩的资金追捧导致股价过度上涨而没有业绩支撑，终难持久，这种资金就是我们常说的热钱。

对于股票投资的个股而言，流动性是指股票买卖活动的难易，也就是说投资者买了这只股票后是否容易卖出。我们常说这只股票流动性很差，就是指很难按理想价格卖出，所以流动性差的股票多是小盘股或高度控盘的股票，是不适合大资金运作的，即便买完之后股价涨上去了，但卖不掉，对于大资金风险更大，所以他们更愿意在流动性很好的大盘股里运作，那里交投活跃，大量买卖也不会引起股价明显变动。不过中小投资者就自由多了，由于资金量少，可以有很多选择。

货币实质上是中央银行代替社会发行的一部分人对另一部分人的负债。信用货

引发全球通货膨胀的根源

美元持续大幅贬值是引发全球通货膨胀的根源。

美元的贬值造成大宗商品价格飙升，生产成本大幅增加。

美国早已经把污染严重的制造业转移到发展中国家，它既摆脱了环境污染之苦，又避免了原材料成本增加带来的利润损耗。

就这样，引发了全球性的通货膨胀。

币表明了一种债权债务关系，而流通纸币则实际上是一种特殊形式的债券。当存在流动性过剩时，货币与其他商品实现交易的速度大大加快了。这表明，持有货币的债权人希望尽快用货币与其他商品交换，实现自己的债权。由于所有的债权人都希望用货币换回其他商品，货币就出现了贬值的压力。货币流通速度越快，则货币贬值的压力越大。这时，如果货币持有人手中的债券无法得到等值的偿还，就会发生抢购风潮、物价飞涨的现象，整个社会就会出现通货膨胀。

农副产品"疯涨"背后的甲流金融学

继"蒜你狠""豆你玩""姜一军""苹什么""糖高宗"之后，"盐王爷"终于来了。随着"3·11"日本本州岛海域地震，所谓的碘盐抢购影响，盐价开始飙升，流行语"盐王爷"出炉。

"今天你买盐了吗？""涨到 5 元一包了""货架空了？！"……在路上、在超市里时不时能听到关于诸如此类的买盐对话；而在网络上也诞生了诸如"盐如玉""盐王爷"的热词。2011 年 3 月 15 日，因为日本核电站泄漏事故，有谣言称日本核辐射会污染海水导致以后生产的盐都无法食用，而且吃含碘的食用盐可防核辐射，因此引起一些市民疯狂抢购食盐。

无独有偶，从 2009 年起，大蒜批发价格从 4 月份的每公斤 0.2 元，到 5 月份的每公斤 0.3 元，到 6 月份的每公斤 1 元，到 8 月份的每公斤 2.5 元，再到 12 月份的每公斤 4 元，直至 2010 年年初的每公斤 19 元，一路猛涨。

以前去小饭馆吃顿饭，大蒜可以免费吃，东西不值钱，可现在最起码得要一块钱一个了，最贵时已经飙升到每公斤 19 元，于是有网友就送给了大蒜一个外号叫"蒜你狠"。同样表现不俗的还有"豆你玩"的绿豆等，它们带来的是新一轮的农产品涨价。平时"老实巴交"的农产品领域，为何一改往日的淳朴形象，同时走上了"疯涨"的路子？

这还得从 2009 年 3 月出现的甲流（甲型 H1N1 流感）疫情说起。那时，国内就盛传大蒜具有预防甲型流感的功效，甚至有媒体称美国专家也把大蒜列为九大消毒蔬菜之首。虽然其间有政府和专家出面解释，大蒜的抗甲流作用并未有临床证明，也没有科学依据。但是这期间，不单是中国，国际上也出现了"一蒜难求"的局面，从 2009 年多个国家开始加大大蒜进口的力度，其中日本、韩国以及东南亚等国家，大量从中国进口大蒜，使得中国的大蒜出口量大幅增加。

究竟是什么原因造成了我们日常生活的必需品出现如此疯狂涨价的局面？

物价变动是指商品或劳务的价格不同于它们以前在同一市场上的价格。物价是商品或劳务在市场上的交换价格，有输入价格和输出价格两种。输入价格是为生产或销售目的而取得商品或劳务的价格。输出价格是作为产品销售的商品或劳务的价格。企业按某一输入价格购买一项商品，再按较高的输出价格售给客户，这种情况不能视为该项商品的价格发生了变动，只有同是输入价格或输出价格增高或降低，才算物价发生了变动。

从2007年以来物价就一直走高。国家统计局发布的2011年2月份居民消费价格指数（CPI）同比上涨4.9%，涨幅与1月份持平，大大超过3%的警戒线。粮、肉、蛋、菜等产品上涨幅度较大，商品房价格居高不下，这些问题都直接与民生相关。通胀压力加大，物价普涨，不涨价的商品越来越少。消费者会紧盯这些价格低廉和平稳的生活必需品的价格波动，并随时采取抢购和囤积行动，这其中就包括食盐。这些客观原因的存在，使得本来并不值钱的农副产品，一夜之间，身价百倍，成为了精贵的东西，被百姓一路追捧。

防止物价过度变动，保持物价平稳，已经成为稳定人心、稳定社会的第一要素。确保物价平稳，尤其避免物价暴涨，不仅是重大民生，而且是当今最大的政治。

中国古话说"他山之石，可以攻玉"。当前物价上涨是全球性现象，原因错综复杂。各国为稳定物价，都采取了一些积极有效的措施。日本一直是世界上零售物价最稳定的国家之一，其稳定物价的成功做法主要有以下几个方面：

1. 高度重视生活必需品供给的稳定

日本提出，确保市场上生活必需品的供给，对于物价总水平的稳定具有决定性的意义。以蔬菜为例，蔬菜等鲜活农产品的生产和供给状况极易受气候影响，价格波动的频度和幅度远大于其他生活必需品。因此，日本的各种经济组织，一方面指导蔬菜等农产品的生产和上市有计划地进行；另一方面，当出现菜价一定程度或大幅度上升时，"稳定蔬菜供给基金"等组织，根据市场的有效需要，不失时机地向市场增投蔬菜，扩大供应，保证需求，从而平抑菜价。

2. 政府紧握流通的批发环节，调控生产和市场，稳定物价

在日本，农产品批发业主要是经营粮食、蔬菜、果品的批发。农产品批发的主要组织形式是各类农产品批发市场。考虑到分散交易很难看准市场的动态和价格变动的走向，只有当众多的交易对象聚集在一起时，才能通过"供求竞争"形成合理的价格。因此，政府高度重视并充分利用批发市场的作用，促进流通，调节供求，稳定物价。为此，大藏省和东京都联合出资兴建农产品中央批发市场，以便于政府对东京整体市场进行有效的监督和调控，并促进市场的繁荣，进而为稳定物价奠定坚实的基础。

3. 建立、健全有效的统计和信息系统，及时公开经济信息，引导消费，稳定物价

日本不仅把统计和信息系统作为制定政策的重要依据，而且把及时公开经济信息作为强化民众监督、防止"搭车涨价"和不正当竞争的手段加以运用，尽可能迅速地向国民提供有关商品供求、价格变动的正确信息，引导消费者保持合理的消费行为，防止因抢购、囤积等不正当的行为引起物价上涨。在经济企划厅物价局设置"物

需求、供给与价格的关系

需求曲线：向右下方倾斜，斜率为负值，表示商品的需求量和价格之间存在反方向变动的关系。

供给曲线：向右上方倾斜，斜率为正值，表示商品的供给量和价格之间存在同方向变动的关系。

需求和供给曲线的变动与价格的关系

需求曲线向右移动	需求上升	价格	↑
需求曲线向左移动	需求下降	价格	↓
供给曲线向右移动	供求上升	价格	↓
供给曲线向左移动	供求下降	价格	↑

价热线电话"，倾听消费者对物价的意见和建议，接受消费者的投诉，解答消费者的咨询等。可靠信息、有效传递，是稳定民心进而稳定物价不可或缺的环节。

经济危机带来投资的良机——大环境决定小投资

2008 年年初的时候，美国金融市场陷入恐慌，股市接连出现暴跌，美国联邦储备局连续六次降息，希望挽回投资者的信心。但收效甚微，反而使美林、花旗银行等大型金融机构遭受了前所未有的损失，投资市场缺少内在的投资动力，只能被动地依赖美联储出台的救市措施，市场随时可能出现大盘探底的局面。小布什政府连夜召集经济学家紧急召开会议并决定向金融机构调拨 1600 亿美元，而此前的金融机构大多亏损严重，这些资金对经济的缓和作用并不太明显。可见，这次危机已经"病入膏肓"。

到了 2008 年 9 月，美国雷曼兄弟公司向美国政府申请破产保护，这个美国第四大投资银行的倒闭无疑给金融投资界带来不小的地震。与此同时，美国大型投资银行已经有三家破产，剩下的高盛和摩根斯坦利投行也面临着高风险。高盛公布了年度财务报表，报表上表明高盛在第二、三季度已经出现了亏损。由此可以看出，美国金融业百年一遇的灾难发生了。

危机的危害性在于它绝对不会按规定的方式出牌，因此危机可以随意地给投资者带来致命的打击，无论是你创办的企业或是你购买的股票，都可能在一夜之间灰飞烟灭。

巴菲特曾经说过："金融投资中处处都有机遇，市场情况良好的时候，会有投资机会，市场出现低迷的时候，同样也会有机遇，只不过此时的投资者由于过分害怕风险而忽视了这些机遇，从而使自己与投资收益擦肩而过。"

金融大鳄索罗斯曾经这样说道："虽然国际经济形势不容乐观，希腊债务危机又接踵而来，国际原油价格出现下跌，我所投资的伊朗石油项目也出现了亏损情况。这些虽然让我的投资受到了一些损失，但我及时调整了我的投资策略，下一步我会更加关注于发展中国家，我会把精力更多地放在发展中国家的投资方面。"

在日常生活中，积极的投资者首先是要提高自己认清金融大环境的能力，提高自己应对危机的能力，这就需要我们理性地审视自身存在哪些可能诱发危机出现的薄弱环节。关注社会政治经济环境，有助于科学地预测何时会出现危机。俗话说："知己知彼才能百战百胜。"对竞争对手的防范也是必不可少的。竞争对手有可能在哪些方面对自己造成无法规避的打击，这些都是我们需要详细搜集的应对危机的信息。只有在日常就建立起危机的预警机制，做好应急方案，锻炼抵抗危机的能力，提高应急处理的能力，才能在危机来临时，从容不迫，抓住危机中的有利点，化逆势为机遇。

第三章

大家都在讲的 CPI 是什么
——每天学点金融学名词

这年头都讲 CPI

经济危机之后，普通居民对物价的感觉是更贵了，CPI 恐怕是大家谈论最多的经济词汇了。对于普通老百姓而言，大家对 CPI 的关注归根结底还是对日常生活所需品的价格变化，比如说猪肉的价格变化、面粉的价格变化、蔬菜的价格变化等。那么 CPI 能如实地反映出老百姓最关心的日常生活费用的增长吗？

我们先来了解一下到底什么是 CPI。

CPI 是居民消费物价指数（Consumer Price Index）的缩写。我国的 CPI 指数是按食品、烟酒及用品、衣着、家庭设备用品及服务、医疗保健及个人用品、交通和通信、娱乐教育文化用品及服务、居住这八大类来计算的。这八大类的权重总和加起来是100。其中，食品占的比重最大，包括粮食、肉禽及其制品、蛋、水产品、鲜菜、鲜果。

在每一类消费品中选出一个代表品，比如，大多数人是吃米还是吃面，是穿皮鞋还是穿布鞋等。国家统计局选出一定数量的代表品，把这些代表品的物价按每一月、每一季、每一年折算成物价指数，定期向社会公布，就是我们所说的官方的 CPI 指数。

CPI 就是反映市场物价的一个最基本的术语。在中国现实的社会中，物价是和柴米油盐息息相关的，物价成为国家高度关注的问题。CPI 是反映与居民生活有关的产品及劳务价格统计出来的物价变动指标，通常作为衡量通货膨胀水平的重要指标。

物价指数计算的基本方法，是以计算期各种商品的价格乘以计算期各种商品的销售量，再除以基期各种商品的价格乘以基期各种商品的销售量。即 CPI=（一组固定商品按当期价格计算的价值）/（一组固定商品按基期价格计算的价值）×100%。

CPI 是反映城乡居民消费水平和消费品价格变动情况的重要指标，也被作为观察通货膨胀水平的重要指标。如果 CPI 在过去的 12 个月中上升了 2.3%，那么就表示当下的生活成本比 12 个月前平均要高出 2.3%，这无疑是不被欢迎的。而当生活成本提高时，你的金钱价值也随之下降。如果 CPI 在 12 个月内上升了 2.3%，那么去年的 100 元纸币，今年只可以买到价值 97.7 元的商品或服务。所以，CPI 升幅过大，就表明货币贬值幅度过大，通货膨胀就成为经济不稳定的因素。因此，CPI 指数也是反映通货膨胀程度的有力指标。一般来说，当 CPI 增幅大于 3% 时，就已经引发了通货膨胀；而当 CPI 的增幅大于 5% 时，就已经是严重的通货膨胀了。一般在这种情况下，央行为了抑制通货膨胀，会有紧缩货币政策和财政政策的举措，但这种举措有可能造成经济前景不明朗。

从 100 元的不同购买力看 CPI

$$CPI = \frac{一组固定商品按当期价格计算的价值}{一组固定商品按基期价格计算的价值} \times 100$$

当 CPI 增幅 > 3%，代表通货膨胀
当 CPI 增幅 > 5%，代表严重通货膨胀

CPI 大起大落：膨胀与紧缩交替，令人担忧

CPI 波动不大：市场理性，经济运行平稳

100 元在不同时期的购买力

20 世纪 50 年代 100 元可以买到什么

或

800斤大米　　130斤花生油

2014年100元可以买到什么

或

40斤大米　　近10斤花生油

由图示可知，在过去几十年里，随着 CPI 的持续上涨，100 元的购买力已大大下降。

编制物价指数的目的，是为国家分析物价变动对国民经济与人民生活的影响，从而制定有关物价宏观调控政策，加强物价管理提供依据。同时，也为企业作出相应的经济决策提供依据。物价上涨，有可能是由以下几种原因造成的：

1. 市场的波动

市场的格局发生了一些变化，导致某一种商品或者很多商品的价格上涨。

最明显的例子是石油价格上涨，比如，由于伊拉克打仗或者伊朗的局势紧张，导致市场参与者预期石油的供应可能会紧张，这会推动石油价格上涨。但是，这种上涨跟通货膨胀没有关系。

👆 通货膨胀型物价上涨对农民的影响

相对来说，价格最晚上涨的，肯定是距离权力最远的企业和行业。而所有这些价格上涨会波及较为重要的最终消费品——食品。应当说，距离权力最远者，比如农民，也可能因为猪肉、粮食价格上涨而享受到一点好处。

在农民所生产的产品价格上涨之前，其他商品与服务价格早就涨上去了，而彼时，他们的收入却并无增加。

一旦这些商品和服务价格上涨，通货膨胀就已经成熟，政府必然要采取强有力措施干预价格，于是，农民本来要得到的好处就流失了。

所以，总体来看，农民是通货膨胀的净损失者。

2. 价格的自由波动

这种涨跌恰恰就是市场机制在发挥作用。在计划经济条件下经常出现商品长期短缺，但在市场机制下，如果一种商品短缺，价格就会上涨。很快就会有很多企业去生产这些商品，短缺也就不存在了。因此，由于市场格局变化引起的物价上涨，实际上是市场启动了自己校正自己的一个过程，这个过程就可以驱动资源的重新配置。市场进行资源的有效配置，就是通过价格信号进行的。把这种物价上涨当作通货膨胀而对它进行调控，结果就是市场重新配置资源的机制被打断，只能扰乱市场秩序。

3. 通货膨胀型物价上涨

奥地利学派认为，通货膨胀是一种货币现象，通货膨胀就是由于货币供应量持续、过快地增长，导致物价上涨。在奥地利学派看来，通货膨胀型物价上涨不一定是物价的普遍上涨。在通货膨胀期内，不同行业、不同商品、不同服务的价格，会在不同的时间以不同的幅度上涨。这样，每一类的商品、服务上涨持续的时间也不一样，最后累计上涨的幅度也不一样。物价上涨并不是同时发生物价的普遍上涨，而是呈现为一个波浪式的上涨过程。

这就如同向水中扔进一块石头，涟漪从中心向四周扩散，而且，可以说，最早上涨的那些价格就必然会一直领先于其他价格。因为，在特定时期，新增货币源源不断地流入这些行业。相反，越往后，价格上涨的幅度会越小，相关企业及其员工所能获得的收入就会越少。

国家经济状况的晴雨表：GDP

小镇上，一个荒淫的富人死了。全镇的人都为他衰悼，当他的棺材被放进坟墓时，四处都是哭泣、哀叹声，就连教士和圣人死去时，人们都没有如此悲哀。第二天，镇上的另一个富人也死了，与前一个富人相反，他节俭禁欲，只吃干面包和萝卜。他一生对宗教都很虔诚，整天在豪华的研究室内学习法典，当他死后，除了他的家人外，没有人为他衰悼，葬礼冷冷清清。

一个陌生人对此迷惑不解，就问道："请向我解释一下这个镇上的人为什么尊敬一个荒淫的人，而忽略一个圣人。"镇上的居民回答说："昨天下葬的那个富人，虽然他是个色鬼和酒鬼，却是镇上最大的施舍者。他荒淫奢侈，整天挥霍自己的金钱，但是镇上的每一个人都从他那儿获益。他向一个人买酒，向另一个人买鸡，向第三个人要奶酪，小镇的 GDP 因为他不断增长。可死去的另一个富人又做了什么呢？他成天吃干面包和萝卜，没人能从他身上赚到一文钱，当然没有人会想念他的。"

那么什么是 GDP，它在我们的日常生活中起到了哪些作用呢？

GDP 即国内生产总值。通常对 GDP 的定义为：一定时期内（一个季度或一年），一个国家或地区的经济中所生产出的全部最终产品和提供劳务的市场价值的总值。GDP 是三个英文单词首字母的组合：gross，即毛的、总的；domestic，即国内的；product，即产值，翻译成汉语就是"国内生产总值"。GDP 是指一个国家在一年内，所生产的全部最终产品（包括劳务）的市场价格的总和。

在经济学中，GDP 常用来作为衡量该国或地区的经济发展综合水平通用的指标，这也是目前各个国家和地区常采用的衡量手段。GDP 是宏观经济中最受关注的经济统计数字，因为它被认为是衡量国民经济发展情况最重要的一个指标。

GDP 的计算方法通常有以下几种：

1. 生产法

生产法是从生产角度计算国内生产总值的一种方法。从国民经济各部门一定时期内生产和提供的产品和劳务的总价值中，扣除生产过程中投入的中间产品的价值，从而得到各部门的增加值，各部门增加值的总和就是国内生产总值。

计算公式为：总产出 – 中间投入＝增加值。

GDP＝各行业增加值之和。

也可以表示为 GDP ＝∑各产业部门的总产出 – ∑各产业部门的中间消耗。

2. 收入法

收入法是从生产过程中各生产要素创造收入的角度计算 GDP 的一种方法。即各常住单位的增加值等于劳动者报酬、固定资产折旧、生产税净额和营业盈余四项之和。这四项在投入产出中也称最初投入价值。各常住单位增加值的总和就是 GDP。计算公式为：

GDP ＝∑各产业部门劳动者报酬＋∑各产业部门固定资产折旧＋∑各产业部门生产税净额＋∑各产业部门营业利润。

3. 支出法

支出法是从最终使用的角度来计算 GDP 及其使用去向的一种方法。GDP 的最终使用包括货物和服务的最终消费、资本形成总额和净出口三部分。计算公式为：

GDP ＝最终消费＋资本形成总额＋净出口。

从生产角度，等于各部门（包括第一、第二和第三产业）增加值之和；从收入角度，等于固定资产折旧、劳动者报酬、生产税净额和营业盈余之和；从使用角度，等于总消费、总投资和净出口之和。

现今世界上，每个国家都非常关心经济增长。因为没有经济的适当增长，就没有国家的经济繁荣和人民生活水平的提高。例如，西方国家认为中国富强，就是因为它的 GDP 增长迅速，同其他世界大国相比，在经济总量、GDP 方面，中国已经位居世界前二

2011 年 2 月，日本内阁府公布 2010 年全年经济数据，按可比价格计算，2010 年

📑 国内生产总值——GDP

GDP 是指一个国家在一年内，所生产的全部最终产品（包括劳务）的市场价格的总和。

GDP
- GDP 是一个市场价值的概念
- GDP 测度的是最终产品的价值
- GDP 是一定时期内（一年）所生产而不是所销售的最终价值产品
- GDP 一般仅指市场活动导致的价值

国家 GDP 值（单位：亿元）

5645.2　7208.1　18667.8　78973.0　210871.0　246619.0　300670.0

名义 GDP：用生产物品和劳务的当年价格计算的全部最终产品的市场价值。

GDP

实际 GDP：用从前某一年作为基础价格计算出来的全部最终产品的市场价值。

$$GDP 折算指数 = \frac{名义 GDP}{实际 GDP}$$

日本名义 GDP 为 5.4742 万亿美元，比中国低 4000 多亿美元，排名世界第三。这也是 1968 年以来，日本经济首次退居世界第三。

2010 年日本实际 GDP 增长 3.9%，名义 GDP 增长 1.8%。其中第四季度日本实际国内生产总值环比下降 0.3%，这是日本经济五个季度来首次出现负增长。

日本内阁官房长官枝野幸男公开表示，对日本 GDP 被中国赶超表示欢迎。他还表示，人均 GDP 方面日本仍然是中国的 10 倍多，重要的是日本应当如何汲取其活力。为了将发展优势传给下一代，日本将继续推进经济增长战略。

GDP 是目前衡量国民财富总量无可替代的指标。中国在古代社会和农业社会一直位列全世界最发达的国家行列，自清代中后期以来才在工业革命浪潮中落后。20 世纪初，中国 GDP 总量在世界排名最后二十位，现在终于上升到世界第二，说明中国国力的增强。

"中国仍然是一个发展中国家，人均 GDP 不但只有日本的十分之一，甚至不到世界平均水平的一半。而日本的发展，比如城乡之间、经济社会之间的发展比较平衡，而我们发展不平衡问题突出，差距很大。"北京大学国民经济核算研究中心研究员蔡志洲表示。

按照国际标准，中高等发达国家的人均 GDP 在 5000 美元至 1 万美元，而中国人均 GDP 才 4000 美元左右。专家表示，即便中国今后一直保持 8% 的增长速度，人均 GDP 要达到发达国家的高限标准——人均 GDP1.2 万美元以上，也需要 15 年到 20 年的时间。

GDP 对于任何一个国家来讲都是非常重要的，但是不能盲目崇拜 GDP 的增长。没有发展的增长和虚假无效的增长，短期行为的增长，不可持续的增长和结构失衡的增长都将破坏社会经济的和谐与发展。

体现国家的经济水平：GNP

1929 年，爆发了一次史无前例的世界性经济危机，对世界经济的破坏程度如同投下了一颗原子弹。可是奇怪的是，当危机爆发之时，人们却浑然不知，当时的美国总统胡佛甚至认为经济形势正在转好。

我们没有理由嘲笑当时人们的无知，因为当时除了苏联统计机构有尚不完善的国民经济平衡表之外，有关国民经济的统计几乎是空白，所以人们当然不知道经济形势已经坏到什么地步。这次危害巨大的经济危机激发了人们对国民经济状况的了解的渴望。于是，美国参议院财经委员会委托西蒙库兹涅茨，建立了一系列用来统计核算一国投入和产出的指标，由此发展出"国民收入账户"。这就是国民生产总值 GNP 的雏形。1933 年，当 1929 ~ 1932 年的国民收入统计资料公开时，人们才发现这次经济危机竟是这么可怕。

国民生产总值（简称 GNP），是指一个国家（地区）所有常驻机构单位在一定时期内（年或季）收入初次分配的最终成果。一个国家常驻机构单位从事生产活动所创造的增加值（国内生产总值）在初次分配过程中主要分配给这个国家的常驻机构单位，但也有一部分以劳动者报酬和财产收入等形式分配给该国的非常驻机构单位。同时，国外生产单位所创造的增加值也有一部分以劳动者报酬和财产收入等形式分配给该国的常驻机构单位，从而产生了国民生产总值这个概念。它等于国内生产总值加上来自国外的劳动报酬和财产收入减去支付给国外的劳动者报酬和财产收入的差。

将 GNP 作为综合经济指标的主要优缺点

把国民生产总值作为综合经济指标的主要优点在于：

1. 它只计算了最终产品的价值，而没有计算中间产品的价值。 → 因而不包括重复计算的部分。

2. 它不仅计入了物质生产部门的增加值，而且也计入了所有服务部门的增加值。
因而反映了现代产业结构的变化。
反映了教育、科学技术、金融等第三产业在社会经济中的作用。

国民生产总值指标的缺陷是：

1. 不能反映社会成本。

2. 不能反应经济增长方式付出的代价。

3. 不能反映经济增长的效率和效益。

4. 不能反映人们的生活质量。

5. 不能反映社会收入和财富分配状况。

GDP 总是在提高，可是为什么我却赚不到钱呢？

GDP

随着外商进入中国市场，我国 GDP 增长率逐年上升。但外商投资（外国国民）在中国的产出计入中国的 GDP，却不是中国的 GNP。因此，外商投资大规模进入中国的必然结果是，中国的 GNP 将明显小于 GDP，GNP 的增长率也会低于 GDP。

中国的国民生产总值＜国内生产总值，资本输出国（如日本）的国民生产总值＞国内生产总值，如果长期存在这一现象，中国经济的前途和社会福利将受到长远而深刻的影响；如果中国自己企业的竞争力没有随着中国经济的增长和经济规模的扩大而持续提高，而只是单纯地依靠比较成本优势，甚至只是向跨国公司提供我们的比较优势资源，那么，即使中国的制造业规模有很大的扩张，在更大程度上也只是"世界工场"，而不是真正的"世界工厂"。

在发达国家，GDP 与 GNP 比较接近，因此常用 GDP 来衡量并没有什么问题。然而用 GDP 而不是 GNP 看中国国力，其中的巨大差异则会导致对中国国力与财富创造能力的严重高估。这也就是为什么世界银行用平价购买力一算，就与原来的差别那么大的原因。

国民生产总值与社会总产值、国民收入有所区别：一是核算范围不同，社会总产值和国民收入都只计算物质生产部门的劳动成果，而国民生产总值对物质生产部门和非物质生产部门的劳动成果都进行计算。二是价值构成不同，社会总产值计算社会产品的全部价值；国民生产总值计算在生产产品和提供劳务的过程中增加的价值，即增加值，不计算中间产品和中间劳务投入的价值，国民收入不计算中间产品价值，也不包括固定资产折旧价值，即只计算净产值。

国民生产总值反映了一个国家的经济水平，按可比价格计算的国民生产总值，可以计算不同时期、不同地区的经济发展速度（经济增长率）。

在现代金融生活中，只有正确评估国力，才能提高经济发展、开放效益和对外谈判的主动性。不论 GNP 或 GDP，都只是我们眼前能够看到的经济增长或变化，是近期能够切实感受的经济数值、经济水平，但要考虑到今后我们的下一代，甚至是子孙后代经济发展时，是不是应该计算"绿色 GNP"了呢？"绿色 GNP"即考虑经济发展的同时加上资源的损耗和可再生资源的恢复。

经济发展的动力是我们生活的发展，生活最根本的则是我们身边的一草一木，是生命。如果有一天我们迎来了资源的全面枯竭，那将毫无疑问意味着经济发展的结束，甚至生活的衰竭、生命的完结。而"绿色 GNP"是摆在我们面前刻不容缓的问题。

国家经济的"体温计"：PPI

2007 年 PPI 统计数字显示：工业品出厂价格上涨 3.1%，其中生产资料价格上涨 3.2%，生活资料价格上涨 2.8%，原材料、燃料、动力购进价格上涨 4.4%，农产品生产价格上涨 18.5%。

这一年某地农民张某种了约20亩棉花，由于夏天的雨灾，收成比去年下降了1/3。此前一年棉花价格的上涨让他笑逐颜开，但这一年棉价的下跌又让他有些失望。"今年的收成比去年减少了，化肥、人工等成本却比去年提高不少，如果价格再上不去，估计明年棉花的种植面积还会下降。"

在这个故事中PPI跑赢CPI，说明生产者的成本增加速度明显超过了终端消费品的提价速度，这无疑会给企业经营带来巨大经营压力。虽然每月国家统计局都会发布PPI，不过，对于大多数人来说，PPI还是一个十分陌生的概念。PPI到底是什么？代表了什么呢？

PPI是生产者物价指数的英文缩写，它是站在生产者的角度来观察不同时期货物和服务商品价格水平变动的一种物价指数，反映了生产环节价格水平，也是制定有关经济政策和国民经济核算的重要依据。PPI可以称得上是了解国家经济发展状况的"体温计"。通过PPI的变化，我们就能大体判断国家经济的运行状况，并可由此预判未来国家的宏观经济政策。

生产者物价指数是一个用来衡量制造商出厂价的平均变化的指数，它是统计部门收集和整理的若干个物价指数中的一个。如果生产物价指数比预期数值高，表明有通货膨胀的风险；如果生产物价指数比预期数值低，则表明有通货紧缩的风险。生产者物价指数主要的目的在于衡量各种商品在不同的生产阶段的价格变化情形。

一般而言，商品的生产分为三个阶段：一是原始阶段：商品尚未做任何的加工；二是中间阶段：商品尚需进一步的加工；三是完成阶段：商品至此不再做任何加工手续。PPI是衡量工业企业产品出厂价格变动趋势和变动程度的指数，是反映某一时期生产领域价格变动情况的重要经济指标。

在我国，PPI一般指统计局公布的工业品出厂价格指数。目前，我国PPI的调查产品有4000多种，包括各种生产资料和生活资料，涉及调查种类186个。其中，能源原材料价格在PPI构成中占较大比重。通常情况下，PPI走高意味着企业出厂价格提高，因此会导致企业盈利增加；但如果下游价格传导不利或市场竞争激烈，走高的PPI则意味着众多竞争性领域的企业将面临越来越大的成本压力，从而影响企业盈利，整个经济运行的稳定性也将受到考验。

因此，PPI可以用来对通货膨胀进行初期预测。理由很简单，企业成本上升时，企业通常会提高价格。一般而言，当生产者物价指数增幅很大而且持续加速上升时，该国央行相应的反应是采取加息对策阻止通货膨胀快速上涨，则该国货币升值的可能性增大；反之亦然。

美劳工部在25000多家企业做调查，得出产品价格，根据行业不同和在经济中的比重、分配比例和权重、PPI能够反映生产者获得原材料的价格波动等情况，推算预期CPI，从而估计通胀风险。总之，PPI上升不是好事，如果生产者转移成本，终端消费品价格上扬，通胀上涨。如果不转移，企业利润下降，经济有下行风险。

在美国，生产者物价指数的资料搜集由美国劳工局负责，它以问卷的方式向各大生产厂商搜集资料，搜集的基准月是每个月包含 13 日在内该星期的 2300 种商品的报价，再加权换算成百进位形态，为方便比较，基期定为 1967 年。真正的经济学家可以通过对 PPI 的关注，从而正确判断物价的真正走势——这是由于食物及能源价格一向受到季节及供需的影响，波动剧烈。

对于老百姓来说，PPI 通常作为观察通货膨胀水平的重要指标。由于食品价格因季节变化加大，而能源价格也经常出现意外波动，为了能更清晰地反映出整体商品的价格变化情况，一般将食品和能源价格的变化剔除，从而形成"核心生产者物价指数"，进一步观察通货膨胀率变化趋势。

生活水平的衡量尺度：恩格尔系数

34 岁的章先生是一家企业的管理人员，从事经营工作，家庭年收入在 30 万元到 40 万元之间。说起记账的初衷，章先生说，记账习惯与年龄无关，他五六年前就开始记账，是因为觉得只有把家庭生活经营好了，才能把自己的经营管理工作做得更好。"做家庭账本和做公司的账一样，我每个月都要把家里的收入、支出、存量做平，对支出记账还要进行分类。"

"以我们的家庭收入，在西安应该还算是比较富裕的家庭。"章先生说，他们一家三口，孩子上幼儿园，现在已经不喝奶粉了，比起那些小孩喝奶粉的家庭，他们减少了这项支出。孩子每月托费 1200 元，平均下来每月花在孩子身上的钱就是 2000 元左右。其余的支出，除了吃，大项支出就是养车、房贷。每天记账，可以及时了解家庭支出的合理性。他以记账情况得出的结论仍是：食物支出过大，生活质量有所下降。

过去，人们见面的第一句话通常是："吃了没？"由此可见食物对人们的重要性。消费支出是指一个家庭日常生活的全部支出，包括食品、衣着、家庭设备用品及服务、医疗保健、交通和通讯、娱乐教育文化服务、居住、杂项商品和服务八大类。消费支出反映了居民的物价消费水平，是很重要的宏观经济学变量，被作为宏观调控的依据之一。这里我们所讲的恩格尔系数就是食品支出总额占个人消费支出总额的比重。

恩格尔系数，是指居民家庭中食物支出占消费总支出的比重。德国统计学家恩格尔根据经验统计资料对消费结构的变动提出这一看法：一个家庭收入越少，家庭收入中或者家庭总支出中用来购买食物的支出所占的比例就越大，随着家庭收入的增加，家庭收入中或者家庭支出中用来购买食物的支出将会下降。恩格尔系数是用

恩格尔系数你会算吗

　　恩格尔系数是国际上通用的衡量居民生活水平高低的一项重要指标，国际上常常用其衡量一个国家和地区人民生活水平的状况。

　　月总支出：1000元，食物支出：500元，恩格尔系数为50%，家庭属于温饱。

　　月总支出10000元，食物支出3500元，恩格尔系数为35%，家庭属于富裕。

$$恩格尔系数 = \frac{食物支出总额}{家庭消费支出总额} \times 100\%$$

系数越大代表越贫困

0%　　　　　　50%　　　　　　100%

系数越小代表越富裕

来衡量家庭富足程度的重要指标。

恩格尔定律主要表述的是食品支出占总消费支出的比例随收入变化而变化的一定趋势。恩格尔系数是国际上通用的衡量居民生活水平高低的一项重要指标，国际上常常用恩格尔系数来衡量一个国家和地区人民生活水平的状况。

吃是人类生存的第一需要，在收入水平较低时，其在消费支出中必然占有重要地位。随着收入的增加，在食物需求基本满足的情况下，消费的重心才会开始向穿、用等其他方面转移。因此，一个国家或家庭生活越贫困，恩格尔系数就越大；反之，生活越富裕，恩格尔系数就越小。

根据联合国粮农组织提出的标准，恩格尔系数在59%以上为贫困，50%～59%为温饱，40%～50%为小康，30%～40%为富裕，低于30%为最富裕。一般随居民家庭收入和生活水平的提高而下降。按此划分标准，20世纪90年代，恩格尔系数在20%以下的只有美国，达到16%；欧洲、日本、加拿大，一般在20%～30%之间，是富裕状态。东欧国家，一般在30%～40%之间，相对富裕，剩下的发展中国家，基本上为小康水平。

简单地说，一个家庭或国家的恩格尔系数越小，就说明这个家庭或国家经济越富裕。反之，如果这个家庭或国家的恩格尔系数越大，就说明这个家庭或国家的经济越困难。当然数据越精确，家庭或国家的经济情况反应也就越精确。

有网友曾提问：近些年来致力于农村恩格尔的系数是一直像预期那样的直线下降呢？还是有波动的？这些数据对我们来讲有没有意义？是否预示着我们已经进入相对富裕的行列，还是只是小康水平？

国家统计局新闻发言人回答，恩格尔系数是指居民的消费支出之中，食品支出占整个消费支出的比重。它所代表的含义，一般是用来反映消费水平生活质量变化的一个很重要的指标。恩格尔系数随着收入水平的提高、消费水平的提高，食品消费支出的比重会下降。改革开放30年来，我们国家的恩格尔系数，无论是农村还是城市，恩格尔系数都是往下走的。不排除个别年份，因为物价水平的变化，恩格尔系数稍微有一些波动，但总的趋势是往下的。从农村来讲，基本上在42%左右。从城市来讲，居民的恩格尔系数已经下降到40%以下，充分说明我们国家随着收入水平的提高，人们由总体小康向全面小康变化，已经摆脱了原来以吃、喝、穿这种生存意义的消费结构，正在进入以住和行消费为引导的消费升级的新阶段。

国家统计局的资料显示，改革开放以来，由于收入持续快速增长，我国居民家庭的恩格尔系数呈现下降的趋势，与1978年的57.5%相比，2007年我国城镇居民家庭恩格尔系数为43.1%，这是居民消费结构改善的主要标志。这表明，我国人民以吃为标志的温饱型生活，正在向以享受和发展为标志的小康型生活转变。

随着经济的迅速发展，人们花在食物上的支出相对于以前已经多出不少，但是食物支出占整个家庭支出的比例已经呈现下降的趋势，花在住房、汽车、教育、娱乐等其他方面的支出占据越来越大的比重。这就是恩格尔系数在不断降低，但不排除在某一特殊时期会上升，如金融危机时期、通货膨胀时期，前面章先生的食品支出加大就是通货膨胀所造成的。

在使用恩格尔系数时应注意：一是恩格尔系数是一种长期趋势，时间越长趋势越明显，某一年份恩格尔系数波动是正常的；二是在进行国际比较时应注意可比口径，在中国城市，由于住房、医疗、交通等方面存在大量补贴，因此进行国际比较时应调整到相同口径；三是地区间消费习惯不同，恩格尔系数略有不同。

恩格尔定律是根据经验数据提出的，它是在假定其他一切变量都是常数的前提下才适用的，因此在考察食物支出在收入中所占比例的变动问题时，还应当考虑城市化程度、食品加工、饮食业和食物本身结构变化等因素都会影响家庭的食物支出增加。只有达到相当高的平均食物消费水平时，收入的进一步增加才不对食物支出产生重要的影响。

当然，恩格尔系数也并不是对每一个人或每一个家庭都完全适合。如自诩为美食家的人，以吃尽天下美食为己任，他花在食物上的消费比例肯定比其他消费多，但以此断定他贫困或富裕就有失偏颇。在适用恩格尔系数进行国际比较时，由于各国的价格体系、福利补贴等方面差异较大，所以，要注意个人消费支出的实际构成情况，注意到运用恩格尔系数反映消费水平和生活质量会产生误差。

财富收入是否公平，基尼系数是标准

基尼系数是意大利经济学家基尼于1912年提出的，定量测定收入分配差异程度，国际上用来综合考察居民内部收入分配差异状况的一个重要分析指标。

基尼系数的经济含义是：在全部居民收入中，用于进行不平均分配的那部分收入占总收入的百分比。基尼系数最大为"1"，最小等于"0"。前者表示居民之间的收入分配绝对不平均，即100%的收入被一个单位的人全部占有了；而后者则表示居民之间的收入分配绝对平均，即人与人之间收入完全平等，没有任何差异。但这两种情况只是在理论上的绝对化形式，在实际生活中一般不会出现。因此，基尼系数的实际数值只能介于 0 ~ 1 之间。

基尼系数按照联合国有关组织规定，低于 0.2 表示收入绝对平均；0.2 ~ 0.3 表示比较平均；0.3 ~ 0.4 表示相对合理；0.4 ~ 0.5 表示收入差距较大；0.5 以上表示收入差距悬殊。经济学家们通常用基尼指数来表现一个国家和地区的财富分配状况。这个指数在 0 和 1 之间，数值越低，表明财富在社会成员之间的分配越均匀；反之亦然。

通常把 0.4 作为收入分配差距的"警戒线"。将基尼系数 0.4 作为监控贫富差距的警戒线，应该说，是对许多国家实践经验的一种抽象与概括，具有一定的普遍意义。但是，各国、各地区的具体情况千差万别，居民的承受能力及社会价值观念都不尽相同，所以这种数量界限只能用作宏观调控的参照系，而不是教条和标准。

基尼系数由于给出了反映居民之间贫富差异程度的数量界限，可以较客观、直观地反映和监测居民之间的贫富差距，预报、预警和防止居民之间出现贫富两极分化，因此得到世界各国的广泛认同和普遍采用。

有很多人认为听到一个基尼系数，就了解了当地收入分配的一种实际状况。事情仿佛和天气预报差不多，听到最高、最低温度多少，我们立刻就知道了气候的冷暖。

我们应该看到这样一个社会现象：富者很富，穷者很穷。用经济学术语来说，这就是收入分配中的"马太效应"。在国民收入分配领域，马太效应进一步显现出贫者越贫、富者越富的状态，这种情况对经济的协调发展和社会的和谐进步产生一定影响。一部分人已经先富起来了，这是中国的客观现实，大部分人虽然已经解决了温饱问题，收入有所提高，却还算不上富裕，也是中国的客观现实，居民收入差距不断地扩大，就是中国客观现实的反映。

2011 年《社会蓝皮书》指出，近年来社会收入差距一直在扩大，当前反映收入分配差距的总体基尼系数在 0.5 左右，大大超过了国际公认的 0.4 的警戒线水平。据称，1984 年，中国总体基尼系数大约仅为 0.26，在短短 20 多年时间内，中国已经由收入分配比较平等的国家进入收入分配最不平等的国家行列。

如何解决基尼系数过大所带来的执政危机？专家对基尼系数现状提出了应对措施：

1. 改变现行税制在调节收入分配方面的制度缺陷，完善税收调节体系，使税收调节分配的功能在居民收入、存量财产、投资收益等各个环节得到有效发挥。

2. 运用综合调控手段，加强对高收入阶层的税收调控。

（1）加快个人所得税改革，建立综合与分类相结合的税制模式。

（2）深化消费税制改革。充分发挥消费税商品课税再分配功能，对必需品适用低税率或免税，对奢侈品适用高税率。

（3）可考虑对储蓄存款利息课征的个人所得税采用累进税率，以及开征物业税、遗产税等税种。

3. 把"富民优先"作为经济发展新阶段以及解决基尼系数拉大问题的重大经济政策，对低收入者实施积极的税收扶持政策。

（1）完善支持农业发展的税收政策措施。农业的基础地位和弱质产业特性，要求政府在取消农业税之后，进一步在提高农业生产专业化和规模化水平、大力发展农业产业集群、健全现代农产品市场体系等方面给予政策支持，具体而言，即对农业生产资料采取更加优惠的增值税税率，降低生产资料价格，减轻农民负担。

（2）加大对中小企业的扶持力度，使民营经济得到长足发展。我国中小企业在解决社会就业、维护社会稳定方面发挥的重要作用是显而易见的。

基尼系数反应贫富差距

基尼系数的区段

小于 0.2 表示
收入绝对平均

0.3~0.4 表示
相对合理

0.5 以上表示收入差距悬殊

0.1 0.2 0.3 0.4 0.5 0.6

0.2~0.3 表示
比较平均

0.4~0.5 表示
收入差距较大

收入差距

改革开放以来，我国在经济增长的同时，贫富差距逐步拉大，综合各类居民收入来看，基尼系数越过警戒线已是不争的事实。

（3）加大对城镇下岗失业人员再就业的税收支持力度，推进就业和再就业。

（4）建议开征社会保障税。

4. 完善配套措施，加大对非常态高收入阶层收入的监管。

（1）加强对垄断收入的监管。

（2）积极推行存款实名制，并逐步创造条件实行金融资产实名制，限制非法收入。

（3）对黑色收入和腐败收入、灰色收入、钻各种政策空子所得的非常态收入要采取有效手段加以打击和取缔。

当然，在解决贫富悬殊、化解基尼系数"越警"方面，税收的作用毕竟是有限的，必须和政府其他宏观经济政策共同发挥作用，才能更好地解决我国收入分配差距扩大的问题，从而促进我国经济社会健康和谐的发展。

金融投资的风向标：道琼斯指数

对于金融世界，特别是投资股票的人们而言，道琼斯指数和《华尔街日报》就是他们的圣经。当新世纪开始的时候，拜伦家庭的努力，使道琼斯公司和道琼斯指数跟上了时代发展的步伐，继续反映着美国经济，指导着投资者们的行动。美西战争的胜利和雄心勃勃的西奥多·罗斯福总统，使美国经济超越国界登上世界舞台。股票市场异常繁荣，道琼斯指数记录了一个无可比拟的国内市场健康发展的重要时期。

道琼斯指数是世界上历史最为悠久的股票指数，它的全称为股票价格平均指数。通常人们所说的道琼斯指数有可能是指道琼斯指数四组中的第一组道琼斯工业平均指数。

整个20世纪20年代是道琼斯指数的辉煌时期。到1928年，它已增加到30种股票。那些有钱的富人们一直把股票市场看作是他们的私人领域，但这时情况发生了变化，股市的狂热使人们想尽办法投身股市，于是他们得到一个新的极其危险的金融玩具，即定金交易。这种玩法十分刺激，人们花1美元便能买到价值10美元的股票，这使那些没有多少钱的人也参与了进来，电梯工、接线员、报童等所有人都跟金融巨头一样玩起了股票。他们为有这么多挣钱的机会而疯狂，却没有意识到市场涨得越高下跌的危险就越大。

股票价格指数就是用以反映整个股票市场上各种股票市场价格的总体水平及其变动情况的指标，简称为股票指数。它是由证券交易所或金融服务机构编制的表明股票行市变动的一种供参考的指示数字。由于股票价格起伏无常，投资者必然面临市场价格风险。对于具体某一种股票的价格变化，公开发布，作为市场价格变动的指标，投资者据此就可以检验自己的投资效果，并用以预测股票市场的动向。

　　道琼斯股票指数是在 1884 年由道琼斯公司的创始人查理斯·道开始编制的。其最初的道琼斯股票价格平均指数是根据 11 种具有代表性的铁路公司的股票，采用算术平均法进行计算编制而成，发表在查理斯·道自己编辑出版的《每日通讯》上。

　　其计算公式为：股票价格平均数＝入选股票的价格之和／入选股票的数量。自 1897 年起，道琼斯股票价格平均指数开始分成工业与运输业两大类，其中工业股票价格平均指数包括 12 种股票，运输业平均指数则包括 20 种股票，并且开始在道琼斯公司出版的《华尔街日报》上公布。1928 年后，道琼斯股票价格平均指数就改用新的计算方法，即在计点的股票除权或除息时采用连接技术，以保证股票指数的连续，从而使股票指数得到了完善。在 1929 年，道琼斯股票价格平均指数又增加了公用事业类股票，使其所包含的股票达到 56 种。

　　除了道琼斯股票价格指数外，还有其他的价格指数：

　　标准·普尔股票价格指数在美国也很有影响，它是美国最大的证券研究机构即标准·普尔公司编制的股票价格指数。

　　纽约证券交易所股票价格指数。这是由纽约证券交易所编制的股票价格指数。它起自 1966 年 6 月，先是普通股股票价格指数，后来改为混合指数，包括在纽约证券交易所上市的 1500 家公司的 1570 种股票。

　　日经道琼斯股价指数是由日本经济新闻社编制并公布的反映日本股票市场价格变动的股票价格平均数。该指数从 1950 年 9 月开始编制。

　　香港恒生指数是香港股票市场上历史最久、影响最大的股票价格指数，由香港恒生银行于 1969 年 11 月 24 日开始发表。恒生股票价格指数包括从香港 500 多家上市公司中挑选出来的 33 家有代表性且经济实力雄厚的大公司股票作为成分股。

　　道琼斯指数的目的在于反映美国股票市场的总体走势，涵盖金融、科技、娱乐、零售等多个行业。道琼斯工业平均指数目前由《华尔街日报》编辑部维护，其成份股的选择标准包括成份股公司持续发展，规模较大、声誉卓著，具有行业代表性，并且为大多数投资者所追捧。

　　目前，道琼斯工业平均指数中的 30 种成份股是美国蓝筹股的代表。这个神秘的指数的细微变化，带给亿万人惊恐或狂喜，它已经不是一个普通的财务指标，而是世界金融文化的代号。

　　道琼斯指数作为最有权威性的一种股票价格指数，被称为经济的晴雨表，有以下三方面原因：

　　第一，道琼斯股票价格平均指数所选用的股票都有代表性，这些股票的发行公司都是本行业具有重要影响的著名公司，其股票行情为世界股票市场所瞩目，各国投资者都极为重视。为了保持这一特点，道琼斯公司对其编制的股票价格平均指数所选用的股票经常予以调整，用具有活力的更有代表性的公司股票替代那些失去代表性的公司股票。自 1928 年以来，仅用于计算道琼斯工业股票价格平均指数的 30 种工商业公司股票，已有 30 次更换，几乎每两年就要有一个新公司的股票代替老公司的股票。

第二，公布道琼斯股票价格平均指数的新闻载体——《华尔街日报》是世界金融界最有影响力的报纸。该报每天详尽报道其每个小时计算的采样股票平均指数、百分比变动率、每种采样股票的成交数额等，并注意对股票分股后的股票价格平均指数进行校正。在纽约证券交易营业时间里，每隔半小时公布一次道琼斯股票价格平均指数。

第三，这一股票价格平均指数自编制以来从未间断，可以用来比较不同时期的股票行情和经济发展情况，成为反映美国股市行情变化最敏感的股票价格平均指数之一，是观察市场动态和从事股票投资的主要参考。

股票总的面值相对而言是固定的。如果经济行情或者人们对股市的预期看涨，大量资金进入股市，股票的价格就上扬，股票便升值，指数也上升。如果经济行情或者人们对股市的预期看跌，那么大量的股票持有者就抛售手中股票，换取现金退出股市，于是股价下跌，指数下降，整个股市内的资金总量快速减少。所以不论是上学的小孩，还是不懂股票的年轻人，他们炒股没有像那些专家一样去看公司的财务报表，去看产品的创新，他们看的是股票指数。

金融学里的"不可能三角"：三元悖论

1997 年爆发了亚洲金融危机，泰国、印尼等东南亚国家在保持货币政策的独立性和资本流动自由的前提下，汇率剧烈波动，最后不得不以大幅贬值而告终。随后在国际货币基金组织开出的"治疗处方"中，以牺牲货币政策的独立性（即部分让渡货币政策的主权）为代价，获取了资本自由流动和汇率稳定的目标。

1999 年，美国经济学家保罗·克鲁格曼在仔细研究亚洲金融危机过程及原因后，根据蒙代尔"不可能三角"画出了一个三角形，并称其为"永恒的三角形"，克鲁格曼还为此专门取了一个名字，即"三元悖论"。

三元悖论，也称三难选择，它是由美国经济学家保罗·克鲁格曼就开放经济下的政策选择问题所提出的。

根据三元悖论，在资本自由流动、货币政策的有效性和汇率制度稳定三者之间只能进行以下三种选择：

第一种，保持本国货币政策的独立性和资本的完全流动性，必须牺牲汇率的稳

🖐 三元悖论

克鲁格曼提出的"三元悖论"原则指出，一国不可能同时实现货币政策独立性、汇率稳定以及资本自由流动三大金融目标，只能同时选择其中的两个而放弃另外一个目标。

"三元悖论"原则可以用下图来直观表示。"三元悖论"是指图中心位置的灰色三角形，即：

"三元悖论"图

资本自由流动

浮动汇率　　　　货币政策非独立

在灰色三角形中，三个角点只能三选二。

货币政策独立　　资本管制　　固定汇率

如果要求汇率稳定和资本流动，就必须放弃独立的货币政策。

如果一个国家想允许资本自由流动，又要求拥有独立的货币政策，那么就难以保持汇率稳定。

如果要求拥有独立的货币政策和保持汇率稳定，就必须对资本流动进行限制。

定性，实行浮动汇率制。这是由于在资本完全流动的条件下，频繁出入的国内外资金带来了国际收支状况的不稳定，如果本国的货币当局不进行干预，即保持货币政策的独立性，那么本币汇率必然会随着资金供求的变化而频繁波动。利用汇率自动调节机制将汇率调整到真实反映经济现实的水平，可以改善进出口收支，影响国际资本流动。虽然汇率调节机制本身有缺陷，但实行汇率浮动确实较好地解决了"三难选择"。但对于发生金融危机的国家来说，特别是发展中国家，信心危机的存在会大大削弱汇率调节机制的作用，甚至起到恶化危机的作用。当汇率调节机制不能奏效时，为了稳定局势，政府的最后选择是实行资本管制。

第二种，保持本国货币政策的独立性和汇率稳定，必须牺牲资本的完全流动性，实行资本管制。在金融危机的严重冲击下，在汇率贬值无效的情况下，唯一的选择是实行资本管制，实际上是政府以牺牲资本的完全流动性来维护汇率的稳定性和货币政策的独立性。大多数经济不发达的国家，比如中国，就是实行的这种政策组合。这一方面是由于这些国家需要相对稳定的汇率制度来维护对外经济的稳定，另一方面是由于他们的监管能力较弱，无法对自由流动的资本进行有效的管理。

第三种，维持资本的完全流动性和汇率的稳定性，必须放弃本国货币政策的独立性。根据蒙代尔·弗莱明模型，资本完全流动时，在固定汇率制度下，本国货币政策的任何变动都将被所引致的资本流动的变化而抵消其效果，本国货币政策丧失自主性。在这种情况下，本国或者参加货币联盟，或者更为严格地实行货币制度，基本上很难根据本国经济情况来实施独立的货币政策对经济进行调整，最多是在发生投机冲击时，短期内被动地调整本国利率以维护固定汇率。可见，为实现资本的完全流动与汇率的稳定，本国经济将会付出放弃货币政策自主权的巨大代价。

中国由于从计划经济转向市场经济的历史还比较短，国民经济抵御市场风险能力以及进行宏观调控的政策手段和法律体系还不健全，因而中国采取了上面所述的第二种模式，即保持货币政策的独立性和稳定汇率，而对资本的自由流动进行了限制。但随着人民币国际化呼声越来越高，资本的自由流动将会在不久的将来得以实现，届时中国将会从第二种模式转为第一种模式，即保持本国货币政策的独立性和资本的完全流动性，放弃固定汇率制，而实行浮动汇率制。

"不可能三角"理论从战后国际货币体系的发展中已经得到验证：在1945年至1973年的布雷顿森林体系中，各国"货币政策的独立性"和"汇率的稳定性"得到实现，但"资本流动"受到严格限制；而1973年以后，"货币政策独立性"和"资本自由流动"得以实现，但"汇率稳定"不复存在。"不可能三角"理论的妙处在于，它提供了一个一目了然地划分国际经济体系各形态的方法。

全球经济突围的秘道：低碳金融

世界金融危机的硝烟尚未散去，全球低碳经济革命之风又席卷而来。"你低碳了吗？"成为当今最时尚的问候语。从哥本哈根会议伊始到如今，我国各行各业的人们都在自己的领域积极响应号召，低碳环保的生活理念已经悄然走近大家的内心。

我们对于低碳经济的认识是这样的，它是一种正在兴起的经济形态和发展模式，包括了低碳产业、低碳技术、低碳城市、低碳生活等一系列新内容，也是人类文明进步的一个标志。低碳经济是要建设低碳社会，维护生态平衡，真正在气候变化的背景下实现可持续发展。发展低碳经济是一场涉及生产方式、生活方式、价值观念和人类命运的全球性革命。

文明人的生活一定不低碳，高收入的生活肯定比低收入的生活不低碳。最低碳的生活是原始人的生活，盖房子肯定不如不盖房子低碳，点蜡烛肯定不如不点蜡烛低碳。

世界银行报告指出，高收入国家过去占据着过高的二氧化碳的排放比例，现在还是这个样子。

联合国开发署的 2008 年报告也公正地指出，一些发达国家在 1990 年，以及《京都议定书》签署以后，还继续扩大它的排放量，从工业革命到 2004 年，每 10 吨二氧化碳中，有 7 吨是富国排放的，英国、美国人均排放量是 1100 吨，而中国是 66 吨，印度更少，是 23 吨。所以，发达国家是四位数，中国是两位数，由于共同的但有区别的责任原则，写在《联合国气候变化框架公约》和《京都议定书》里面是非常有道理的。

在全球化的视野下，能源问题已经成为国际政治、经济、环境保护等诸多领域的中心议题，甚至成为国际政治的重心。国家间围绕世界能源的控制权所进行的激烈争夺，各国维护自身利益所制定的能源安全战略，以及各国政府积极主导的替代能源开发，使能源问题日益成为国际社会的焦点；而油价波动、低碳经济、气候变化以及环境保护诸多问题，不仅是政府首脑、智库学者的案头工作议题，而且成为切切实实的民生问题。中国在能源领域的国际合作也在不断扩大，从最初的石油天然气为主，扩展到了煤炭、电力、风能、生物质燃料、核能、能源科技等各个方面；而伴随着能源问题的国际化，中国也从国际社会的幕后走到台前，承担的责任越来越重。

中国石油作为国有大型骨干企业，承担着履行政治、经济、社会三大责任，保障国家能源安全的重要使命，围绕着建设综合性国际能源公司这一战略目标，积极实施"资源"和"市场"两大战略，注重国内外资源和国内外市场的开拓，取得了巨大成就。但是，能源问题不再是一个简单的经济问题，石油企业的海外发展往往伴随复杂的国际政治、经济、社会和环境因素。

低碳经济是可持续发展的大势所趋。它对于中国来说，是一次重大的考验，但同时我们也应该看到，低碳经济也给我国经济的发展带来了非常多的机遇。

例如，某宾馆的照明、空调、电梯等耗电的电费 5000 万。有一个节能公司跟宾馆签署了一个协议，包括照明时间多长，照明亮度多高，电梯每小时载客量多少，室内保持恒温、恒湿的温度和湿度多少等内容。据此，节能公司承包宾馆所有的用电，宾馆每年给节能公司支付 4200 万。宾馆现在用电费用是 5000 万，节能公司替宾馆一年节约 800 万。至于维持宾馆能耗的真实开支是多少，不关宾馆的事，替宾馆锁定财务风险。节能公司可能用一些节能技术，如，电梯本来是大电梯两部，改成四部小电梯，高低区域分开，低区域有低区域的电梯，高区域有高区域的电梯；采取更节能的灯源；本来有空调系统，可能改变建筑本身保温性能和建筑惰性，使得空调更节约了；空调除了中央空调大系统之外还有辅助空调系统，引入地缘热泵等。通过一系列的节能安排，节能公司为宾馆做了能源优化使用技术，到最后也达到了同样温度、湿度，电梯、照明也都提供了，实际能源开支只有3500万。通过这个项目节能公司自己既挣了利润，又为宾馆节约了800万。而在整个的交易活动当中，创新的发展模式，就成了节约成本创造利益的关键。

可以说创新是发展低碳经济的源泉。要发展低碳经济，就是发展高新技术产业，发展这方面有持续竞争力的产业，就是环境友好、资源节约型的。而且新产业的发展、低碳经济的发展，根本的动力是创新。

低碳经济属于创新型的经济，而创新型的经济又是以高新技术为依托的。这样的企业发展，是一个充满风险的过程。从初期发展一个技术到一个产业，一般要经过种子期、初创期、成熟期连续几个阶段，要经过惊险的跳跃，而且需要资金的支持。如果没有这样的资本市场的支持，高收益、高风险、高增长潜力的低碳项目就难以蓬勃发展。新的东西的发展，实践证明风险投资是比较好的方法，主要是这种机制的引入，就像硅谷那样可以鼓励创新、容忍失败、顺其自然使大量的低碳技术成功开发，并且使创业者的理想可以实现，使低碳的产业层出不穷。所以，只有把低碳经济与金融结合，才可以展翅翱翔，只有这样才能创新低碳技术。在全世界低碳金融盛行的当下，更好地树立全社会的低碳意识，把握机遇，发展低碳产业，壮大低碳经济。

第四章

为什么贫者越贫，富者越富
——每天学点金融学原理

货币也会排斥异己的——劣币驱逐良币

"劣币驱逐良币"是经济学中的一个著名定律，在两种实际价值不同而面额价值相同的通货同时流通的情况下，实际价值较高的通货（所谓良币）必然会被人们熔化、收藏或输出而退出流通领域；而实际价值较低的通货（所谓劣币）反而会充斥市场。这就是著名的格雷欣法则。在现实生活中，我们也经常会看到类似的现象。

假定男A，男B，美女C，从客观条件和个人禀赋来看，男A较有优势，男B稍逊。若从资源配置来看，A、C结合实属大快人心，然而现实并非如此简单。A男因自身禀赋或客观条件好，选择面比较广，"吊死在一棵树上"的机会成本过大。而B男则相反，可能是"一无所有"，索性"孤注一掷，拼命一搏"。这样B男在追求美女C的努力程度上显然会大于A男，而C女只能凭借对方的行为表现来评判其爱恋自己的程度。往往会被B男刻意粉饰的"海枯石烂，一心一意"的倾慕和忠诚而迷惑，被B男拖入婚姻的"围城"。于是，婚恋角逐画上了句号。

在铸币时代，当那些低于法定重量或者成色的铸币——"劣币"进入流通领域之后，人们就倾向于将那些足值货币——"良币"收藏起来。最后，良币将被驱逐，市场上流通的就只剩下劣币了。当事人的信息不对称是"劣币驱逐良币"现象存在的基础。因为如果交易双方对货币的成色或者真伪都十分了解，劣币持有者就很难将手中的劣币用出去，或者即使能够用出去也只能按照劣币的"实际"而非"法定"价值与对方进行交易。

18世纪20年代之后，由于某人不懈努力，白银终于变为非主流，黄金成为货币世界永恒的主题。某人，叫作艾萨克·牛顿，而且，与你认知的牛顿是同一个人。牛顿，是伟大的数学家、物理学家，是经典力学、微积分的奠基人。对物理和数学来说，牛顿是奠基人；对牛顿来说，物理和数学只是业余爱好。牛顿的本职工作，只是英国王室造币大臣。在这个职位上他一干就是30多年，相当兢兢业业。

牛顿当政之前，"造币大臣"只是一个闲职，没有任何实权。各家银行自己发行银行券，自行铸造货币，日子过得那是相当滋润，关造币大臣何事。黄金为币，始于牛顿。

18世纪初，金银同为英国货币，但牛顿发现黄金越来越多，白银越来越少。因为，黄金在欧洲大陆购买力低于英国，白银的情况则恰恰相反。也就是说，在英国本土金贱银贵，在海外金贵银贱。

牛顿不但掏空了国库的白银家底，而且收购英国居民的银器，就是为了增加白银铸币。费了九牛二虎之力才拿出约700万英镑白银，依然不能扭转金贱银贵的局面，新铸的银币也在流通中消失得无影无踪了。

牛顿很伤心，伤心之后就明白了：既然黄金在本土便宜，无论铸多少银币都会被人藏起来，即所谓"劣币驱逐良币"。

"劣币驱逐良币"现象最早是由英国的托马斯·格雷欣爵士发现并加以明确表述的。格雷欣是英国著名的金融家、慈善家，格雷欣学院的创建者，英国王室财政顾问和金融代理人。1559年，他根据对当时英国货币流通状况的考察，上书英国女王伊丽莎白一世，建议收回成色不足的劣币，以防止成色高的良币外流，并重新铸造足值的货币，以维护英国女王的荣誉和英国商人的信誉。格雷欣在建议书中首次使用"劣币驱逐良币"的说法，指出由于劣币与良币按面额等值使用，因此人们往往把良币贮藏起来或运往外国使用。这样就出现市面上所流通的都是劣币，而良币被驱逐出流通领域的货币现象。

格雷欣法则是金属货币流通时期的一种货币现象。但随着时代变迁，金属货币被纸制货币所代替。第一代纸币是可兑换的信用货币，其主要的、完善的形式是银行发行的银行券。它是银行的债务凭证，承诺其持有人可随时向发行人兑换所规定的金属货币。所以，这一种纸币叫作可兑换纸币。第二代纸币是由银行券蜕化而成的不可兑换纸币，它通常由中央银行发行，强制通用，本身价值微乎其微，被认为是纯粹的货币符号。

英国经济学家马歇尔在其《货币、信用与商业》一书中写道："可兑换的纸币——即肯定可以随时兑换成金币（或其他本位硬币）的纸币——对全国物价水平的影响，几乎和面值相等的本位硬币一样。当然，哪怕对这种纸币十足地兑换成本位硬币的能力稍有怀疑，人们就会对它存有戒心；如果它不再十足兑现，则其价值就将跌到表面上它所代表的黄金（或白银）的数量以下。"显然，硬币是良币，可兑换纸币是劣币。在正常情况下，两者完全一样，但当纸币兑换成硬币发生困难时，其名义价值就会贬值，严重时就会发生挤兑。这时纸币就会被卖方拒收，流通困难，从而迫使其持有人不得不涌向发行银行要求兑换硬币。这种情况，实际上宣告格雷欣法则的失效，即已经不是作为劣币的纸币代替硬币，而是相反，人们将持有硬币以代替纸币。

在现实生活中，格雷欣法则实现要具备如下条件：劣币和良币同时都为法定货币；两种货币有一定的法定比率；两种货币的总和必须超过社会所需的货币量。

👆 现实生活中的"劣币驱逐良币"的现象

终于把这些破旧的钱花出去了。

他还我的钱怎么这么旧！看来得想办法先花出去才行！

"劣币驱逐良币"的现象不仅在铸币流通时代存在，在纸币流通中也有。大家都会把肮脏、破损的纸币尽快花出去，而留下整齐、干净的货币。

平日乘公共汽车时，规矩排队者总是被挤得东倒西歪，几趟车也上不去，而不遵守秩序的人反倒常常能够捷足先登。最后遵守秩序排队上车的人会越来越少。

您就收下吧，现在哪里有不收钱的领导呢！

官场上的腐败现象如同瘟疫一样蔓延，不贪污受贿损公肥私只能吃苦受穷，还常常被视为异己分子，以致廉吏越来越少。

上述的这些现象都是因为劣币驱逐良币原则在起作用，所以说，"劣币驱逐良币"这一现象在生活中比比皆是。

什么让你一夜暴富，或一夜破产——财务杠杆率

曾经的次贷危机使整个发达国家的金融体系受到波及，除新世纪金融公司、美国的 Countrywide、英国的诺森罗克银行、北岩银行因其业务主要集中在抵押贷款领域而遭受重创外，花旗集团、美林证券、瑞士银行等大型综合银行和投资银行也都未能幸免。

美林有稳定的经纪业务，花旗有大量的零售银行业务和全球化的分散投资，瑞士银行有低风险的财富管理业务，一贯有着最高的信用评级，房地产抵押贷款只是它们利润来源的一小部分。但正是因为这个抵押贷款业务让这些金融寡头们遭受了沉重的打击。在 20 倍的高杠杆放大作用下，各大金融集团在次贷危机中的投资损失率竟然达到 18%～66%，平均损失约 30%。

所谓的杠杆率即一个公司资产负债表上的风险与资产之比率。杠杆率是一个衡量公司负债风险的指标，从侧面反映出公司的还款能力。一般来说，投行的杠杆率比较高，美林银行的杠杆率在 2007 年是 28 倍，摩根斯坦利的杠杆率在 2007 年为 33 倍。

财务杠杆之所以叫杠杆，有它省力的因素。物理杠杆通过增加动力臂长度，提高动力的作用，来节省所付出的力量；而财务杠杆则通过增加贷款数量来节约自有资金的支出，增加资金的流动性，进一步提高收益水平。这里需要符合一个基本的条件，就是贷款利率低于资金利润率，也就是说，用借来的钱赚得的钱要比借钱的利息高，否则贷得越多，赔偿的就会越多。

财务杠杆率等于营业利润与税前利润之比，反映的是由于存在负债，所产生的财务费用（利息）对企业利润的影响，在一定程度上反映企业负债的程度和企业偿债能力，财务杠杆率越高反映利息费用越高，导致 ROE 指标越低。

简单地讲就是把你的资金放大，这样的话你的资金成本就很小，同时你的风险和收益就放大了，因为盈亏的百分比不是依据原来的资金，而是根据放大后的资金来衡量的。也可以把财务杠杆简单看作是公司利用债务资产的程度，即公司负债与公司净资产的比值。可以确定的是，该比值越高，公司的杠杆比率就越大，说明公司的经营风险越高；比值越低，公司的杠杆比率就越低，公司的经营风险也就越低。

财务杠杆是用公司的资本金去启动更多的资金，在金融学中，经常用杠杆比例这一指标来表示。杠杆比例是总资产与净资产之比，这一比例越高，风险就越大。我们从一个简单的例子来看看高杠杆所带来的高收益与高风险。

以投资股票为例，假如某投资者有 1 万元可用于投资，欲购买 A 股票，当前价格 10 元，他可买 1000 股，在不计手续费的情况下，股价上涨至 15 元，他可获利 5000 元，股价下跌至 5 元，他将损失 5000 元。

又假如他可以按 1∶1 的比例融资（其杠杆是 2 倍），那么，他可购买 2000 股 A 股票。股价上涨至 15 元，他可获利 1 万元，股价下跌至 5 元，他将损失 1 万元。如此，

高杠杆率对投行的影响

很多投资银行在追求暴利的驱使下，采用 20 ~ 30 倍的杠杆操作。

假设一个银行 A 自身资产为 30 亿，30 倍杠杆就是 900 亿。也就是说，银行 A 以 30 亿资产为抵押去借 900 亿的资金用于投资。

| 假如投资盈利 5% | 假如投资亏损 5% |

| A 就获得 45 亿的盈利 | A 就亏损 45 亿 |

| 相对于 A 自身资产而言，这是 150% 的暴利。 | 银行 A 赔光了自己的全部资产还欠 15 亿。 |

通过以上的分析可以看出，高杠杆率对投行的影响是双向的。

它能放大投行的盈利。

它也能放大投行的风险损失。

其资产的小幅减值或业务的微小损失都有可能对屏弱的资本金造成严重冲击，令其陷入绝境。

收益和风险都扩大了两倍。

再假如他使用 4 倍的杠杆融到 4 万元，则其可以买 4000 股股票，如果股价同样从 10 元上涨至 15 元，他每股盈利 5 元，可以赚 2 万元，股票下跌至 5 元，他将损失 2 万元。其投资的收益与风险与初始投资相比，也放大了 4 倍。

在现实生活中很多人为了更多更快地获得资产性收益，利用财务杠杆开始压缩生活杠杆，通过炒股炒房获得资本，尝到甜头之后，往往抵押房地产炒股，甚至继续利用房地产抵押买来的股票做抵押再炒股炒房，杠杆比例持续上升。当资产价格上涨，这些杠杆带来正面效应，获得大量收益的时候，个人往往因为钱来得太容易而昏头，冲动买入大量奢侈品，刺激了生活杠杆。但是，如果资产价格下跌，这些杠杆作用的威力也是巨大的，你所有的资产均可能会化为泡影，成为负债累累的负翁。

因此，控制杠杆是分散业务风险的前提，在金融创新中要秉持"可以承受高风险，绝不承受高杠杆"的原则，当风险不可测时，控制杠杆比控制风险更重要。

随大流是明智还是愚蠢——博傻理论

在艺术品市场中，商品琳琅满目，很多人对艺术品一知半解，也完全不管某件艺术品的真实价值，即使它一文不值，也愿意花高价买下。这是因为大部分人都在期望会有比自己更不在行的人，可能会凭借一时冲动，或者喜欢它的做工和外表，而再以更高的价格从自己手中买走。投资成功的关键就在于能否准确判断究竟有没有比自己更大的笨蛋出现。只要你不是最大的笨蛋，就仅仅是赚多赚少的问题。如果再也找不到愿意出更高价格的更大笨蛋从你手中买走这件艺术品的话，那么，很显然你就是最大的笨蛋了。

"博傻理论"所要揭示的就是投机行为背后的动机，关键是判断是否有比自己更大的笨蛋，只要自己不是最大的笨蛋，那么自己就一定是赢家，只是赢多赢少的问题。如果再没有一个愿意出更高价格的更大笨蛋来做你的"下家"，那么最终最大的笨蛋就是你。任何一个投机者对"最大的笨蛋"理论都深信不疑。

那什么是博傻？在股票和期货市场上，博傻是指在高价位买进股票，等行情上涨到有利可图时迅速卖出。这种操作策略通常被市场称为傻瓜赢傻瓜，所以只能在股市处于上升行情中适用。从理论上讲博傻也有其合理的一面，博傻策略是高价之上还有高价，低价之下还有低价，其游戏规则就像接力棒，只要不是接最后一棒都有利可图，做多者有利润可赚，做空者减少损失，只有接到最后一棒者倒霉。投机狂潮最有力的动机解释就是博傻理论。

1593 年，一位维也纳的植物学教授到荷兰的莱顿任教，他带去了在土耳其栽培的一种荷兰人此前没有见过的植物——郁金香。荷兰人对此非常痴迷，于是教授认为可以大赚一笔，但是他所出示的高价令人望而却步。不得不让人想到了其他秘密的举动。终于在一个深夜，教授带来的全部郁金香球茎都被一个窃贼收入囊中，并以比教授低很多的价格很快卖空。

郁金香就以这种方式出现在荷兰人的花园里。后来郁金香受到花叶病的侵蚀，病毒使花瓣生出一些反衬的彩色条纹或"火焰"。富有戏剧性的是带病的郁金香成了珍品，以致一个郁金香球茎越古怪价格越高。于是有人开始囤积病郁金香，又有更多的人出高价从囤积者那儿买入并以更高的价格卖出。1638年，最大的笨蛋出现了，持续了五

博傻行为的两种类型

博傻行为，可以分为两种：

1. 感性博傻

也就是说,在行动时不知道自己已经进入一场未知结果的博傻游戏。

我怎么到这里来了？

2. 理性博傻

这种行为是行为人清楚地知道博傻及其相关的规则，只是相信一定有更傻的投资者会介入，因此会拿些少量的资金来赌一把。

我有可能赢！我要赌一把！

年之久的郁金香狂热悲惨落幕，球茎价格竟然跌到了一只洋葱的售价。

经济学家凯恩斯认为，专业投资者不愿将精力用于估计内在价值，而宁愿分析投资大众将来如何作为，分析他们在乐观时期如何将自己的希望建成空中楼阁。成功的投资者会估计出什么样的投资形势最容易被大众建成空中楼阁，然后在大众之前先行买入股票，从而占得市场先机。

在如此这般疯狂的投资世界，每分钟都会诞生无数个傻瓜——他之所以出现就是要以高于你投资支付的价格购买你手上的投资品。只要有其他人愿意支付更高的价格，再高的价格也不算高。发生这样的情况，正是大众心理在发酵。

凯恩斯本身也是因为在投机行为中发现了"博傻理论"。

经济学家凯恩斯为了能够专注地从事学术研究，经常出外讲课以赚取课时费，但课时费的收入毕竟是有限的，在不满足的情况下，他在 1919 年 8 月，借了几千英镑去做远期外汇这种投机生意。仅仅 4 个月的时间，凯恩斯净赚 1 万多英镑，这相当于他讲课 10 年的收入。刚开始有惊无险，狂妄之余仍然任由自己的欲望膨胀，仅仅 3 个月之后，凯恩斯就把赚到的利润和借来的本金输了个精光。赌徒的心理是输掉的总要想尽办法赢回来，上帝总是眷顾幸运的人，结果 7 个月后，凯恩斯又涉足棉花期货交易，又大获成功。

此间凯恩斯把期货品种几乎做了个遍，而且还涉足股票。到 1937 年他因病而"金盆洗手"的时候，他已经积攒起一生享用不完的巨额财富。

与一般赌徒不同，作为经济学家的凯恩斯在这场投机的生意中，除了赚取可观的利润之外，最大也是最有益的收获是发现了"笨蛋理论"，也有人将其称为"博傻理论"。

始于 1720 年的英国股票投机狂潮有这样一个插曲：一个无名氏创建了一家莫须有的公司。自始至终无人知道这是什么公司，但认购时近千名投资者争先恐后把大门挤倒。没有多少人相信它真正获利丰厚，而是预期更大的笨蛋会出现，价格会上涨，自己要赚钱。饶有意味的是，牛顿参与了这场投机，并且不幸成了最大的笨蛋。他因此感叹："我能计算出天体运行，但人们的疯狂实在难以估计。"

理性博傻能够赚取利润的前提是，会有更多的傻子来跟风，这是对大众心理的判断，当投资者发现当前的价位已经偏高准备撤离时，市场的高点也真正到来了。所以"要博傻，不是最傻"这句话说起来简单做起来并不容易，没有人能准确地判断出会有多少更傻的人介入，一旦理性博傻者成为最大的傻瓜，那么为何当初会加入理性博傻的队伍中。所以参与博傻的前提是要对大众心理进行研究和分析，并控制好自己的心态。对于博傻现象，完全放弃也不一定是完全合理的理性，在自己可以完全掌控的状况下，适当保持一定的理性博傻，也不失为一种投资策略。

贫者越贫，富者越富——马太效应

《圣经》中有这样一个故事：一位富人将要远行去国外，临走之前，他将仆人们叫到一起并把财产委托给他们保管。主人根据每个人的才干，给了第一个仆人五个塔伦特（注：古罗马货币单位），第二个仆人两个塔伦特，第三个仆人一个塔伦特。拿到五个塔伦特的仆人把它用于经商，并且赚到了五个塔伦特；同样，拿到两个塔伦特的仆人也赚到了两个塔伦特；但拿到一个塔伦特的仆人却把主人的钱埋到了土里。过了很长一段时间，主人回来了。拿到五个塔伦特的仆人带着另外五个塔伦特来见主人，他对自己的主人说："主人，你交给我五个塔伦特，请看，我又赚了五个。""做得好！你是一个对很多事情充满自信的人，我会让你掌管更多的事情，现在就去享受你的土地吧。"同样，拿到两个塔伦特的仆人带着他另外两个塔伦特来了，他对主人说："主人，你交给我两个塔伦特，请看，我又赚了两个。"主人说："做得好！你是一个对一些事情充满自信的人，我会让你掌管很多事情，现在就去享受你的土地吧。"最后，拿到一个塔伦特的仆人来了，他说："主人，我知道你想成为一个强人，收获没有播种的土地。我很害怕，于是就把钱埋在了地下。看那里，埋着你的钱。"主人斥责他说："又懒又缺德的人，你既然知道我想收获没有播种的土地，那么你就应该把钱存在银行，等我回来后连本带利还给我。"说着转身对其他仆人说："夺下他的一个塔伦特，交给那个赚了五个塔伦特的人。""可是他已经拥有十个塔伦特了。""凡是有的，还要给他，使他富足；但凡没有的，连他所有的，也要夺去。"

这个故事出自《新约·马太福音》。20世纪60年代，知名社会学家罗伯特·莫顿首次将"贫者越贫，富者越富"的现象归纳为马太效应。

马太效应无处不在，无时不有。任何个体群体或地区，一旦在某一个方面如金钱、名誉、地位等获得成功和进步，就会产生一种积累优势，就会有更多的机会取得更大的成功和进步。如今，马太效应在经济领域的延伸意义就是贫者越贫，富者越富。

其实这一点很容易理解，因为在金钱方面也是如此：即使投资报答率相同，一个本钱比他人多十倍的人，收益也多十倍；股市里的大庄家可以兴风作浪而小额投资者往往血本无归；资本雄厚的企业可以纵情运用各种营销手腕推广自己的产品，小企业只能在夹缝中生活。

随着社会的发展，渐渐地马太效应适用的领域越来越广泛。经济学规律告诉我们，财富的增减有时候以几何的形式呈现。每一个有志于扩张财富的人，都应掌握财富增长的规律，去实现自己的计划。

对于投资者来说，储蓄和投资是积累财富的两大重要途径。从表面上看似乎是最没有风险的，而且可以获得稳定的利息，殊不知在低利率时代仅仅依靠储蓄不可能满足你积累财富的要求。因为通货膨胀一方面会使你手中的货币贬值，另一方面，投资会使以货币计量的资产增值，你持有了能够增值的资产，自然就不用担心资金购买力的侵蚀了。

我们先看个案例：

光成和青楠是同一个公司的职工，他们每月的收入都是 2000 元，光成刚开始每

社会现象中的马太效应

马太效应是指好的愈好，坏的愈坏，多的愈多，少的愈少的一种现象，广泛应用于社会心理学、教育、金融以及科学等众多领域。

股市中的马太效应。股票价格水平的升降与股市的增量资金数额和存量资金的周转速度成正相关关系。

品牌资本的马太效应。某个行业或产业的产品或服务，品牌知名度越大，品牌的价值越高，其忠实的消费者就越多，其占有的市场份额就越大。

个月从工资中扣除 400 元存在银行做储蓄，经过 3 年，积累了近 15000 元。然后，他将其中的 5000 元分别存在银行和买了意外保险。再将剩下的 1 万元投资了股市。起初，股票上的投资有赔有赚，但经过 2 年多的时间，1 万元变成了 4 万元多，再加上后面两年再投入的资本所挣得的赢利以及留存在银行里的储蓄，他的个人资产差不多达到了 7 万 ~ 8 万元。

而青楠则把钱全都存在了银行，5 年下来扣除利息税，再加上通货膨胀，他的钱居然呈现了负增长。也就是说如果他和光成一样，每月存 400 元，那 5 年后，他的存款也不过是 25000 元，再扣除通货膨胀造成的损失（假定为 0.03%）7.5 元，则剩下 24992.5 元。

5 年的时间，就让两个人相差将近 5 万元！一年就是 1 万，那么 40 年后呢？就是更大的数字了。而且，光成因为积蓄的增多，还会有更多的机会和财富进行投资，也就是能挣更多的钱。青楠则可能因为通货膨胀，积蓄变得更少。

案例正应了马太效应里的那句话，让贫者更贫，让富者更富。即便是再少的钱财，只要你认真累积，精心管理，也会有令人惊讶的效果，并让你有机会、有能力更加富有。

一些工薪族认为，每个月的工资不够用，即便省吃俭用也没剩下多少。即便理财，效果也不大，还有必要理财吗？

这种想法是错误的。只要理财，再少的钱都可能给你带来一份收益，而不理财则再多的钱也会有花光的时候。再者，理财中还有一种奇特的效应，叫作马太效应。只要你肯理财，时间久了，也就积累了更多的财富，有更多的机会收获成功。不要让你的财富陷入负增长的不健康循环中去，善理财者会更富有，而不懂得运作金钱赚钱的人会日益贫穷，这就好比马太福音中的那句经典之言：让贫者越贫，富者越富！

不可违背的"太太定律"——市场意志原理

投资基于信念。比如，同样的消息释放出来，听闻的投资者会有截然不同甚至相反的理解；不同的分析师也会根据不同的数据得出五花八门的结论；所有的交易单，有多少买方就必定有多少卖方。市场里的每一位交易者，其实都是在根据自己的"信念系统"进行交易。而所谓的"基本面研究"和"技术分析"，不过是辅助手段，或者说让自己的交易单下得更加符合自己的心理预期。

信念是认知、情感和意志的有机统一体，是人们在一定的认识基础上确立的对某种思想或事物坚信不疑并身体力行的心理态度和精神状态。对于市场信念各学派有着不同的见解。

奥地利学派的信念是：市场是自然的函数，任何人都不能对抗自然，而只能顺应自然。奥地利学派相信，个体与整体受同样的规则约束。如果说某种原则对个人有益，譬如节俭，那么对私有实体、国家也同样有益。经济学不存在任何的"集合悖论"，也不应人为地规划所谓的"宏观经济学"和"微观经济学"。

自然界有既定的自然规律，比如阴阳交替，潮涨潮落，那么人类本身也难逃自然规律而经历繁荣和衰败，经济活动是人所为，也无法摆脱自然的约束。奥地利学派认为，经济荣枯循环不可避免。任何国家都不可能无休止地维持增长，当乐观情绪蔓延，每个人都以为自己只需炒股投资，坐收渔利的时候，实际的储蓄逐渐被耗尽，财产的消亡必会来临。在衰退期，最好的方式就是顺其自然，不要

🖑 "相信自然" 与 "相信意志"

　　"相信自然"与"相信意志"，是两个水火不容的信念。信念的区别决定了思维的差异。例如，看涨黄金与看涨美元就是一个典型。

　　看涨黄金者在"自然阵营"，相信天然货币，相信滥发钞票定会诱发恶性通胀的自然规律。

　　看涨美元者则处于"意志与强权阵营"，信任人造货币（还有"国债"），其逻辑是"美元是国际储备货币""强势美元最符合美国利益"。

与经济规律对抗。

经济学家凯恩斯学派的信念则完全相反，认为市场是"人类意志"的函数，是可以依靠人力改变的。他们否认个体与整体的同一性，主张用两套理论解释经济：研究国家用"宏观经济学"，研究个人行为和公司行为则用"微观经济学"。凯恩斯之所以如此"创新"，很可能是受到了当时物理学界变革的影响，那时牛顿的万有引力定律饱受质疑，而量子力学则方兴未艾。物理学家倾向于用量子力学解释微观的原子，而仍然沿用牛顿定律来解释宏观的天体。

然而经过时代的变迁，物理学家已经发现了这种人为界定"宏观"与"微观"的缺陷。天体是由原子所组成，国家是由个人所组成，一国的经济活动也是无数个人行为的结果。究竟哪一点才是宏观与微观的界限？

现代科学已经证实，宇宙的规律在于"分形"，即在不同尺度显现出同样的规律，彼此相似却不尽相同。自然界处处都是分形的例子。例如海岸线，无论是放大100倍还是缩小到1%，都是海岸线的形状，你无法区分出自己看到的究竟是哪个尺度的海岸线。类似的还有山脊、雪花，以及天体每个层级的公转无不显现出分形的特质。同样，在市场中，艾略特的波浪理论清晰地展示了各个浪级之间的关系。但是和自然界所有其他分形一样——相似但不尽然。你无法发现两条完全一样的海岸线，也无法看到两组完全一样的波浪形态。

遗憾的是，凯恩斯主义者永远也不认同人类经济活动遵循分形的规律。勤俭节约对个人和家庭是美德，但到了社会层级，就变成了坏事。

凯恩斯主义者还把人类意志独立在自然之外，相信依靠人的力量可以扭转经济走势。一旦经济低迷，就用放松货币的方式实施刺激，从而实现恒久增长，彻底消除起伏不定的经济周期。总而言之，就是"人定胜天"。他们相信，市场不必由"虚无缥缈"的自然规律左右，而完全可以依靠决策者的财政或货币政策来控制。

信念的分歧会产生交易。有人可能会问：黄金从200美元上升到1900美元，为什么却总是有人愚蠢地卖出或做空？如果你认为市场是自然的函数，就应该顺应市场；若相信人的意志（或强权意志）可以改变市场，相信"人定胜天"，那么就会本能地选择与市场对抗。

自里根政府大力缩减政府职能，将很多原来由国家控制的工业放手推向市场以来，美国人一直陶醉在自由经济耀眼迷离的光环之中。20世纪60年代总共只占到美国国民生产总值的4%的金融业和保险业在放开监管的宽松环境里追逐利益迅速膨胀，到2006年已经占到了国民生产总值的8%。这个庞大体系内的游戏参与者以超过自身资金储备几十甚至几百倍的杠杆率相互借贷套利并转嫁风险，在没有裁判的情况下攫取似乎没有穷尽的利润。

但席卷全球的金融风暴让美国人从云端跌落下来。2009 年 2 月份 29 万处房产因房主无法还贷而收到强制拍卖通知，比去年同期再上升 30%。3 月份全美失业人口达到 1320 万，失业率再创新高达到 8.5%。摔得鼻青脸肿的人们，带着满身伤痛互相质问："这到底是为什么？"这正是自由市场信念过度的结果。

因此，用人的意志来左右市场，或许只会给信奉自然的信徒们一个无风险的交易机会而已。如果违背经济规律，风险将无处不在。

"债务"跟着"资产"走——资本收腰术

我们要理解债务和资产的关系，必须先领会下面这个等式：资产＝负债＋所有者权益。

简单地讲，资产是一家公司所拥有的可以计量的经济资源；负债是指公司的债务；而所有者权益（净资产）也就是公司资产减去负债的余额，它是公司股东真正享有的财产。资产、负债与所有者权益这三个概念中，最易理解的是负债，也就是欠了别人的钱（或者货物等有形资产、无形资产等）。所有者权益属于账面概念。负债通过各种凭证和票据、协议、合同等可查。但所有者权益不同，其数额是通过资产减去负债演算出来的。

从本质上讲，资产是一种经济资源，通过使用这种资源，可以给企业带来经济利益。了解第一恒等式的平衡关系，可以透过资产负债表了解上市公司的任何一项涉及资产负债表的经营活动，投资者都要从多方面评估其表象和后果，这样才能准确把握经营活动的真正意义。

为了更加明确和凸显流动资产与流动负债的关系，反映上市公司的短期偿债能力，我们一般会使用流动比率：流动比率＝流动资产／流动负债。

经验及大量数据表明，一般而言，制造类上市公司合理的最佳流动比率是 2，最低也至少要大于 1。这是因为，在流动资产中，变现能力最差的存货约占流动资产的一半，其余流动性较大的各类流动资产至少要等于流动负债。只有这样，公司的短期偿债能力才会有保证。因此，流动比率越高说明公司的偿债能力也就越强。

但是，值得投资者注意的是有时候流动比率高，并不是一家优秀公司的标志。相反，流动比率接近 1，往往是一家优秀公司的表现。

比如某家电连锁零售企业，该公司 2008 年第三季度报告显示，其流动资产与流动负债的比是 1.28。从一般的角度看，这个比值已经很低了，似乎风险不小。但仔细研究其短期负债构成就会发现，真正的短期借款（银行短期贷款）只有 2.18 亿元，

资产

所谓资产指企业拥有或控制的能以货币计量的经济资源，包括各种财产，债权和其他权利。

分类 → 资产按其流动性（即资产的变现能力和支付能力）划分为：

流动资产　固定资产　长期资产　无形资产　递延资产　生物资产　其他资产

特征

1. 资产预期会给企业带来经济利益。
　　现金或者现金等价物。
　　可以转化为现金或者现金等价物的形式。
　　或者是减少现金或现金等价物流出的形式。

2. 资产应为企业拥有或者控制的资源。
　　企业享有某项资源的所有权。
　　虽然不享有某项资源的所有权，但该资源能被企业控制。

3. 资产是由企业过去的交易或者事项形成的。
　　过去的交易或者事项包括：
　　　购买
　　　生产
　　　建造行为
　　　其他交易或者事项

4. 资产必须能够用货币来计量。

在流动负债总额 159 亿元中，所占比例很低，而流动负债中占大比例的是应付票据与应付账款，两者共计 144 亿元。

我们可以推测，应付票据与应付账款的形成，是由于先进了家电制造商的货去出售，但进货的钱还没有付给这些供货商。

这实际上意味着，这家企业在用供货商的资金经营自己的业务，而且这种借款不用付利息。综上所述，投资者在遇到上市公司流动比率较低时，不可一味地高估其短期偿债风险，而是要仔细研究其流动负债构成与流动资产构成，同时结合其所经营的业务进行分析。

一般来说，出于风险控制的考虑，银行给一些企业贷款，往往倾向于贷短不贷长，也就是希望提供短期贷款而不是长期贷款。因为长期贷款还款时间过长，风险随之增加。但是反过来，企业去银行贷款，一般会倾向于借长不借短。因为长期借款可以大幅降低上市公司短期内的还本付息压力。

长期借款与短期借款之比，体现了银行对公司盈利能力与偿债能力的信心，投资者可以根据银行对企业的偿债能力考量来作为评估企业价值的一个标准。

资产与负债的关系涉及一个比率就是资产负债率，它是指公司年末的负债总额同资产总额的比率。这个比率表示公司总资产中有多少是通过负债筹集的，该指标是评价公司负债水平的综合指标。同时也是一项衡量公司利用债权人资金进行经营活动能力的指标，也反映债权人发放贷款的安全程度。

它的计算公式为：资产负债率＝负债总额／资产总额×100%。其中负债总额是指公司承担的各项负债的总和，包括流动负债和长期负债。资产总额是指公司拥有的各项资产的总和，包括流动资产和长期资产。这个比率对于债权人来说越低越好。因为公司的所有者（股东）一般只承担有限责任，而一旦公司破产清算时，资产变现所得很可能低于其账面价值。所以如果此指标过高，债权人可能遭受损失。当资产负债率大于 100%，表明公司已经资不抵债，对于债权人来说风险非常大。

如何判断资产负债率是否合理？首先要看你站在谁的立场。资产负债率这个指标反映债权人所提供的负债占全部资本的比例，也被称为举债经营比率。

从债权人的立场看他们最关心的是贷给企业的款项的安全程度，也就是能否按期收回本金和利息。如果股东提供的资本与企业资本总额相比，只占较小的比例，则企业的风险将主要由债权人负担，这对债权人来讲是不利的。因此，他们希望债务比例越低越好，企业偿债有保证，则贷款给企业不会有太大的风险。

从股东的角度看，由于企业通过举债筹措的资金与股东提供的资金在经营中发挥同样的作用，所以，股东所关心的是全部资本利润率是否超过借入款项的利率，即借入资本的代价。在企业所得的全部资本利润率超过因借款而支付的利息率时，股东所得到的利润就会加大。如果相反则对股东不利，因为借入资本的多余的利息要用股东所得的利润份额来弥补。因此，从股东的立场看，在全部资本利润率高于借款利息率时，负债比例越大越好，否则反之。

从经营者的立场看如果举债很大，超出债权人心理承受程度，企业就借不到钱。如果企业不举债，或负债比例很小，说明企业畏缩不前，对前途信心不足，利用债权人资本进行经营活动的能力很差。

因此，企业应当审时度势，全面考虑，在利用资产负债率制定借入资本决策时，必须充分估计预期的利润和增加的风险，在二者之间权衡利害得失，作出正确的决策。

基础篇

走近金融的世界

第五章

看透钱的本质，就了解了金融的真谛
——每天学点货币知识

货币的起源：谁人不识孔方兄

在太平洋某些岛屿和若干非洲民族中，以一种贝壳——"加马里"货币来购物，600个"加马里"可换一整匹棉花。再如美拉尼西亚群岛的居民普遍养狗，所以就以狗牙作为货币，一颗狗牙大约可买100个椰子，而娶一位新娘，必须给她几百颗狗牙作为礼金！

在太平洋加罗林群岛中的雅浦岛，这里的居民使用石头货币。这里每一枚货币叫作"一分"，但这样的一"分"，绝不可以携带在身上。因为它是一个"庞然大物"的圆形石头，中心还有一个圆窟。照当地人的规定，"分"的体积和直径越大，价值就越高。因此有的价值高的"分"的直径达到5米。这种货币是用石灰岩的矿物——文石刻成的，但雅浦岛上没有文石，当地人要远航到几百里外的帕拉乌岛把大石打下，装在木筏上运回。单是海上那惊险百出的航程，就要历时几个星期。

巨大的石头货币，有优点也有缺点，优点是不怕盗窃，不怕火烧水浸，经久耐磨，缺点是不易搬运，携带不得。所以用这种货币去购物时，必须要把货主带到石头货币旁边察看成色，然后讲价。

由于搬运艰难，人们卖掉货物换来的石头货币，只好打上印戳，让它留在原地，作为自己的一笔"不动产"。

为什么狗牙和石头也能成为货币？货币为什么能买到任何东西？要解开货币的有关疑问，就必须了解货币是怎么来的。

货币的前身就是普普通通的商品，它是在交换过程中逐渐演变成一般等价物的。货币是商品，但又不是普通商品，而是特殊商品。货币出现后，整个商品世界就分裂成为两极，一极是特殊商品——货币，另一极是所有的普通商品。普通商品以各种各样的使用价值的形式出现，而货币则以价值的体化物或尺度出现，普通商品只有通过与货币的比较，其价值才能得到体现，所有商品的价值只有通过与货币的比较之后，相互之间才可以比较。

货币的演变过程

货币的演变过程

从贝壳到黄金，再到纸币，纵观国际货币形态的演变历史，实质上是支付体系的演进变化过程。

　　货币是商品交换长期发展过程中分离出来的特殊商品，是商品交换发展的自然结果。原始社会后期，由于社会生产力的发展，在原始公社之间出现了最初的实物交换。随着生产力的进一步发展，商品交换逐渐变成经常的行为。但是，直接的物物交换中常会出现商品转让的困难，必然要求有一个一般等价物作为交换的媒介。

　　美国著名的金融学家米什金在其著作《货币金融学》中提到，任何履行货币功能的物品必须是被普遍接受的——每个人都愿意用它来支付商品和服务。一种对任何人而言都具有价值的物品是最有可能成为货币的。于是，经过长期的自然淘汰，商品货币发展到后期，人们自然地选择金银等贵金属作为支付货币。在绝大多数社会里，作为货币使用的物品逐渐被金属所取代。使用金属货币的好处是它的制造需要人工，无法从自然界大量获取，同时还易储存。数量稀少的金、银和冶炼困难的铜逐渐成为主要的货币金属。

　　随着文明的发展，人们逐渐建立了更加复杂而先进的货币制度。人们开始铸造重量、成色统一的货币。这样，在使用货币的时候，既不需要称重量，也不需要测试成色，方便得多。货币上面通常印有国王或皇帝的头像、复杂的纹章和印玺图案，以免伪造。

　　中国最早的金属货币是商朝的铜贝。商代在我国历史上也称青铜器时代，当时相当发达的青铜冶炼业促进了生产的发展和交易活动的增加。于是，在当时最广泛流通的贝币由于来源的不稳定而使交易发生不便，人们便寻找更适宜的货币材料，自然而然集中到青铜上，青铜币应运而生。人们将其称为铜贝。随着冶炼技术的发达，铜不再是稀贵的金属，人们开始用更加难以获得的金和银作为铸造货币的金属材料。此后的相当长的一段时间内，金银都是被普遍使用的货币。16世纪，哥伦布发现"新大陆"，大量来自美洲的黄金和白银通过西班牙流入欧洲，金银货币更加得到了世界范围内的流通。

　　在金融学中，由贵金属或其他有价值的商品构成的货币统称为商品货币。在人类发展的很长一段时间之内，几乎在任何一个国家和社会中，商品货币都发挥了交易媒介的功能。但随着人类文明的发展，商品货币还是被淘汰了，原因在于金属货币太重了，使用不方便，并且流通困难，很难从一地运送到另一地。因此，纸币也就应运而生了。

　　中国北宋时期四川成都出现了一种"交子"，这就是世界上最早的纸币。北宋初年，成都一带商业十分发达，通货紧张，而当时铸造的铁钱却流通不畅。于是当地16家富户开始私下印制一种可以取代钱币、用楮树皮造的券，后来被称作"交子"。当地政府最初想取缔这种"新货币"，但是这种"新货币"在经济流通中作用却十分明显，于是决定改用官方印制。但是"交子"的诞生地却一直没人发现。

　　后据历史考证，"交子"最早在成都万佛寺内印制。《成都金融志》中说："北宋益州的'交子铺'实为四川历史上最早的货币金融机构，而益州的交子务则是最早由国家批准设立的纸币发行机构。""交子"的出现，便利了商业往来，弥补了现钱的不足，是我国货币史上的一大业绩。此外，"交子"作为我国乃至世界上发行最早的纸币，在印刷史、版画史上也占有重要的地位，对研究我国古代纸币印刷技术有着重要意义。

今天，我们已经不用金元宝或银锭、铜板买东西了，而是用一些"纸"。这些"纸"的价值几乎可以忽略不计，但是它却有神奇的力量，可以换来任何你想要的东西，甚至连黄金也可以交换，这似乎让人觉得不可思议。

在商品货币时代，金属货币使用久了，就会出现磨损，变得不足值。人们就意识到可以用其他的东西代替货币进行流通，于是就出现了纸币。纸币在货币金融学中最初的定义为发挥交易媒介功能的纸片。最初，纸币附有可以兑现金属货币的作用，但是最后演变为不兑现纸币。不兑现纸币是不能兑换成黄金或者白银的，但它却拥有同样的购买力，因为它的购买力源于政府的权威和信誉。只要政府宣布它为法定偿还货币，那么在支付债务时，人们都必须接受它，而不能再把它转化为金属货币后再支付。这样一来，纸币比金属货币轻得多，流通方便，加上不需要耗费昂贵的原材料，于是很快就被人们接受了。

纸币出现的另一个深层次的原因是由此建立的法定货币体制彻底摆脱了黄金和白银对货币总量的制约，这使得当局对货币的控制更加有弹性，更加灵活。如果这样，政府可以无限制地增加货币供应来获得收益。当然，由此引发的通货膨胀问题逐渐被引导到经济学研究的重要课题上。凯恩斯对此曾说："用（通货膨胀）这个办法，政府可以秘密地和难以察觉地没收人民的财富，一百万人中也很难有一个人能够发现这种偷窃行为。"而这些都是建立在以不兑现纸币为基础的法定货币体制之上的。

其实严格来说，纸币并不是货币，因为货币是从商品中分离出来的，固定充当一般等价物的商品。纸币由于没有价值，不是商品，所以也就不是货币。在现代金融学中，纸币是指代替金属货币进行流通，由国家发行并强制使用的货币符号。今天我们使用的人民币或者美元等都是由国家信用作为保障强制流通的货币符号。而纸币本身没有和金属货币同样的内在价值，它本身的价值也比国家确定的货币价值小得多，它的意义在于它是一种货币价值的符号。因为它可以执行货币的部分功能：流通手段和支付手段，部分国家的纸币还可以执行世界货币职能（如美元、欧元、人民币等）。纸币的发行量由国家决定，但国家不能决定纸币的实际价值。

货币功能：货币为什么能买到世界上所有的商品

经济学家艾文只能做一件事：讲授经济学原理。物物交换的经济社会中，如果艾文想要获得食物，他就必须找到一个农场主，这个农场主必须既生产他所喜欢的食物，又想学习经济学。可以想象，这需要一定的运气和大量的时间。如果我们引入货币，情况又如何呢？艾文可以为学生讲课，收取货币报酬。然后艾文可以找到任何农场主，用他收到的钱购买他所需要的食物。这样需求的双重巧合问题就可以避免了。艾文可以节省大量的时间，用这些时间，他可以做他最擅长的事：教书。

从这个例子中可以看到，货币大大降低了花费在交换物品和劳务上的时间，提高了经济运行的效率。同时，它使人们可以专注于他们最擅长的事情，同样也可提高经济运行的效率。因此，货币就是买卖的桥梁，是商品流通的中介。在一手交钱、一手交货的买卖中，货币承担着交易媒介的功能。从远古时期的贝壳，到后来的金银铜，再到纸币，再到现在的电子货币，货币的每一次进步都使买卖变得更加便利。

想要了解货币具有哪些功能，我们需要从以下几个方面来认识货币。

1. 价值尺度

正如衡量长度的尺子本身有长度，称东西的砝码本身有重量一样，衡量商品价值的货币本身也是商品，具有价值；没有价值的东西，不能充当价值尺度。

在商品交换过程中，货币成为一般等价物，可以表现任何商品的价值，衡量一切商品的价值量。货币在执行价值尺度的职能时，并不需要有现实的货币，只需要观念上的货币。例如，1辆自行车值200元人民币，只要贴上个标签就可以了。当人们在作这种价值估量的时候，只要在他的头脑中有多少钱的观念就行了。用来衡量商品价值的货币虽然只是观念上的货币，但是这种观念上的货币仍然要以实在的货币为基础。人们不能任意给商品定价，因为，在货币的价值同其他商品之间存在着客观的比例，这一比例的现实基础就是生产两者所耗费的社会必要劳动量。

商品的价值用一定数量的货币表现出来，就是商品的价格。价值是价格的基础，价格是价值的货币表现。货币作为价值尺度的职能，就是根据各种商品的价值大小，把它表现为各种各样的价格。例如，1头牛价值2两黄金，在这里2两黄金就是1头牛的价格。

2. 交换媒介

在商品交换过程中，商品出卖者把商品转化为货币，然后再用货币去购买商品。在这里，货币发挥了交换媒介的作用，执行流通手段的职能。

在货币出现以前，商品交换是直接的物物交换。货币出现以后，它在商品交换关系中则起媒介作用。以货币为媒介的商品交换就是商品流通，它由商品变为货币（W—G）和由货币变为商品（G—W）两个过程组成。由于货币在商品流通中作为交换的媒介，它打破了直接物物交换和地方的限制，扩大了商品交换的品种、数量和地域范围，从而促进了商品交换和商品生产的发展。

3. 贮藏手段

货币退出流通领域充当独立的价值形式和社会财富的一般代表而储存起来的一种职能。

货币作为贮藏手段，是随着商品生产和商品流通的发展而不断发展的。在商品流通的初期，有些人就把多余的产品换成货币保存起来，贮藏金银被看成是富裕的表现，这是一种朴素的货币贮藏形式。随着商品生产的连续进行，商品生产者要不断地买进生产资料和生活资料，但他生产和出卖自己的商品要花费时间，并且能否卖掉也没有把握。这样，他为了能够不断地买进，就必须把前次出卖商品所得的货币贮藏起来，这是商品生产者的货币贮藏。随着商品流通的扩展，货币的作用日益增大，一切东西都可以用货币来买卖，货币交换扩展到一切领域。谁占有更多的货币，

货币的交换功能

以前人们以物换物的时候，交换来的物品如果保质期很短，就必须马上再进行交换；如果交换来的物品很重，就只能就地再交换。但是有了货币之后，这些问题就迎刃而解了：

我现在不买，等需要的时候再买。

打破了时间限制。由于货币充当流通手段的职能，使商品的买和卖打破了时间上的限制，一个商品所有者在出卖商品之后，不一定马上就买。

也打破了买和卖空间上的限制。一个商品所有者在出卖商品以后，可以就地购买其他商品，也可以在别的地方购买任何其他商品。

赶紧买点吧，在咱那里没有这个牌子的。

所以说，有了货币之后人们的交易更加灵活、方便，而这一变化离不开交换媒介——货币。

谁的权力就更大，贮藏货币的欲望也就变得更加强烈，这是一种社会权力的货币贮藏。货币作为贮藏手段，可以自发地调节货币流通量，起着蓄水池的作用。

4. 支付手段

货币作为独立的价值形式进行单方面运动（如清偿债务、缴纳税款、支付工资和租金等）时所执行的职能。

因为商品交易最初是用现金支付的。但是，由于各种商品的生产时间不同，有的长些，有的短些，有的还带有季节性。同时，各种商品销售时间也是不同的，有些商品就地销售，销售时间短；有些商品需要远销外地，销售时间长。商品的让渡同价格的实现在时间上分离开来，即出现赊购的现象。赊购以后到约定的日期清偿债务时，货币便执行支付手段的职能。货币作为支付手段，开始是由商品的赊购、预付引起的，后来才慢慢扩展到商品流通领域之外，在商品交换和信用事业发达的经济社会里，就日益成为普遍的交易方式。

在货币当作支付手段的条件下，买者和卖者的关系已经不是简单的买卖关系，而是一种债权债务关系。货币一方面可以减少流通中所需要的货币量，节省大量现金，促进商品流通的发展。另一方面，货币进一步扩大了商品经济的矛盾。在赊买赊卖的情况下，许多商品生产者之间都发生了债权债务关系，如果其中有人到期不能支付，就会引起一系列的连锁反应，使整个信用关系遭到破坏。

5. 世界货币

货币在世界市场上执行一般等价物的职能。由于国际贸易的发生和发展，货币流通超出一国的范围，在世界市场上发挥作用，于是货币便有了世界货币的职能。作为世界货币，必须是足值的金和银，而且必须脱去铸币的地域性外衣，以金块、银块的形状出现。原来在各国国内发挥作用的铸币以及纸币等在世界市场上都失去作用。

在国内流通中，一般只能由一种货币商品充当价值尺度。在国际上，由于有的国家用金作为价值尺度，有的国家用银作为价值尺度，所以在世界市场上金和银可以同时充当价值尺度的职能。后来，在世界市场上，金取得了支配地位，主要由金执行价值尺度的职能。

纸币：货币的价值符号

约翰·劳是18世纪欧洲的一个金融家，以推行纸币而闻名。当时，欧洲各国货币还是采用金属本位，市场上不是金币就是银币，总之没有纸币。因为欧洲人民都觉得跟黄金白银相比，纸币太不可靠了。但是，约翰·劳说："不，纸币是一个国家繁荣的最好方法。"他的信念就是："要繁荣，发纸币。"

约翰·劳说纸币可以带来繁荣，可以轻松地还清债务。奥尔良公爵立刻听从了

✋ 国际货币的职能

拿这些黄金去外国进货。

国际货币充当一般购买手段，一个国家直接以金、银、美元等国际货币向另一个国家购买商品。

同时作为一般支付手段，国际货币用以平衡国际贸易的差额，如偿付国际债务、支付利息和其他非生产性支付等。

这是我们需要付的利息，是美元。

这是我们的财产转移手续……

国际货币还充当国际间财富转移的手段，货币作为社会财富的代表，可由一国转移到另一国。

当然，在当代，世界货币的主要职能是作为国际支付手段，用以平衡国际收支的差额。

他的建议，授权约翰·劳这个英国人组建法国历史上第一家银行，发行纸币。在开业初期，约翰·劳坚守承诺，他的任何银行发行的纸币都可以立刻兑换相当于面值的金币，老百姓因此相信他的纸币是有价值的，争相持有。可是，到了后来，法国政府顶不住增发纸币的诱惑，纸币泛滥成灾，终于在1720年的某一天，人们发现纸币的面值已经超过了全国金属硬币总和的1倍还多，于是纸币崩溃了，不得不全数被折价收回，重新流通金属硬币。无数人遭受巨大损失，法国为此差点爆发革命。

这位约翰·劳先生可算得上是货币史上的一位大名鼎鼎的人物。他发行纸币这个观念本身并没有错，那么，约翰·劳为什么会失败呢？约翰·劳后来的错误在于，他将创造货币等同于创造财富。然而，对于国家而言，重要的不是创造货币，而是创造财富。

纸币作为货币的价值符号，现在已经通行世界，如中国的人民币、美国的美元等都是一个国家的法定货币，由国家的中央银行统一发行、强制流通，以国家信用作保障，私人不能印制、发行货币。纸币本身没有金属货币那种内在价值，纸币本身的价值也比国家确定的货币价值要小得多，它只是一种货币价值的符号。

纸币本身不具有价值，虽然作为货币的一种，但其不能直接行使价值尺度职能。纸币是当今世界各国普遍使用的货币形式，而世界上最早出现的纸币，是中国北宋时期四川成都的"交子"。中国是世界上最早使用纸币的国家。

纸币诞生后，在很长的时间内只能充当金属货币（黄金或白银）的"附庸"，就像影子一样，不过是黄金的价值符号。国家以法律形式确定纸币的含金量，人们可以用纸币自由兑换黄金，这种货币制度也被称为金本位制。在很长的历史时期里，金本位制是人类社会的基本货币制度，但它存在着先天无法克服的缺陷。

困扰金本位制的就是纸币和黄金的比价和数量问题。当依据黄金发行纸币的时候，必须确定一个比价，而此后不论是黄金数量发生变化还是纸币数量发生变化，原先的比价都无法维持，金本位制也就无法稳定运行。这个问题在后来的布雷顿森林体系中仍然存在，并最终导致了布雷顿森林体系的崩溃。

金本位制最终崩溃并退出历史舞台表明，纸币再也不能直接兑换成黄金，也就是不能直接兑换回金属货币，纸币这个金属货币的"附庸"终于走上了舞台的中央，成为货币家族的主角。

在我国，人民币是中华人民共和国的法定货币，由政府授权中国人民银行发行。

1948年12月1日，中国人民银行在华北解放区的石家庄成立，并在成立之日开始发行钞票，即第一套人民币。这套人民币共有12种面额，最大面额为5万元，最小为1元。票面上的"中国人民银行"6个字由时任华北人民政府主席并主持中共中央财经工作的董必武同志亲笔题写。由于当时中国正处于解放战争时期，人民解放军打到哪里人民币就发行到哪里，所以第一套人民币曾先后在石家庄、北平、上海、天津、西安、沈阳等十几个地方印制过，版面多达 62 种。

　　人民币的发行为中华人民共和国成立后统一国内市场货币、建立中国的货币制度奠定了基础。但是由于第一套人民币面额大、票面种类较多、印制粗糙、说明文字多为汉字一种等缺陷，也给管理和使用带来许多困难。1955 年 3 月 1 日，中国人民银行奉命发行第二套人民币，新发行的人民币面额较小，计价结算较为简单，且说明文字增加到汉、蒙、藏、维吾尔四种，便于在少数民族地区流通。同年 4 月 1 日，第一套人民币停止流通。

接受纸币的条件

事实上，接受纸币也是需要一些条件的。

人们对货币发行当局有充分的信任。在我国，纸币是中国人民银行发行的，也就是说我国人民需要对中国人民银行有充分的信任。

印刷技术发展到足以使伪造极为困难的高级阶段。如果纸币很容易被造假，人们分不清真假纸币，也就无法使用纸币了。

只有在满足了上述两点条件之后，纸币方可被接受为交易媒介。

1962年和1987年，中国人民银行又发行了第三、第四套人民币，除印制更加精美外，为扩大流通范围，票面上的说明文字又增加了壮文、汉语拼音和盲文。1999年10月1日——共和国五十岁生日的时候，中国人民银行首次推出了完全独立设计、印制的第五套人民币，与国际进一步接轨的人民币以崭新的面貌担负起新时期的重任。

电子货币："无脚走遍天下"

6月的某天，北京正值盛夏，一直热衷于网购的小岩在客厅里一边吃西瓜，一边在线浏览琳琅满目的商品。在澳大利亚的一个网站上，她看上了一款澳洲本地羊皮袄，通过"海外宝"的简单几步点击操作，便很快将它收入囊中。像小岩热衷的网购实际上就是网上金融服务的一种，它包括了人们的各种需要，网上消费、家庭银行、个人理财、网上投资交易、网上保险等。网上支付的电子交易需要安全认证、数据加密、交易确认等控制，为了确保信息安全。而这一切，都依赖于电子货币的产生和发展。

电子货币，是指用一定金额的现金或存款从发行者处兑换并获得代表相同金额的数据，通过使用某些电子化方法将该数据直接转移给支付对象，从而能够清偿债务。

电子货币的产生首先是因为电子商务的产生，因为电子商务最终还是需要支付结算，这就需要有电子支付。但电子货币本质上并没有改变货币的本质，只是在形式上发生了变化。电子货币的出现方便了人们外出购物和消费。现在电子货币通常在专用网络上传输，通过设在银行、商场等地的ATM机器进行处理，完成货币支付操作。电子支付手段大大减少了经济运行的成本。电子货币相对于纸币，具有以下几方面的特点：

第一，以电子计算机技术为依托，进行储存、支付和流通；第二，可广泛应用于生产、交换、分配和消费领域；第三，融储蓄、信贷和非现金结算等多种功能为一体；第四，电子货币具有使用简便、安全、迅速、可靠的特征；第五，现阶段电子货币的使用通常以银行卡（磁卡、智能卡）为媒体。

欧洲人早在个人计算机出现之前就意识到电子支付的好处。长期以来，欧洲人采取的都是直接转账的方式，由银行直接为消费者支付账单转移资金，尤其是芬兰和瑞典等互联网用户比例引领世界的国家，2/3的交易都是通过电子方式完成的。芬兰和瑞典等国家网络银行客户的比例也超过了世界上其他的国家。

就现阶段而言，大多数电子货币是以既有的实体货币（现金或存款）为基础存在的具备"价值尺度"和"流通手段"的基本职能，还有"价值保存""储藏手段""支付手段""世界货币"等职能，且电子货币与实体货币之间能以1：1比率交换这

电子货币

主要特征
- 形态 → 是一个电子符号或者是电子数据
- 技术 → 从发行、流通到回收都是用计算机技术来实现
- 安全性 → 利用现代信息技术

主要功能
- 转账结算
  - 代替现金转账
  - 直接消费结算
- 储蓄 → 使用电子货币可以存款和取款
- 兑现 → 异地使用货币时，进行货币汇兑
- 消费贷款 → 先向银行贷款，提前使用货币

与传统货币的区别
- 占有的空间不同
  - 传统货币面值有限，需要空间存放
  - 电子货币相对小，不需要存放的空间
- 传递渠道不同
  - 传统货币传递花费时间长
  - 电子货币借助网络通信，传递时间快
- 计算所需时间不同
  - 传统货币需要大量的时间和人力
  - 电子货币则用计算机完成操作，时间短
- 匿名程度不同 → 传统货币没有匿名意义

一前提条件而成立的。

因为只有在高科技基础建设存在的情况下，电子货币才能以有效率和有效的方式在电子商务中被使用。有人认为，如果欲使电子货币成为未来"可流通"的货币，并且能够使人信赖其安全性的话，则此安全性技术应受到政府管制，否则若无一定的监管标准，电子货币的信用何存？又如何能流通？但是，问题是，政府监管的尺度应如何把握？政府的过分管制就会对技术的发展造成妨碍，这对于快速发展的电子商务是致命的，但是如果不加以管制，电子货币的信用就难以树立，因此把握政府管制的尺度是非常重要的。

最近几十年来，信息技术把我们带入了一个新的时代，货币家族又增添了一个新的成员——电子货币。电子货币无影无形，它依托金融电子化网络，以商用电子化机具和各类交易卡为媒介，以电子计算机技术和通信技术为手段，以电子数据形式存储在银行的计算机系统中，并通过计算机网络系统以电子信息传递形式实现流通和支付功能的货币。银行卡就是我们常见的电子货币的载体之一。

由于电子货币使用十分方便，几乎所有的支付都可以用电子支付的方式完成，网上支付和银行卡支付已经成为目前我国电子支付的主流。在我国，全国性的商业银行目前都开通了网上银行业务，绝大多数经济发达地区的地方性商业银行也开通了网上银行服务，另外还有 100 多家非金融机构在从事网上支付业务。货币的每一次演变都让人惊奇。电子货币更是货币史上一次神奇的改变。近年来，随着互联网日商业化的发展，电子商务化的网上金融服务已经开始在世界范围内开展。

于是，人们提出一个构想：未来是否会进入一个无现金的社会？ 1975 年，《商业周刊》曾经预言："电子支付方式不久将改变货币的定义，并将在数年后颠覆货币本身。"但电子货币由于缺乏安全性和私密性，短时间内并不能导致纸币体系的消亡。

正如马克·吐温所说："对现金消亡的判断是夸大其词了。"作为转移支付手段，大多数电子货币不能脱离现金和存款，而只是用电子化方法传递、转移，以清偿债权债务实现结算。因此，现阶段电子货币的职能及其影响，实质是电子货币与现金和存款之间的关系。

虚拟货币：Q 币究竟是货币还是商品

1998 年，当奥斯卡最佳女配角伍皮·戈德堡成为 Flooz.com 的主要赞助人时，她希望 Flooz.com 能成为全新的网络虚拟货币供应商。这实在是超前而大胆的想法，那时可没有多少人相信网络货币能成为一种"流行"的应用，并成为真正能与金钱兑换的、有价值的东西。然而现在，这种超前的眼光正在得到证实。当初，Flooz.com 的梦想是取代信用卡，成为在线货币提供商，只要在 Flooz.com 上花钱购买一定数量的网络货币，就可以在加盟的零售店中购物，这种想法有点类似于商场提供的代金券。不过，由于当时的经济环境还远未超前到能够接受那样的新生事物，因而 F1ooz.com 的命运当然摆脱不了最终在 2001 年互联网冰点时遭遇倒闭的厄运，但时钟的脚步在转向了 2005 年以后，情况发生了根本的变化：虚拟货币在全世界风行，一个崭新的网络虚拟货币时代已经到来！

互联网的繁荣催生了一个全新的词汇："网络虚拟货币。"在这个虚拟的全新的世界里，流通着腾讯 Q 币、网易泡币、新浪 U 币、魔兽币、天堂币、盛大专券、各种点卡……游戏玩家们可以用人民币换取五花八门的游戏币，再去购买虚拟世界所向披靡的武器，虚拟的货币交换着虚拟的财产。现在甚至有很多专门提供虚拟货币与人民币进行双向兑换的网站，使虚拟货币逐渐成为一种可以流通的等价交换单位。虚拟货币时代就这样到来了！

那么，这些所谓的网络虚拟货币到底指什么？都有哪些种类呢？

虚拟货币即非真实的货币。在虚拟与现实有联系的情况下，虚拟的货币有其现实价值。

说到虚拟货币，大家往往觉得那是一种不够"实在"的东西，但实际上，我们都曾或多或少地与它打过交道。比如说银行电子货币其实就是一种初级阶段的虚拟货币，但是它只具有虚拟货币的形式，如数字化、符号化，并不具有虚拟货币最重要的特质——个性化。

虚拟货币种类虽然繁多，但是就其本质而言也不外乎三个种类：

第一类是我们都熟悉的游戏币。最初，不同的游戏币只能用于相应的游戏，不能跨游戏使用，且数量难以控制。游戏玩家可用游戏币购买游戏道具以及各种装备，但不与现时流通的法定货币发生直接兑换关系。也就是说，在单机游戏时代，主角只能靠打倒敌人、进赌馆赢钱等方式积累货币，然后购买草药和装备，并在自己的游戏机里使用。那时，玩家之间没有"市场"。自从互联网建立起门户和社区，实现游戏联网以来，虚拟货币便有了"金融市场"，玩家之间可以交易游戏币。

第二种是门户网站或者即时通讯工具服务商发行的专用货币，这种虚拟货币可用于购买本网站内的服务。其中使用最广泛的当然要数腾讯公司的 Q 币，Q 币可用来购买会员资格、QQ 秀等增值服务。

第三种网络虚拟货币我们还不是很熟悉，这种虚拟货币对金融系统的冲击更大，似乎生来就为了攻占现实货币的地盘。最典型的例子是美国贝宝公司发行的一种网络货币，这种货币可用于网上购物，消费者只要向公司提出申请，就可以将银行账户里的钱转成贝宝货币——老实说，这跟银行卡付款并没有太大区别，而且服务费还要低得多，更重要的是，一旦发生国际交易，交易者甚至不必考虑汇率。目前西方类似贝宝这样的公司还有几家，不过中国还没有出现这类公司。

虚拟货币的利与弊

优点

1. 虚拟货币获取途径方便。

2. 虚拟货币可以优化资源配置，满足人们对虚拟产品和服务的各种不同需求。

弊端

1. 容易被利用进行洗钱、赌博等违法犯罪活动。

2. 缺乏回兑机制，引发市场混乱。

3. 网民合法权益难以得到有效保障。

4. 虚拟货币容易引起通货膨胀。

你看，这样就购买到虚拟货币了，非常简单！

这样我的钱就算是洗白了！

洗钱者

我们的钱去哪了？你们必须给个说法！

这里我们要重点说的是影响最大的 Q 币。

一名淘宝资深卖家小 A 正在同时接待几位顾客，回答她们关于产品的问题。这位卖家不卖衣服不卖食品，卖的是 QQ 相关产品，从 QQ 币到 QQ 道具应有尽有。小 A 说自己做这个买卖已经有几年了，生意还不错。Q 币是最好卖的，购买者可以在腾讯网站用 Q 币为自己的虚拟形象购买服装和其他各种道具。以前每天卖几百元 Q 币，特别是前两年超女 Q 币投票时，每天甚至能卖上千元……

不知不觉之中，Q 币已经进入我们的网络生活，成为使用最广泛的一种虚拟货币。那么，它到底是打开财富之门的魔咒，还是潘多拉盒中的妖怪？

网络虚拟货币已经越来越多地引人关注，随着 QQ 的普及，Q 币的使用甚至早已超出了腾讯公司当初的预期。现在在网上，Q 币甚至可以用来购买其他游戏的点卡、虚拟物品，甚至一些影片、软件的下载服务等。而 Q 币是否会冲击人民币的争论也甚嚣尘上。腾讯 Q 币的特点是可以通过银行卡充值，与人民币的"汇率"是 1：1，不过官方渠道只允许单向流动，也就是说 Q 币不能兑换人民币。在腾讯公司的网络游戏里，Q 币可以兑换游戏币。举例来说，如果用户养了只 QQ 宠物，Q 币还可以兑成宠物使用的"元宝"。Q 币与其他专用虚拟货币一样，都有线下的交易平台。由于官方渠道的单向性，Q 币在"黑市"上兑成人民币会贬值。

从表面看，网络虚拟货币似乎具有货币的某些特征，但并没有人把它们当作真正的货币来看待。货币的本质首先是流通的，其次才是一般等价物，而 Q 币等虚拟货币只是作为等价物的特殊商品而已。

首先，有交换功能不等于是货币，网络虚拟货币作为特殊商品或许可以无条件用人民币来交换，但它们本身却不可以无条件地交换人民币，说明它们与人民币的交换条件并非对等。

其次，货币具有保值功能，这是因为货币有贵重金属作为抵押。而 Q 币是一种没有贵重金属作为抵押的信用凭证，它只能用服务商的商誉作为抵押，因此作为货币是不可靠的。

没错，Q 币确实具有流动性，但却缺乏使用价值的保值性，因此作为投资对象是不利的。说得再直白一点，把 Q 币作为典当物，任何当铺都不会收的。

还有最重要的一点，货币不光具有价值，而且是价值尺度；而 Q 币只具有价值，并不能充当价值尺度。Q 币既不存在利率那样的资本价格水平尺度可以调节价值，也不存在存款准备金比率那种的通货价格水平尺度可以调节价值。

因此，目前 Q 币还无法成为统一的"网络流通货币"，即使 Q 币成为统一的虚拟货币，它本身也无法脱离网络，它要进入普通的流通环节，唯一的途径是先兑换成人民币。

第六章

格林斯潘调节金融的"利器"
——每天学点利率知识

利息：利息是怎样产生的

利息是金融学中一个非常重要的概念，也许每一位读者对此都不陌生，但很难保证说就对银行利息究竟说明什么、究竟是怎样产生的会有一个正确的认识。总体来看，利息是借款人付给贷款人的报酬；同时它还必须具备一个前提，那就是两者之间必须存在借贷关系。

什么是利息呢？利息是资金所有者由于向国家借出资金而取得的报酬，它来自生产者使用该笔资金发挥营运职能而形成的利润的一部分。是指货币资金在向实体经济部门注入并回流时所带来的增值额，其计算公式是：利息 = 本金 × 利率 × 时间。

利息是剩余价值的特殊转化形式，它的最高水平是利润。利息作为资金的使用价格在市场经济运行中起着十分重要的作用，并影响着个人、企业和政府的行为活动。

现实生活中，贷款人把收取利息收入看作是理所当然的。在会计核算中，全球各国的会计制度都规定，借款所发生的利息支出首先要作为财务费用列入成本，只有在扣除这一部分后，剩下的部分才能作为经营利润来看待。

刘先生在银行任职。多年来，在他的办公桌的玻璃台板下总压着一张储蓄存款利率表。凡穿西装的季节，在他西装衣袋里也总有一个票夹子，票夹子里藏着一张储蓄存款利率表。储蓄存款利率升了降，降了升，升了降，降了又降，对历年的利率变化难以记牢，所以刘先生就随处备有利率表，为的是与人方便、与己方便。

一次，一位中年妇女在储蓄柜台取款后迟迟没有离去，以为银行把她存款的利息算错了。刘先生把几次变化的利率一行一行抄给她，把利率计算的方法告诉她，她这才打消了心中的疑团。

还有一位熟人曾让刘先生帮她计算利息。说3年前向姐夫借了12000元钱，当时没有约定还款时间，也没有约定还款时加上多少利息，只想手头宽裕了，把借款

利息的作用

利息在国民生活中所发挥的重要作用主要表现为以下几个方面:

为了降低成本,我们打算减少资金占压量。

1. 影响企业行为

利息作为企业的资金占用成本已直接影响企业经济效益水平的高低。企业为降低成本、增进效益,就要千方百计减少资金占压量。

2. 影响居民资产选择行为

金融工具的增多为居民的资产选择行为提供了客观基础,而利息收入则是居民资产选择行为的主要诱因。

存款利息低,还是选择其他的理财产品吧。

央行决定下调利率,这将为我国经济……

这一年都下调几次了?

3. 影响政府行为

由于利息收入与全社会的赤字部门和盈余部门的经济利益息息相关,因此,政府也能将其作为重要的经济杠杆对经济运行实施调节。

和利息一次还清。刘先生就将随身带的利率表递上，并把利息计算的方法、保值贴补的时间段很明白地告诉她，由她根据自己的实际和承诺计算利息，末了她连声道谢。另外，刘先生家与亲戚家也有过几次借款关系，在还款时也是参照储蓄存款的利率还款的，双方都乐意接受，利率表起了中间人的作用。

在生活中，常常有民间借贷，有承诺的也好，无承诺的也好，还款时常要与同期的储蓄存款利息比一比。在炒股生涯中，常常要将自己的股票或资金算一算，自然而然要想到与同期的利率作比较。储蓄存款利率变了又变，涉及千家万户，千家万户要谈论储蓄存款利率。随身带有一张利率表，起到的作用还真的很大。但令人费解的是，利率为什么在不同的时期有不同的变化？这代表着什么？利率的高低又是由什么决定的？

现代经济中，利率作为资金的价格，不仅受到经济社会中许多因素的制约，而且，利率的变动对整个经济产生重大的影响。从形式上看，利息是因借款人在一定时期使用一定数量的他人货币所支付的代价。代价越大，说明利率越高。利率的高低，成为衡量一定数量的借贷资本在一定时期内获得利息多少的尺度。那么，是利率决定利息还是利息决定利率呢？

利息出现的原因主要有以下四点：一是延迟消费，当放款人把金钱借出，就等于延迟了对消费品的消费。根据时间偏好原则，消费者会偏好现时的商品多于未来的商品，因此在自由市场会出现正利率。二是预期的通胀，大部分经济会出现通货膨胀，代表一个数量的金钱，在未来可购买的商品会比现在少。因此，借款人需向放款人补偿此段期间的损失。三是代替性投资，放款人有选择地把金钱放在其他投资上。由于机会成本，放款人把金钱借出，等于放弃了其他投资的可能回报。借款人需与其他投资竞争这笔资金。四是投资风险，借款人随时有破产、潜逃或欠债不还的风险，放款人需收取额外的金钱，以保证在出现这些情况后，仍可获得补偿。五是流动性偏好，人会偏好其资金或资源可随时进行交易，而不是需要时间或金钱才可取回。利率亦是对此的一种补偿。

利率：使用资本的应付代价

利率，就表现形式来说，是指一定时期内利息额同借贷资本总额的比率。利率是单位货币在单位时间内的利息水平，表明利息的多少。

凯恩斯把利率看作是"使用货币的代价"。利率可以看作是因为暂时放弃货币的使用权而获得的报酬，是对放弃货币流通性的一种补偿，如果人们愿意推迟消费，则需要为人们这一行为提供额外的消费。从借款人的角度来看，利率是使用资本的单位成本，是借款人使用贷款人的货币资本而向贷款人支付的价格；从贷款人的角度来看，利率是贷款人借出货币资本所获得的报酬率。

当你去银行存钱，银行会按照存期划分的不同利率来给客户计算利息。利率的存在告诉我们，通过放弃价值1元的现期消费，能够得到多少未来消费。这正是现在与未来之间的相对价格。整体利率的多少，对于现值至关重要，必须了解现值才能了解远期的金融现值，而利率正是联系现值和终值的一座桥梁。

哪些因素会导致利率的变化？通常情况下，影响利率的因素大致有四种：

1. 货币政策

政府制定货币政策的目的就是促进经济稳定增长。控制货币供给和信贷规模，可以影响利率，进而调节经济增长。扩大货币供给，会导致利率下降；反之，则造成利率上升。

2. 财政政策

一个国家的财政政策对利率有较大的影响，通常而言，当财政支出大于财政收入时，政府会在公开市场上借贷，以此来弥补财政收入的不足，这将导致利率上升。而扩张性的经济政策，往往扩大对信贷的需求，投资的进一步加热又会导致利率下降。

3. 通货膨胀

通货膨胀是指在信用货币条件下，国家发行过多的货币，使过多的货币追求过少的商品，造成物价普遍上涨的一种现象。通货膨胀的成因比较复杂，因此，通货膨胀使得利率和货币供给之间的关系相对复杂。如果货币供给量的大幅增长不是通货膨胀引起的，那么利率不仅会下降，反而会上升，造成高利率的现象，以弥补货币贬值带来的损失。因此，利率水平随着通货膨胀率的上升而上升，随着通货膨胀率的下降而下降。

4. 企业需求和家庭需求

企业对于信贷的需求往往成为信贷利率变化的"晴雨表"，每当经济步入复苏和高涨之际，企业对信贷需求增加，利率水平开始上扬和高涨；而经济发展停滞时，企业对信贷的需求也随之减少，于是，利率水平转趋下跌。家庭对信贷的需求也影响到利率的变化，当需求增加时，利率上升；需求减弱时，利率便下跌。

经济学家一直在致力于寻找一套能够完全解释利率结构和变化的理论，可见利率对国民经济有着非常重要的作用。曾经有人写了这么一则场景故事：

1993年初的某一天，克林顿上台不久。克林顿就经济问题召见格林斯潘先生。

克林顿："老爷子，现在经济这么低迷，你看，下一步怎么办？"

格林斯潘："没什么，我只要挥舞一下手中的魔棒，那帮人就会推动市场。"老爷子像打哑谜一样应付这位上任不久的帅小伙子。

克林顿："真的？什么魔棒？哪些人？怎么推动市场？"总统先生显得非常着急。他从座位上站起来，手里拿着一支笔，在房间里走来走去。两眼一直望着格林斯潘。

格林斯潘："就是华尔街那帮金融大亨，我的老相识、老朋友们，他们都得听我的。"

"听你的，不听我的？"克林顿有点不服气。

"当然是听我的。不信，你瞧着！"格林斯潘用不容争辩的口气说。

"我对您手中的那根魔棒感兴趣，是什么东西？"

"利率。"

利率为什么具有如此魔力？因为利率是资金使用的价格，它的涨跌关系着居民、企业、政府各方的钱袋，能不让人紧张吗？

利率是经济学中一个重要的金融变量，几乎所有的金融现象、金融资产均与利率有着或多或少的联系。当前，世界各国频繁运用利率杠杆实施宏观调控，利率政策已成为各国中央银行调控货币供求，进而调控经济的主要手段，利率政策在中央银行货币政策中的地位越来越重要。合理的利率，对发挥社会信用和利率的经济杠杆作用有着重要的意义，而合理利率的计算方法是我们关心的问题。那么利率的水平是怎样确定的呢？换句话说，确定利率水平的依据是什么呢？

首先，是物价总水平。这是维护存款人利益的重要依据。利率高于同期物价上涨率，就可以保证存款人的实际利息收益为正值；相反，如果利率低于物价上涨率，存款人的实际利息收益就会变成负值。因此，看利率水平的高低不仅要看名义利率的水平，更重要的是还要看是正利率还是负利率。

其次，是国有大中型企业的利息负担。长期以来，国有大中型企业生产发展的资金大部分依赖银行贷款，利率水平的变动对企业成本和利润有着直接的影响。因此，利率水平的确定必须考虑企业的承受能力。

再次，是国家财政和银行的利益。利率调整对财政收支的影响，主要是通过影响企业和银行上交财政税收的增加或减少而间接产生的。因此，在调整利率水平时，必须综合考虑国家财政的收支状况。银行是经营货币资金的特殊企业，存贷款利差是银行收入的主要来源，利率水平的确定还要保持合适的存贷款利差，以保证银行正常经营。

最后，是国家政策和社会资金供求状况。利率政策要服从国家经济政策的大方针，并体现不同时期国家政策的要求。与其他商品的价格一样，利率水平的确且也要考虑社会资金的供求状况，受资金供求规律的制约。

复利：银行存款如何跑过 CPI

根据计算方法不同，利息可以划分为单利和复利。单利是指在借贷期限内，只在原来的本金上计算利息；复利是指在借贷期限内，除了在原来本金上计算利息外，还要把本金所产生的利息重新计入本金，重复计算利息。爱因斯坦曾经这样感慨道："复利堪称是世界第八大奇迹，其威力甚至超过原子弹。"古印度的一个传说证实了爱因斯坦的这种感慨。

古印度的舍罕王准备奖励自己的宰相西萨班达依尔，此人发明了国际象棋。舍罕王问西萨班达依尔想要什么，西萨班达依尔拿出一个小小的国际象棋棋盘，然后对国王说："陛下，金银财宝我都不要，我只要麦子。您在这张棋盘的第 1 个小格里，放 1 粒麦子，在第 2 个小格里给 2 粒，第 3 个小格给 4 粒，以后每个小格都比前一小格多一倍。然后，您将摆满棋盘上所有 64 格的麦子，都赏给我就可以了！"

舍罕王看了看那个小棋盘，觉得这个要求实在太容易满足了，当场就答应了。

不过，当国王的奴隶们将麦子一格格开始放时，舍罕王才发现，就是把全印度甚至全世界的麦子都拿来，也满足不了宰相的要求。

那么这个宰相要求的麦粒究竟有多少呢？有人曾计算过，按照这种方式填满整个棋盘大约需要 820 亿吨麦子。即使按照现在全球麦子的产量来计算，也需要 550 年才能满足西萨班达依尔的要求。

复利竟有如此神奇的力量，那么究竟什么是复利呢？

复利是指在每经过一个计息期后，都要将所生利息加入本金，以计算下期的利息。这样，在每一个计息期，上一个计息期的利息都将成为生息的本金，即以利生利。复利和高利贷的计算方法基本一致，它是将本金及其产生的利息一并计算，也就是人们常说的"利滚利"。

复利的计算是对本金及其产生的利息一并计算，也就是利上有利。复利计算的特点是：把上期末的本利和作为下一期的本金，在计算时每一期本金的数额是不同的。复利的计算公式是：$S=P \times (1+i)^n$。

复利现值是指在计算复利的情况下，要达到未来某一特定的资金金额，现在必须投入的本金。所谓复利也称利上加利，是指一笔存款或者投资获得回报之后，再连本带利进行新一轮投资的方法。复利终值是指本金在约定的期限内获得利息后，将利息加入本金再计利息，逐期滚算到约定期末的本金之和。

例如：拿 10 万元进行投资的话，以每年 15% 的收益来计算，第二年的收益并入本金就是 11.5 万，然后将这 11.5 万作为本金再次投资，等到 15 年之后拥有的资产就是原来的八倍也就是 80 万，而且这笔投资还将继续以每 5 年翻一番的速度急速增长。

这其实是一个按照 100% 复利计算递增的事例。不过在现实中，理想中 100% 的复利增长是很难出现的，即使是股神巴菲特的伯克希尔哈撒韦公司，在 1993 年到 2007 年的这 15 年里年平均回报率也仅为 23.5%。不过，即使只有这样的复利增长，其结果也是惊人的。

还记得那个 24 美元买下曼哈顿岛的故事吗？这笔交易确实很划算，但如果我们换个角度来重新计算一下呢？如果当初的 24 美元没有用来买曼哈顿岛，而是用来投资呢？我们假设每年8%的投资收益，不考虑中间的各种战争、灾难、经济萧条因素，这24美元到2004年会是多少呢？说出来你或许会吓一跳：4307046634105.39也就是43万亿多美元。这不但仍然能够购买曼哈顿，如果考虑到由于"9·11"事件后纽约房地产的贬值的话，买下整个纽约也是不在话下的。

金融领域有个著名的72法则：如果以1%的复利来计息，经过72年后，本金就会翻一番。根据这个法则，用72除以投资回报率，就能够轻易算出本金翻番所需要的时间。

比如，如果投资的平均年回报率为10%，那么只要7.2年后，本金就可以翻一番。如果投资10万元，7.2年后就变成20万元，14.4年后变成40万元，21.6年之后变成80万元，28.8年之后就可以达到160万元。每年10%的投资回报率，并非难事，由此可见复利的威力。

要想财富增值，首先必须进行投资。根据72法则，回报率越高，复利带来的效应收益越大。而银行的存款利息过低，所以储蓄并不是增值财富的根本选择。要想保持高的收益，让复利一展神奇的话，那就需要进行高回报率的投资。

从复利的增长趋势来看，时间越长，复利产生的效应也就越大。所以，如果希望得到较高的回报，就要充分利用这种效应。进行投资的时间越早，复利带来的收益越大。在条件允许的情况下，只要有了资金来源，就需要制订并开始执行投资理财的计划。

复利的原理告诉我们，只要保持稳定的常年收益率，就能够实现丰厚的利润。在进行投资的选择时，一定要注重那些有着持续稳定收益率的领域。一般情况下，年收益率在15%左右最为理想，这样的收益率既不高也不低，稳定易于实现。找到稳定收益率的领域后，只要坚持长期投资，复利会让财富迅速增值。

还要注意到，复利的收益是在连续计算的时候，才会有神奇的效应。这就要求我们在投资的时候，要防止亏损。如果一两年内，收益平平还不要紧，一旦出现严重亏损，就会前功尽弃，复利的神奇也会消失殆尽，一切又得从头开始。利用复利进行投资时，需要谨记的是：避免出现大的亏损，一切以"稳"为重。

华人世界的首富李嘉诚先生自16岁白手起家，到73岁时，57年的时间里他的资产达到了126亿美元。对于普通人来说，这是一个天文数字，李嘉诚最终却做到了。李嘉诚的成功并不是一次两次的暴利，而在于他有着持久、稳定的收益。

让李嘉诚的财富不断增值的神奇工具就是复利。复利的神奇在于资本的稳步增长，要想利用复利使财富增值，就得注重资本的逐步积累。改掉随意花钱的习惯，这是普通人走向复利增值的第一步。

所以，我们要学会每天积累一些资金，现在花了1元钱，持续投资，将种子养成大树。所以说成功的关键就是端正态度，设立一个长期可行的方案持之以恒地去做，这样成功会离我们越来越近。

📇 比原子弹更可怕的复利

复利，就是复合利息，它是指每年的收益还可以产生收益，即俗称的"利滚利"。而投资的最大魅力就在于复利的增长。

复利的力量

神奇的复利

　　成功的投资理财在于长期坚持。而长期投资的最大魅力，就是创造亿万富翁不可思议的复利效应。

单利与复利的区别

　　单利就是利不生利，即本金固定，到期后一次性结算利息，而本金所产生的利息不再计算利息。

　　复利其实就是利滚利，即把上一期的本金和利息作为下一期的本金来计算利息。

　　复利就是一张纸连续折叠很多次，单利是一张纸折叠一次，然后再折叠另一张纸。显然 52 张纸各折叠一次，远远不如一张纸连续折叠 52 次。

负利率：利息收入赶不上物价上涨

2008年11月，日本6个月期的国库券的利率为负，即-0.004%，投资者购买债券的价格高于其面值。这是很不寻常的事件——在过去的50年中，世界上没有任何一个其他国家出现过负利率。这种情况是如何发生的呢？

我们通常假定，利率总是为正。负利率意味着你购买债券所支付的金额低于你从这一债券所获取的收益（从贴现发行债券的到期收益中可以看出）。如果出现这样的情况，你肯定更愿意持有现金，这样未来的价值与今天是相等的。因此，负利率看上去是不可能的。

日本的情况证明这样的推理并不准确。日本经济疲软与负的通货膨胀率共同推动日本利率走低，但这两个因素并不能解释日本的负利率。答案在于，大投资者发现将这种6个月期国库券作为价值储藏手段比现金更为方便，因为这些国库券的面值比较大，并且可以以电子形式保存。出于这个原因，虽然这些国库券利率为负，一些投资者仍然愿意持有，即使从货币的角度讲，持有现金更为划算。显然，国库券的便利性使得它们的利率可以略低于零。例如一个1000块钱的东西一年后值1065块钱，但是1000块存在银行一年后负利率才1038块，还没有它升值快，存钱不赚反赔。

当物价指数（CPI）快速攀升，存银行的利率还赶不上通货膨胀率，导致银行存款利率实际为负，就成了负利率。用公式表示：负利率＝银行利率－通货膨胀率（CPI指数）。这种情形下，如果你只把钱存在银行里，会发现随着时间的推移，银行存款不但没有增加，购买力逐渐降低，看起来就好像在"缩水"一样。

假如你把钱存进银行里，过一段时间后，算上利息在内没有增值，反而贬值了，这就是负利率所引发的。负利率是指利率减去通货膨胀率后为负值。当你把钱存入银行，银行会给你一个利息回报，比如某年的一年期定期存款利率是3%。而这一年整体物价水平涨了10%，相当于货币贬值10%。一边是银行给你的利息回报，一边是你存在银行的钱越来越不值钱了，那么这笔存款的实际收益是多少呢？用利率（明赚）减去通货膨胀率（暗亏），得到的这个数，就是你在银行存款的实际收益。

例如2008年的半年期定期存款利率是3.78%（整存整取），而2008年上半年的CPI同比上涨了7.9%。假设你在年初存入10000元的半年定期，存款到期后，你获得的利息额：（10000×3.78%）-（10000×3.78%）×5%＝359.1元（2008年上半年征收5%的利息税）；而你的10000元贬值额=10000×7.9%＝790元。790-359.1＝430.9元。也就是说，你的10000元存在银行里，表面上增加了359.1元，而实际上减少了430.9元。这样，你的银行存款的实际收益为-430.9元。

负利率的出现，意味着物价在上涨，而货币的购买能力却在下降。即货币在悄悄地贬值，存在银行里的钱也在悄悄地缩水。在负利率的条件下，相对于储蓄，居民更愿意把自己拥有的财产通过各种其他理财渠道进行保值和增值，例如购买股票、

抵御负利率的手段

要抵御负利率，首先是进行投资，可以投资基金、股票、房产等，还可以购买黄金、珠宝、收藏品。

其次，除了投资之外，还要开源节流，做好规划。其中首先就是精打细算。

最后，要做好家庭的风险管理，更具体来说，就是将家庭的年收入进行财务分配，拿出其中的一部分来进行风险管理。

　　总体来说，就是需要人们广开财源，在条件允许的情况下找更多的方法来不断积累财富。

基金、外汇、黄金等。如果银行利率不能高过通货膨胀率那么就这意味着，存款者财富缩水，国家进入"负利率时代"。

虽然理论推断和现实感受都将"负利率"课题摆在了百姓面前，但有着强烈"储蓄情结"的中国老百姓仍在"坚守"储蓄阵地。银行储蓄一向被认为是最保险、最稳健的投资工具。但也必须看到，储蓄投资的最大弱势是：收益较之其他投资偏低，长期而言，储蓄的收益率难以战胜通货膨胀，也就是说，特殊时期通货膨胀会吃掉储蓄收益。因此，理财不能单纯依赖"积少成多"的储蓄途径。

负利率将会对人们的理财生活产生重大影响。以货币形式存在的财富如现金、银行存款、债券等，其实际价值将会降低，而以实物形式存在的财富如不动产、贵金属、珠宝、艺术品、股票等，将可能因为通货膨胀的因素而获得价格的快速上升。因此，我们必须积极地调整理财思路，通过行之有效的投资手段来抗击负利率。

面对负利率时代的来临，将钱放在银行里已不合时宜。对于普通居民来说，需要拓宽理财思路，选择最适合自己的理财计划，让"钱生钱"。

负利率时代的到来，对于普通老百姓尤其是热衷于储蓄的人来说是一个不得不接受的事实；而在积极理财、投资意识强的人的眼中，它却意味着赚钱时代的到来。我们只有通过科学合理的理财方式来进行个人的投资，才能以行之有效的投资手段来抵御负利率。抵御负利率的手段有很多，如减少储蓄，多消费，甚至以理性的头脑和积极的心态进行投资（如股票、房产等）。因为你的投资收益越大，抵御通货膨胀的能力也就越强。所以，负利率不可怕，可怕的是面对负利率却无动于衷！

利率风险：利率的变动带来哪些风险

巴塞尔委员会在1997年发布的《利率风险管理原则》中将利率风险定义为：利率变化使商业银行的实际收益与预期收益或实际成本与预期成本发生背离，使其实际收益低于预期收益，或实际成本高于预期成本，从而可能使商业银行遭受损失。当市场利率上升时，可能导致其价格下跌的风险。

利率风险是指市场利率变动的不确定性给商业银行造成损失的可能性。银行日常管理的重点之一就是怎样控制利率风险。利率风险的管理在很大程度上依赖于银行对自身的存款结构进行管理，以及运用一些新的金融工具来规避风险或设法从风险中受益。

风险管理是现代商业银行经营管理的核心内容之一。伴随着利率市场化进程的推进，利率风险也将成为我国商业银行面临的最重要的风险之一。一般将利率风险按照来源不同分为：重新定价风险、收益率曲线风险、基准风险和期权性风险。

重新定价风险：如果银行以短期存款作为长期固定利率贷款的融资来源，当利率上升时，贷款的利息收入是固定的，但存款的利息支出却会随着利率的上升而增加，

控制期限长度，规避利率风险

我们都知道，利率的变动导致长期债券的投资风险相当大。

平时应该尽量关注宏观经济政策的变化，如果货币政策向紧缩方向发展，存入的期限最好不要太长，1年期比较适当。

你知道银行利率下跌了吗？

还好我存钱的时候利率还没有跌。

如果货币政策宽松的话则相反，从而规避利率下跌的风险。

我来办转存。

如果存入时间不长的话，可以到银行办理重新转存的业务。

从而使银行的未来收益减少和经济价值降低。

收益率曲线风险：重新定价的不对称性会使收益率曲线斜率、形态发生变化，即收益率曲线的非平行移动，对银行的收益或内在经济价值产生不利的影响，从而形成收益率曲线风险。例如，若以五年期政府债券的空头头寸为10年期政府债券的多头头寸进行保值，当收益率曲线变陡的时候，虽然上述安排已经对收益率曲线的平行移动进行了保值，但该10年期债券多头头寸的经济价值还是会下降。

基准风险：一家银行可能用一年期存款作为一年期贷款的融资来源，贷款按照美国国库券利率每月重新定价一次，而存款则按照伦敦同业拆借市场利率每月重新定价一次。虽然用一年期的存款为来源发放一年期的贷款，由于利率敏感性负债与利率敏感性资产重新定价期限完全相同而不存在重新定价风险，但因为其基准利率的变化可能不完全相关，变化不同步，仍然会使该银行面临因基准利率的利差发生变化而带来的基准风险。

期权性风险：若利率变动对存款人或借款有利，存款人就可能选择重新安排存款，借款人可能选择重新安排贷款，从而对银行产生不利的影响。如今，越来越多的期权品种因具有较高的杠杆效应，还会进一步增大期权头寸，可能会对银行财务状况产生不利的影响。

对于老百姓来说，也存在利率风险的问题。

对于一笔25年期贷款而言，年偿付额为126美元，到期收益率为12%。不动产经纪人通常随身携带这样的袖珍计算器，从而可以立即告诉打算利用抵押贷款购房的买主每年（或每月）需要偿付的金额。更一般地，对于一笔固定支付贷款而言，每年固定的偿付额与到期前贷款年限都是已知的，只有到期收益率是未知的。

对很多追求稳定回报的投资者来说，大多会选择风险小、信用度高的理财产品。比如银行存款和有"金边债券"之称的国债。不少投资者认为，银行存款和国债绝对没有风险，利率事先已经确定，到期连本带息是少不了的。的确，至少从目前来看，银行和国家的信用是最高的，与之相关的金融产品风险也很小，但并不是说完全没有风险。比如央行加息，无论是银行存款还是国债，相关风险也会随之而产生，这里就是利率风险中的一种。

定期存款是普通老百姓再熟悉不过的理财方式，一次性存入，存入一定的期限（最短3个月，最长5年），到期按存入时公布的固定利率计息，一次性还本付息。想来这没有什么风险可言，但一旦遇到利率调高，因为定期存款是不分段计息的，不会按已经调高的利率来计算利息，那些存期较长的定期存款就只能按存入日相对较低的利率来计息，相比已调高的利率就显得划不来了。

此外，期限的长度也是影响利率风险的一个重要因素。越长的债券，其价格波

国债发行的目的

国债，又称国家公债，是国家以其信用为基础，按照债的一般原则，通过向社会筹集资金所形成的债权债务关系。

筹措军费：在战争时期军费支出巨大，在没有其他筹资办法的情况下，即通过发行战争国债筹集资金。

平衡财政收支：在增税有困难，又不能增发通货的情况下，采用发行国债的办法弥补财政赤字，是一项可行的措施。

筹集建设资金：通过发行中长期国债，可以将一部分短期资金转化为中长期资金，用于建设国家的大型项目。

替换国债的发行：在偿债的高峰期，为了解决偿债的资金来源问题，国家通过发行借换国债，用以偿还到期的旧债。

动受利率影响的程度就越大。这一结论有助于解释债券市场上的一个重要事实：长期债券的价格和回报率的波动性比短期债券大。对于距离到期日还有20年以上的债券，每年价格与回报率的波动幅度在-20%~20%之间的情况十分常见。事实上，由于利率变动所引起的资产回报率的风险十分重要。控制利率风险是金融机构的经理和投资者经常需要关注的事情。

而凭证式国债也是老百姓最喜欢的投资产品之一，其因免税和利率较高而受到追捧。不少地方在发行时根本买不到，于是不少人购买国债时就选择长期的，也就是买5年期的，却不知一旦市场利率上升，国债的利率肯定也会水涨船高。

类似于银行定期存款，国债提前支取要收取千分之一的手续费，而且半年之内是没有利息的。扣除了这些因素后，如果划得来的话，可以提前支取转买新一期利率更高的国债。

而关注记账式国债的人比较少，但其确实是一种较好的投资，记账式国债收益可分为固定收益和做市价差收益（亏损）。固定利率是经投标确定的加权平均中标利率，一般会高于银行，其风险主要来自债券的价格，如果进入加息周期，债券的价格就会看跌，债券的全价可能会低于银行存款利率甚至亏损。

由于债券价格与市场利率成反比，利率降低，债券价格上升；利率上升，则债券价格下跌。因此，投资者在投资记账式国债的时候可以根据利率的变化和预期作出判断，若预计利率将上升，可卖出手中债券，待利率上升导致债券价格下跌时再买入债券，这时的债券实际收益率会高于票面利率。投资者一定要根据自己的实际情况合理地进行资产配置，在财务安全的前提下获得更高的收益。

一般来讲，当利率波动时，不同的存款人和投资者作出不同的行为选择。如果不考虑个别存款人的流动性需求，忽略高级别存款人的短期行为，当利率上升时，存款人和银行的长期均衡选择应该是不提款，升级。在进行金融产品的投资之前，投资者必须密切关注利率的走势，提高防范利率风险的能力。

利率市场化：把定权还给市场

从20世纪70~80年代开始，利率市场化就已经在全球初露端倪。有些国家默许银行等金融机构挣脱利率管制束缚，有些国家则干脆逐步放松甚至废除利率管制。

例如，在英国、德国、法国等欧洲国家，20世纪70年代就已经完成了存贷款利率市场化进程。美国从1980年开始分阶段取消存款利率上限，并且在1986年1月取消了定期储蓄存款利率上限，完全实现了利率市场化。与此同时，加拿大、日本等国家也基本取消了贷款、存款利率限制。

如果媒体经常报道利率下调，物价就会上涨，人们的生活负担会因通货膨胀而加重。另外，基准利率如果上调，百姓偿还贷款利息又会变得艰难。所以说，"利率上调，百姓受损；利率下调，百姓依然受损"，而非常不幸的是这种矛盾现象的存在是不争的事实。

所谓利率市场化，是指利率的数量结构、期限结构、风险结构都由交易双方自主确定，中央银行只是通过调控基准利率来间接影响市场利率，从而实现调整货币政策的目标。

利率降低，储蓄的百姓和每月领取固定工资的百姓会蒙受损失；利率提高，贷款消费的百姓则会受损。银行也是相同的道理。利率降低，会比过去通货膨胀时所贷出债务的利率要低，银行的资本反而会缩水。如此说来，利率的变动对百姓、企业、银行等各方来说，皆随着各自情况的不同或受益或受损。也就是说，谁会获益将取决于基准利率的升降。基准利率是投资规划中非常重要的一个参考指标，它带来的不仅是利息上的负担，更是说明市场有多少储蓄的最重要指标。

从全球范围来看，无论发达国家还是发展中国家，过去都曾经实行过非常严格的利率管制。利率管制虽然在不同历史阶段产生过一些积极作用，但随着时代的发展，尤其是在各种金融工具层出不穷的今天，利率管制越来越脱离市场需求，表现为不适应经济发展需要，甚至阻碍经济发展。银行利率经常会调整，目的是更好地适应资本市场发展需求。那么，从长远来看，利率市场化是必然的发展趋势，而不是以人们的意志为转移的。在中国，以中国人民银行对国家专业银行和其他金融机构规定的存贷款利率为基准利率。

中国人民银行宣布，自 2010 年 10 月 20 日起上调金融机构人民币存贷款基准利率。其中，金融机构一年期存款基准利率上调 0.25 个百分点，由现行的 2.25% 提高到 2.50%；一年期贷款基准利率上调 0.25 个百分点，由现行的 5.31% 提高到 5.56%；除活期存款利率未调整外，其他各档次存贷款基准利率均相应调整。

2010 年 10 月 20 日的加息是我国央行时隔 3 年后的首度加息。央行最近一次加息是在 2007 年 12 月，2007 年为应对流动性过剩和通胀压力，央行曾先后 6 次上调存贷款基准利率。2008 年 9 月起，为应对国际金融危机，央行又开启了降息空间，5 次下调贷款利率，4 次下调存款利率。因此，本次加息可以视为是对当前通胀压力的担忧。

什么是基准利率？你能解读一下这条新闻背后的意义吗？现在这条新闻里面涉及一个既陌生又熟悉的金融名词——基准利率。基准利率是中国人民银行公布的商业银行存款、贷款、贴现等业务的指导性利率。存款利率暂时不能上、下浮动，贷款利率可以在基准利率基础上下浮 10% 至上浮 70%。基准利率是金融市场上具有普遍参照作用的利率，其他利率水平或金融资产价格均可根据这一基准利率水平来确定。基准利率是利率市场化的重要前提之一，在利率市场化条件下，融资者衡量融

利率市场化的实施条件

利率市场化是指金融机构在货币市场经营融资的利率水平由市场供求来决定。利率市场化的实施条件有：

1.公开的充分竞争的资金环境。

2.资金市场参与者具有一定的理性。

3.资金流动具有合理性和合法性。

4.国民经济发展战略目标主要通过财政政策来实现。

资成本，投资者计算投资收益，客观上都要求有一个普遍公认的利率水平作参考。所以，基准利率也就成了利率市场化机制形成的核心。

一般来说，基准利率必须具备以下几个基本特征：第一，市场化。这是显而易见的，基准利率必须由市场供求关系决定，而且不仅反映实际市场供求状况，还要反映市场对未来的预期。第二，基础性。基准利率在利率体系、金融产品价格体系中处于基础性地位，它与其他金融市场的利率或金融资产的价格具有较强的关联性。第三，传递性。基准利率所反映的市场信号或者中央银行通过基准利率所发出的调控信号，能有效地传递到其他金融市场和金融产品价格上。

基准利率算得上是利率家族中的老大，对其他利率有决定性的影响，当它发生变动时，其他利率也会跟着变动。基准利率一般由中央银行调控。只要掌控基准利率，中央银行就能对其他利率施加影响，进而影响全国的资金流动。在我国，一年期存贷款利率是最重要的基准利率。媒体经常报道中国人民银行宣布加息或减息的决定，那个"息"一般就是指一年期存贷款利率。中央银行总是着眼于宏观经济，仔细权衡利率调整对方方面面的影响，谨慎地作出调整利率的决定。

过去，金融机构办理存贷款业务时执行的利率也是由中央银行制定的。现在利率逐步市场化了，金融机构在确定存贷款利率水平时有很大的灵活性。金融机构可以灵活设置贷款利率水平，条件是不低于中央银行发布的贷款基准利率的一定幅度，目前这个幅度是 90%；商业性个人住房贷款利率的下调幅度为不低于贷款基准利率的 85%。金融机构也可以灵活确定存款利率水平，条件是不高于中央银行制定的存款基准利率。理论上将上述利率管理方式称为贷款利率的下限管理和存款利率的上限管理。

基准利率水平的确定当然不可能是闭门造车，中国人民银行在确定基准利率水平时，主要考虑以下四个宏观经济因素：一是全社会资金的供求。资金可以被看作一种商品，利率则是资金的价格，可以被当作平衡资金供求的调节工具。二是企业利润水平。许多企业要向银行贷款，贷了款就得支付利息，利息支出是企业成本的一部分。如果贷款利率水平太高，企业成本增加，利润空间缩小。三是商业银行的利润水平。商业银行是资金的媒介，它的主要收益就是资金来源与资金运用两者的利息之差。中央银行的利率会直接影响商业银行的利润空间。四是物价水平。如果物价上涨过高，中央银行往往会提高利率，抑制通货膨胀；相反，如果物价太低，出现通货紧缩，中央银行就会考虑降低利率，帮助经济摆脱困境。

第七章

世界金融的构成与发展
——每天学点金融体系知识

国际金融体系：构成国际金融活动的总框架

国际金融体系是国际货币关系的集中反映，它构成了国际金融活动的总体框架。在市场经济体制下，各国之间的货币金融交往，都要受到国际金融体系的约束。金融体系包括金融市场、金融中介、金融服务企业以及其他用来执行居民户、企业和政府的金融决策的机构。有时候特定金融工具的市场拥有特定的地理位置，例如纽约证券交易所和大阪期权与期货交易所就是分别坐落于美国纽约和日本大阪的金融机构。然而，金融市场经常没有一个特定的场所，股票、债券及货币的柜台交易市场——或者场外交易市场的情形就是这样，它们本质上是连接证券经纪人及其客户的全球化计算机通信网络。

金融中介被定义为主要业务是提供金融服务和金融产品的企业。它们包括银行、投资公司和保险公司，其产品包括支票账户、商业贷款、抵押、共同基金以及一系列各种各样的保险合同。

就范围而言，当今的金融体系是全球化的。金融市场和金融中介通过一个巨型国际通信网络相连接，因此，支付转移和证券交易几乎可以 24 小时不间断地进行。举个例子：

如果一家基地位于德国的大型公司希望为一项重要的新项目融资，那么它将考虑一系列国际融资的可能性，包括发行股票并将其在纽约证券交易所或伦敦证券交易所出售，或是从一项日本退休基金那里借入资金。如果它选择从日本退休基金那里借入资金，这笔贷款可能会以欧元、日元甚至美元计价。

1. 国际金融体系的主要内容

（1）国际收支及其调节机制。即有效地帮助与促进国际收支出现严重失衡的国家通过各种措施进行调节，使其在国际范围能公平地承担国际收支调节的责任和义务。

（2）汇率制度的安排。由于汇率变动可直接地影响到各国之间经济利益的再分配，因此，形成一种较为稳定的、为各国共同遵守的国际间汇率安排，成为国际金

中国的金融体系简略图

在现实中，世界各国具有不同的金融体系，很难应用一个相对统一的模式进行概括。下面是我国的金融体系简略图。

商业银行

中央银行

再贴现
再贷款

买卖国债

金融市场

发行国债、
地方债

政府

投资交易

投融资

采购扶持等

投资机构

企业、组织

存款 贷款

存款 贷款

投资

投资

消费

税

个人

工资

融体系所要解决的核心问题。一国货币与其他货币之间的汇率如何决定与维持，一国货币能否成为自由兑换货币，是采取固定汇率制度，还是采取浮动汇率制度，或是采取其他汇率制度等，都是国际金融体系的主要内容。

（3）国际储备资产的选择与确定。即采用什么货币作为国际间的支付货币；在一个特定时期中心储备货币如何确定，以维护整个储备体系的运行；世界各国的储备资产又如何选择，以满足各种经济交易的要求。

（4）国际间金融事务的协调与管理。各国实行的金融货币政策，会对相互交往的国家乃至整个世界经济产生影响。因此，如何协调各国与国际金融活动有关的金融货币政策，通过国际金融机构制定若干为各成员国所认同与遵守的规则、惯例和制度，也构成了国际金融体系的重要内容。国际金融体系自形成以来，经历了金本位制度、布雷顿森林体系和现行的浮动汇率制度。

2. 金融体系的重要作用

金融体系包括金融市场和金融机构。金融市场和人们常见的市场一样，在那里人们买卖各种产品，并讨价还价。金融市场可能是非正式的，例如社区的跳蚤市场；也可能是高度组织化和结构化的，比如伦敦或者苏黎世的黄金市场。金融市场和其他市场的唯一区别在于，在这个市场上，买卖的是股票、债券和期货合约等金融工具而不是锅碗瓢盆。最后，金融市场涉及的交易额可能很大，可能是风险巨大的投资交易。当然，一笔投资的回报可能让你赢得盆满钵满，也可能让你输得一贫如洗。由于金融市场具有较高的价格挥发性，比如股票市场，因此金融市场的消息很值钱。

金融机构也是金融体系的一部分，和金融市场一样，金融机构也能起到将资金从储蓄者转移到借款者的作用。然而，金融机构是通过销售金融债权获取资金并用这些资金购买公司、个人和政府的金融债权来为他们融资的。金融机构包括：商业银行、信用社、人寿保险公司以及信贷公司，它们有一个特殊的名字：金融中介机构。金融机构控制着整个世界的金融事务，为消费者和小企业提供各种服务。尽管金融机构不像金融市场那样受到媒体关注，但它却是比证券市场更重要的融资来源地。这一现象不仅在美国如此，在世界其他工业化国家亦是如此。

世界金融组织：谁在负责处理我们的钱

当代国际金融的一大特点是，国际金融组织相继出现，并且在全球化经济发展中起着越来越重要的作用。所以，我们简单了解一些全球性金融组织概况也是很有必要的。

关于全球性金融组织，可以主要关注以下几个：

1. 世界银行集团

之所以称之为集团，是指这不仅仅是一家银行，它实际上包括国际复兴开发银行、国际开发协会、国际金融公司、解决投资争端国际中心、多边投资担保机构等一系列组织。

成立世界银行集团的目的，最早是给西欧国家战后复兴提供资金援助，1948 年后转变为帮助发展中国家提高生产力、促进社会进步和经济发展、改善和提高人民生活。世界银行集团的主要业务机构有以下三个：

（1）国际复兴开发银行。

国际复兴开发银行简称世界银行，是与国际货币基金组织同时成立的另一个国际金融机构，也是联合国的一个专门机构。

国际复兴开发银行成立于 1945 年 12 月，1946 年 6 月 25 日正式开始营业。当时以美国为代表的许多国家认为，为了在第二次世界大战结束后能够尽快恢复受战争破坏的各国经济，开发发展中国家经济，有必要成立这样一个国际性金融组织，利用其自有资金和组织私人资本，为生产性项目提供贷款或投资。

所以，《国际复兴开发银行协定》规定，它的宗旨是：对生产性投资提供便利，协助成员国的经济复兴以及生产和资源开发；促进私人对外贷款和投资；鼓励国际投资，开发成员国的生产资源，促进国际贸易长期均衡发展，维持国际收支平衡；配合国际信贷，提供信贷保证。

（2）国际开发协会。

国际开发协会成立于 20 世纪 50 年代。当时的背景是亚洲、非洲、拉丁美洲地区的发展中国家经济十分落后，外债负担沉重，自有资金严重不足，迫切需要获得大量外来资金摆脱困境，发展经济。可与此同时，国际货币基金组织、国际复兴开发银行的贷款门槛高，贷款数量又有限，无法满足上述国家免息低息、数量庞大的贷款需求。

在这种情况下，1958 年美国提议建立一个能为上述国家提供优惠贷款的开发性国际金融机构。1960 年，世界银行集团正式成立国际开发协会并开始营业，总部设在美国首都华盛顿。

国际开发协会的宗旨是：向符合条件的低收入国家提供长期优惠贷款，帮助这些国家加速经济发展，提高劳动生产率，改善人民生活。国际开发协会与国际复兴开发银行虽然在法律地位、财务上相互独立，可是在组织机构上却是中国人熟悉的"两块牌子、一套人马"。

（3）国际金融公司。

《国际复兴开发银行协定》规定，世界银行的贷款对象只能是成员国政府，如果对私营企业贷款必须由政府出面担保；而且，世界银行只能经营贷款业务，不能参与股份投资，也不能为成员国私营企业提供其他有风险的贷款业务。这样一来，就在很大程度上限制了世界银行的业务范围，不利于发展中国家发展民族经济。

⬚ 国际清算银行服务的好处

目前，全球各国的外汇储备约有 1/10 存放在国际清算银行。这样做的好处是：

为了弥补这一缺陷，1956 年世界银行集团成立了国际金融公司，主要是为成员国的私营企业提供国际贷款。

国际金融公司的宗旨是：为发展中国家的私营企业提供没有政府机构担保的各种投资；促进外国私人资本在发展中国家的投资；促进发展中国家资本市场的发展。

2. 国际清算银行

国际清算银行是西方主要国家中央银行共同创办的国际金融机构，具体指美国的几家银行集团与英国、法国、德国、意大利、比利时、日本等国家的中央银行在 1930 年共同出资创办的，总部设在瑞士巴塞尔，享有国际法人资格以及外交特权和豁免权，并且不需要纳税。

成立国际清算银行，最早的目的是处理第一次世界大战后德国对协约国赔偿的支付以及处理同德国赔款的"杨格计划"的相关业务。后来则转变为促进各国中央银行之间的合作，为国际金融业务提供便利条件，作为国际清算的代理人或受托人。

说得更明确一点就是，最早美国是要利用这个机构来掌握德国的财政，并且把欧洲债务国偿还美国的债务问题置于美国监督之下。1944 年布雷顿森林会议后，国际清算银行的使命实际上已经完成了，是应当解散的，但美国仍然把它保留了下来，并作为国际货币基金组织和世界银行的附属机构。国际清算银行不是政府之间的金融决策机构，它实际上相当于西方国家中央银行的银行。

中国于 1984 年与国际清算银行建立业务联系，办理外汇与黄金业务；派员参加国际清算银行股东大会，以观察员的身份参加年会。国际清算银行从 1985 年起开始对中国提供贷款，并于 1996 年接纳中国、中国香港、巴西、印度、俄罗斯等加入该组织。

国际清算银行的服务对象是各国中央银行、国际组织（如国际海事组织、国际电信联盟、世界气象组织、世界卫生组织）等，不办理个人业务。

世界银行：条件苛刻的世界贷款银行

世界银行集团是一家国际金融组织，总部设在美国首都华盛顿，但国际金融组织不仅世界银行集团一家。除了世界银行集团外，还有国际货币基金组织、国际开发协会、国际金融公司、亚洲开发银行等。其中，国际开发协会、国际金融公司是世界银行集团的附属机构。平常所说的世界银行，一般是指世界银行集团下的国际复兴开发银行。

2009 年 12 月 6 日，巴勒斯坦与世界银行和其他援助方签署了 6400 万美元的援助协议，以推进巴勒斯坦建国步伐。受金融危机的影响，非洲食品和燃油价格上涨，同时引发了货币贬值和证券价格的下跌。世界银行 2009 年公布，将向受金融危机影响的非洲国家提供 770 亿美元的援助，以帮助这些国家减轻由金融危机带来的负面影响。

中国是世界银行的创始国之一，1980 年 5 月 15 日，中国在世界银行和所属国际开发协会及国际金融公司的合法席位得到恢复。1980 年 9 月 3 日，该行理事会通过投票，同意将中国在该行的股份从原 7500 股增加到 12000 股。我国在世界银行有投票权。在世界银行的执行董事会中，我国单独派有一名董事。我国从 1981 年起开始向该行借款，此后，我国与世界银行的合作逐步展开、扩大。世界银行通过提供期限较长的项目贷款，推动了我国交通运输、行业改造、能源、农业等国家重点建设以及金融、文卫、环保等事业的发展。同时，还通过本身的培训机构，为我国培训了大批了解世界银行业务、熟悉专业知识的管理人才。

世界银行集团目前由国际复兴开发银行（即世界银行）、国际开发协会、国际金融公司、多边投资担保机构和解决投资争端国际中心五个成员机构组成。这五个机构分别侧重于不同的发展领域，但都运用其各自的比较优势，协力实现其共同的最终目标，即减轻贫困。

通过向国际金融市场借款、发行债券和收取贷款利息以及各成员国缴纳的股金三种渠道，世界银行获得资金来源。

在通过对生产事业的投资，协助成员国经济的复兴与建设，鼓励不发达国家对资源的开发方面，世界银行仍然发挥着不可小觑的作用。另外，世界银行通过担保或参加私人贷款及其他私人投资的方式，促进私人对外投资。规定当成员国不能在合理条件下获得私人资本时，可运用该行自有资本或筹集的资金来补充私人投资的不足，并与其他方面的国际贷款配合，鼓励国际投资，协助成员国提高生产能力，促进成员国国际贸易的平衡发展和国际收支状况的改善，对经济的复兴和发展起到了重要的作用。

总结来看，世界银行提供的贷款具有以下几点特征：

第一，贷款期限较长。按借款国人均国民生产总值，将借款国分为 4 组，每组期限不一。第一组为 15 年，第二组为 17 年，第三、四组为最贫穷的成员国，期限为 20 年。贷款宽限期为 3 ~ 5 年。

第二，贷款利率参照资本市场利率而定，一般低于市场利率，现采用浮动利率计息，每半年调整一次。

第三，借款国要承担汇率变动的风险。

第四，贷款必须如期归还，不得拖欠或改变还款日期。

第五，贷款手续严密，从提出项目、选定、评定，到取得贷款，一般要用 1 年半到 2 年时间。

第六，贷款主要向成员国政府发放，且与特定的工程和项目相联系。

世界银行的主要业务

通过实现包容性和可持续的全球化减少贫困是世界银行工作的首要目标。世界银行主要有以下几种业务：

贷款项目

为会员国官方、国营企业、私营企业提供用于工业、农业、能源、运输、教育等诸多领域的贷款服务。

赠款： 通过国际开发协会、信托基金提供赠款。

非贷援助

紧急援助： 在发生自然灾害或任何对经济有重大影响并需做出迅速反应事件的情况下提供。

世界银行的工作经常受到非政府组织和学者的严厉批评，有时世界银行自己内部的审查也对其某些决定质疑。往往世界银行被指责为美国或西方国家施行有利于它们自己的经济政策的执行者，此外往往过快、不正确的、按错误的顺序引入的或在不适合的环境下进行的市场经济改革对发展中国家的经济反而造成破坏。世界银行的真正掌控者是世界银行巨头，它们最终的目的是追逐利润，现在的状况可以说是一个妥协的结果。

今天世界银行的主要帮助对象是发展中国家，帮助它们发展教育、农业和工业。它向成员国提供优惠贷款，同时世界银行向受贷国提出一定的要求，比如减少贪污或建立民主等。世界银行与国际货币基金组织和世界贸易组织一道，成为国际经济体制中最重要的三大支柱。

世界贸易的协调者：WTO

世界贸易组织（WTO）是一个独立于联合国的永久性国际组织。1995 年 1 月 1 日正式开始运作，负责管理世界经济和贸易秩序，总部设在瑞士日内瓦。世界贸易组织是具有法人地位的国际组织，在调解成员争端方面具有很高的权威性。它的前身是 1947 年订立的关税及贸易总协定。与关贸总协定相比，世界贸易组织涵盖货物贸易、服务贸易以及知识产权贸易，而关贸总协定只适用于商品货物贸易。世界贸易组织是多边贸易体制的法律基础和组织基础，是众多贸易协定的管理者，是各成员贸易立法的监督者，是就贸易进行谈判和解决争端的场所。是当代最重要的国际经济组织之一，其成员间的贸易额占世界贸易额的绝大多数，被称为"经济联合国"。到 2011 年为止，世界贸易组织正式成员已经达到 156 个。

世界贸易组织主要有以下几方面的基本职能：管理和执行共同构成世界贸易组织的多边及诸边贸易协定；作为多边贸易谈判的讲坛；寻求解决贸易争端；世界贸易组织总部监督各成员国贸易政策，并与其他同制定全球经济政策有关的国际机构进行合作。世界贸易组织的目标是建立一个完整的、更具有活力的和永久性的多边贸易体制。与关贸总协定相比，世界贸易组织管辖的范围除传统的和乌拉圭回合确定的货物贸易外，还包括长期游离于关贸总协定外的知识产权、投资措施和非货物贸易（服务贸易）等领域。世界贸易组织具有法人地位，它在调解成员争端方面具有更高的权威性和有效性。

世界贸易组织的一个重要原则就是互惠原则。尽管在关贸总协定及世界贸易组织的协定、协议中没有十分明确地规定"互惠贸易原则"，但在实践中，只有平等互惠互利的减让安排才可能在成员间达成协议。世界贸易组织的互惠原则主要通过以下几种形式体现：

一是通过举行多边贸易谈判进行关税或非关税措施的削减，对等地向其他成员开放本国市场，以获得本国产品或服务进入其他成员市场的机会，即所谓"投之以桃""报之以李"。

二是当一国或地区申请加入世界贸易组织时，由于新成员可以享有所有老成员过去已达成的开放市场的优惠待遇，老成员就会一致地要求新成员必须按照世界贸易组织现行协定、协议的规定缴纳"入门费"——开放申请方商品或服务市场。

三是互惠贸易是多边贸易谈判及一成员贸易自由化过程中与其他成员实现经贸合作的主要工具。关贸总协定及世界贸易组织的历史充分说明，多边贸易自由化给某一成员带来的利益要远大于一个国家自身单方面实行贸易自由化的利益。因为一国单方面自主决定进行关税、非关税的货物贸易自由化及服务市场开放时，所获得的利益主要取决于其他贸易伙伴对这种自由化改革的反应，如果反应是良好的，即对等地也给予减让，则获得的利益就大；反之，则较小。相反，在世界贸易组织体制下，由于一成员的贸易自由化是在获得现有成员开放市场承诺范围内进行的，自然这种贸易自由化改革带来的实际利益有世界贸易组织机制作保障，而不像单边或双边贸易自由化利益那么不确定。因此，多边贸易自由化要优于单边贸易自由化，尤其像中国这样的发展中的大国。

因为世界贸易组织促进世界范围的贸易自由化和经济全球化，通过关税与贸易协定使全世界的关税水平大幅度下降，极大地促进了世界范围的贸易自由化。此外，世界贸易组织还在农业、纺织品贸易、安全保障措施、反倾销与反补贴、投资、服务贸易、知识产权以及运作机制等方面都作出有利于贸易发展的规定。这些协定和协议都将改善世贸自由化和全球经济一体化，使世界性的分工向广化与深化发展，为国际贸易的发展奠定稳定的基础，使对外贸易在各国经济发展中的作用更为重要。

世界贸易组织追求自由贸易，但不是纯粹的自由贸易组织，它倡导的是"开放、公平和无扭曲竞争"的贸易政策。世界贸易组织是"经济联合国"，它所制定的规则已成为当今重要的国际经贸惯例，如果一个国家被排斥在世界贸易组织之外，就难以在平等的条件下进行国际间产品和服务交流，而且还要受到歧视。中国自2001年底加入世界贸易组织后，经济与贸易发展极为迅速。

世界贸易组织的所有成员方都可以取得稳定的最惠国待遇和自由贸易带来的优惠，自加入世界贸易组织以来，我国的出口连年上新台阶。当然，出口扩大了，可增加先进技术的进口，使我国在科技上更快跟上世界产业发展的潮流。

加入世界贸易组织后，带动了国民经济的快速发展，一定程度上解决了就业难的问题。同时，有利于提高人民生活水平，"入世"后关税降低了，中国老百姓可以同等的货币，购买优质产品。

此外，促进了我国对外服务贸易的发展。我国的服务贸易严重落后，只占世界服务贸易总量的1%。我国的人口众多，资源有限，所以一定要发展服务贸易，包括银行、保险、运输、旅游等方面的引进和出口。

加入世界贸易组织，意味着中国可以参与制定国际经济贸易规则，这样可以提高中国在国际社会上的地位，增加发言权。目前西方国家对中国产品反倾销调查现象很严重，中国可以利用世界贸易组织的争端解决机制，使这一问题公平合理地得到解决，提高中国产品在国际市场上的声望。

当然，加入世界贸易组织对我国的弱势产业也是一个严峻的挑战。随着市场的进一步扩大，关税的大幅度减让，外国产品、服务和投资有可能更多地进入中国市场，国内一些产品、企业和产业免不了面临更加激烈的竞争。

实践已经证明，世界贸易组织为中国提供了更宽广的舞台。

世界贸易组织（WTO）的五大职能

争端

WTO

和解

WTO 的五大职能

管理职能　组织职能　协调职能　调节职能　提供职能

自由贸易协议：FTA

目前，自由贸易协定在全世界范围内蓬勃发展。自由贸易协定将和世界贸易组织（WTO）一道，推动世界贸易走向完全自由化，并将对全球经济和政治进程产生深远影响。

自由贸易协定（英文：Free Trade Agreement，简称FTA）是为了绕开WTO多边协议的困难，同时也为了另外开辟途径推动贸易自由化，各国逐渐从实践中探索而出的，是独立关税主体之间以自愿结合的方式，就贸易自由化及其相关问题达成的协定。在WTO文件中，FTA与优惠贸易协定（PTA）、关税同盟协定（CUA）一道，都纳入RTA（Regional Trade Agreement）的范围。就现实而论，因为很多FTA在协议内容上达成的可能也并不是完全自由贸易，因此FTA、RTA在概念上有混用的倾向。有时FTA、RTA也指基于一定贸易协定的自由贸易区或准自由贸易区。

自由贸易协定是两国或多国间具有法律约束力的契约，目的是促进经济一体化，其目标之一是消除贸易壁垒，允许产品与服务在国家间自由流动。这里所指的贸易壁垒可能是关税，也可能是繁杂的规则等等。

2005年11月18日，中国和智利签署自由贸易协定。

2006年11月24日，中国和巴基斯坦签署自由贸易协定。

与新西兰的协定签署于2008年4月7日，是我国与发达国家签署的第一个自由贸易协定。

2008年10月23日，中国和新加坡签署自由贸易协定。

2008年11月19日，中国和秘鲁签署自由贸易协定。

依据自由贸易协定，来自协议伙伴国的货物可以获得进口税和关税减免优惠，无论在进口国还是出口国，自由贸易协定都有助于简化海关手续。当协议国间存在不公平贸易惯例时，自由贸易协定还可以协助贸易商进行补救。国内的税务与费用，如增值税、消费税，都不受自由贸易协定的影响。而只有原产于自由贸易协定成员国的货物，才有资格从自由贸易协定中受益。

自由贸易协定及相关经济合作的兴起对世界经济与政治进程起到了至关重要的作用。

首先，FTA通过降低交易成本和流通费用，通过贸易自由化和便利化，通过推动新自由贸易协定的产生，最终促进了国际贸易的发展。

关税是国际贸易进行中发生的一种特殊交易成本。区域贸易协定和自由贸易协定会使这种交易成本大幅降低，并使它在不长的时间内趋向于零。区域贸易协定和自由贸易协定还使贸易者与所选择的贸易伙伴之间的物理距离拉近，由此节约了运输费用。通过降低交易成本和流通费用，自由贸易协定能够大幅促进内部成员之间的贸易。这种促进作用在欧洲经济共同体（EEC）和北美自由贸易区（NAFTA）上都得到了体现。

欧洲经济共同体。1957 ~ 1968 年，欧洲经济共同体的成员一直是法国、联邦德国、比利时、卢森堡、荷兰、意大利六国。1959 年 1 月，欧洲经济共同体首次实现降低内部关税。1968 年 7 月，共同体内部关税完全取消。在 1958 ~ 1968 年期间，欧洲经济共同体成员国间的内部贸易额增至原来的四倍，年均增长 17%，大大高于当时各成员国的国际贸易总量的增长率。

北美自由贸易区。北美自由贸易区形成时间较短。它于 1994 年初启动第一轮关税削减。有关研究表明，1994 年前 9 个月与 1993 年同期相比，美国与加拿大、墨西哥之间的贸易增长率大约是与非北美自由贸易区的国际贸易增长率的 2 倍。1980 年，北美货物和服务出口总额中区域内部出口占 34%，1996 年和 2002 年分别上升至 49% 和 56%。

当然，成员间贸易可能会对成员与非成员间贸易发生替代效应并在短期内使成员国与非成员国之间的贸易有减少的倾向，人们一般称这种影响为贸易转移或贸易替代。然而，全球贸易总成本毕竟得到降低，由此全球贸易量整体上有望增加。不仅如此，这种贸易替代效应会促使贸易受替代关税主体也积极地与贸易伙伴尽快达成自由贸易协定，由此促使世界贸易总成本进一步降低。而且，如果受替代者应对积极，替代效应影响并不大。有关人士曾经针对 NAFTA 的建立在多大程度上影响了对美国的出口进行研究，结果表明，总体影响很小，受到较大影响的产品种类非常少。

其次，FTA 促进了国际投资，并且起到了优化世界产业结构和资源配置的效果。

RTA 和 FTA 对国际投资的促进和对产业组织的优化作用也是明显的：一是影响跨国公司外国直接投资（FDI）区位选择的一个重要因素是无关税市场规模的大小。与无 FTA 时由多个关税区组成的市场格局相对比，FTA 会使自由市场规模大为扩充，这无疑会促进某一 FTA 非成员国跨国公司对 FTA 成员的投资。二是 FTA 使得区域内企业在区域内的劳动力、自然资源、资本投向的地理选择决策再也不会受关税因素拖累。FTA 实施时，区域内企业会重新从成本最低化的目标出发，考虑通过再投资对劳动力、物质资本、自然资源的地理分布进行再选择。由此，FTA 实施会促使区域内 FDI 有所增长。三是 FTA 形成后，取消关税保护促使企业在产品市场、要素资源方面重新布局，提升了企业素质，改善了产业组织形态。以上促进作用在 EU（欧盟）和 NAFTA 都得到了不同程度、不同方式的体现。

再次，FTA 是实现全世界产品贸易自由化、产品市场一体化、生产过程一体化的一个重要步骤。就亚洲圈与欧洲圈的联系而言，目前 ASEAN 与 EU 已经提议谈判建立自贸协议。

就亚洲圈与美洲圈而言，亚太经合组织（APEC）是推动亚美自由贸易区的良好架构机制。可以预见，世界几大自由贸易"山头"也被自由贸易"桥梁"连通起来后，世界自由贸易的最终实现也就为时不远了。世界贸易自由化意味着全球产品市场完全一体化。

最后，自由贸易协议也是实现全世界产品贸易自由化、产品市场一体化、生产过程一体化的一个重要步骤，并能够推动成员间经济合作关系在贸易自由化的基础上继续得到发展深化，由此可能对区域共同货币、世界共同货币的产生，对世界各国经济利益共同性的强化，乃至对世界政治以和平方式实现一体化的进程产生积极影响。

自由贸易区的影响

　　自由贸易区指在贸易和投资等方面比世界贸易组织有关规定更加优惠的贸易安排；在主权国家或地区的关境以外，划出特定的区域，准许外国商品豁免关税自由进出。自由贸易区带来了非常大的影响，具体来说有以下两个方面：

由于区域内成员相互之间取消关税和贸易数量限制措施之后直接对各成员贸易发展产生影响。

缔结自由贸易区之后，由于区域内生产效率提高和资本积累增加，导致各成员经济增长加快。

　　世界自由贸易区的功能设定是根据区位条件和进出口贸易的流量而确定的，并且随着国内外经济形势的发展而调整和发展。相信经过不断发展，其影响力也会越来越大。

国际货币基金组织：IMF

国际货币基金组织是联合国的一个专门机构，是为了协调国际间的货币政策，加强货币合作建立起来的国际金融机构，于 1945 年 12 月成立，自 1947 年 3 月开始办理业务，总部设在美国首都华盛顿。

根据《国际货币基金协定》规定，这是一个永久性国际货币机构，该组织宗旨通过一个常设机构来促进国际货币合作，为国际货币问题的磋商和协作提供方法；通过国际贸易的扩大和平衡发展，把促进和保持成员国的就业、生产资源的发展、实际收入的高水平作为经济政策的首要目标；稳定国际汇率，在成员国之间保持有秩序的汇价安排，避免竞争性的汇价贬值；协助成员国建立经常性交易的多边支付制度，消除妨碍世界贸易的外汇管制；在有适当保证的条件下，基金组织向成员国临时提供普通资金，使其有信心利用此机会纠正国际收支的失调，而不采取危害本国或国际繁荣的措施；按照以上目的，缩短成员国国际收支不平衡的时间，减轻不平衡的程度等。IMF 设有 16 个职能部门，负责经营业务活动。此外，IMF 还有 2 个永久性的海外业务机构，即欧洲办事处（设在巴黎）和日内瓦办事处。

中国是国际货币基金组织创始国之一。1980 年 4 月 17 日，该组织正式恢复中国的代表权。中国在该组织中的份额为 80.901 亿特别提款权，占总份额的 3.72%。中国共拥有 81151 张选票，占总投票权的 3.66%。中国自 1980 年恢复在国际货币基金组织的席位后单独组成一个选区并派一名执行董事。1991 年，该组织在北京设立常驻代表处。2010 年中国的份额由 3.65% 升至 6.19%，超越德、法、英，位列美国和日本之后。不过，改革后拥有 17.67% 份额的美国依旧拥有"否决权"。

提到国际货币基金组织，就不能不提到特别提款权。特别提款权是国际货币基金组织创设的一种储备资产和记账单位，亦称"纸黄金"。它是基金组织分配给会员国的一种使用资金的权利。会员国在发生国际收支逆差时，可用它向基金组织指定的其他会员国换取外汇，以偿付国际收支逆差或偿还基金组织的贷款，还可与黄金、自由兑换货币一样充当国际储备。但由于其只是一种记账单位，不是真正货币，使用时必须先换成其他货币，不能直接用于贸易或非贸易的支付。因为它是国际货币基金组织原有的普通提款权以外的一种补充，所以称为特别提款权。

世界银行和国际货币基金组织长期以来一直致力于敦促发达国家采取切实有效的措施，消除金融危机，加强市场监管，防范信用风险，实施负责任的货币和汇率政策。美国次贷危机爆发以来，美元持续贬值，国际金融市场动荡，世界经济增长明显变缓，表现为主要经济体面临经济增长下滑与通胀加剧的双重风险、大宗商品价格上涨、国际资本市场波动加剧以及贸易保护主义抬头。

世界银行和国际货币基金组织认真评估当前世界经济形势对发展问题造成的战略影响，对此世行行长佐利克提出"具有包容性和可持续的全球化"理念。包容性和可持续的理念不仅适用于发展中国家，更应适用于包括发达国家在内的当前国际经济体系。

国际货币基金组织敦促发达国家采取措施消除金融危机，同时支持发展中国家转变增长方式，保持经济稳定增长，防范金融风险。此外，世行和国际货币基金组织也在积极注意发达国家为应对危机所采取的措施对发展中国家的影响，帮助发展中国家妥善应对通胀压力，加强对国际资本流动的监控，维护市场的稳定。

世界银行和国际货币基金组织联合发展委员会发表公报说，粮价大幅攀升使许多发展中国家受到冲击，发达国家应向受冲击严重的国家提供紧急援助，世界银行则应提高对农业领域的关注。该委员会曾发表一项公报说，大宗商品价格攀升对各

国际货币基金组织的组织结构

国影响不一，但在广大发展中国家，许多穷人因粮食和能源价格高涨"受创严重"。公报表示欢迎世行行长佐利克提出的"全球粮食政策新建议"，即近期提供紧急粮食援助，在中长期则促进发展中国家提高粮食生产能力。

粮食价格大幅上升给一些贫困国家、贫困人口带来了很大损害，甚至威胁到一些国家的粮食安全。对于那些受到粮食和能源价格暴涨负面影响的最不发达国家和脆弱国家，国际社会尤其是多边开发银行应加大专项援助力度，努力维护贫困人口的基本粮食安全和能源安全。

公报同时指出，世行和国际货币基金组织应做好准备，以便对受粮食和能源价格冲击的有关国家及时提供政策指导和经济援助。

贸易差额：国际贸易中的顺差、逆差

从前有两座岛屿，名字分别叫作"勤俭岛""挥霍岛"。勤俭岛的居民人如岛名，很勤劳、节俭，每天努力工作以产出更多的食物。食物除了满足本岛居民的需要外，还出口到挥霍岛。居民们节衣缩食，把储蓄下来的钱用于扩大再生产。与勤俭岛不同，挥霍岛上有些居民没有工作，却很喜欢消费。他们用本岛发行的债券作交换，从勤俭岛进口食物。债券、食物均以"挥霍岛币"计价。

随着手中债券的大量增加，勤俭岛居民开始少收债券，转为直接收取"挥霍岛币"，再大量购买挥霍岛土地。最终，他们似乎有望买下整个挥霍岛。然而，失业者不见得就比别人笨，挥霍岛人不甘心成为地主的佃农，大量涌入印钞厂，开足马力地发行挥霍岛币。俗话说得好，物以稀为贵。货币发行量过大之后，挥霍岛币及其化身——债券都变得不值钱了，数量保持不变的土地因而变得很值钱。这给勤俭岛人带来了很大的麻烦，多年积蓄下来的挥霍岛币、债券一天天地贬值，本来想在挥霍岛买套别墅，现在却连一个车位也买不起了。

伤敌一千，自损八百，挥霍岛人的情况也不太妙。货币贬值之后，有些勤俭岛人拒收挥霍岛币、债券。从勤俭岛进口食物变得不太容易，轮到挥霍岛人节衣缩食了。这反过来又导致了勤俭岛上的食物销售困难，生产停滞，大量香喷喷、白生生的牛奶不得不被倒入河中。两败俱伤之后，两个岛的居民都开始反思了。勤俭岛人发觉，刺激消费、启动内需太重要了，既然食物生产过多，每个人就都得多吃一些，也别减肥、储蓄了。挥霍岛人也认识到，没什么不能没工作，有什么也不能有过多的债务。如此过了几年，勤俭岛人挥霍，挥霍岛人勤俭。然后角色互换，再来一次轮回……

故事中，勤俭岛在对外贸易中，处于明显的顺差地位。而与之相反，挥霍岛则处于逆差地位。贸易顺差是指在特定年度一国出口贸易总额大于进口贸易总额，又

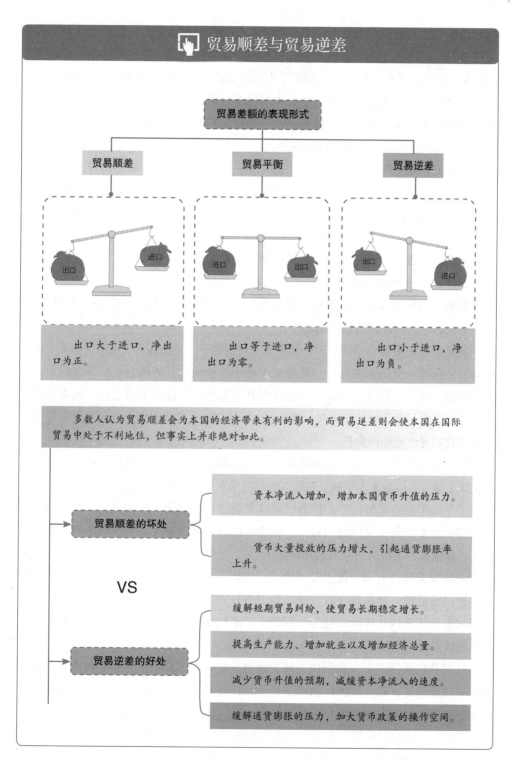

贸易差额的表现形式

贸易顺差　　　贸易平衡　　　贸易逆差

出口大于进口，净出口为正。

出口等于进口，净出口为零。

出口小于进口，净出口为负。

多数人认为贸易顺差会为本国的经济带来有利的影响，而贸易逆差则会使本国在国际贸易中处于不利地位，但事实上并非绝对如此。

贸易顺差的坏处

资本净流入增加，增加本国货币升值的压力。

货币大量投放的压力增大，引起通货膨胀率上升。

VS

贸易逆差的好处

缓解短期贸易纠纷，使贸易长期稳定增长。

提高生产能力、增加就业以及增加经济总量。

减少货币升值的预期，减缓资本净流入的速度。

缓解通货膨胀的压力，加大货币政策的操作空间。

称"出超"，表示该国当年对外贸易处于有利地位。贸易逆差是指一国在特定年度内进口贸易总值大于出口总值，俗称"入超"，反映该国当年在对外贸易中处于不利地位。而贸易平衡是指一国在特定年度内外贸进、出口总额基本上趋于平衡。

"勤俭岛和挥霍岛"是美国投资大师巴菲特讲过的一则寓言故事，他以挥霍岛的贸易逆差来比喻美国的巨额贸易逆差，并指出它会给国家带来巨大危害——导致美国的净资产以惊人的速度向海外转移。

贸易差额是一国在一定时期内（如一年、半年、一季、一月）出口总值与进口总值之间的差额。当出口总值与进口总值相等时，称为"贸易平衡"。当出口总值大于进口总值时，出现贸易盈余，称"贸易顺差"或"出超"。当进口总值大于出口总值时，出现贸易赤字，称"贸易逆差"或"入超"。通常，贸易顺差以正数表示，贸易逆差以负数表示。一国的进出口贸易收支是其国际收支中经常项目的重要组成部分，是影响一个国家国际收支的重要因素。

影响一国贸易差额的因素有：本国商品和外国商品的价格；汇率；贸易协定；贸易壁垒；本国和外国的景气循环等。

贸易差额是衡量一个国家对外贸易收支状况的一个重要标志，从一般意义上讲，贸易顺差反映一个国家在对外贸易收支上处于有利地位，表明它在世界市场的商品竞争中处于优势；而逆差则反映一国在对外贸易收支上处于不利地位，表明它在世界市场上的商品竞争中处于劣势。那么对于一国而言，究竟是顺差好还是逆差好呢？这需要我们理性地加以分析。

国际收支逆差会导致本国外汇市场上外汇供给减少，需求增加，从而使得外汇的汇率上涨、本币的汇率下跌。如果该国政府采取措施干预，即抛售外币，买进本币，政府手中必须要有足够的外汇储备，而这又会进一步导致本币的贬值。政府的干预将直接引起本国货币供应量的减少，而货币供应量的减少又将引起国内利率水平的上升，导致经济下滑，失业人数增加。

国际收支顺差有利于促进经济增长，增加了外汇储备，增强综合国力；也有利于维护国际信誉，提高对外融资能力和引进外资能力；有利于经济总量平衡，加强一国抗击经济全球化风险的能力，有助于国家经济安全；有利于汇率稳定和实施较为宽松的宏观调控政策。

在对外贸易问题上，我们应当转变观念，放弃以出口创汇、追求顺差为目标的传统观念和做法，确立以国际收支平衡为目标的政策。一般来说，一国政府在对外贸易中应设法保持进出口基本平衡，略有结余，此举有利于国民经济的健康发展。

因此，一国的对外贸易应追求长期的进出口基本平衡，而不是长期的贸易顺差。我国是一个发展中的大国，长期的贸易顺差也给我们带来了很多麻烦。

资本的流出形式

资本流出到国外有以下两种形式：

形式一

到国外直接投资。比如，国内企业直接到国外某地开设分公司或者分店。

在这种情况下，中国所有者主动管理投资。

在这两种情况下，中国居民都购买了位于另一国家的资产，因此，这两种购买增加了我国的资本净流出。

形式二

国外有价证券投资。比如，一个中国人买了一家美国公司的股票，这就是国外有价证券投资的例子。

股票交易大厅

在这种情况下，中国所有者起了较为消极的作用。

我想买美国公司的股票，你给我参谋参谋……

资本净流出：金融资源的流动

标准普尔公司的报告称，东亚地区净资本流出未来几年将继续，但长期内将放缓。标准普尔公司 5 月 29 日发布报告称，未来几年净资本将继续流出东亚地区进入发达经济体，然后又会开始回归。

标准普尔公司信用分析师 KimEngTan 表示，东亚地区由高储蓄率支撑的强大的经常账户盈余引发最近几年的净资本流出。但是预计该地区的经济和金融的深入重组，以及人口构成的变化，将在长期内减少这种流出。

该报告还指出，未来 3 年资本流出该地区的构成会改变。东亚地区的国家包括印度尼西亚、马来西亚、泰国、新加坡、越南、柬埔寨、菲律宾、中国、韩国和日本。虽然公共和私营部门资本流出在绝对值上都将增加，但企业直接投资和私人投资组合流出相比公共部门资金幅度将更显著。

净资本流出是指国内储蓄和国内投资之间的差额，也称为国外净投资。

资本净流出可以是正的，也可以是负的。当它是正的，国内居民购买的外国资产多于外国人购买的国内资产，此时可以说资本流出国。当资本流出是负的时，国内居民购买的外国资产少于外国人购买的国内资产，此时可以说资本流入国。

当一国的资本净流出是负的时，该国有资本流入。

美国财政部公布：美国 4 月整体资本净流出 532 亿美元，3 月修正为净流入 250 亿美元。中国 4 月对美国公债持有量为 7635 亿美元，3 月为 7679 亿美元。4 月外资净买入美国公债 418.9 亿美元，3 月为 553 亿美元。

这就涉及资本净流出的概念。资本净流出指本国居民购买的外国资产减去外国人购买的国内资产。其公式为：资本净流出 = 本国居民购买的外国资产—外国人购买的国内资产。

如果一国长期出现巨额的贸易逆差，则会给国家带来巨大危害，导致该国的净资产以惊人的速度向海外转移。那么影响资本净流出的因素主要有哪些？

第一，国外资产得到的真实利率。

第二，国内资产得到的真实利率。

第三，持有国外资产可以察觉到的经济与政治风险。

第四，影响国外拥有国内资产的政府政策。

例如，一位中国投资者决定购买日本政府债券还是中国政府债券。在做决策之前，这位投资者要比较这两种债券提供的真实利率。债券的真实利率越高，也就越有吸引力。但是，在进行比较时，中国投资者还应该考虑到这两个政府中的某一个会拖欠其债务的风险，以及日本政府对在日本的外国投资者所实行的任何一种限制，或未来可能实行的任何一种限制。

从微观角度来讲，资本净流出也指某个交易项目的流动资金减少量。资金净流出的计算公式：流入资金 – 流出资金，如果是正值表示资金净流入，负值则表示资金净流出。上涨时的成交额计为流入资金，下跌时的成交额计为流出资金。

资金流向在国际上是一个成熟的技术指标。其计算方法很简单，举例说明：在9∶50这一分钟里，某一板块指数较前一分钟是上涨的，则将9∶50这一分钟的成交额计作资金流入；反之则计作资金流出。若指数与前一分钟相比没有发生变化，则不计入。每分钟计算一次，每天加总统计一次，流入资金与流出资金的差额就是该板块当天的资金净流入。

这种计算方法的意义在于，指数处于上升状态时产生的成交额是推动指数上涨的力量，这部分成交额被定义为资金流入；指数下跌时的成交额是推动指数下跌的力量，这部分成交额被定义为资金流出；当天两者的差额即是当天两种力量相抵之后剩下的推动指数上升的净力，这就是该板块当天的资金净流入。资金流向测算的是推动指数涨跌的力量强弱，这反映了人们对该板块看空或看多的程度到底有多大。

资金流向能够帮助投资者透过指数涨跌的迷雾摸清楚其他人到底在干什么。指数上涨一个点，可能是由1000万资金推动的，也可能是由1个亿资金推动的，搞清楚这两种情况之间的区别，对投资者具有完全不同的指导意义。

第八章

雾里看花的金融市场
——每天学点金融市场知识

金融市场：走进财富的游乐场

曾经有一个非常贫穷的皮匠，他所拥有的皮革只够做一双靴子。一天夜里，当他熟睡后，两个好心的小精灵替他做了一双漂亮的靴子。皮匠醒来看到新靴子后很高兴，而当他把靴子出售后，惊奇地发现所赚到的钱足够用来购买制作两双靴子所需要的皮革。第二天夜里，两个小精灵又替他做了两双靴子。以后的事大家很容易就可以猜到了：皮匠可以用来出售的靴子越来越多，出售靴子换来的钱可以买到的皮革也越来越多，然后他发了财。

我们可以为这个故事构想一个新的结局：如果两个小精灵继续它们惊人的生产速度，那么，到了第四十天，它们制造出来的靴子将会多到地球上所有的男人、女人和孩子平均每人可以拥有200双。从这个角度出发，我们应该庆幸那两个小精灵没有存在于现实当中，否则它们生产靴子的行为将破坏市场的平衡，扰乱货币流通，并最终会耗尽地球的资源。

在皮匠的故事中，他所面临的问题既不是人们不想买他的靴子，也不是靴子的价格过低，而是他需要更多的资本去购买更多的皮革，从而生产出更多的靴子。换句话来讲，这就叫作"钱生钱"。所有的生意都离不开资本，离不开市场。而在"钱生钱"的过程中，金融市场是必不可少的，它正逐渐成为我们生活中重要的组成部分。对"金融市场"这个名词或许大家已经非常熟悉，可是这并不代表你真正了解金融市场。

金融市场是指资金供应者和资金需求者双方通过信用工具进行交易而融通资金的市场，广而言之，是实现货币借贷和资金融通、办理各种票据和有价证券交易活动的市场。金融市场是交易金融资产并确定金融资产价格的一种机制。金融市场又称为资金市场，包括货币市场和资本市场，是资金融通市场。所谓资金融通，是指在经济运行过程中，资金供求双方运用各种金融工具调节资金盈余的活动，是所有金融交易活动的总称。在金融市场上交易的是各种金融工具，如股票、债券、储蓄存单等。

金融市场上资金的运动具有一定的规律，由于资金余缺调剂的需要，资金总是从多余的地区和部门流向短缺的地区和部门。金融市场的资金运动起因于社会资金的供求关系，最基本的金融工具和货币资金的形成，是由银行取得（购入）企业借据而向企业发放贷款而形成的。银行及其他金融机构作为中间人，既代表了贷者的集中，又代表了借者的集中，对存款者是债务人，对借款者是债权人。因而，它所进行的融资是间接融资。当银行创造出大量派生存款之后，为其他信用工具的创造和流通建立了前提。当各种金融工具涌现，多种投融资形式的形成，金融工具的流通轨迹就变得错综复杂，它可以像货币一样多次进行媒介货币资金运动，资金的交易不只是一次就完成，金融市场已形成了一个相对独立的市场。

在市场经济条件下，各种市场在资源配置中发挥着基础性的作用，这些市场共同组成一个完整、统一且相互联系的有机体系。金融市场是统一市场体系的一个重要部分，属于要素市场。它与消费品市场、生产资料市场、劳动力市场、技术市场、信息市场、房地产市场、旅游服务市场等各类市场相互联系、相互依存，共同形成统一市场的有机整体。在整个市场体系中，金融市场是最基本的组成部分之一，是联系其他市场的纽带，对一国经济的发展具有多方面功能。主要体现在以下几个方面：

1. 资金"蓄水池"

金融市场在把分散资金会聚起来重新投入社会再生产、调剂国民经济各部门及各部门内部资金、提高利用率方面功不可没。

2. 经济发展的"润滑剂"

金融市场有利于促进地区间的资金协作，有利于开展资金融通方面的竞争，提高资金使用效益。目前，我国银行对个人信用的判断标准还比较粗放，尚未达到精细化要求。

3. 资源优化配置和分散风险

金融市场优化资源配置、分散金融风险，主要是通过调整利率、调整各种证券组合方式以及市场竞争来实现的。

企业经济效益好、有发展前途，才能贷到款、按时归还贷款；善于利用各种证券组合方式以及对冲交易、套期保值交易等手段，才能更好地提高资金安全性和盈利性，规避和分散风险。

4. 调节宏观经济

金融市场对宏观经济具有直接调节作用。通过银行放贷前的仔细审查，最终只有符合市场需要、效益高的投资对象才能获得资金支持。大家都这样做，整个宏观经济面就会得到改善。

金融市场也会为政府对宏观经济的管理起到间接调节作用，这主要反映在政府相关部门通过收集、分析金融市场信息作为决策依据上。

5. 国民经济的"晴雨表"

金融市场是公认的国民经济信号系统，主要表现在：股票、债券、基金市场的每天交易行情变化，能够为投资者判断投资机会提供信息；金融交易会直接、间接地反映货币供应量的变动情况；金融市场上每天有大量专业人员从事信息研究分析，及时了解上市公司发展动态；金融市场发达的通讯网络和信息传播渠道，能够把全球金融市场融为一体，及时了解世界经济发展的行情。

货币市场：一手交钱，另外一只手也交钱

一个商业公司有暂时过剩的现金。这家公司可以把这些钱安全地投入货币市场1～30天，或者如果需要可以投入更长的时间，赚取市场利率，而不是让资金闲置在一个无息的活期存款账户里。另外，如果一家银行在联邦账户上暂时缺少储量，它可以到货币市场上购买另一机构的联邦基金，来增加联邦储备账户隔夜数额，满足其临时储备需要。这里的关键想法是，参与者在这些市场调节其流动性——他们借出闲置资金或借用短期贷款。

货币市场是一个市场的汇集，每个交易都使用明显不同的金融工具。货币市场

没有正式的组织，如纽约证券交易所针对产权投资市场。货币市场的活动中心是经销商和经纪人，他们擅长一种或多种货币市场工具。经销商根据自己的情况购买证券，当一笔交易发生时，出售他们的库存证券，交易都是通过电话完成的，尤其是在二级市场上。由于那里金融公司集中，市场集中在纽约市曼哈顿区，主要参与者使用电子方式联系遍及美国、欧洲和亚洲的主要金融中心。

货币市场也有别于其他金融市场，因为它们是批发市场，参与大型的交易。尽管一些较小的交易也可能发生，多数是100万美元或更多。由于非个人的、竞争的性质，货币市场交易是所谓的公开市场交易，没有确定的客户关系。比如说，一家银行从一些经纪人那里寻找投标来交易联邦基金，以最高价出售并以最低价买进。但是，不是所有的货币市场交易都像联邦基金市场一样开放。例如，即使银行没有以当前的利率积极地寻找资金，货币市场的银行通常给经销商"融资"，这些经销商是银行的好顾客，因为他们出售他们的可转让存单。因此，在货币市场上，我们找到了一些"赠送"，不是这么多形式的价格优惠，而是以通融资金的形式。

1. 货币市场活动的目的

主要是保持资金流动性，以便能随时随地获得现实的货币用于正常周转。换句话说，它一方面要能满足对资金使用的短期需求，另一方面也要为短期闲置资金寻找出路。

2. 货币市场的几个基本特征

（1）期限较短。货币市场期限最长为1年，最短为1天、半天，以3～6个月者居多。

（2）流动性强。货币市场的流动性主要是指金融工具的变现能力。

（3）短期融资。货币市场交易的目的是短期资金周转的供求需要，一般的去向是弥补流动资金临时不足。

3. 货币市场的功能

主要包括：媒介短期资金融通，促进资金流动，对社会资源进行再分配；联络银行和其他金融机构，协调资金的供需；显示资金形式，有助于进行宏观调控。让我们详细地研究，为什么货币市场工具具有这些特点。

首先，如果你有资金可以暂时投资，你只想购买最高信用等级企业的金融债券，并且尽量减少任何违约对本金的损失。因此，货币市场工具由最高等级的经济机构发行（即最低的违约风险）。

其次，你不想持有长期证券，因为如果发生利率变化，它们与短期证券相比有更大的价格波动（利率风险）。此外，如果利率变化不显著，到期期限与短期证券相差的时间不是很远，这时可以按票面价值兑换。

再次，如果到期之前出现意外，急需资金，短期投资一定很适合市场销售。因此，

货币市场的参与者及其相互关系

企业：需要资金注入

交 易 中 介

资金需求者与供给者

交易中介

政府及政府机构与中央银行

个人

许多货币市场工具有很活跃的二级市场。为了高度的市场可售性，货币市场工具必须有标准化的特点（没有惊喜）。此外，发行人必须是市场众所周知的而且有良好的信誉。

最后，交易费用必须要低。因此，货币市场工具一般都以大面值批发出售——通常以 100 万美元到 1000 万美元为单位。比如说，交易 100 万美元至 1000 万美元的费用是 50 美分至 1 美元。

4. 个别货币市场工具和这些市场的特点

关于货币市场，可以从市场结构出发来重点关注以下几个方面：

（1）同业拆借市场。同业拆借市场也叫同业拆放市场，主要是为金融机构之间相互进行短期资金融通提供方便。参与同业拆借市场的除了商业银行、非银行金融机构外，还有经纪人。

同业拆借主要是为了弥补短期资金不足、票据清算差额以及解决其他临时性资金短缺的需要。所以，其拆借期限很短，短则一两天，长则一两个星期，一般不会超过一个月。

正是由于这个特点，所以同业拆借资金的利率是按照日利率来计算的，利息占本金的比率称为"拆息率"，而且每天甚至每时每刻都会发生调整。

（2）货币回购市场。货币回购主要通过回购协议来融通短期资金。这种回购协议，是指出售方在出售证券时与购买方签订的协议，约定在一定期限后按照原定价格或约定价格购回出售的证券，从而取得临时周转资金。这种货币回购业务实际上是把证券作为抵押品来取得抵押贷款。

（3）商业票据市场。商业票据分为本票和汇票两种。所谓本票，是指债务人向债权人发出的支付承诺书，债务人承诺在约定期限内支付款项给债权人；所谓汇票，是指债权人向债务人发出的支付命令，要求债务人在约定期限内支付款项给持票人或其他人。而商业票据市场上的主要业务，则是对上述还没有到期的商业票据，如商业本票、商业承兑汇票、银行承兑汇票等进行承兑和贴现。

货币市场的存在使得工商企业、银行和政府可以从中借取短缺资金，也可将它们暂时多余的、闲置的资金投放在市场中作为短期投资，生息获利，从而促进资金的合理流动，解决短期性资金融通问题。各家银行和金融机构的资金，通过货币市场交易，从分散到集中，从集中到分散，从而使整个金融体系的融资活动有机地联系起来。

货币市场在一定时期的资金供求及其流动情况，是反映该时期金融市场银根松紧的指示器，它在很大程度上是金融当局进一步贯彻其货币政策、宏观调控货币供应量的帮手。

资本市场：货币市场的金融工具

假设某企业购买一个预期经济寿命为 15 年的厂房。因为短期利率往往低于长期利率，乍看起来，短期融资似乎更划算。但是，如果利率像 20 世纪 80 年代初期那样急剧上升，该企业不得不为短期债务再融资，从而发现其借款成本不断飙升。在最糟糕的情况下，企业会发现它已经没有足够的现金流来支撑债务而被迫破产。同样，如果市场状况像 2001 年衰退时那样动荡，债务发行方会发觉自己无力为短期债务再融资；如果找不到其他贷款人，破产的厄运会再次降临。

在为资本支出而发行债务的时候，企业经常会把资产的预期寿命和债务的期限结合起来就不足为奇了。资本市场可以把长期资金的借款方和供应方会集在一起，还允许那些持有以前发行的证券的人在二级资本市场上交易这些证券以获得现金。

1. 资本市场

资本市场，亦称"长期金融市场""长期资金市场"，是指期限在 1 年以上的各种资金借贷和证券交易的场所。资本市场上的交易对象是 1 年以上的长期证券。因为在长期金融活动中，涉及的资金期限长、风险大，具有长期较稳定收入，类似于资本投入，故称之为资本市场。狭义的资本市场就是指股票和债券市场；广义的资本市场，在此基础上还包括银行里的长期存贷款市场（如中长期存款、设备贷款、长期抵押贷款、房产按揭贷款等）。如果没有特别说明，一般情况下我们总是从狭义概念出发来理解资本市场。

2. 资本市场的功能

资本市场就是指股票和债券市场。资本市场有哪些功能呢？在高度发达的市场经济条件下，资本市场的功能可以按照其发展逻辑而界定为资金融通、产权中介和资源配置三个方面。

（1）融资功能。本来意义上的资本市场即是纯粹资金融通意义上的市场，它与货币市场相对称，是长期资金融通关系的总和。因此，资金融通是资本市场的本源职能。

（2）配置功能。资本市场的配置功能是指资本市场通过对资金流向的引导而对资源配置发挥导向性作用。资本市场由于存在强大的评价、选择和监督机制，而投资主体作为理性经纪人，始终具有明确的逐利动机，从而促使资金流向高效益部门，表现出资源优化配置的功能。

（3）产权功能。资本市场的产权功能是指其对市场主体的产权约束和充当产权交易中介方面所发挥的功能。产权功能是资本市场的派生功能，它通过对企业经营机制的改造、为企业提供资金融通、传递产权交易信息和提供产权中介服务而在企业产权重组的过程中发挥着重要的作用。

上述三个方面共同构成资本市场完整的功能体系。如果缺少一个环节，资本市场就是不完整的，甚至是扭曲的。资本市场的功能不是人为赋予的，而是资本市场本身的属性之一。从理论上认清资本市场的功能，对于我们正确对待资本市场发展中的问题、有效利用资本市场具有重要的理论与实践意义。

全国证券交易自动报价系统于 1990 年 12 月 5 日开始运行，系统中心设在北京，连接国内证券交易比较活跃的大中城市，为会员公司提供有价证券买卖价格信息和结算。1992 年 7 月 1 日开始法人股流通转让试点。

1993 年 4 月 28 日开始运行的全国电子交易系统，是中国证券交易系统有限公司开发设计的，系统中心也设在北京，主要为证券市场提供证券集中交易及报价、清算、交割、登记、托管、咨询等服务。

资本市场原理示意图

3. 资本市场需要关注的几个问题

对于资本市场，主要关注以下几个方面：

（1）证券和有价证券。

证券是一种法律凭证，用来证明持有人有权按照上面所记载的内容获得相应的权益。有价证券，是指这种证券代表的是某种特定财产，并且对这部分特定财产拥有所有权或债权。

有价证券包括商品证券、货币证券、资本证券。最常见的商品证券是提货单、运货单证；货币证券主要是指商业证券和银行证券，如商业汇票、商业本票、银行汇票、银行本票；资本证券主要指与金融投资有关的证券，如股票、债券、基金、期货、期权、互换协议等。

（2）证券发行市场。

证券发行市场就是大家通常所说的一级市场、初级市场。许多股票投资者喜欢在新股发行时打新股，这种"打新股"就是在一级证券市场上购买第一手股票。

①发行证券时，按照证券发行对象的不同，可以分为私募发行和公募发行两大类。

私募发行也叫不公开发行，它的发行对象是特定投资者。正因如此，私募发行的手续比较简单，筹备时间也比较短。

公募发行也叫公开发行，它的发行对象是不特定的投资者，社会影响大，所以发行手续比较烦琐，筹备时间较长，条条框框非常严格。例如，发行者必须向证券管理机关递交申请书和相关材料，并获得批准；某些财务指标和信用等级必须达到要求；必须如实向投资者提供相关资料等等。

②发行证券时，按照证券发行方式的不同，可以分为直接发行和间接发行两种。

直接发行就是指通过承销机构，由发行人自己向投资者发行。它的优点是可以节约成本；缺点是必须由发行者自己承担发行风险，其前提条件是发行者要熟悉发行手续，精通发行技术，否则很多工作将无法开展下去。

间接发行也叫委托发行，是指通过承销机构，如投资银行、证券公司等中介金融机构代理发行证券。它的优点是可以节省发行者大量的时间和精力，减少发行风险，并且可以借助于中介机构的力量提高自身知名度；缺点是需要投入费用，提高发行成本。

间接发行更受证券发行人青睐，因而这也是目前最普遍的证券发行方式。确定发行价格是证券发行中的一个重要环节。发行价格过高，发行数量就会减少甚至发不出去，无法筹集到所需资金，证券承销商也会蒙受损失；发行价格过低，虽然证券发行工作比较顺利甚至会火爆起来，可是发行公司却会遭受损失。

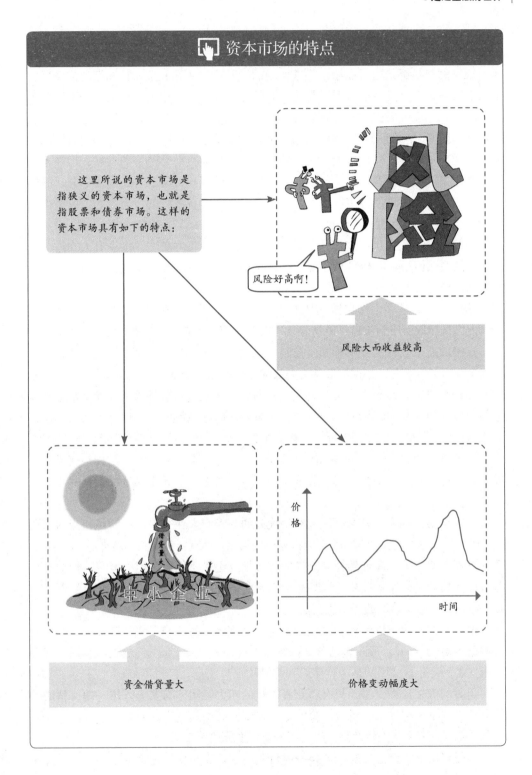

资本市场的特点

这里所说的资本市场是指狭义的资本市场，也就是指股票和债券市场。这样的资本市场具有如下的特点：

风险好高啊！

风险大而收益较高

资金借贷量大

价格变动幅度大

股票市场：狼和羊组成的金融生态

股票的交易都是通过股票市场来实现的。股票市场是股票发行和流通的场所，也可以说是指对已发行的股票进行买卖和转让的场所。一般地，股票市场可以分为一、二级。一级市场也称为股票发行市场，二级市场也称为股票交易市场。股票是一种有价证券。有价证券除股票外，还包括国家债券、公司债券、不动产抵押债券等。国家债券出现较早，是最先投入交易的有价债券。随着商品经济的发展，后来才逐渐出现股票等有价债券。因此，股票交易只是有价债券交易的一个组成部分，股票市场也只是多种有价债券市场中的一种。目前，很少有单一的股票市场，股票市场不过是证券市场中专营股票的地方。

股票是社会化大生产的产物，至今已有将近 400 年的历史。很少有人知道，中国最早的股票市场是由精明的日商于 1919 年在上海日领事馆注册的，而蒋介石竟然是中国最早的股民之一。

1919 年，日商在上海租界三马路开办了"取引所"（即交易所）。蒋介石、虞洽卿便以抵制取引所为借口，电请北京政府迅速批准成立上海证券物品交易所。

这时的北京政权为直系军阀所控制，曹锟、吴佩孚等人不愿日本人以任何方式介入中国事务。于是，中国以股票为龙头的第一家综合交易所被批准成立了。

1920 年 2 月 1 日，上海证券物品交易所宣告成立，理事长为虞洽卿，常务理事为郭外峰、闻兰亭、赵林士、盛丕华、沈润挹、周佩箴等六人，理事十七人，监察人为周骏彦等。交易物品有七种，为有价证券、棉花、棉纱、布匹、金银、粮食油类、皮毛。1929 年 10 月 3 日《交易所法》颁布以后，它便依法将物品中的棉纱交易并入纱布交易所；证券部分于 1933 年夏秋间并入证券交易所，黄金及物品交易并入金业交易所。

一般交易所的买卖是由经纪人经手代办的。经纪人在交易所中缴足相当的保证金，在市场代理客商买卖货物，以取得相应的佣金。拥有资金实力的蒋介石、陈果夫、戴季陶等人便成了上海证券物品交易所的首批经纪人。但因为财力有限，他们不是上海证券物品交易所的股东，而只是他们所服务的"恒泰号"的股东。而恒泰号只是上海证券物品交易所的经纪机构之一。

恒泰号的营业范围是代客买卖各种证券及棉纱，资本总额银币 35000 元，每股 1000 元，分为 35 股。股东包括蒋介石在内，共有十七人，但为避嫌，在合同中却多不用真名，蒋介石就用的是"蒋伟记"的代号。

当时的大宗证券交易，只有蒋介石这样的四大财团才有实力入市一搏，精明的蒋介石当然不会错过这个机会。事实上，在蒋介石当经纪人的时候，上证所的主要业务还是棉花等大宗期货商品。当时还未真正形成股票市场。

而股票市场是已经发行的股票按时价进行转让、买卖和流通的市场，包括交易

投资股票前要了解的知识

误区一:
只能分享收益不能承担风险

应对之策:
制定明确的投资目标

误区二:
害怕本金亏损又想赚大钱

应对之策:
设定数量化的投资标准

误区三:
明白价值投资却又从众

应对之策:
控制投资环境避免盲从

市场和流通市场两部分。股票流通市场包含了股票流通的一切活动。股票流通市场的存在和发展为股票发行者创造了有利的筹资环境，投资者可以根据自己的投资计划和市场变动情况，随时买卖股票。由于解除了投资者的后顾之忧，他们可以放心地参加股票发行市场的认购活动，有利于公司筹措长期资金，股票流通的顺畅也为股票的发行起了积极的推动作用。对于投资者来说，通过股票流通市场的活动，可以使长期投资短期化，在股票和现金之间随时转换，增强了股票的流动性和安全性。股票流通市场上的价格是反映经济动向的晴雨表，它能灵敏地反映出资金供求状况、

如何卖出股票

买股票是为了赚钱，但也会让投资者发生亏损。为了避免资金发生大的损失，投资者需要学习如何卖股票。

学习和使用卖股票方法

学习一些有用的卖出规则

在你所有的市场活动中遵循这些规则

永远不要违反这些规则

卖出股票的法则

低于买入价7%~8%坚决止损

高潮之后卖出股票

获利20%后抛出股票

当一只股票突破最新的平台失败时卖出股票

买入股票后就应该时刻保持警惕，在符合卖出规则的情况发生时坚决卖出股票。严格执行卖出规则，不仅可以帮助你避免大的损失，而且将帮助你增长财富。

市场供求、行业前景和政治形势的变化，是进行经济预测和分析的重要指标。对于企业来说，股权的转移和股票行市的涨落是其经营状况的指示器，还能为企业及时提供大量信息，有助于它们经营决策和改善经营管理。可见，股票流通市场具有重要的作用。

转让股票进行买卖的方法和形式称为交易方式，它是股票流通交易的基本环节。现代股票流通市场的买卖交易方式种类繁多，从不同的角度可以分为以下三类：

其一，议价买卖和竞价买卖。从买卖双方决定价格的不同，分为议价买卖和竞价买卖。议价买卖就是买方和卖方一对一地面谈，通过讨价还价达成买卖交易。它是场外交易中常用的方式。一般在股票上不了市，交易量少，需要保密或为了节省佣金等情况下采用；竞价买卖是指买卖双方都是由若干人组成的群体，双方公开进行双向竞争的交易，即交易不仅在买卖双方之间有出价和要价的竞争，而且在买者群体和卖者群体内部也存在着激烈的竞争，最后在买方出价最高者和卖方要价最低者之间成交。在这种双方竞争中，买方可以自由地选择卖方，卖方也可以自由地选择买方，使交易比较公平，产生的价格也比较合理。竞价买卖是证券交易所中买卖股票的主要方式。

其二，直接交易和间接交易。按达成交易的方式不同，分为直接交易和间接交易。直接交易是买卖双方直接洽谈，股票也由买卖双方自行清算交割，在整个交易过程中不涉及任何中介的交易方式。场外交易绝大部分是直接交易；间接交易是买卖双方不直接见面和联系，而是委托中介人进行股票买卖的交易方式。证券交易所中的经纪人制度，就是典型的间接交易。

其三，现货交易和期货交易。按交割期限不同，分为现货交易和期货交易。现货交易是指股票买卖成交以后，马上办理交割清算手续，当场钱货两清；期货交易则是股票成交后按合同中规定的价格、数量，过若干时期再进行交割清算的交易方式。

有人说，如果把股市比喻成一个草原，普通股民是羊，那些企图捕食羊的利益团体是狼，政府就是牧羊人。但千万不要以为牧羊人就只保护羊，实际上，牧羊人也得保护狼，因为狼假如不够，羊没有天敌，就会繁衍得太多，而太多羊则会毁灭草原的植被，进而毁灭整个草原。政府说到底，既不保护羊也不保护狼，而是保护整个草原的生态平衡。因为牧羊人并不以保护羊为第一目标，他只在整个草原可能出现毁灭倾向时才会真正焦急。这样的比喻似乎比较清晰地揭示了股市运作的道理。

真实的股市在每一个股民的眼中都是不一样的。表面上看，股市就永远像庙会那样人山人海，热闹非凡；而实际上，置身其中，就会发现股市就如一个百鸟园一般充满不同的声音，而你却不知谁说的才是真的。真假难辨，是股民心中对股市一致的印象。

证券市场：风云变幻的"大舞台"

在普通老百姓的眼里，证券市场似乎总是那么虚幻、不可捉摸。一谈到证券市场，人们就会立刻想到那些一夜间变成百万富翁，又一夜间沦为乞丐的传奇故事。在中国，人们首先想到的是股票市场，因为股票市场和老百姓接触最多。像大多数国家的股票市场一样，中国的股票市场也凝聚了"股民"们太多的情感，它有时让人激动兴奋、为之着魔，有时又让人绝望沮丧、失魂落魄。证券市场是现代金融市场体系的重要组成部分，主要包括股票市场、债券市场以及金融衍生品市场等。在现代市场经济中，证券市场发挥的作用越来越大。

证券市场是证券发行和交易的场所。从广义上讲，证券市场是指一切以证券为对象的交易关系的总和。从经济学的角度，可以将证券市场定义为：通过自由竞争的方式，根据供需关系来决定有价证券价格的一种交易机制。在发达的市场经济中，证券市场是完整的市场体系的重要组成部分，它不仅反映和调节货币资金的运动，而且对整个经济的运行具有重要影响。

从经济学的角度来看，证券市场具有以下三个显著特征：第一，证券市场是价值直接交换的场所。有价证券是价值的直接代表，其本质上只是价值的一种直接表现形式。虽然证券交易的对象是各种各样的有价证券，但由于它们是价值的直接表现形式，所以证券市场本质上是价值的直接交换场所。第二，证券市场是财产权利直接交换的场所。证券市场上的交易对象是作为经济权益凭证的股票、债券、投资基金券等有价证券，它们本身仅是一定量财产权利的代表，所以，代表着对一定数额财产的所有权或债权以及相关的收益权。证券市场实际上是财产权利的直接交换场所。第三，证券市场是风险直接交换的场所。有价证券既是一定收益权利的代表，同时也是一定风险的代表。有价证券的交换在转让出一定收益权的同时，也把该有价证券所特有的风险转让出去。所以，从风险的角度分析，证券市场也是风险的直接交换场所。

证券的产生已有很久的历史，但证券的出现并不标志着证券市场同时产生，只有当证券的发行与转让公开通过市场的时候，证券市场才随之出现。因此，证券市场的形成必须具备一定的社会条件和经济基础。股份公司的产生和信用制度的深化，是证券市场形成的基础。

证券市场是商品经济和社会化大生产发展的必然产物。随着生产力的进一步发展和商品经济的日益社会化，资本主义从自由竞争阶段过渡到垄断阶段，依靠原有的银行借贷资本已不能满足巨额资金增长的需要。为满足社会化大生产对资本扩张

证券市场与一般商品市场的区别

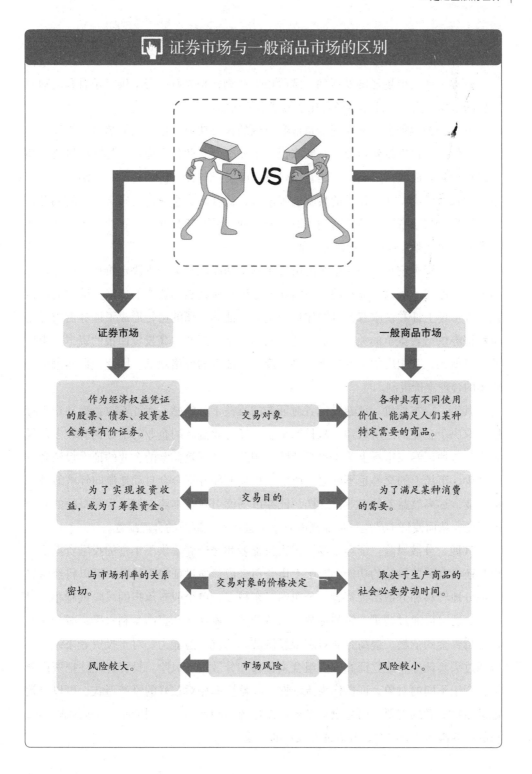

证券市场		一般商品市场
作为经济权益凭证的股票、债券、投资基金券等有价证券。	交易对象	各种具有不同使用价值、能满足人们某种特定需要的商品。
为了实现投资收益，或为了筹集资金。	交易目的	为了满足某种消费的需要。
与市场利率的关系密切。	交易对象的价格决定	取决于生产商品的社会必要劳动时间。
风险较大。	市场风险	风险较小。

的需求，客观上需要有一种新的筹集资金的手段，以适应经济进一步发展的需要。在这种情况下，证券与证券市场就应运而生了。

证券市场是市场经济发展到一定阶段的产物，是为解决资本供求矛盾和流动而产生的市场。因此，证券市场有几个最基本的功能：

其一，融通资金。融通资金是证券市场的首要功能，这一功能的另一作用是为资金的供给者提供投资对象。一般来说，企业融资有两种渠道：一是间接融资，即通过银行贷款而获得资金；二是直接融资，即发行各种有价证券使社会闲散资金汇集成为长期资本。前者提供的贷款期限较短，适合解决企业流动资金不足的问题，而长期贷款数量有限，条件苛刻，对企业不利。后者却弥补了前者的不足，使社会化大生产和企业大规模经营成为可能。

其二，资本定价。证券市场的第二个基本功能就是为资本决定价格。证券是资本的存在形式，所以，证券的价格实际上是证券所代表的资本的价格。证券的价格是证券市场上证券供求双方共同作用的结果。证券市场的运行形成了证券需求者竞争和证券供给者竞争的关系，这种竞争的结果是：能产生高投资回报的资本，市场的需求就大，其相应的证券价格就高；反之，证券的价格就低。因此，证券市场是资本的合理定价机制。

其三，资本配置。证券投资者对证券的收益十分敏感，而证券收益率在很大程度上取决于企业的经济效益。从长期米看，经济效益高的企业的证券拥有较多的投资者，这种证券在市场上买卖也很活跃。相反，经济效益差的企业的证券投资者越来越少，市场上的交易也不旺盛。所以，社会上部分资金会自动地流向经济效益好的企业，远离效益差的企业。这样，证券市场就引导资本流向能产生高报酬的企业或行业，从而使资本产生尽可能高的效率，进而实现资源的合理配置。

其四，分散风险。证券市场不仅为投资者和融资者提供了丰富的投融资渠道，而且还具有分散风险的功能。对于上市公司来说，通过证券市场融资可以将经营风险部分地转移和分散给投资者，公司的股东越多，单个股东承担的风险就越小。另外企业还可以通过购买一定的证券，保持资产的流动性和提高盈利水平，减少对银行信贷资金的依赖，提高企业对宏观经济波动的抗风险能力。对于投资者来说，可以通过买卖证券和建立证券投资组合来转移和分散资产风险。投资者往往把资产分散投资于不同的对象，证券作为流动性、收益性都相对较好的资产形式，可以有效地满足投资者的需要，而且投资者还可以选择不同性质、不同期限、不同风险和收益的证券构建证券组合，分散证券投资的风险。

证券市场的构成要素

证券市场的构成要素主要包括证券市场参与者、证券市场交易工具和证券交易场所三个方面。

证券市场参与者：包括证券发行人、证券投资者、证券中介机构、自律性组织和证券监管机构。

证券市场交易工具：包括政府债券、金融债券、公司（企业）债券以及股票、基金、金融衍生证券等。

证券交易场所：分为场内交易市场和场外交易市场两种。

基金市场：让投资专家打理你的财富

通俗地说，基金就是通过汇集众多投资者的资金，交给银行托管，由专业的基金管理公司负责投资于股票和债券等证券，以实现保值、增值目的的一种投资工具。基金增值部分，也就是基金投资的收益，归持有基金的投资者所有，专业的托管、管理机构收取一定比例的管理费用。基金以"基金单位"作为单位，在基金初次发行时，将其基金总额划分为若干等额的整数份，每一份就是一个基金单位。

为了进一步理解基金的概念，我们可以做一个比喻：

假设你有一笔钱想投资债券、股票等进行增值，但自己既没有那么多精力，也没有足够的专业知识，钱也不是很多，于是想到与其他几个人合伙出资，雇一个投资高手，操作大家合出的资产进行投资增值。但投资过程中，如果每个投资人都与投资高手随时交涉，那将十分麻烦，于是就推举其中一个最懂行的人牵头办理这件事，并定期从大伙合出的资产中抽取提成作为付给投资高手的报酬。当然，牵头人出力张罗大大小小的事，包括挨家跑腿，随时与投资高手沟通，定期向大伙公布投资盈亏情况等，不可白忙，提成中也包括他的劳务费。

上面这种运作方式就叫作合伙投资。如果这种合伙投资的活动经过国家证券行业管理部门（中国证券监督管理委员会）的审批，允许这项活动的牵头操作人向社会公开募集吸收投资者加入合伙出资，这就是发行公募基金，也就是大家现在常见的基金。

基金包含资金和组织的两方面含义。从资金上讲，基金是用于特定目的并独立核算的资金。其中，既包括各国共有的养老保险基金、退休基金、救济基金、教育奖励基金等，也包括中国特有的财政专项基金、职工集体福利基金、能源交通重点建设基金、预算调节基金等。从组织上讲，基金是为特定目标而专门管理和运作资金的机构或组织。这种基金组织，可以是非法人机构（如财政专项基金、高校中的教育奖励基金、保险基金等），可以是事业性法人机构（如中国的宋庆龄儿童基金会、孙冶方经济科学基金会、茅盾文学奖励基金会，美国的福特基金会、富布赖特基金会等），也可以是公司性法人机构。

基金有广义和狭义之分。从广义上说，基金是机构投资者的统称，包括信托投资基金、单位信托基金、公积金、保险基金、退休基金、各种基金会的基金。在现有的证券市场上的基金，包括封闭式基金和开放式基金，具有收益性功能和增值潜能的特点；从会计角度透析，基金是一个狭义的概念，意指具有特定目的和用途的资金。因为政府和事业单位的出资者不要求投资回报和投资收回，但要求按法律规定或出资者的意愿把资金用在指定的用途上，而形成了基金。

如何寻找适合自己的基金

基民往往会问这样一个问题，到底什么样的基金才是好基金？其实，适合自己的才是最好的。

> 又赔光了，早知道不买进这只基金了。

投资基金必须确认可以做中长期投资，树立中长期的投资观念，而不是看到行情好就来个波段操作。投资基金不能有不切实际的幻想，要了解自己的性格和心理素质。

如果你是比较保守的投资人，则有稳定收益的平衡型或债券型基金会比较适合你。

如果你追求高收益、高风险，则可考虑积极成长型但风险可能较高的股票型基金。

将所有的钱统统投资于股票型基金并非成熟的基民所为，因为股市中总有难以预料的风险。

基金将众多投资者的资金集中起来，委托基金管理人进行共同投资，表现出一种集合理财的特点。通过汇集众多投资者的资金，积少成多，有利于发挥资金的规模优势，降低投资成本。基金与股票、债券、定期存款、外汇等投资工具一样也为投资者提供了一种投资渠道。它具有以下特点：

其一，集合理财，专业管理。基金将众多投资者的资金集中起来，由基金管理人进行投资管理和运作。基金管理人一般拥有大量的专业投资研究人员和强大的信息网络，能够更好地对证券市场进行全方位的动态跟踪与分析。将资金交给基金管理人管理，使中小投资者也能享受到专业化的投资管理服务。

其二，组合投资，分散风险。为降低投资风险，中国《证券投资基金法》规定，基金必须以组合投资的方式进行基金的投资运作，从而使"组合投资、分散风险"成为基金的一大特色。"组合投资、分散风险"的科学性已为现代投资学所证明，中小投资者由于资金量小，一般无法通过购买不同的股票分散投资风险。基金通常会购买几十种甚至上百种股票，投资者购买基金就相当于用很少的资金购买了一篮子股票，某些股票下跌造成的损失可以用其他股票上涨的盈利来弥补。因此可以充分享受到组合投资、分散风险的好处。

其三，利益共享，风险共担。基金投资者是基金的所有者。基金投资人共担风险，共享收益。基金投资收益在扣除由基金承担的费用后的盈余全部归基金投资者所有，并根据各投资者所持有的基金份额比例进行分配。为基金提供服务的基金托管人、基金管理人只能按规定收取一定的托管费、管理费，并不参与基金收益的分配。

其四，严格监管，信息透明。为切实保护投资者的利益，增强投资者对基金投资的信心，中国证监会对基金业实行比较严格的监管，对各种有损投资者利益的行为进行严厉的打击，并强制基金进行较为充分的信息披露。在这种情况下，严格监管与信息透明也就成为基金的一个显著特点。

其五，独立托管，保障安全。基金管理人负责基金的投资操作，本身并不经手基金财产的保管。基金财产的保管由独立于基金管理人的基金托管人负责。这种相互制约、相互监督的制衡机制对投资者的利益提供了重要的保护。

基金管理公司就是这种合伙投资的牵头操作人，为公司法人，其资格必须经过中国证监会审批。一方面，基金公司与其他基金投资者一样也是合伙出资人之一；另一方面，基金公司负责牵头操作，每年要从大家合伙出的资产中按一定的比例提取劳务费，并定期公布基金的资产和收益情况。当然，基金公司的这些活动必须经过证监会批准。

为了保证投资者的资产安全，不被基金公司擅自挪用，中国证监会规定，基金的资产不能交给基金公司，基金公司和基金经理只负责交易操作，不能碰钱，记账管钱的事要找一个擅长此事信用又高的角色负责，这个角色当然非银行莫属。于是这些资产就放在银行，建立一个专门账户，由银行管账记账，称为基金托管。当然

投资基金应避免 3 个误区

没事，这个基金刚成立不久，赶上市场调整，跌破净值也是正常的。

听说你买的基金跌破面值了？

误区一

低价基金都是绩差基金

当前基金跌破面值分为多种情况，并不是所有低价基金都是绩差基金，一些跌破面值的基金依然具有投资价值。

误区二

低价基金等于低成本，投资者可以购买

基金份额并不像股票一样具有特定的内在价值，不存在上涨空间和下跌空间的问题，从而不具备"高卖低买"的基础。

这个低价基金成本低，正适合我们购买！

低价基金不能买，便宜必跌！

误区三

低价基金投资收益一定差

暂时的低价并不代表基金一直保持低价，基金的投资价值及创造的投资收益，需要以未来基金净值的增长率来衡量。

银行的劳务费也得从这些资产中按比例抽取按年支付。所以，基金资产的风险主要来自于投资高手的操作失误，而因基金资产被擅自挪用造成投资者资金损失的可能性很小。从法律角度说，即使基金管理公司倒闭甚至托管银行出事了，向它们追债的人也无权挪走基金专户的资产，因此基金资产的安全是很有保障的。

上市公司：股市大厦的基石

据报道，2011年11月1日最新上市公司重组动态：天马股份（002122）重组未通过；咸阳偏转（000697）重组获有条件通过；深天马A（000050）重组两度遭证监会否决，拟购入资产连年亏损；华润锦华（000810）重组方案曝光：套现与关联交易双重质疑；*ST马龙（600792）资产重组完成，今起摘帽更名"云煤能源"；ST黄海（600579）预留资金应对重组，凯威化工有心激活。

另据当日解禁股提示：康恩贝（600572）：定向增发限售股，解禁股东6家，持股占总股本比例均低于3%，属于"小非"，所持限售股全部解禁，合计占流通A股比例为10.77%，占总股本比例为7.90%。该股的套现压力一般。

上市公司是指所发行的股票经过国务院或者国务院授权的证券管理部门批准在证券交易所上市交易的股份有限公司。所谓非上市公司是指其股票没有上市和没有在证券交易所交易的股份有限公司。上市公司是股份有限公司的一种，这种公司到证券交易所上交易，除了必须经过批准外，还必须符合一定的条件。

其一，上市公司是股份有限公司。股份有限公司可为非上市公司，但上市公司必须是股份有限公司。

其二，上市公司要经过政府主管部门的批准。按照《公司法》的规定，股份有限公司要上市必须经过国务院或者国务院授权的证券管理部门批准，未经批准，不得上市。

其三，上市公司发行的股票在证券交易所交易。发行的股票不在证券交易所交易的不是上市股票。

上市公司同时具有股份有限公司的一般特点，如股东承担有限责任、所有权和经营权。股东通过选举董事会和投票参与公司决策等。

与一般公司相比，上市公司最大的特点在于可利用证券市场进行筹资，广泛地吸收社会上的闲散资金，从而迅速扩大企业规模，增强产品的竞争力和市场占有率。因此，股份有限公司发展到一定规模后，往往将公司股票在交易所公开上市作为企业发展的重要战略步骤。从国际经验来看，世界知名的大企业几乎全是上市公司。例如，美国500家大公司中有95%是上市公司。

实际上，上市公司是把公司的资产分成了若干份，在股票交易市场进行交易，大家都可以买这种公司的股票从而成为该公司的股东，上市是公司融资的一种重要

上市公司的好处

没有上市的公司都在争相上市，那是因为上市公司有许多好处，总结起来有如下几点：

1.公司所有者把公司的一部分卖给大众，相当于找大众来和自己一起承担风险。

2.通过卖股票获得资金，用不着再靠银行贷款了。

3.提高公司的透明度，增加大众对公司的信心，进而提升公司的知名度。

渠道；非上市公司的股份则不能在股票交易市场交易。上市公司需要定期向公众披露公司的资产、交易、年报等相关信息。但在获利能力方面，并不能绝对地说谁好谁差，上市并不代表获利能力强，不上市也不代表没有获利能力。当然，获利能力强的公司上市的话，会更容易受到追捧。

上市公司是股市的基石，股票产生于上市公司。如果没有上市公司，也就没有股市，如果上市公司倒塌，股市也将不复存在。

2007 年下半年，石油行业个股出现大幅下跌，其他权重股票也普遍表现疲软。中国石油天然气股份有限公司 2007 年 11 月 5 日正式在上交所上市交易，中国石油 A 股以 48.62 元开盘，比发行价上涨了 191%，这个价格也超出了大部分机构的预测。随后，中石油股价展开震荡，最终以 43.96 元报收，涨幅 163.23%，总成交699.9 亿元，成为 A 股第一大市值股票，在上证指数中所占权重接近四分之一。加上 H 股市值，其总市值接近 10075 亿美元，超过了埃克森美孚公司的 4877 亿美元，成为全球市值最大的上市公司。据说，有 700 亿巨资爆炒中石油，使之成为全球最大上市公司。

中石油公司 A 股之所以开盘走势就好，很大程度上是因为中石油公司拥有雄厚的发展实力和稳定的政策支持。在每一只股票背后，都有一家上市公司作为基石。上市公司也因为发行股票得到长期的融资。但好景不长，不久中石油就开始了一路狂跌到 16 元，让人叹为观止。在全球市值最大的上市公司的宝座上还没坐热，就下来了。相比之下，美国通用电气公司（GE）就是股票市场上成功的典范。借助股票市场，美国通用电气公司实现了长久的繁荣，经久不衰。通用电气公司是自 1896 年道琼斯指数创立以来唯一至今仍保留在指数样本中的公司，经过了 100 多年的发展，通用电气的辉煌仍在继续。截至 2004 年，通用电气仍是全球市值最大的上市公司。2005 年末，通用电气的销售收入居全球 500 强企业的第 9 位。

股票市场的目标在于优化资本配置，把有限的资金提供给效率高、潜力大的优秀公司，帮助它们增加投入，实现更好的发展。上市公司的优良又会促进股票市场的繁荣和稳定。上市公司是股票市场的基石。如果基石不稳，人们很难看到一个繁荣稳定的股市。否则，那也是一时呈现出的假象。如果上市公司管理不善，业绩滑坡，投资它的股票就得不到好的回报，即使暂时维持高的价位，最终也会因为缺少支撑造成"泡沫"破灭，给投资者带来惨重的损失。如果整个经济并不景气，上市企业的业绩并不好，而股市却持续繁荣的话，那往往预示着一场股灾可能接踵而至。

外汇市场：大而无形的金融市场

在外汇市场上，有这样两位投资者。

留美博士老秦：1998 年回国后一直在汇市中摸爬滚打，经验丰富、心态平和，最近几年在汇市上一直保持着大幅赢利。

商人小齐：早年做生意也算得上是暴发户，悟性高、上手快，在汇市上屡试不爽之后，如今已是"弃商从汇"，踏踏实实地当起了职业炒民。

"货币是一种资产，投资是一种时尚。"就这样，小齐和老秦，相遇在京城的汇市大厅。宽敞的银行外汇交易大厅中，老秦正昂头观看报价大屏幕上不断闪动的外汇牌价，突然肩膀被人拍了一下。"老秦，好久不见呀！"回头一看，小齐满面笑容地站在身后。"是啊！最近老是见不到你，在忙什么呀？""这不，'十一'前去了趟东南亚旅游，上周五回来当天就赶上美国公布的非农业就业人口数据低于预期，弄得非美货币全线上涨。"小齐边说边坐了下来，"我在1.2330进的欧元，还不错，1.2400跑了。这不，周二欧元又跌下来了，所以过来跟你聊聊。""噢！"老秦扶了扶鼻梁上的眼镜说，"周二欧元下跌主要是前期获利盘高位回吐，加上欧元区数据不好。不过现在正好接近了前期上升通道的下沿1.2300，短线应该有一定支撑吧。"说着话，小齐忽然想起一件事情，他说："时间差不多了，我该去接孩子了。"老秦这才想起自己也还有事要办。周围的人听到他俩的谈话，都微微一笑，因为大家都有类似的经历，因谈外汇而忘了正事。看来，外汇交易真的已成时尚了！

外汇市场是指由银行和非银行、金融机构、自营商、大型跨国企业参与的，通过中介机构或电讯系统联结的，以各种货币为买卖对象的交易市场。它可以是有形市场，如外汇交易所；也可以是无形市场，如通过电讯系统交易的银行间外汇交易。据国际清算银行最统计，国际外汇市场每日平均交易额约为1.5万亿美元。

外汇是以外币表示的用于国际结算的支付凭证。外汇的概念有广义和狭义之分。

广义的外汇指的是一国拥有的一切以外币表示的资产。国际货币基金组织对此的定义是："外汇是货币行政当局（中央银行、货币管理机构、外汇平准基金及财政部）以银行存款、长短期政府证券等形式保有的在国际收支逆差时可以使用的债权。"我国于1997年修正颁布的《中华人民共和国外汇管理条例》规定："外汇，是指下列以外币表示的可以用作国际清偿的支付手段和资产：国外货币，包括铸币、钞票等；外币支付凭证，包括票据、银行存款凭证、邮政储蓄凭证等；外币有价证券，包括政府公债、国库券、公司债券、股票、息票等；特别提款权、欧洲货币单位；其他外汇资产。"

狭义的外汇指的是以外国货币表示的，为各国普遍接受的，可用于国际间债权债务结算的各种支付手段。它必须具备三个特点：可支付性（必须以外国货币表示的资产）、可获得性（必须是在国外能够得到补偿的债权）和可兑换性（必须是可以自由兑换为其他支付手段的外币资产）。

国际上因贸易、投资、旅游等经济往来，总不免产生货币收支关系。但各国货币制度不同，要想在国外支付，必须先以本国货币购买外币；另外，从国外收到外币支付凭证也必须兑换成本国货币才能在国内流通。这样就发生了本国货币与外国货币的兑换问题。两国货币的比价称汇价或汇率。西方国家中央银行为执行外汇政策，影响外汇汇率，经常买卖外汇。所有买卖外汇的商业银行、专营外汇业务的银行、外汇经纪人、进出口商，以及其他外汇供求者都经营各种现汇交易及期汇交易。这一切外汇业务组成一国的外汇市场。

以前，一般人对外汇市场的了解仅是一个外币的概念，然而历经几个时期的演进，它已较能为一般人了解，而且已应用外汇交易为理财工具。

外汇买卖的市场被称为外汇市场，虽然它也被称为市场，但它却不像商品市场甚至其他金融市场那样有具体的交易场所，外汇市场主要通过电脑网络进行外汇买卖交易活动。

中国人民银行于1994年4月成立了中国外汇交易中心暨全国银行间同业拆借中心，1996年1月启用人民币信用拆借系统，随后又推出了交易系统，2002年6月又开办了外币拆借中介业务，已初步实现了"多种技术手段、多种交易方式、满足不同层次市场需要"的目标。

世界上主要汇市交易时间表

国际各主要外汇市场开盘、收盘时间（北京时间）：

新西兰惠灵顿外汇市场：04：00—12：00

澳大利亚外汇市场：6：00—14：00

日本东京外汇市场：08：00—14：30

新加坡外汇市场：09：00—16：00

英国伦敦外汇市场：15：30—00：30

德国法兰克福外汇市场：15：30—00：30

美国纽约外汇市场：21：00—04：00

由此可见，外汇市场是一个24小时开放的市场，不受时间、地点的限制，通过网络、电话等就可实现外汇交易。

贸易往来的频繁及国际投资的增加，使各国之经济形成密不可分的关系，全球的经常性经济报告如通货膨胀率、失业率及一些不可预期的消息如天灾或政局的不安定等，皆为影响币值的因素。币值的变动，也影响了这个货币在国际间的供给与需求。而美元的波动持续抗衡世界上其他的货币。国际性贸易及汇率变动的结果，造就了全球最大的交易市场——外汇市场，一个具高效率性、公平性及流通性的一流世界级市场。

外汇交易市场是个现金银行间市场或交易商间市场，它并非传统印象中的实体市场，没有实体的场所供交易进行，交易通过电话及经由计算机终端机在世界各地进行，直接的银行间市场是以具外汇清算交易资格的交易商为主，他们的交易构成总体外汇交易中的大额交易，这些交易创造了外汇市场的交易巨额，也使外汇市场成为最具流通性的市场。

世界上大部分国家都有自己的货币：美国的美元；欧洲货币联盟的欧元；巴西的瑞亚尔；印度的卢比；等等。国家间的贸易涉及不同货币之间的兑换。例如，如果美国企业购买外国商品、劳务或者金融资产，需要将美元（通常是以美元计价的银行存款）兑换成外国货币（以外国货币计价的银行存款）。货币和以特定货币计价的银行存款的交易在外汇市场中进行。外汇市场中的交易决定了货币兑换的比率，进而决定购买外国商品和金融资产的成本。

抵押贷款市场：渴望借钱给你的贷款人

按揭贷款就是购房者以所购住房做抵押并由其所购买住房的房地产企业提供阶段性担保的个人住房贷款业务。在我国经济持续快速的发展中，商品房消费作为拉动经济全面发展的引擎之一，极大地刺激了国民经济的增长。由于在商品房消费中存在着资金大、成本高、周期长、群体多等诸多融资特点，因而，为银行按揭提供了巨大的发展空间。

"按揭"一词首先是由我国香港传至中国大陆的，它是英语中"mortgage"的广东话谐音。近代意义上的按揭，在英美法等国主要是指房地产等的不动产抵押。最早起源于18世纪英国人创办的建筑社团和1831年英国移民在美国宾夕法尼亚州建立的牛津节俭会。

一般来讲，房地产企业与银行存在楼盘按揭贷款协议，通常情况都是银行为符合条件的楼盘购买人提供按揭贷款，在土地证、房产证及按揭贷款的抵押权证办理出来之前开发商为购房人在银行的按揭的贷款提供担保。

商品房按揭贷款的类型，主要分两种：一是期房按揭贷款，二是现房按揭贷款。期房按揭贷款，即预售按揭，是指在商品房建设期间，购房人、开发商和银行之间约定，开发商与购房人签订商品房预售合同，由购房人向开发商预付一定比例的房款，其余房款则由购房人向银行申请贷款,购房人将其预购的房屋抵押给银行并获取购房贷款,同时开发商或其他企业作为贷款担保人,保证银行为第一受偿权人;现房按揭是指在商品房建成之后,购房人与开发商签订商品房买卖合同并支付部分现金,不足部分向银行申请贷款并将所购房产的有关权证提交银行作为贷款担保的购房方式。

具体流程如下:开发商与银行签订合作协议,购房者与房地产公司签订购房协议,购房者向协议银行提出贷款申请,购房者按贷款银行要求提供贷款资料并签订有关法律文书,银行审批购房者贷款申请,购房者办理还贷手续,按月还款。

办按揭的缺点

办理按揭贷款有优点也有缺点,具体来说具有以下两点缺点:

1.背负债务

首先是心理压力大,贷款人负担着沉重的债务,无论对任何人来说都是不轻松的。

2.不易迅速变现

因为是以商品本身抵押贷款,所以商品再出售困难,不利于贷款者退市。

办按揭的三大优点：

其一，花明天的钱圆今天的梦。按揭就是贷款，也就是向银行借钱，不必马上花费很多钱就可以买到自己想要的商品，所以按揭购买的第一个优点就是钱少也能买到自己想要的商品。

其二，银行替你把关，办借款是向银行借钱，所以项目的优劣银行自然关心，银行除了审查你本身外，还会审查项目商，为你把关，自然保险性高。

其三，把有限的资金用于多项投资。从投资角度说，办按揭者可以把资金分开投资，这样资金使用灵活。

不过由于商品房消费随着国家政策的一步步放宽，国内需求呈现了迅猛发展的势头。伴随商品房消费需求的一路高歌，按揭自 20 世纪 90 年代末在我国沿海经济发达地区开展起来，进而向广大内陆地区推进，逐步变成了我国房地产业融资发展的一条重要渠道。

抵押贷款市场的存在是为了帮助个人、企业和其他经济单位提高住宅或其他财产的购买力。作为个人，抵押贷款市场是这本教科书所讨论的市场当中，少数几个你可以像发行者一样参与的市场之一。除非你自己很富有，否则你很有可能在抵押贷款市场借钱来购买一幢房子。幸运的是，当你决定购买一幢房子的时候（如果你还没有买的话），你将会发现贷款人渴望将钱借给你。当你学习这一章时，抵押贷款市场和抵押支持证券市场已经发展到几乎无界限地为借款人提供贷款。

购房人要面对的一个最重要的经济决定是选择最适合他们需要的抵押贷款类型。对于许多借款人来说，传统的 30 年期限、等额支付、固定利率抵押贷款也许很适合，但是可能不适合其他人。传统的固定利率抵押贷款很适合那些借款人，他们计划在一座房子里居住很多年并且宁愿稳定地每月支付固定的还款。这种类型的抵押贷款往往受到某些借款人的青睐，他们有稳定可靠的收入但想要支付较少的首付款。其他类型的抵押贷款适合那些只期望居住几年，或者愿意接受一些利率风险而采用可调利率抵押贷款的房屋购买人。

抵押贷款市场同其他资本市场相比具有许多独特的性质。

第一，抵押贷款通常通过抵押不动产（土地或建筑物）作为抵押品。如果借款人违约，贷款人能够"取消回赎权"，并且对抵押品行使物主权。

第二，抵押贷款的发行人（借款人）通常规模比较小，相对来说对金融实体不是很了解。因而，通过充分调查借款人的财务状况，只有抵押贷款的贷款人受益。相反，公司有价证券经常被数千人持有。因而，一家重要企业财务状况的任何变化都会被广泛报道。简而言之，有动机监控通用汽车财务状况的人比监控约翰和休·琼斯财务状况的人多得多。

第三，根据借款人的需要，抵押贷款有不同的数额和期限。因为缺少统一的标准，私人抵押贷款不适合在二级市场上销售。

第四，政府的政策为抵押贷款市场提供了高度的管制和强有力的支撑。政府参与其他资本市场运作制定了比抵押贷款市场多得多的限制。

第五，因为统一的标准和资本市场债务工具的类型以及这些工具发行人的信息通常是广泛使用的，二级资本市场的股票和债券是高度发达并且工作是非常有效的。近年来，即使在抵押贷款的二级市场，交易工具有所增加，特别是投保抵押贷款，已公开发行并售出的证券的价值相对于资本市场中的情况要小得多。

期货市场：在盛宴与豪赌之间徘徊

2009 年，在全球经济、金融形势的风云变幻中，中国期货市场却保持了持续稳步健康发展的态势，期货市场服务国民经济发展和企业管理风险的作用不断显现，对经济的贡献率大大提升。截至 12 月 15 日，CRB 指数（全球商品指数）从 233.92 点上涨至 273.94 点，涨幅仅为 17.1%，并且运行中上下波动不已。而同期，我国期货市场则别有洞天，据文华商品指数显示，我国大宗商品综合指数从 2010 年开市的 117.62 点升至 166.98 点，上涨幅度竟然达到 41.96%！虽然 CRB 指数涵盖面更为宽泛，但是也可从中看出我国期货市场保持着稳健运行的单边上扬趋势。

期货市场被认为是一种较高级的市场组织形式，是市场经济发展到一定阶段的必然产物。期货市场是交易双方达成协议或成交后，不立即交割，而是在未来的一定时间内进行交割的场所。

广义上的期货市场包括期货交易所、结算所或结算公司、经纪公司和期货交易员；狭义上的期货市场仅指期货交易所。期货交易所是买卖期货会约的场所，是期货市场的核心。比较成熟的期货市场在一定程度上相当于一种完全竞争的市场，是经济学中最理想的市场形式。所以期货市场被认为是一种较高级的市场组织形式，是市场经济发展到一定阶段的必然产物。

期货市场是一个复杂的演进系统，复杂性超乎想象。期货市场能让你在一夜之间暴富，也同样能让你一夜之间一贫如洗，甚至负债累累。因此，期货市场的高收益、高风险，对许多人产生了强大的诱惑力，这就是期货的魅力所在。本节我们将进一步走进期货市场，了解期货的奥秘。

在我们正式进入期货市场之前，还要了解一些期货常识，这样才能更好地在期货市场上搏击。

1. 金融期货合约

金融期货交易是通过金融期货合约来进行的。所谓金融期货合约，是指双方同意在约定的将来某个时间，按照约定的条件买卖一定标准数量的某种金融工具。这种约定的条件主要包括约定的价格、交割地点、交割方式。在这里，约定的价格就是期货价格。

影响期货价格的因素

（1）政治因素。期货市场对国家、地区和世界政治局势的变化非常敏感，罢工、大选、政变、内战、国际冲突等，都会导致期货价格的变化。

（2）政府政策。各国政府制定的某些政策和措施会对期货市场价格带来不同程度的影响。

（3）心理因素。所谓心理因素，就是交易者对市场的信心程度。

2. 保证金制度

期货交易制度最大的特征是保证金制度。交易者只要按照期货合约价格的一定比率缴纳少量资金作担保，就可以参与期货合约买卖了，这和远期合约有很大不同。正是因为保证金这种"四两拨千斤"的作用，才使得期货交易的成本很低、盈利很高，当然其投资风险也很大。

在我国，期货交易所每天都要对每一笔交易进行清算。如果保证金不足，就必须在规定时间内追加，或者对所持期货合约进行平仓处理，直到符合保证金的规定为止。否则，就要对期货合约进行强制平仓。

3. 期货价格的决定

期货交易中有一个非常重要的概念叫"基差"。所谓基差，是指在某一特定地点，某种商品的现货价格与期货合约的价格差。如果没有特别说明，一般是指这种商品最近的价格减去期货价格。

基差的大小主要与该商品的持仓成本有关，除此以外还和市场供求有很大关系，而持仓成本主要包括仓储费、保险费、利息等费用。不同合约之间的价格差异称为合约差价。正常的合约差价反映了市场供求关系变化，主要包括仓储费、资金利息、增值税三部分，计算方法与持仓成本的计算方法相同。

如果标的没有系统性风险，那么期货价格就是预期未来的现货价格；如果系统性风险小于零，那么期货价格将会大于现货价格。在大多数情况下，系统性风险总是大于零的，这时候的期货价格就要扣除这部分风险，所以会小于现货价格。

4. 利率期货

顾名思义，利率期货的标的物是利率。通俗地说，就是赌将来的利率是上涨还是下跌。利率期货主要有两种：一是以长期国债为标的物的长期利率期货，二是以两个月内短期存款利率为标的物的短期利率期货。

利率期货价格是与实际利率呈反方向变动的——利率越高，利率期货价格就越低；利率越低，利率期货价格就越高。

利率期货主要集中在美国芝加哥期货交易所和芝加哥商品交易所，而且它的交割方法很特殊，主要是现金交割或现券交割。

5. 股指期货

与利率期货相类似，股指期货的标的物是股票指数。具体地说，就是双方针对某一股票价格指数（通常有美国的标准·普尔500综合指数、纽约证券交易所股票价格综合指数、日本日经指数、香港恒生指数等），约定在未来的某一个特定时间，以特定价格进行股票价格指数交割结算。

股指期货交易的最大特点是采用现金而不是实物（股票）结算，而且必须在期货交易所内进行。究其原因在于，股票价格指数本身只是一个"数字"，找不到对应的具体实物，又怎么去进行实物交割呢？

6. 期货交易套期保值

期货交易套期保值，是指为了避免商品未来的价格波动对自己造成不利影响，双方从"均等、相对"的原则出发，对具有一定风险的现货交易进行保值，明确将这部分商品的数量、期限、价格进行对冲操作（在现货市场上买进这种商品，在期货市场上卖出同类商品，或者相反）。

套期保值一般以对冲为主、实物交割为辅，能否从中获利以及获利多少，关键在于对冲时机的选择。

期货交易运作机制的特点

期货交易的对象是代表了规定质量和规定数量的商品的标准化合约

期货交易采用集中竞价交易制度，以使产生的价格具有广泛的代表性

期货交易具有做空机制，即你可以在还没拥有某一商品的时候就进行卖出

7. 期货交易套利

期货交易套利分为跨期套利、跨品套利、跨市套利等方式。跨期套利的"期"是指期限。跨期套利是指用同一种商品在不同交割月份合约之间的价差进行交易。它的最大特点是，期货商品相同、买进或卖出时间相同，交割月份不同、两个期货合约价格不同；跨品套利的"品"是指商品。跨品套利是指在两种具有高度替代、或者具有相同因素影响的商品之间进行期货交易。如小麦和玉米、铜和铝就具有这种高度关联性；跨市套利的"市"是指地域。跨市套利是指在不同期货交易所之间买进或卖出相同交割月份的期货合约，以此来获利。

保险市场：给未来拉上一根"安全绳"

保险，对大家来说并不陌生，随着社会经济的不断发展，保险已经进入千家万户，和人们日常生活的联系越来越紧密。保险是以契约形式确立双方经济关系，以缴纳保险费建立起来的保险基金，对保险合同规定范围内的灾害事故所造成的损失，进行经济补偿或给付的一种经济形式。

保险市场是市场的一种形式，是保险商品交换关系的总和或是保险商品供给与需求关系的总和。它既可以指固定的交易场所如保险交易所，也可以是所有实现保险商品让渡的交换关系的总和。

在保险市场上，交易的对象是保险人为消费者所面临的风险提供的各种保险保障。保险市场的构成要素如下：首先是为保险交易活动提供各类保险商品的卖方或供给方；其次是实现交易活动的各类保险商品的买方或需求方；再次就是具体的交易对象——各类保险商品。后来，保险中介方也渐渐成为构成保险市场不可或缺的因素之一。

保险市场的类型有很多种分法：

其一，根据保险标的的不同，保险可以分为财产保险、人身保险与责任保险。财产保险又可分为海上保险、火险、运输险、工程险等；人身保险又可分为人寿险、健康险、意外伤害险等；责任保险又可分为雇主责任险、职业责任险、产品责任险等。

财产保险是以物或其他财产利益为标的的保险。广义的财产保险包括有形财产保险和无形财产保险；人身保险是以人的生命、身体或健康作为保险标的的保险；责任保险是以被保险人的民事损害赔偿作为保险标的的保险。

其二，按保险业务承保的程序不同，可分为原保险市场和再保险市场。①原保险市场：亦称直接业务市场，是保险人与投保人之间通过订立保险合同而直接建立保险关系的市场。②再保险市场：亦称分保市场，是原保险人将已经承保的直接业务通过再保险合同转分给再保险人的方式形成保险关系的市场。

其三，按照保险业务性质不同，可分为人身保险市场和财产保险市场。①人身保险市场：是专门为社会公民提供各种人身保险商品的市场。②财产保险市场：是从事各种财产保险商品交易的市场。

其四，按保险业务活动的空间不同可分为国内保险市场和国际保险市场。①国内保险市场：是专门为本国境内提供各种保险商品的市场，按经营区域范围又可分为全国性保险市场和区域性保险市场。②国际保险市场：是国内保险人经营国外保险业务的保险市场。

其五，按保险市场的竞争程度不同，可分为垄断型保险市场、自由竞争型保险市场、垄断竞争型保险市场。①垄断型保险市场：是由一家或几家保险人独占市场份额的保险市场，包括完全垄断和寡头垄断型保险市场。②自由竞争型保险市场：是保险市场上存在数量众多的保险人、保险商品交易完全自由、价值规律和市场供求规律充分发挥作用的保险市场。③垄断竞争型保险市场：是大小保险公司在自由竞争中并存，少数大公司在保险市场中分别具有某种业务的局部垄断地位的保险市场。

保险市场机制是指将市场机制一般引用于保险经济活动中所形成的价值规律、供求规律及竞争规律之间相互制约、相互作用的关系。

第一，价值规律在保险市场上的作用。价值规律对于保险费率的自发调节只能限于凝结在费率中的附加费率部分的社会必要劳动时间，对于保险商品的价值形成方面具有一定的局限性，只能通过要求保险企业改进经营技术，提高服务效率，来降低附加费率成本。

第二，供求规律在保险市场上的作用。保险市场上保险费率的形成，一方面取决于风险发生的频率，另一方面取决于保险商品的供求情况。保险市场的保险费率不是完全由市场的供求情况决定，相反，要由专门的精算技术予以确立。

第三，竞争规律在保险市场上的作用。在保险市场上，由于交易的对象与风险直接相关联，使得保险商品的费率的形成并不完全取决于供求力量的对比。相反，风险发生的频率即保额损失率等才是决定费率的主要因素，供求仅仅是费率形成的一个次要因素。因此，一般商品市场价格竞争机制，在保险市场上必然受到某种程度的限制。

我国国内财产保险业务自1980年恢复以来，保费收入从1980年的4.6亿元增加到2007年的1997.7亿元，年增长25.3%。我国财产保险市场的基本特征为：财产保险公司数量明显增加，开始形成垄断竞争型格局。随着《保险法》的实施，保险公司1996年开始分业经营，中保集团分为中保集团财产保险有限公司、人寿保险有限公司、再保险有限公司。1999年3月中保集团解散，原中保集团财产保险有限公司改为中国人民保险公司。至2001年底，财产保险公司发展到22家，其中，中资财产保险公司12家，外资、中外合资财产保险公司10家；至2003年底，财产保险公司发展到27家，其中，中资财产保险公司10家，外资、中外合资财产保险公司15家；到2006年底，财产保险公司发展到42家，其中，中资财产保险公司27家，外资、合资财产保险公司15家。我国多主体的财产保险市场格局虽然已基本形成，但仍然

保险市场存在的问题

问题一：

现在的保险公司业务员素质参差不齐，很多业务员存在不诚信的问题，在讲解保险知识时有意隐瞒。

请来了解一下保险业务。

问题二：

"入保险容易，理赔难"是现在很多保险公司的现状，保险人在申请理赔时往往步骤烦琐，花费大量时间和精力。

赔偿的步骤可真烦琐啊。

问题三：

目前，保险市场运行的许多险种针对性和适用性差，条款设计缺乏严密性，不能很好地满足投保人多方面的需要。

你虽然有多种保险，但并没有一款真正适合我们！

属于寡头垄断型市场，现在开始向垄断竞争型转换。

改革开放以来，我国一方面允许外国保险公司进入中国保险市场；另一方面鼓励国内保险公司在国外经营保险业务。尤其自 2001 年入世和 2004 年全面开放以来，外资保险公司和市场份额均有明显增加，到 2007 年底，42 家财产保险公司中，外资保险公司为 15 家。外资财产公司财产保费收入占财产保险市场份额的比重，由 2000 年的 0.2% 上升到 2007 年的 1.16%。尤其是 2004 年保险市场全面对外开放以来，不仅在我国的外国财产保险公司进一步增加，在经营业务的区域和险种上进一步扩大，我国保险市场将逐步与国际保险市场接轨。

我国保险市场得到了快速的发展，但依然存在一些需要完善的地方，主要表现在：有效供给不足，有效需求不足，处于低水平均衡状态；国民保险意识相对较淡薄；保险法规尚需进一步完善；保险偿付能力监管和保险公司体制均有待完善。

黄金市场：黄金天然是货币

1968 年黄金总库解散，美国及其他西方国家不再按官价供应黄金，听任市场金价自由波动；1971 年 8 月 15 日美国宣布不再对外国官方持有的美元按官价兑换黄金。从此，世界上的黄金市场就只有自由市场了。世界上有 40 多个城市有黄金市场。在不允许私人进行黄金交易的某些国家，存在着非法黄金市场（黑市）。黑市金价一般较高，因而也伴有走私活动。各国合法的黄金自由市场一般都由受权经营黄金业务的几家银行组成银行团办理。黄金买卖大部分是现货交易，20 世纪 70 年代以后黄金期货交易发展迅速。但期货交易的实物交割一般只占交易额的 2% 左右。黄金市场上交易最多的是金条、金砖和金币。

黄金市场，是集中进行黄金买卖的交易场所。黄金交易与证券交易一样，都有一个固定的交易场所，世界各地的黄金市场就是由存在于各地的黄金交易所构成。黄金交易所一般都是在各个国际金融中心，是国际金融市场的重要组成部分。

在黄金市场上买卖的黄金形式多种多样，主要有各种成色和重量的金条、金币、金丝和金叶等，其中最重要的是金条。大金条量重价高，是专业金商和中央银行买卖的对象，小金条量轻价低，是私人和企业买卖、收藏的对象。金价按纯金的重量计算，即以金条的重量乘以金条的成色。黄金市场是集中进行黄金买卖和金币兑换的市场，是专门经营黄金买卖的金融市场。进行黄金交易的有世界各国的公司、银行和私人以及各国官方机构。黄金交易的去向主要是工业用金、私人贮藏、官方储备、投机商牟利等。

全球黄金市场主要分布在欧、亚、北美三个区域。欧洲以伦敦、苏黎世黄金市场为代表；亚洲主要以香港为代表；北美主要以美国的纽约、芝加哥和加拿大的温尼伯为代表。全球各大金市的交易时间，以伦敦时间为准，形成伦敦、纽约（芝加哥）、香港连续不断的黄金交易。

美国黄金市场由纽约商品交易所（NYMEX）、芝加哥国际商品交易所（IMM）、底特律、旧金山和水牛城共五家交易所构成。美国黄金市场以黄金期货交易为主，目前纽约黄金市场是世界上交易量最大和最活跃的期金市场。伦敦是世界上最大的黄金市场，市场黄金的供应者主要是南非。狭义地说，伦敦黄金市场主要指伦敦金银市场协会（LBMA），该市场不是以交易所的形式存在，而是指 OTC 市场（银行的外汇市场交易主体以双边授信为基础，通过自己双边沟通价格，双边精算进行的，即期外交易）。其运作方式是通过无形方式——会员的业务网络来完成的。瑞士不仅是世界上新增黄金的最大中转站，也是世界上最大的私人黄金的存储与借贷中心。苏黎世黄金市场在国际黄金市场上的地位仅次于伦敦。日本黄金交易所成立于 1981 年 4 月（1984 年与东

投资黄金的好处

黄金作为贵金属，是一种硬通货。不论通货膨胀还是货币贬值 都不会对黄金的价值产生影响，反而其价值会随着通货膨胀而升值，因而黄金投资深受人们的喜爱。

无风险

即使政局和经济不稳，尤其是发生战争或经济危机时，黄金的价格仍能维持不变其至稳步上升，保持了资产的价值。

无折旧

当金饰久经佩戴后可能会变色，但黄金本身的价值并没有消减，只要重新清洗就可以恢复原来的光泽，可以随时熔炼制造全新的金饰或金条。

具有收藏价值

因其价值的固定性决定了它具有收藏价值。无论是古代金器还是近现代的纪念品，都是很好的藏品。

京橡胶交易所等合并为东京工业品交易所），1982年开设期货。2004年，黄金期权获准上市，日本的黄金期货市场更加活跃。中国黄金市场改革始于1993年，2001年4月，中国人民银行行长戴相龙宣布取消黄金"统购统配"的计划管理体制，2002年10月上海黄金交易所开业，标志着中国黄金业开始走向市场化。

国际黄金市场的参与者，可分为国际金商、银行、对冲基金等金融机构、各种法人机构、个人投资者以及在黄金期货交易中有很大作用的经纪公司。

国际金商。最典型的就是伦敦黄金市场上的五大金行，其自身就是一个黄金交易商，由于其与世界上各大金矿和黄金商有广泛的联系，而且其下属的各个公司又与许多商店和黄金顾客有联系，因此，五大金商会根据自身掌握的情况，不断报出黄金的买价和卖价。当然，金商要承担金价波动的风险。

银行。又可以分为两类，一种是仅仅为客户代行买卖和结算，本身并不参加黄金买卖，以苏黎世的三大银行为代表，它们充当生产者和投资者之间的经纪人，在市场上起到中介作用。也有一些做自营业务的，如在新加坡黄金交易所（UOB）里，就有多家自营商会员是银行的。

对冲基金。近年来，国际对冲基金尤其是美国的对冲基金活跃在国际金融市场的各个角落。在黄金市场上，几乎每次大的下跌都与基金公司借入短期黄金在即期黄金市场抛售和在纽约商品交易所黄金期货交易所构筑大量的建仓有关。一些规模庞大的对冲基金利用与各国政治、工商和金融界千丝万缕的联系往往较先捕捉到经济基本面的变化，利用管理的庞大资金进行买空和卖空，从而加速黄金市场价格的变化而从中渔利。

各种法人机构和个人投资者。这里既包括专门出售黄金的公司，如各大金矿、黄金生产商、黄金制品商（如各种工业企业）、首饰行以及私人购金收藏者等，也包括专门从事黄金买卖的投资公司、个人投资者等。根据对市场风险的喜好程度，又可以分为避险者和冒险者：前者希望黄金保值而回避风险，希望将市场价格波动的风险降到最低，如黄金生产商、黄金消费者等；后者则希望从价格涨跌中获得利益，因此愿意承担市场风险，如各种对冲基金等投资公司。

经纪公司。是专门从事代理非交易所会员进行黄金交易，并收取佣金的经纪组织。有的交易所把经纪公司称为经纪行。在纽约、芝加哥、香港等黄金市场里，有很多经纪公司，它们本身并不拥有黄金，只是派出场内代表在交易厅里为客户代理黄金买卖，收取客户的佣金。

黄金同市场上其他货币及商品一样都存在着市场风险。通常与货币相比，黄金的波动率较低，然而这些年来随着投机行为的增加，黄金的波动变大了。作为投资对象，黄金与其他投资对象相比有着不同的属性。一直以来投资者对这个市场都抱有极大的兴趣，这导致其市场流通性高于其他市场。高流通性意味着，当你想卖出时不愁找不到买家，同时在你想买入的时候不愁找不到卖主。

在黄金市场上人们可以投资买卖金币和金条、珠宝、期货和期权、基金，甚至黄金证。与众多其他物品交易相比，黄金交易不但快而且价差低。在外汇市场上，黄金可以说是相对美元的避险投资。美元升值，金价下跌；美元贬值，则金价上涨。明白了这一点，投资者就能把黄金交易作为一种手段来平衡其在美元买卖中的盈亏。市场条件在不断变化，然而黄金一直保持着它的购买力。因此，一些投资者买入黄金来平衡通货膨胀和货币价值变化造成的影响。在外汇交易中，投资者买卖黄金大多出于投机目的而不是为了长期的投资。在外汇市场，交易者可在买入黄金几小时后卖出，凭借黄金价格的小幅波动获利。

如何预测黄金价格的走势

根据这些年来黄金的历史趋势，可以总结出预测黄金价格的两种简单方法：

金店

根据供需变化预测：供大于求时，黄金价格下跌；供不应求时，黄金价格上升。

根据美元走势预测：由于国际金价用美元计价，黄金价格与美元走势的互动关系非常密切，通常呈现美元涨则黄金跌、美元跌则黄金涨的逆向互动关系。

美元

升值

炒金

第九章

谁在负责处理我们的钱
——每天学点金融机构知识

银行：金融界当之无愧的"大哥"

中世纪的时候，世界上只有两种人有钱，一种是贵族，另一种是主教。所以，银行是不必要的，因为根本没有商业活动。

到了17世纪，一些平民通过经商致富，成了有钱的商人。他们为了安全，都把钱存放在国王的铸币厂里。那个时候还没有纸币，所谓存钱就是指存放黄金。因为那时实行"自由铸币"制度，任何人都可以把金块拿到铸币厂里，铸造成金币，所以铸币厂允许顾客存放黄金。

但是这些商人没意识到，铸币厂是属于国王的，如果国王想动用铸币厂里的黄金，那是无法阻止的。1638年，英国国王查理一世同苏格兰贵族爆发了战争，为了筹措军费，他就征用了铸币厂里平民的黄金，美其名曰贷款给国王。虽然，黄金后来还给了原来的主人，但是商人们感到，铸币厂不安全。于是，他们把钱存到了金匠那里。金匠为存钱的人开立了凭证，以后拿着这张凭证，就可以取出黄金。

后来商人们发现，需要用钱的时候，其实不需要取出黄金，只要把黄金凭证交给对方就可以了。再后来，金匠突然发现，原来自己开立的凭证，具有流通的功能！于是，他们开始开立"假凭证"。他们惊奇地发现，只要所有客户不是同一天来取黄金，"假凭证"就等同于"真凭证"，同样是可以作为货币使用的！

这就是现代银行中"准备金"的起源，也是"货币创造"的起源。这时正是17世纪60年代末，现代银行就是在那个时候诞生的。所以，世界上最早的银行都是私人银行，最早的银行券都是由金匠们发行的，他们和政府没有直接的关系。

现代银行中的纸币竟然是这样发展而来，恐怕人们都想象不到。从上面这段资料，大家就可以看出，银行起源于古代的货币经营业。而货币经营业主要从事与货币有关的业务，包括金属货币的鉴定和兑换、货币的保管和汇兑业务。当货币经营者手中大量货币聚集时就为发展贷款业务提供了前提。随着贷款业务的发展，保管业务也逐步变成存款业务。当货币活动与信用活动结合时，货币经营业便开始向现代银行转变。

我国银行的分类

在我国，银行有多种分类方法，一般而言，银行按如下分类：

中国人民银行 → 它是中央银行，在所有银行当中起管理作用。

政策性银行 → 一般办理政策性业务，不以盈利为目的。
- 农业发展银行
- 国家开发银行
- 进出口银行

商业银行
- 全国性国有商业银行
  - 工商银行
  - 农业银行
  - 建设银行
- 全国性股份制商业银行
  - 招商银行
  - 华夏银行
  - 民生银行
- 区域性商业银行 → 广东发展银行
- 地方性商业银行
  - 武汉市商业银行
  - 南京银行

外资银行 → 外资银行一般都设在一线城市，它的业务与国内银行有很大不同。
- 花旗银行
- 汇丰银行

1694 年，英国英格兰银行的建立，标志着西方现代银行制度的建立。

"银行"一词，源于意大利"Banca"一词，其原意是长凳、椅子，是最早的市场上货币兑换商的营业用具。英语转化为 Bank，意为存钱的柜子。在我国有"银行"之称，则与我国经济发展的历史相关。在我国历史上，白银一直是主要的货币材料之一。"银"往往代表的就是货币，而"行"则是对大商业机构的称谓，所以把办理与银钱有关的大金融机构称为银行。

在我国，明朝中叶就形成了具有银行性质的钱庄，到清代又出现了票号。第一次使用银行名称的国内银行是"中国通商银行"，成立于 1897 年 5 月 27 日；最早的国家银行是 1905 年创办的"户部银行"，后称"大清银行"；1911 年辛亥革命后，大清银行改组为"中国银行"，一直沿用至今。

值得注意的是，银行是经营货币的企业，它的存在方便了社会资金的筹措与融通，它是金融机构里面非常重要的一员。商业银行的职能是由它的性质所决定的，其主要有五个基本职能：

其一，信用中介职能。信用中介是商业银行最基本、最能反映其经营活动特征的职能。这一职能的实质，是通过银行的负债业务，把社会上的各种闲散货币集中到银行里来，再通过资产业务，把它们投向经济各部门；商业银行是作为货币资本的贷出者与借入者的中介人或代表，来实现资本的融通，并从吸收资金的成本与发放贷款利息收入、投资收益的差额中，获取利益收入，形成银行利润。商业银行通过信用中介的职能实现资本盈余和短缺之间的融通，并不改变货币资本的所有权，改变的只是货币资本的使用权。

其二，支付中介职能。银行除了作为信用中介，融通货币资本以外，还有着货币经营业的职能。通过存款在账户上的转移，代理客户支付，在存款的基础上，为客户兑付现款等，成为工商企业、团体和个人的货币保管者、出纳者和支付代理人。

其三，信用创造功能。商业银行在信用中介职能和支付中介职能的基础上，产生了信用创造职能。以通过自己的信贷活动创造和收缩活期存款，而活期存款是构成贷款供给量的主要部分。因此，商业银行就可以把自己的负债作为货币来流通，具有了信用创造功能。

其四，金融服务职能。随着经济的发展，工商企业的业务经营环境日益复杂化，许多原来属于企业自身的货币业务转交给银行代为办理，如发放工资、代理支付其他费用等。个人消费也由原来单纯的钱物交易，发展为转账结算。现代化的社会生活，从多方面给商业银行提出了金融服务的要求。

其五，调节经济职能。调节经济是指银行通过其信用中介活动，调剂社会各部门的资金，同时在央行货币政策和其他国家宏观政策的指引下，实现经济结构、消费比例投资、产业结构等方面的调整。此外，商业银行通过其在国际市场上的融资活动还可以调节本国的国际收支。

保险公司：无形保险有形保障

我们的生命总是免不了要受到各种伤害的威胁，所以，我们必须采用一种对付人身危险的方法，即对发生人身危险的人及其家庭在经济上给予一定的物质帮助，人寿保险就是以人的生命为保险标的，以生、死为保险事故的一种人身保险。

财产保险是指投保人根据合同约定，向保险人交付保险费，保险人按保险合同的约定对所承保的财产及其有关利益因自然灾害或意外事故造成的损失承担赔偿责任的保险。它包括财产保险、农业保险、责任保险、保证保险、信用保险等以财产或利益为保险标的的各种保险。

人身意外伤害保险，是以人的身体为标的，以意外伤害而致身故或残疾为给付条件的保险。它是指被保险人由于意外原因造成身体伤害或导致残废、死亡时，保险人按照约定承担给付保险金责任的人身保险合同。保险人的给付，通常包括丧失工作能力给付，丧失手足或失明的给付，因伤致死给付，以及医疗费用给付。意外伤害保险必须要满足两点要求：一是，伤害必须是人体的伤害；再者，伤害必须是意外事故所致。

保险业是大家经常接触的，那对于保险业的相关知识，大家了解多少呢？

保险公司是指经营保险业的经济组织，包括直接保险公司和再保险公司。保险关系中的保险人，享有收取保险费、建立保险费基金的权利。同时，当保险事故发生时，有义务赔偿被保险人的经济损失。在解读保险公司之前，先明确一下保险公司的定义。什么是保险公司呢？就是销售保险合约、提供风险保障的公司。保险公司分为两大类型——人寿保险公司、财产保险公司。平常人们最常接触的三种保险是人寿保险、财产保险、意外伤害保险。

保险公司属于资金融通的渠道，所以也是金融的一种。它是以契约的形式确立双方的经济关系。从本质上讲，保险体现的是一种经济关系，这主要表现在保险人和被保险人的商品交换关系以及两者之间的收入再分配关系。从经济角度来看，保险是一种损失分摊方法，以多数单位和个人缴纳保费建立保险基金，使少数成员的损失由全体被保险人分担。

保险是最古老的风险管理方法之一。保险和约中，被保险人支付一个固定金额（保费）给保险人，前者获得保证；在指定时期内，后者对特定事件或事件所造成的任何损失给予一定补偿。

大家日常所接触的保险公司就是经营保险业务的经济组织。具体说来，它是指经中国保险监督管理机构批准设立，并依法登记注册的商业保险公司。保险公司是采用公司组织形式的保险人，经营保险业务。

"我想问一下，保险公司收取投保人那些保金，可每当发生事故时，保险公司

▶ 如何慎重选择保险公司

看公司实力

很显然，历史悠久、信誉度高、规模大、资金雄厚、业绩良好的保险公司对投保人来说是更值得信赖的。大型保险公司保费虽然较高，在理赔方面的业务却相对成熟，及时理赔，公司定损的网点也多。

看产品种类

一家好的保险公司提供的保险产品应具备这样几个条件：种类齐全；产品灵活性高，可为投保人提供更多的便利条件；产品竞争力强。

看偿付能力和服务水平

偿付能力。公司以往的赔付记录中有无拖欠、拖延赔付金，公司股东的实力越强，经营状况越好，则偿付能力越强。当然服务水平越高，介绍得越具体，可信度也越高。

要赔给投保人十几倍甚至几十倍的赔金。据我所知，每个企业都是以盈利为目的的，那么我想问一下保险公司这样怎能赚钱呀？它是怎么运营的？"

很多人都存在这样的疑问，那保险公司究竟是怎样实现盈利的呢？

其实保险还是以投资为主的，每年收的保费相对于保险公司投资收益来说是很小的一部分。保险公司有 9 大投资渠道，"国十条"出来后，投资渠道更多，保险公司的收益更大，所以买分红保险的客户分得的利益会更多。

具体说来，保险公司的盈利就是通过"三差益"来实现的，即死差益——指实际死亡人数比预定死亡人数少时产生的利益；费差益——指实际所用的营业费用比依预定营业费用率所计算之营业费用少时所产生的利益；利差益——指保险资金投资运用收益率高于有效保险合同的平均预定利率而产生的利益。

分别举例来说明吧。先说第一种死差。比如现在是 100 个得癌症的要死 90 个，于是保险公司就按照这样的概率来定保费。客户在交了钱后，如果患癌症死亡就可以获得赔偿。假设保险公司就是按照收多少赔多少的方式收取的保费，那么按理说这 100 个人死到 90 个的时候，保险公司收的钱就该都花出去了才对。但是，偏偏在这个时候，癌症已经不是绝症了，本来应该死 90 个，但实际只死了 20 个，那么之前收的那笔钱就有了相对的结余，这就是"死差益"了。当然这个也可能是负的，比如死了 99 个，那保险公司就变成了"死差损"了。这种情况在一年内出现变化不明显，但是放在 20 年或者更长的时间中，就可能有可以确定的利润了，因为医疗水平只会越来越高，很多疾病都是会被慢慢攻克。相同的疾病随着时间的推移存活比例只会是越来越高。

第二种就是"费差"。本来预计为了维持这部分保费的运作，保险公司需要向每个客户收取一定的费用，但是在收取后，管理水平提高了，保险公司不需要那么多人、那么多钱来管理就可以达到更好的管理效果，那么就可能出现费用方面的结余。

第三种是"利差"。保险公司承诺在交钱的 20 年后将返还你双倍的钱，但当到了 20 年后，保险公司用你的钱赚了 400% 的收益，那么除了给你 2 倍之外，剩下的就成了保险公司的收益了。

这样解说是为了让论述更浅显易懂，让大家读起来也容易明白。其实，在实际操作中，会通过会计年度的结算方法，一般每年都会在账面上体现一定的盈利或者亏损，并不是等到钱还给客户后统一结算，相信有点现代财务知识的人都应该懂。

至于有人说保险公司是骗钱，这个理论不具有说服力，这笔钱在个人手中更大的可能性就是明明准备养老的，但是被子女拿去花了；明明准备看病的，可能一次不明智的投资就亏出去了。其实只要你没有存进去就不取出来的决心，所谓的养老钱、看病钱，根本不可能到了你需要的时候你才取出来用，所以先有保险规划是十分必要的。至于纯概率收益，那可能是指财产类吧，例如车险，比如去年车祸损失有 50 亿（这个只是随意打个比方，数据没有有效性），那么今年保险公司就可能需要收 80 亿的保费了，免得发生更多就赔不起。这样的收费看起来可能就只有盈利，但这种利润保险存在，其实很多行业都存在，例如石油、电信、移动等。

投资银行："为他人作嫁衣裳"

2008 年是华尔街的多事之秋。2008 年 9 月 15 ~ 21 日是华尔街历史上最黑暗的一周。雷曼兄弟申请破产保护，美林被美洲银行收购，摩根斯坦利与高盛宣布转为银行控股公司。再加上 2008 年 3 月被摩根大通收购的贝尔斯登，曾经风光无限的华尔街五大投行集体消失。对于熟悉美国金融体系的专业人士来说，如此巨变可谓"天翻地覆"！那么，投资银行在整个金融生态链中处于什么地位？投资银行业的前景又如何呢？

投资银行家是这样一群人：他们的鞋是白色的，"血"是蓝色的，戒指是祖母绿的，皮鞋是意大利定制的；他们每周去圣公会教堂做礼拜，坐在第一排；除了手工制作的深色西装和燕尾服，从不穿别的衣服……他们是金融领域内的贵族，就如同投资银行在金融界的地位一样。

投资银行是主要从事证券发行、承销、交易、企业重组、兼并与收购、投资分析、风险投资、项目融资等业务的非银行金融机构，是资本市场上的主要金融中介。在中国，投资银行的主要代表有中国国际金融有限公司、中信证券、投资银行在线等。

投资银行其实是一个美国词汇，在其他的国家和地区，投资银行有着不同的称谓：在英国被称为"商人银行"，在其他国家和地区则被称为"证券公司"。需要指出的是，虽然都被称为"银行"，商业银行与投资银行其实是两种不同的金融机构。在传统的金融学教科书里，"银行"是经营间接融资业务的，通过储户存款与企业贷款之间的利息差赚取利润；而投资银行却是经营直接融资业务的，一般来说，它既不接受存款也不发放贷款，而是为企业提供发行股票、债券或重组、清算业务，从中抽取佣金。

现代意义上的投资银行产生于欧美，主要是由 18 ~ 19 世纪众多销售政府债券和贴现企业票据的金融机构演变而来的。伴随着贸易范围和金额的扩大，客观上要求融资信用，于是一些信誉卓越的大商人便利用其积累的大量财富成为商人银行家，专门从事融资和票据承兑贴现业务，这是投资银行产生的根本原因。证券业与证券交易的飞速发展是投资银行业迅速发展的催化剂，为其提供了广阔的发展天地。投资银行则作为证券承销商和证券经纪人逐步奠定了其在证券市场中的核心地位。

资本主义经济的飞速发展给交通、能源等基础设施造成了巨大的压力，为了缓

投资银行与商业银行的不同

投资银行与传统商业银行尽管在名称上都冠有"银行"字样，但实质上投资银行与传统商业银行之间存在着明显的差异：

1.**本源业务不同**：投资银行的本源业务是证券承销；而传统商业银行的本源业务是存贷款。

2.**功能不同**：投资银行是直接融资，并且侧重于长期融资；而传统商业银行是间接融资，侧重于短期融资。

3.**经营方针与原则不同**：投资银行在控制风险的前提下更注重开拓；而传统商业银行追求收益性、安全性、流动性三者结合，坚持稳健的原则。

解这一矛盾，19世纪欧美掀起了基础设施建设的高潮，这一过程中巨大的资金需求使得投资银行在筹资和融资过程中得到了迅猛的发展。而股份制的出现和发展，不仅带来了西方经济体制中一场深刻的革命，也使投资银行作为企业和社会公众之间资金中介的作用得以确立。

让很多投资人感到好奇的是，投资银行是怎样来的呢？在美国，投资银行往往有两个来源：一是由商业银行分解而来，其中典型的例子就是摩根斯坦利；二是由证券经纪人发展而来，典型的例子如美林证券。

追溯起来，美国投资银行与商业银行的分离最早发生在1929年的大股灾之后，当时联邦政府认为投资银行业务有较高的风险，禁止商业银行利用储户的资金参加投行业务，结果一大批综合性银行被迫分解为商业银行和投资银行，其中最典型的例子就是摩根银行分解为从事投资银行业务的摩根斯坦利以及从事商业银行业务的J·P.摩根。不过这种情况并没有发生在欧洲，欧洲各国政府一直没有这样的限制，投资银行业务一般都是由商业银行来完成的，如德意志银行、荷兰银行、瑞士银行、瑞士信贷银行，等等。有趣的是，这样做在欧洲不但没有引起金融危机，反而在一定程度上加强了融资效率，降低了金融系统的风险。

近20年来，在国际经济全球化和市场竞争日益激烈的趋势下，投资银行业完全跳开了传统证券承销和证券经纪狭窄的业务框架，跻身于金融业务的国际化、多样化、专业化和集中化之中，努力开拓各种市场空间。这些变化不断改变着投资银行和投资银行业，对世界经济和金融体系产生了深远的影响，并已形成鲜明的发展趋势。

由于投资银行业的发展日新月异，对投资银行的界定也显得十分困难。投资银行是美国和欧洲大陆的称谓，英国称之为商人银行，在日本则指证券公司。国际上对投资银行的定义主要有四种：第一种：任何经营华尔街金融业务的金融机构都可以称为投资银行。第二种：只有经营一部分或全部资本市场业务的金融机构才是投资银行。第三种：把从事证券承销和企业并购的金融机构称为投资银行。第四种：仅把在一级市场上承销证券和二级市场交易证券的金融机构称为投资银行。

投资银行以其强大的盈利能力而为世人所瞩目。以最常见的股票发行业务为例，投资银行一般要抽取7%的佣金，也就是说，如果客户发行价值100亿美元的股票，投资银行就要吃掉7亿美元。

在公司并购业务中，投资银行同样大赚特赚。19世纪80年代以来，美国至少经历了四次公司并购浪潮，这就为投资银行提供了相当可观的收入来源。近年来欧美动辄发生价值几百亿甚至几千亿美元的超级兼并案，如美国在线兼并时代华纳、沃达丰兼并曼内斯曼、惠普兼并康柏等，背后都有投资银行的推波助澜。因为兼并业务的技术含量很高，利润又很丰厚，一般被认为是投资银行的核心业务，从事这一业务的银行家是整个金融领域最炙手可热的人物。

证券交易所：让证券持续不断地流通

我国很早就出现过证券交易所。上海最初的证券交易，经纪人大都另营他业，证券买卖只是副业，还没有达到专业化的程度。当时并没有巍峨的大厦和完善的设备，人们就在熙熙攘攘的茶馆里喝茶议价，进行交易。

辛亥革命后，证券市场发展很快。1934年，上海证券交易所建成八层大楼，内部装修富丽堂皇。开幕那天，政府要员、社会名流与实业界巨子纷纷前来捧场道贺，盛况空前。在证券大楼底层，中间排列着九只交易柜。两旁的走廊里，装有许多部电话，直通各家证券号，证券行情就靠它们传播出去。每只交易柜，兼做三四种不同的股票。当你打算买进或卖出股票的时候，自己不能直接进场，必须委托经纪人代为买卖，经纪人即在该种股票指定的交易柜上伸手叫价，买进手掌向内，卖出手掌向外。如另一经纪人觉得合意亦伸手表示，双方合意就拍板成交。每一笔买卖，无论成交数额大小，场务员都立即将成交价格照录于行市板上。同时，各证券号的电话员，立即利用对讲电话，通知各自的证券号，股票的行情就是这样形成的。

对于证券交易所大家都不陌生，但是说起证券交易所的业务、种类、功能，你又能说出来多少呢？

证券公司是从事证券经营业务的有限责任公司或者股份有限公司。它是非银行金融机构的一种，是从事证券经营业务的法定组织形式，是专门从事有价证券买卖的法人企业。

证券公司可分为证券经营公司和证券登记公司两大类。具体从证券经营公司的功能分，又可分为证券经纪商、证券自营商和证券承销商。证券经纪商，即证券经纪公司，是代理买卖证券的证券机构，接受投资人委托、代为买卖证券，并收取一定手续费，即佣金，如江海证券经纪公司；证券自营商，即综合型证券公司，除了证券经纪公司的权限外，还可以自行买卖证券的证券机构，它们资金雄厚，可直接进入交易所为自己买卖股票。如国泰君安证券；证券承销商，以包销或代销形式帮助发行人发售证券的机构。实际上，许多证券公司是兼营这3种业务的。按照各国现行的做法，证券交易所的会员公司均可在交易市场进行自营买卖，但专门以自营买卖为主的证券公司为数极少。

证券公司的业务有：一是证券承销业务。证券承销是证券公司代理证券发行人发行证券的行为。证券承销的方式分代销和包销两种。证券代销是指证券公司代发行人发售证券，在承销期结束时，将未售出的证券全部退还给发行人的承销方式。证券包销是指证券公司将发行人的证券按照协议全部购入或者在承销期结束时，将售后剩余证券全部自行购入的承销方式。二是证券经纪业务。证券经纪是证券公司接受投资者的委托，代理其买卖证券的行为。

证券交易所的功能

为证券交易提供场所，并制定交易规则，维护交易秩序。

公告价格，为证券交易者提供交易信息。

集中各类社会资金参与投资，同时引导投资的合理流向。

公司制证券交易所是以赢利为目的，提供交易场所和服务人员，以便证券商进行交易与交割的证券交易所。从股票交易实践中可以看出，这种证券交易需要收取发行公司的上市费与证券成交的佣金，其主要收入来自买卖成交额的一定比例。而且，经营这种交易所的人员不能参与证券买卖，从而在一定程度上可以保证交易的公平。

证券交易所的竞争非常激烈，事实上它的合并与整合在 20 世纪始终没有停止过。证券市场发展历史悠久的国家大都有许多家证券交易所：英国成立了 20 多家证券交易所、美国超过 100 家、意大利 10 多家、法国 7 家、澳大利亚 6 家，后来有些交易所在竞争中退出或被合并。证券交易所合并的原因很多，有的是由于新技术的应用，打破了证券交易的地域限制，使证券交易所过剩而合并；有的是由于证券交易所在同行业的激烈竞争处于劣势而被兼并；有的是因为股市泡沫破灭，交易所业务规模缩减而合并。例如，19 世纪末 20 世纪初电报技术的广泛应用，打破了交易所的地域限制，使美国证券交易所大量过剩而被合并；日本交易所一度因为战争而被迫关闭；香港 20 世纪 70 年代为了加强监管、防范金融风险，将原有 4 家证券交易所合并为 1 家。在 20 世纪 70 年代前各国的证券交易所都减少到一个相对合理的水平。

值得一提的是，证券交易所往往存在这样或那样的问题、弊端，也会给金融秩序带来负面影响。

比如扰乱金融价格。由于证券交易所中很大一部分交易仅是转卖和买回，因此，在证券交易所中，证券买卖周转量很大，但是，实际交割并不大。而且，由于这类交易其实并非代表真实金融资产的买卖，其供求形式在很大程度上不能反映实际情况，有可能在一定程度上扰乱金融价格，从事不正当交易。从事不正当交易主要包括从事相配交易、虚抛交易和搭伙交易，操纵价格。一旦目的达成后，搭伙者立即解散。

还有内幕人士操纵股市的情况发生。由于各公司的管理大权均掌握在大股东手中，所以这些人有可能通过散布公司的盈利、发放红利及扩展计划、收购、合并等消息操纵公司股票的价格或者直接利用内幕消息牟利，如在公司宣布有利于公司股票价格上升的消息之前先暗中买入，等宣布时高价抛出；若公司将宣布不利消息，则在宣布之前暗中抛出，宣布之后再以低价买入。

甚至，还有股票经纪商和交易所工作人员作弊。侵占交易佣金、虚报市价、擅自进行买卖从而以客户的资金为自己牟利或者虚报客户违约情况从而赚取交易赔偿金。交易所工作人员的作弊方式可能有：自身在暗中非法进行股票买卖、同时与股票经纪商串通作弊或同股票经纪商秘密地共同从事股票交易。

以上情况都是客观存在的，但是随着股市发展，市场规范逐步完善，这种情况相信也会越来越少。

典当行：财富应急的最后一招

典当是古老的金融业之一，堪称现代金融业的鼻祖。中国的典当业萌芽于东西两汉，肇始于南朝佛寺长生库，入俗于唐五代市井，立行于南北宋朝，兴盛于明清，衰落于清末民初，取缔于20世纪50年代，而复兴于当代改革开放，经历了1600多年的历史沉浮。

典当的本质是一种以物换钱的融资方式。只要顾客在约定时间内还本并支付一定的综合服务费（包括当物的保管费、保险费、利息等），就可赎回当物。典当行亦称典当公司或当铺，是主要以财物作为质押进行有偿有期借贷融资的非银行金融机构。典当公司的发展为中小企业提供了快捷、便利的融资手段，促进了生产的发展，繁荣了金融业，同时还在增加财政收入和调节经济等方面发挥了重要的作用。

"以物换钱"是典当的本质特征和运作模式。当户把自己具有一定价值的财产交付典当机构实际占有作为债权担保，从而换取一定数额的资金。当期届满，典当公司通常有两条赢利渠道：一是当户赎当，收取当金利息和其他费用赢利；二是当户死当，处分当物用于弥补损失并赢利。

典当行作为一种既有金融性质又有商业性质的、独特的社会经济机构，融资服务功能是显而易见的。融资服务功能是典当行最主要的，也是首要的社会功能，表现为典当行进行的货币交易功能。此外典当行还发挥着当物保管功能和商品交易功能。典当行还有其他一些功能，诸如提供对当物的鉴定、评估、作价等服务功能。

典当行在本质上是具有商业性的金融组织。作为商品经济的产物，它必然要参与商品交换并为其服务，从而赚取利润，维持自身生存。典当行的商业性首先表现为，它在产生初期主要担负着筹措资金的任务。

自南北朝以来出现的寺库，虽然是人类最早的信用中介，但颇受封建商品经济发展水平的制约，故实际上还是尚未独立的、完全依附于寺院的一个经济部门或者说是寺院经济多种经营方式中的一种。

典当行的商业性还表现为，它在一定条件下直接从事市场活动。典当行随着社会经济的发展而兴起，但在不同国家的不同历史时期，典当行的存在必须具备一定的条件。这些条件包括客观条件和主观条件、一般条件和个别条件等。随着封建社会商品经济的发展，典当行的财力日趋加强，特别是在其成为独立的金融机构之后，典当行便开始兼营商业或其他副业，从而在借贷生息之外，开辟另一条增值其自身资本的新途径。

典当行在历代经济发展中都起到了重要的作用。

第一，典当行是货币流通的重要渠道。典当行出现以后，在原有的货币流通渠

典当行的优势

如果以融资方式而论，典当行与银行差异十分明显，典当行有自己的优势：

放贷条件：不以信用为条件，只注重当户所持典当标的的合法性及价值，接受动产质押，也接受权利质押。

放贷时间短：程序简单，方便快捷，最适用应急性或救急性的融资要求。

空间限制少：地域性限制不强，当户凭有效证件可以异地融资。

道之外，又形成了一个新的货币流通渠道，即以典当行为中心，完成货币投放和回笼的渠道。当年最早的典当行——寺院质库的运作，就深刻地反映了这种情形。

第二，典当行是商业募资的有效途径。典当行在本质上是具有商业性的金融组织。

第三，典当行是国家财政的补充来源。典当行成为国家财源的另一个标志是缴纳当税。

第四，典当行是调节经济的辅助部门。古代典当行是特殊形式的信用机构，故常受到统治阶级的倚重。封建国家有时还把它作为调节社会经济发展、推行某种经济政策的辅助部门加以利用。现在，典当行的这种地位逐渐下降。

由于世界各国和地区的政策法律不同，典当行既能生存又能发展的情况有之；而典当行生存易、发展难的情况亦有之；甚至典当行面临生存和发展两难的情况也并不鲜见。

如美国《得克萨斯州典当法》规定：新开设典当行所在地区必须满足"每县25万人口以上"的硬性条件，且"每家典当行之间的距离必须保持在2英里以上"。这就是说，典当行在人口多的地区可以依法生存和发展，而却不能前往人口少的地区布点开业及发展。相比之下，目前国家经贸委新颁施行的《典当行管理办法》，则在入市门槛、股权结构、负债经营、业务范围、分支机构、死当处理等诸多方面，为我国典当行提供了空前巨大的发展空间，它必将进一步释放典当行的能量，从而引导典当业为我国市场经济的不断繁荣作出新的贡献。

第十章

金融体系的"神经中枢"
——每天学点中央银行知识

中央银行：货币的发行者

清代有没有中央银行呢？1897年5月27日成立的中国通商银行，清政府授予发行纸币特权。1904年3月14日清政府开始计议设立大清户部银行，1905年8月在北京成立户部银行，制定章程32条，授予户部银行铸造货币、代理国库、发行纸币之特权。这是中国最早的中央银行，发行的纸币实为银两兑换券。1908年户部银行改名大清银行，发行的纸币同户部银行相差无几。清末钱庄、银钱店、官银局都发行纸币，有银两票、银元票、钱票等三种。都以当时银价定值，钱粮赋税均可通用，谁家发行由谁家负责兑现，既未规定发行限额，也未建立发行准备制度。1909年6月，清政府颁布《兑换纸币则例》19条，明确规定纸币发行权属于清政府，一切发行兑换事务统归大清银行办理，所有官商钱行号，一概不准擅自发行纸币。

所以我们可以看到中央银行的一个特征：货币发行垄断权。那么中央银行是怎样发行货币，怎样维持币值稳定的，人民币的发行程序又是怎样的呢？

钞票是大家再熟悉不过的东西，但你是否知道它们的来历？随意拿几张人民币，你会发现它们上面都印着"中国人民银行"的字样。世界上的其他许多地方也是如此：欧元钞票上印着"欧洲中央银行"，日元钞票上印着"日本银行"。钞票由中央银行独家印制和发行，这在许多国家都是如此。为什么会这样呢？

其实并不是一开始就由中央银行垄断发行货币的权力的。距今300多年前，中央银行才出现。在此之前，流通中的钞票是由一些商业银行发行的，我们称之为银行券。这是一种信用货币，如果发钞银行倒闭了，它发行的钞票就变成一张张废纸，买不来任何东西。在19世纪的美国，有1600多家银行竞相发行钞票，一时间竟有3万多种钞票进入市场流通。这些钞票良莠不齐，很多钞票根本无法兑现，既不便于流通，也在无形中劫掠了平民百姓的财富。混乱的货币秩序让很多国家吃过苦头，反反复复的教训使人们意识到，需要有一家银行垄断货币的发行。于是，许多国家纷纷通过立法将发行货币的特权集中到本国的一家银行，中央银

中央银行的职能

>> 唯一的货币发行机构

发行的银行

>> 为政府决策提供建议

代表政府参与国际金融组织

中央银行

>> 办理存放汇业务

银行的银行

>> 代理国库、发行国债、保管外汇、黄金储备

国债

外汇

国家的银行

行由此逐渐演变形成。

早期许多国家成立中央银行的初衷是利用它来为政府筹钱，帮政府理财，中央银行一开始就与政府建立了密切的联系。正是有政府信用作支撑，加之自身有发行货币的垄断性特权，中央银行的实力和信誉远远超过同时代的其他银行。当有银行发生资金周转困难或濒临倒闭时，中央银行会拿出钱来帮助银行，它也由此开始承担起"最后贷款人"的角色。此后，中央银行发现，等到银行出事后再去救助，太过于被动，在平时就应该主动监督管理银行，使之稳健经营。这样，中央银行又具有了监管其他银行的权利，随后又逐渐利用手中的工具调控国家的经济。至此，现代意义的中央银行便演变形成一个由政府组建的机构，负责控制国家货币供给、信贷条件，监管金融体系，特别是商业银行和其他储蓄机构。

中央银行是一国最高的货币金融管理机构，在各国金融体系中居于主导地位。中央银行的主要业务有：货币发行、集中存款准备金、贷款、再贴现、证券、黄金占款和外汇占款、为商业银行和其他金融机构办理资金的划拨清算和资金转移的业务等。现代中央银行的鼻祖是英格兰银行，它使中央银行成为一种普遍的制度，是从1920年开始的。布鲁塞尔国际经济会议决定，凡未成立中央银行的国家，应尽快成立，以稳定国际金融，消除混乱局面。

有权利当然也就有义务，中央银行的义务就是代政府管钱，并且保持币值的稳定。一个国家的公民持有本国的货币，他会要求手中的钱能够买到足值的东西。保证货币足值和币值稳定的任务，就落到中央银行的头上。

中央银行发行一国货币，币值的稳定与否是一国经济是否健康的一个重要指标。如果一国货币在升值的话，就说明该国的经济好了。如果大家都认可你都要你的货币的时候，你的货币就会升值；如果大家都不相信你，都抛出你的货币，当然你的货币就要贬值。所以货币标志着一个国家的经济实力，它是一种信心的象征，人们愿意要这种货币是因为它的足值和稳定。如果市场上的货币太多，物价自然就会上涨。

非洲国家津巴布韦在罗伯特·穆加贝当总统的这几年中，中央银行不断地印刷钞票，政府的收入中超过50%来自发行钞票的铸币收入。结果物价暴涨——物价每小时就涨一倍。

那么，如何防范中央银行滥发纸币呢？各国的货币发行制度因国情不同而内容各异，最核心的是设置发行准备金原则的区别。发行准备金一般分为两种。一种是现金准备，包括有十足货币价值的金银条块、金银币和可直接用于对国外进行货币清算的外汇结存。另一种是保证准备（又称信用担保），即以政府债券、财政短期库券、短期商业票据及其他有高度变现能力的资产作为发行担保。从历史上看，货

货币供给的步骤

货币供给通常包括三个步骤：

1.由一国货币当局下属的印制部门（隶属于中央银行或隶属于财政部）印刷和铸造通货。

2.商业银行因其业务经营活动而需要通货进行支付时，便按规定程序通知中央银行，由中央银行运出通货，并相应贷给商业银行账户。

中央银行

各商业银行

3.商业银行通过存款兑现方式对客户进行支付，将通货注入流通，供给非银行部门。

币发行准备金制度有过五种基本类型：

十足现金准备制又称单纯准备制，即发行的兑换券、银行券要有十足的现金准备，发行的纸质货币面值要同金银等现金的价值等值，实际上这种纸质货币只是金属货币的直接代用品，只是为了便于流通。这种制度仅在金属货币时代适用。

部分准备制又称部分信用发行制、发行额直接限定制、最高保证准备制。部分准备制最先在英国出现，其要点是由国家规定银行券信用发行的最高限额，超过部分须有百分之百的现金准备，随着发行权的集中，这种限额可以在一定限度内增加。

发行额间接限制制包括：证券托存制，即以国家有价证券作为发行保证，在这种制度下，国家公债是银行券发行的保证，如1863年美国的《国民银行条例》；伸缩限制制，即国家规定信用发行限额，经政府批准的超额发行须缴纳一定的发行税，1875年德国曾采用此制。

比例准备制，即规定纸币发行额须有一定比例的现金准备，如1913年美国的《联邦储备法》。

最高限额发行制又称法定最高限额发行制，即以法律规定或调整银行券发行的最高限额，实际发行额和现金准备比率由中央银行掌握。法国自1870年起采用这一制度。

中央银行通过以上发行准备金制度的实行，就可以在最大限度上保证不滥发纸币，进而维持币值的稳定。

央行的独立性：微妙的轻重

1963年6月4日，美国总统肯尼迪签署了一份鲜为人知的1110号总统令，着令美国财政部"以财政部所拥有的任何形式的白银，包括银锭、银币和标准白银美元银币作为支撑，发行白银券"，并立刻进入流通。

如果这个计划得以实施，那么将使美国政府逐渐摆脱当时必须从"美联储"借钱，并支付高昂利息的窘迫境地。"白银券"的流通将逐渐降低美联储发行的"美元"的流通度，很可能最终迫使美联储银行破产。美联储作为私有的中央银行，在它的背后有国际财团的强大支撑。肯尼迪此举无疑为自己带来了危险。1963年11月22日，肯尼迪总统在得克萨斯州的达拉斯市遇刺身亡。分析人士认为，这份关系到美联储货币发行权的总统1110号令很可能就是为肯尼迪带来杀身之祸的直接原因。

货币发行权是央行最基本的权力。保住央行的货币发行权，也是为了保住央行的独立性以及在经济中的地位。如果失去货币发行权，美联储将失去中央银行的地位，也意味着失去影响、控制美国经济的权力。美联储作为一个私有的中央银行，有史以来就与美国政府保持着距离，这使得它的独立性得到了极大的发挥。美联储对于美国经济的作用是不言而喻的，也正因如此，美国历史上从来不缺少捍卫美联储的斗士。

1996年，美国民主党参议员萨巴尼斯曾经提出一个"馊主意"，遭到经济学家的一致唾骂。他提出应该剥夺地区联邦储备银行总裁在联邦公开委员会中的投票权。民主党另一众议员冈萨雷斯则补充提出，地区联邦储备银行总裁由总统任命并由参议院确认。这两个建议受到经济学家的一致抨击。当时，被认为有可能接替格林斯潘美联储主席的著名经济学家马丁·费尔德斯坦对此著文疾呼"不要踩在美联储的头上"。

为什么"不要踩在美联储的头上"？因为全地球的人都知道，美国经济的成功在很大程度上得益于美联储的货币政策。货币政策的正确又依赖于美联储决策的独立性。美联储的七位高层主席由总统任命并经参议院确认，美联储的货币政策决策者为联邦公开市场委员会，其成员包括美联储7位理事和12个地区联邦储备银行的总裁。这些总裁中有5位有投票权，除纽约联邦储备银行总裁总有投票权外，其他总裁轮流享有投票权，地区联邦储备银行总裁由这些银行的理事会选出，不对政府负责，这些总裁来自美联储，他们支持稳健的货币政策目标。这种人事任命和决策制度是美联储和货币政策独立性的制度保证。而这两位议员的提议正是要削弱美联储的独立性，理所当然地引起了费尔德斯坦的愤怒和经济学家的一致反对。

美联储的独立性保证了在作出货币政策决策时可以摆脱来自政府或议会的政治压力。作为政治家的总统和议员，其行为目标是连选连任，这就要迎合选民的意见，选民往往是目光短浅的，只看眼前的经济繁荣，而很少想到这种繁荣在未来引起的通胀压力。因此，他们通常都喜欢能刺激经济的低利率政策，而不喜欢提高利率。就总统而言，大选前的经济繁荣、失业率低对他连选连任是有利的。因此，在大选前会选择刺激经济的政策，当选后又会实行紧缩，以遏制通胀。这就是说，当包括货币政策在内的经济政策为政治服务时，政策本身有可能成为经济不稳定的根源之一。

随着历史的发展，美联储作为中央银行的地位日趋稳固，它越来越倾向于扮演调节经济的角色。在美联储独立性保卫战中，人们看到了保持央行独立性的重要性。中央银行独立性是指中央银行履行自身职责时法律赋予或实际拥有的权力、决策与行动的自主程度。

中央银行是一国金融体系的核心，不论是某家大商业银行逐步发展演变成为中央银行，比如英国，还是政府出面直接组建成立中央银行，比如美联储，都具有"发

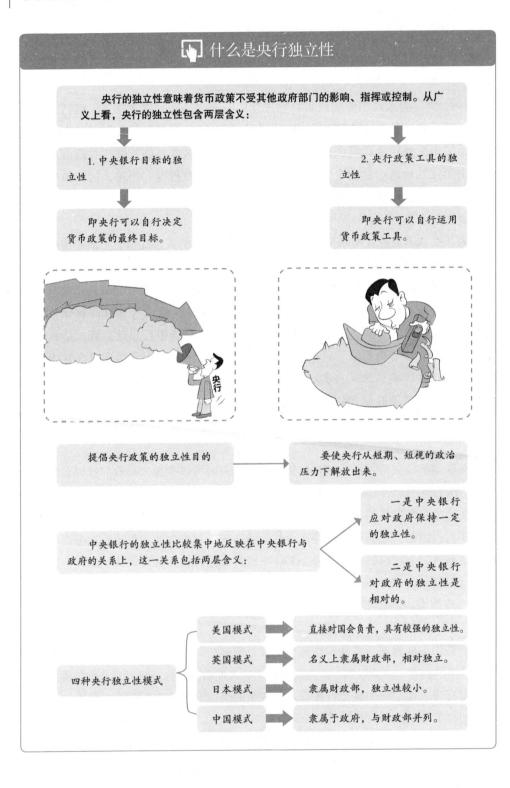

什么是央行独立性

央行的独立性意味着货币政策不受其他政府部门的影响、指挥或控制。从广义上看，央行的独立性包含两层含义：

1.中央银行目标的独立性

2.央行政策工具的独立性

即央行可以自行决定货币政策的最终目标。

即央行可以自行运用货币政策工具。

央行

提倡央行政策的独立性目的

要使央行从短期、短视的政治压力下解放出来。

中央银行的独立性比较集中地反映在中央银行与政府的关系上，这一关系包括两层含义：

一是中央银行应对政府保持一定的独立性。

二是中央银行对政府的独立性是相对的。

四种央行独立性模式

美国模式 ➡ 直接对国会负责，具有较强的独立性。

英国模式 ➡ 名义上隶属财政部，相对独立。

日本模式 ➡ 隶属财政部，独立性较小。

中国模式 ➡ 隶属于政府，与财政部并列。

行的银行""银行的银行""政府的银行"三个特性。各个国家的中央银行的产生是为了解决商业银行所不能解决的问题。中央银行的独立性,一般是指中央银行在履行制定与实施货币职能时的自主性。费雪把中央银行独立性划分为目标的独立性与手段的独立性两个方面。

央行独立性的程度依赖于一系列可观察的因素,如法律差异,又依赖于某些不可观察的因素,如其他政府部门的非正式的安排等。

因此,要保证央行政策的独立性,需要做到以下几点:

其一,前提是央行对货币政策具有最终决策权。

其二,货币政策委员会成员具有较长的任期,而且重新任命的机会有限,这是央行顺利实施操作独立性的有效保证。

其三,将央行排除在政府工作分配之外,可以确保货币政策操作的独立性。

其四,确保央行不直接参与国债的发行。

金融稳定:央行的神圣职责

世界银行的研究表明,自20世纪70年代以来,共有93个国家先后爆发100多起系统性银行危机,还有45个国家发生了50多起局部性银行危机。促进金融稳定日益成为各国中央银行的核心职能。而我国在加入世界贸易组织以后,金融体系面临巨大的挑战和新的风险,维护金融稳定已经成为促进经济增长的关键因素,是国民经济健康稳定发展和社会长治久安的保障。

金融是现代经济的核心,金融市场一旦出现动荡,整个经济和社会都会大受影响。在历史上,股灾、银行倒闭、金融危机屡见不鲜,而金融危机的后果往往是经济发展停滞和社会动荡。历史的惨痛教训,值得人们深思。

金融稳定是指一种状态,即一个国家的整个金融体系不出现大的波动,金融作为资金媒介的功能得以有效发挥,金融业本身也能保持稳定、有序、协调发展,但并不是说任何金融机构都不会倒闭。"金融稳定"一词,目前在我国的理论、实务界尚无严格的定义。西方国家的学者对此也无统一、准确的理解和概括,较多地是从"金融不稳定""金融脆弱"等方面来展开对金融稳定及其重要性的分析。

金融稳定是一个具有丰富内涵、动态的概念,它反映的是一种金融运行的状态,体现了资源配置不断优化的要求,服务于金融发展的根本目标。具体而言,金融稳定具有以下内涵:

1. 金融稳定具有全局性

中央银行应立足于维护整个宏观金融体系的稳定,在密切关注银行业运行态势的同时,将证券、保险等领域的动态及风险纳入视野,重视关键性金融机构及市场的运营状况，注意监测和防范金融风险的跨市场、跨机构乃至跨国境的传递，及时采取有力措施处置可能酿成全局性、系统性风险的不良金融机构，保持金融系统的整体稳定。

2. 金融稳定具有动态性

金融稳定是一个动态、不断发展的概念，其标准和内涵随着经济金融的发展而发生相应的改变，并非是一成不变而固化的金融运行状态。健康的金融机构、稳定的金融市场、充分的监管框架和高效的支付清算体系的内部及其相互之间会进行策略、结构和机制等方面的调整及其互动博弈，形成一种调节和控制系统性金融风险的整体的流动性制度架构，以适应不断变化的金融形势。

3. 金融稳定具有效益性

金融稳定不是静止的、欠缺福利改进的运行状态，而是增进效益下的稳定。一国金融体系的稳定，要着眼于促进储蓄向投资转化效率的提升，改进和完善资源在全社会范围内的优化配置。建立在效率不断提升、资源优化配置和抵御风险能力增强等基础上的金融稳定，有助于构建具有可持续性、较强竞争力和良好经济效益的金融体系。

4. 金融稳定具有综合性

金融稳定作为金融运行的一种状态，需要采取不同的政策措施及方式（包括货币政策和金融监管的手段等）作用或影响金融机构、市场和实体经济才能实现，从而在客观上要求对金融稳定实施的手段或政策工具兼具综合性的整体考量。

中央银行承担着维护金融稳定的重要职责，为了实现这一目标，中央银行建立了一套完备的制度。维护金融乃至社会稳定，最重要的是防患于未然。中央银行也正是这么做的，它平时密切注视着金融市场的运行，尽早发现隐患，尽可能地采取有效措施迅速消除隐患。而当危机真正来临时，中央银行也能够及时伸出援手，帮助陷入危机的金融机构渡过难关，阻止事态扩大，稳定市场。

人们渴望幸福安定的生活。虽说好日子各有各的过法，但从经济角度说，有些标准还是共同的，比如说，有一份稳定的收入，最好还能有健全的社会保障，口袋里的钞票不要贬值，钱可以放心地存入银行。要享受这样的生活，就需要中央银行努力维持币值的稳定，就需要金融体系正常运转，为人们提供便捷的金融服务。

币值稳定是金融稳定的基础，所以中央银行义不容辞地承担起了维护金融稳定的职责。为了履行好这一职责，中央银行建立起一整套完整的制度体系，科学合理地操控手中的各种政策工具。例如，中央银行能够利用货币政策工具中的"三大法宝"来控制社会流通中的货币数量，从而有效保障币值的稳定。它还能够利用利率政策和汇率政策，调节资金，使其有序流动，防止大规模资金异常出入。当出现

中央银行的三大职能

中央银行具有三项主要职能：制定和执行货币金融政策、对金融活动实施监督管理和提供支付清算服务。

大家来研究一下新的金融政策！

1. 制定和执行货币金融政策： 通过调节货币供应量和信贷总规模来影响和干预国家宏观经济，实现其预期或金融政策的目标和职能。

2. 对金融活动实施监督管理： 对商业银行等金融机构的机构设置、业务活动等进行检查监督、指导、管理和控制。

你们银行违规，这是惩罚措施！

惩罚措施

中央银行

我去清算一下！

3. 提供支付清算服务： 提供一个清算支付体系，也就是对市场参与者债务活动进行清算的一系列安排。

强烈冲击时，中央银行还能维持支付清算体系的正常运转，保证资金的正常流动。正是凭借如此强大的力量，中央银行才能够有效地履行职责，使金融体系承受住各种冲击。

值得注意的是，金融稳定指的是一个国家的整个金融体系不出现大的波动，并不是说任何金融机构都不会倒闭。金融机构常常同时面临许多风险，其中的某个环节出现问题，都有可能使一家金融机构遭受"灭顶之灾"。防范和控制风险，需要各方共同努力，而中央银行要做的，是尽可能地控制整个金融体系面临的系统性风险。当然，要确保金融体系时时刻刻都在安全运转是非常困难的，但中央银行确实在为这一目标而竭尽全力。当你在享受安定生活的同时，应当理解中央银行所作出的努力！

欧洲中央银行：管理超国家货币的中央银行

欧洲中央银行（European Central Bank——ECB），简称欧洲央行，是根据1992年《马斯特里赫特约》的规定于1998年7月1日正式成立的，是为了适应欧元发行流通而设立的金融机构，同时也是欧洲经济一体化的产物。独立性是它的一个显著特点，它不接受欧盟领导机构的指令，不受各国政府的监督。

经济与货币联盟是欧共体建立的最终目标之一，从欧共体建立开始，成员国就在货币政策的事务上开展合作，当时有关欧共体的条约，并没有将经济与货币联盟具体化，更无从进行授权，而央行行长委员会只是一个咨询性质的组织。

欧洲中央银行是世界上第一个管理超国家货币的中央银行。它是唯一有资格允许在欧盟内部发行欧元的机构，欧洲中央银行1999年1月1日欧元正式启动后，11个欧元国政府将失去制定货币政策的权力，而必须实行欧洲中央银行制定的货币政策。

欧洲中央银行的组织机构主要包括执行董事会、欧洲央行委员会和扩大委员会。执行董事会由行长、副行长和4名董事组成，负责欧洲央行的日常工作；由执行董事会和12个欧元国的央行行长共同组成的欧洲央行委员会，是负责确定货币政策和保持欧元区内货币稳定的决定性机构；欧洲央行扩大委员会由央行行长、副行长及欧盟所有15国的央行行长组成，其任务是保持欧盟中欧元国家与非欧元国家接触。欧洲央行委员会的决策采取简单多数表决制，每个委员只有一票。货币政策的权力虽然集中了，但是具体执行仍由各欧元国央行负责。各欧元国央行仍保留自己的外汇储备。

欧洲中央银行具有法人资格，可在各成员国以独立的法人资格处理其动产和不动产，并参与有关的法律事务活动。欧洲中央银行的决策机构是管理委员会和执行委员会，管理委员会由欧洲中央银行所有成员和参加欧元区的成员国中央银行行长组成。管理委员会实行一人一票制，一般实行简单多数，当表决时赞成和反对票数相等时，管理委员会主席（由欧银行长担任）可投出决定的一票，管理委员会每年至少开会10次。

欧洲央行的职能是"维护货币的稳定"，管理主导利率、货币的储备和发行以及制定欧洲货币政策；其职责和结构以德国联邦银行为模式，独立于欧盟机构和各国政府之外。欧盟东扩到27国后，现行的一国一票制将使欧洲中央银行行长理事会变得十分庞大，难以进行迅速有效的决策，为此，欧洲中央银行将采用"三速"投票模式，按照成员国的经济总量和人口分配投票权，5大国德国、法国、英国、意大利和西班牙为4票，也就是说，每年有一国没有投票权；14个中等国家如比利时、奥地利、瑞典、芬兰、波兰等共8票，即14国中每年8个国家有投票权；8个小国如塞浦路斯、爱沙尼亚、立陶宛、卢森堡等为3票，即每年3个国家有投票权。执行董事会的6名成员有永久投票权。

欧洲央行只拥有500亿欧元的储备金，资本认购的数量依据各成员国的GDP和人口分别占欧盟的比例为基础来确定。各成员国缴纳资本的数量不得超过其份额，欧元区的成员国都已全部认缴，英国、丹麦、瑞典、希腊则都只缴纳了其份额的5%。各成员国认购的份额5年调整一次，份额调整后的下一年生效。显然在组织结构上类似美国联邦储备体系，欧盟成员国央行类似美联储中的12家联邦储备银行。两者都属二元的中央银行体制，地方级机构和中央两级分别行使权力，两级中央银行具有相对的独立性。成员国中央银行行长的任期最短为5年；执行委员会的成员任期最短为8年，不得连任；只有在不能履行职责或严重渎职时才可免除其职务；欧洲法院对职务的任免争议有管辖权。

"威猛强大"的存款准备金率

中国人民银行决定从2007年2月25日起，上调存款类金融机构人民币存款准备金率0.5个百分点。中国人民银行承诺将继续执行稳健的货币政策，加强银行体系流动性管理，引导货币信贷合理增长，促进国民经济又好又快发展。这一点也在2008年中得到了切实的体现。

从2006年开始，央行综合运用多种货币政策工具大力回收银行体系多余流动资金已经取得了一定成效。其中，存款准备金率不断上调，很大程度上回笼了过剩的流动资金，大大巩固了宏观调控成效。2006年央行共上调了3次存款准备金率：7月5日上调存款类金融机构人民币存款准备金率0.5个百分点。8月15日上调存款类金融机构存款准备金率0.5个百分点。11月15日上调存款类金融机构存款准备金率0.5个百分点。

此后，随着 2007 年投资继续过热，流动性过剩延续，通货膨胀加重的经济变化，央行加大上调存款准备金的力度。2007 年央行共 10 次上调准备金！而在 2008 年，央行也一共 4 次上调了存款准备金率，分别在 1 月 16 日、3 月 18 日、4 月 16 日、5 月 12 日宣布上调存款准备金率 0.5 个百分点，2008 年底存款类金融机构人民币存款准备金率达到 17.5% 的历史新高！

如此强大的货币政策取得了明显的成效，2008 年底，国内通货膨胀得到了明显的遏止，物价回归到合理的水平。

存款准备金率为何具有如此大的成效？

大家都知道，银行起源于板凳。起初只是为顾客兑换货币，后来增加新业务，替有钱人保管金银，别人把金银存放在他的保险柜，他给人开张收据，并收取一定的保管费。天长日久，有聪明人看出其中门道，虽然每天都有人存，有人取，但他们的保险柜里，总有些金银处于闲置状态，很少有保险柜被提空的情况。于是兑换商玩起"借鸡下蛋"的把戏，别人每存一笔钱，他们只在手中保留一部分，剩下的则悉数贷出去。被兑换商保留在手里的那部分金银，就是后来的存款准备金。

存款准备金确切的含义是指金融机构为保证客户提取存款和资金清算需要而准备的在中央银行的存款，中央银行要求的存款准备金占其存款总额的比例就是存款准备金率。准备金本来是为了保证支付的，但它却带来了一个意想不到的"副产品"，就是赋予了商业银行创造货币的职能，可以影响金融机构的信贷扩张能力，从而间接调控货币供应量。现已成为中央银行货币政策的重要工具，是传统的三大货币政策工具之一。

在我们讨论银行挤兑时，我们说联邦储备银行会设定一个最低准备金率，目前对于可开支票账户为 10%。如果在两个星期内银行平均的法定准备金率无法达到要求，将会面临处罚。

当银行似乎无法达到联邦储备银行的准备金要求时它会怎样应对？一般它们会向其他银行去借多余的准备金。银行之间相互借贷是在联邦基金市场中进行的。这是一个金融市场，其间准备金达不到要求的银行可以从那些持有超额准备金的银行处借到准备金，一般是隔夜拆借。

银行可以从联邦储备银行那里借准备金。为了防止银行转向联邦储备银行借准备金，联邦储备银行向银行提供贷款时收取一定的利率，称为贴现率。现阶段，贴现率被设定在比联邦基金利率高 1% 的水平上。

联邦基金利率，在联邦基金市场中决定的利率，在现代货币政策中扮演着一个关键角色。如果联邦储备银行缩小联邦基金利率和贴现率之间的差距，银行将增加贷款，因为准备金不足的成本降低了，货币供给将增加。如果联邦储备银行扩大联邦基金利率和贴现率之间的差距，银行贷款将减少，货币供给也将减少。在实践中，美国联邦储备银行既不使用法定准备金率也不使用贴现率作为主动影响货币供给的工具。

如果银行这么做，联邦储备银行可以改变法定准备金率或贴现率，或者双管齐下。任何一个手段的变化都会影响货币供给。如果联邦储备银行降低法定准备金要求，银行就可以把更大比例的存款贷出，导致贷款增加，通过乘数增加货币供给。如果联邦储备银行提高法定准备金要求，银行将被迫削减贷款数额，最终导致联邦基金利率下跌。如果美联储降低法定准备金率，会导致联邦基金利率下跌。

中央银行调整存款准备金率，会对国家金融生活产生多方面的重要的影响。

其一，对银行的影响。存款准备金率上调，会减少银行信贷资金，贷款利润会减少，这对于目前仍然以存贷利差为主要利润来源的银行的业绩有一定影响；但这也会催促银行向利润高的新业务拓展，如零售业务、国际业务、中间业务等，从而加强银行的稳定性和盈利性。

其二，对企业的影响。银行信贷规模收紧，企业融资环境吃紧，资金紧张，银行会更加慎重地选择贷款对象，更倾向于规模大、盈利能力强、风险小的大企业，这会给另外一部分非常依赖于银行贷款的大企业和很多中小企业的融资能力造成一定的影响。

其三，对股市的影响。每次调整存款准备金，都会对股票市场产生明显的冲击：首先是心理层面的影响，向投资者发出货币政策调整的信息；其次是股市资金来源的影响，对我国资金推动型股市而言立竿见影。历次存款准备金率上调股市跌多涨少。

其四，对基金的影响。存款准备金上调对基金没什么影响，基金基本上是随股市、债市的行情走的。

其五，对期货的影响。如果存款准备金上调，则资金流入期货市场，从而引发短期的剧烈波动。存款准备金率上调对金融期货影响较大，而对商品期货影响较小。

其六，对存款的影响。如果存款准备金上调，银行会加大力度推陈出新吸引存款，但对于老百姓存款而言，没什么影响。

央行存款准备金率上调和存款利率上调之间没有必然的联系。无论是加息，还是上调存款准备金率，其用意都是抑制银行信贷资金过快增长。上调存款准备金率，能直接冻结商业银行资金，强化流动性管理。主要是为了加强流动性管理，抑制货币信贷总量过快增长。同时，上调存款准备金率也体现了"区别对待"的调控原则。同加息相比，上调存款准备金率是直接针对商业银行实施的货币政策工具，不似加息"一刀切"直接影响企业的财务和百姓的生活。

调节存款准备金率的作用

调整存款准备金率对国家的经济有很重要的作用，具体来说有以下几种：

1.抑制通货膨胀：通过调节存款准备金率可以缓解流动性过剩引发的通货膨胀，防止宏观经济从偏快走向过热。

2.引导百姓理性消费：通过提高准备金率，商业银行可提供的贷款减少，银行放贷会进一步收缩，百姓的购房热消减，购房逐渐理性。

3.降低银行风险：提高准备金率可以保证金融系统的支付能力，增加银行的抗风险能力。

"雪中送炭"的再贴现政策

2001 年 9 月 11 日，在恐怖分子撞毁了纽约世界贸易中心的几个小时之后，联邦储备委员会立即宣布向美国各地的银行运送现金，以保证银行的支付，即贴现政策。为了保证整个美国的银行系统和金融机构的正常运行，恐怖袭击后的第二天，美联储已经向美国银行系统补充了 382 亿 5000 万美元的特别临时储备资金。在美国，没有一个城市发生挤提存款事件，没有一家银行因为支付危机而倒闭，甚至也没有一家银行出现支付困难。无疑，央行再贴现政策的雪中送炭给市场送去了信心和温暖。

中央银行的另一个"法宝"就是再贴现政策。再贴现是中央银行通过买进商业银行持有的已贴现但尚未到期的商业汇票，向商业银行提供融资支持的行为。商业汇票是购货单位为购买销货单位的产品，不及时进行货款支付，而在法律许可的范围之内签发的、在约定期限内予以偿还的债务凭据。在一般情况下，为保证购货方到期确能偿还债务，这种债务凭据须经购货方的开户银行予以承兑，即由其开户银行承诺，若票据到期但该客户因故无力偿还该债务，则由该银行出资予以代偿。

如果你持有还没到期的票据，但又急着用钱，就可以把票据转让给商业银行获得现款，代价是贴付一定利息，这就叫贴现。可商业银行也有周转不开的时候，它也可以把手中未到期的票据暂时"卖"给中央银行，这就叫再贴现。商业银行也得向中央银行支付一定利息，这个利率就叫再贴现率。再贴现最初也不是一种货币政策工具，它原本是用来帮助商业银行周转资金的。商业银行虽然经营的就是"钱"，但它们也有"手头紧"的时候，为了帮助"手头紧"的银行渡过难关，中央银行就为它们开设了再贴现的窗口，为它们提供资金援助。

再贴现作为西方中央银行传统的三大货币政策工具（公开市场业务、再贴现、存款准备金）之一，被不少国家广泛运用，特别是第二次世界大战之后，再贴现在日本、德国、韩国等国的经济重建中被成功运用。再贴现能够如此受到重视和运用，主要是它不仅具有影响商业银行信用扩张，并借以调控货币供应总量的作用，而且还具有可以按照国家产业政策的要求，有选择地对不同种类的票据进行融资，促进经济结构调整的作用。

早在美联储创建之际，变动贴现率就成为货币政策的首要工具，美联储向成员银行发放贷款的行为最初被称为再贴现，因为银行最初向工商企业发放的贷款是以贴现（贴现额少于贷款面值）的方式进行的，而美联储会对这些贷款再次进行贴现。渐渐地，再贴现变成中央银行的一大"法宝"。当中央银行降低再贴现率的时候，商业银行发现从中央银行再贴现借钱比较划算，就会更多地申请再贴现。这样一来，中央银行的基础货币投放增加了，货币供应量自然也会增加。而且，再贴现利率的降低也会最终带动其他利率水平的下降，起到刺激投资和增长的作用。反过来，中央银行也可以提高再贴现率，实现相反的意图。

再贴现这个"法宝"不但能调控货币总量，还能调整结构。比如，中央银行规定哪些票据可以被再贴现、哪些机构可以申请再贴现，这样分门别类、区别对待，使得政策效果更加精确。

再贴现政策具有以下三方面作用：

其一，能影响商业银行的资金成本和超额准备金，从而影响商业银行的融资决策，使其改变放款和投资活动。

其二，能产生告示效果，通常能表明中央银行的政策意向，从而影响到商业银行及社会公众的预期。

其三，能决定何种票据具有再贴现资格，从而影响商业银行的资金投向。

当然，再贴现政策效果能否很好地发挥，还要看货币市场的弹性。一般说来，有些国家商业银行主要靠中央银行融通资金，再贴现政策在货币市场的弹性较大，效果也就较大。相反，有些国家商业银行靠中央银行融通资金数量较小，再贴现政策在货币市场上的弹性较小，效果也就较小。虽然这样，再贴现率的调整，对货币市场仍有较广泛的影响。

尽管再贴现政策有上述一些作用，但也存在着某些局限性：

其一，从控制货币供应量来看，再贴现政策并不是一个理想的控制工具。首先，中央银行处于被动地位。商业银行是否愿意到中央银行申请贴现，或者贴现多少，决定于商业银行，如果商业银行可以通过其他途径筹措资金，而不依赖于再贴现，则中央银行就不能有效地控制货币供应量。其次，增加对中央银行的压力。如商业银行依赖于中央银行再贴现，这就增加了对中央银行的压力，从而削弱控制货币供应量的能力。再次，再贴现率高低有一定限度，而在经济繁荣或经济萧条时期，再贴现率无论高低，都无法限制或阻止商业银行向中央银行再贴现或借款，这也使中央银行难以有效地控制货币供应量。

其二，从对利率的影响看，调整再贴现利率，通常不能改变利率的结构，只能影响利率水平。即使影响利率水平，也必须具备两个假定条件：一是中央银行能随时准备按其规定的再贴现率自由地提供贷款，以此来调整对商业银行的放款量；二是商业银行为了尽可能地增加利润，愿意从中央银行借款。当市场利率高于再贴利率，而利差足以弥补承担的风险和放款管理费用时，商业银行就向中央银行借款然后再放出去；当市场利率高于再贴现率的利差，不足以弥补上述费用时，商业银行就从市场上收回放款，并偿还其向中央银行的借款，也只有在这样的情况下，中央银行的再贴现率才能支配市场利率。然而，实际情况往往并非完全如此。

其三，就其弹性而言，再贴现政策是缺乏弹性的，一方面，再贴现率的随时调整，通常会引起市场利率的经常性波动，这会使企业或商业银行无所适从；另一方面，再贴现率不随时调整，又不宜于中央银行灵活地调节市场货币供应量，因此，再贴现政策的弹性是很小的。

上述缺点决定了再贴现政策并不是完美的货币政策工具。

再贴现政策的分类

长期的再贴现政策

低于

再贴现率

市场利率

1. 扶持政策：中央银行长期地采取再贴现率低于市场利率的政策，再贴现成本降低，刺激资金需求，增加市场货币供应量。

高于

再贴现率

市场利率

2. 抑制政策：中央银行长期地采取再贴现率高于市场利率的政策，再贴现成本提高，抑制资金需求，减少市场货币供应量。

再贴现政策

短期的再贴现政策

利率

再贴现率

市场利率

时间

中央银行根据市场的资金供求状况，随时制定高于或低于市场利率的再贴现率。

灵活的公开市场业务

2008 年初，中国股市、楼市等相继出现投资过热的情况，物价水平高企。央行 2 月上旬开始首次公开市场操作，净回笼资金 2960 亿元，之后公开市场操作的力度依然不减。二月下旬，人民银行又在公开市场业务操作中发行了 600 亿元 1 年期央票，比此前一周减少 150 亿元，但仍维持在 2008 年以来的高位水平，发行利率也继续持平。同时，央行还进行了两期正回购操作，分别为 28 天期限和 91 天期限正回购操作，合计交易量 350 亿元，这样 1 天时间内央行就回笼了 950 亿元的流动性。

由于接下来的股票市场又将迎来一只大盘股——中铁建发行，而当时央行的公开市场操作仍保持较高的紧缩力度，表明了央行大力度回笼流动性资金的决心，使得市场信心增强。公开市场维持净回笼态势成为定局。

公开市场业务是指中央银行通过买进或卖出有价证券，吞吐基础货币，调节货币供应量的活动。与一般金融机构所从事的证券买卖不同，中央银行买卖证券的目的不是盈利，而是调节货币供应量。根据经济形势的发展，当中央银行认为需要收缩银根时，便卖出证券，相应地收回一部分基础货币，减少金融机构可用资金的数量；相反，当中央银行认为需要放松银根时，便买进证券，扩大基础货币供应，直接增加金融机构可用资金的数量。

公开市场操作（公开市场业务）是中央银行调节市场流动性的主要货币政策工具，通过中央银行与指定交易商进行有价证券和外汇交易，实现货币政策调控目标。

中国中央银行的公开市场操作包括人民币操作和外汇操作两部分。外汇公开市场操作 1994 年 3 月启动，人民币公开市场操作 1998 年 5 月 26 日恢复交易，规模逐步扩大。1999 年以来，公开市场操作已成为中国人民银行货币政策日常操作的重要工具，对于调控货币供应量、调节商业银行流动性水平、引导货币市场利率走势发挥了积极的作用。

灵活的公开市场操作发挥的作用十分强大。中国人民银行从 1998 年开始建立公开市场业务一级交易商制度，选择了一批能够承担大额债券交易的商业银行作为公开市场业务的交易对象，目前公开市场业务一级交易商共包括 40 家商业银行。这些交易商可以运用国债、政策性金融债券等作为交易工具与中国人民银行开展公开市场业务。

当金融市场上资金缺乏时，中央银行就通过公开市场业务买进有价证券，向社会投入基础货币。这些基础货币如果是流到社会大众手中，则会直接地增加社会的货币供应量；如果是流入商业银行，则会引起信用的扩张和货币供应量的多倍增加。相反，当金融市场上游资泛滥、货币过多时，中央银行就可以通过公开市场业务卖出有价证券，无论这些证券是由商业银行购买，还是由其他部门购买，总会有相应数量的基础货币流回，引起信用规模的收缩和货币供应量的减少。中央银行就是通

公开市场操作的优点

与其他货币政策工具相比，公开市场操作有以下几个优点。

1. 公开市场操作是央行主动进行的。央行能够完全控制交易的规模。

2. 公开市场操作灵活且精确，它可用于各种规模。

3. 公开市场操作很容易对冲。如果在实施公开市场操作中出现错误，央行可以立即对冲。

4. 公开市场操作可以立即执行，不存在管理时滞。

过公开市场上的证券买卖活动，以达到扩张或收缩信用、调节货币供应量的目的。

同时，公开市场操作也是中央银行的一项主要业务。中央银行买进或卖出有价证券或外汇意味着进行基础货币的吞吐，可以达到增加或减少货币供应量的目的。2000年，我国中央银行就通过公开市场业务操作累计投放基础货币4470亿元，回笼基础货币5292亿元。

20世纪20年代初期，发生了一件特别重要的事情：美联储无意间发现了公开市场操作。美联储创建之初，其收入全部来源于向成员银行发放贴现贷款的利息。1920～1921年经济萧条时期之后，贴现贷款的规模急剧萎缩，美联储经济拮据。为了解决这个问题，它购买了一些证券。在这个过程中，美联储注意到，银行体系的准备金增加，银行贷款和存款出现多倍扩张。这个现象对现在的我们来说是显而易见的，但对于当时的美联储，却是一个重大发现。一个新的政策工具就此诞生，到20年代末期，它已经成为美联储军火库中最重要的武器了。

公开市场操作有两种类型：旨在改变准备金和基础货币规模的能动性公开市场操作；旨在抵消影响准备金和基础货币的其他因素变动的防御性公开市场操作。美联储实施公开市场操作的对象是美国国债和政府机构债券，尤其是美国国库券。美联储大部分公开市场操作是针对国债进行的，因为国债市场最具流动性，且交易规模最大。这一市场有能力吸收美联储庞大的交易量，而不会引起可能导致市场混乱的价格过度波动。

我国自恢复公开市场业务以来，制定了相关的债券交易资金清算制度和操作规则，正在逐步朝拓展交易工具、实现交易对象的扩大化、交易期限品种的丰富化等方向发展，并且在不断尝试不同的交易方式。作为央行货币政策的先行风向标，公开市场操作传递出央行对货币市场利率的调控意图。调节商业银行的准备金，并影响其信用扩张的能力和信用紧缩的规模，为政府债券买卖提供了一个有组织的方便场所。配以积极的财政政策，支持国债发行，通过影响利率来控制汇率和国际黄金流动。

金融危机中的最后贷款人

当发生银行危机时，银行之间也会互相寻求贷款以应付挤兑风潮。但是，银行的准备金都是有限的，当山穷水尽之时，谁才是最后的贷款人呢？

2008年10月，随着西方各国纷纷陷入金融危机，法国总统萨科奇呼吁中印等国参加一次有关重建世界金融体系的"紧急全球峰会"，以共同应对目前全球金融危机，世界银行行长佐利克随后也提出相似的建议。在美欧金融危机愈演愈烈的情况下，越来越多的西方政治家将中国视为全球金融稳定的关键力量，因为中国金融健康并持有巨额外汇储备，成为这场危机"国际最后贷款人"的最佳人选，也被赋予决定未来金融秩序的能力。

而美国国会公布的 7000 亿美元救市计划根本无法增强市场信心，在解决流动性方面作用有限，从而无法制止实体经济的衰退。这意味着未来信用违约会越发严重，将进一步打击规模空前的衍生品市场，直至美国金融系统崩溃，陷入债务危机。因此，在危机进程中做"国际最后贷款人"形同"危机最后陪葬人"，必祸及自身。

通常，在某一国国内发生银行危机时，中央银行可以为其他商业银行提供再贷款以满足商业银行短期的资金需要，以防范银行系统内的危机，看上去，就像是商业银行背后的贷款人。因而，"最后贷款人"这一概念原是人们习惯上对中央银行的这一行为的描述。

"最后贷款人"被认为是危机时刻中央银行应尽的融通责任，它应满足对高能货币的需求，以防止由恐慌引起的货币存量的收缩。当一些商业银行有清偿能力但暂时流动性不足时，中央银行可以通过贴现窗口或公开市场购买两种方式向这些银行发放紧急贷款，条件是它们有良好的抵押品并缴纳惩罚性利率。最后贷款人若宣布将对流动性暂不足商业银行进行融通，就可以在一定程度上缓和公众对现金短缺的恐惧，这足以制止恐慌而不必采取行动。

"最后贷款人"这一理念最先是由沃尔特·白芝浩提倡的。

沃尔特·白芝浩 1826 年出身于一个银行世家，母亲来自从事银行业的斯塔基家族，父亲是斯塔基银行总部的经理人。1848 年，22 岁的白芝浩毕业于伦敦大学，获硕士学位；此后他又专修了三年的法律，获得律师资格，但是并没有执律师业，而进入了他父亲的银行业。1858 年他与曾任英国财政大臣且、后来闻名世界的《经济学家》杂志创办人的詹姆斯·威尔逊的长女结婚；两年后，威尔逊去世，他接管了《经济学家》，担任第三任主编直到 1877 年辞世。

沃尔特·白芝浩虽然不是拥有经济学学位的经济学家，但博学多才、个人禀赋加上诸多方面的家族智识渊源，使得白芝浩成了真正让《经济学家》家喻户晓的关键先生。他在诸多领域都有建树，他是影响巨大的法学家、金融学家。

在 1873 年出版的《伦巴德街》一书中，白芝浩详细阐述了他关于央行最终贷款人的观点：在有良好的抵押物的基础上，英格兰银行应该随时准备以高利率向商业银行提供无限量的贷款。实际上，早在 1866 年 9 月白芝浩就在报纸上公开了这一观点。这一观点最终对中央银行职能的演进产生了重大影响。但是当时，英格兰银行的一位董事将其言论称为"是本世纪以来货币和银行领域中所冒出的最恶劣的教条"。

中央银行以金融机构为贷款对象是由中央银行特殊的职能和地位所决定的。与以企业和居民为主要贷款对象的金融机构不同的是，金融机构是社会信用中介，而中央银行是银行的银行、国家的银行、发行的银行，是社会信用的"总闸门"和最终贷款者，具有及时调节金融机构流动性、防范和化解金融风险的特殊使命。因此，在贷款对象上，中央银行贷款与金融机构贷款是有本质区别的。但是，中央银行贷款与金融机构贷款的共同点是，借款人都需要按规定的时限和利率及时归还贷款本息。中央银行贷款的增加或减少，会引起基础货币的增加或减少。中央银行贷款是基础货币的重要投放渠道之一，是中央银行调控基础货币的重要手段之一。

中央银行对商业银行的贷款，从货币流通的角度看，是投放了基础货币，直接影响社会货币流通量和信贷总规模。当中央银行增加对商业银行或其他金融机构的贷款时，商业银行在中央银行的存款或现金库存就会相应增加。商业银行以这些资金作为来源扩大向社会的放款，根据派生存款的原理，最终使社会货币流通量扩大。反之，当中央银行减少其对商业银行的贷款时，就会使商业银行的资金来源相应地减少，从而迫使商业银行收缩信贷规模，减少对社会的货币供应，最终减少社会货币流通量。无论是发达国家还是发展中国家，中央银行对商业银行的贷款作为中央银行实行宏观控制的重要手段之一，都是非常有效的。

商业银行在头寸不足，有临时性的资金需要时，除在同业拆借市场上拆借资金外，也要向中央银行申请贷款，申请贷款的商业银行在国内也具有一定的声誉和经营业绩。

因为"最后贷款人"的角色并不好把握。中央银行不应降低成本甚至无成本地向商业银行降息。2008 年金融危机爆发后，世界主要央行致力于向银行体系注入流动性资金，实际上是不计成本地向商业银行提供定量贷款，这样的最后贷款人角色并不符合白芝浩的原意。中央银行在金融市场出现动荡时袖手旁观需要承担巨大的外部压力，也要抵制力挽狂澜的内在诱惑。中央银行的任务是防止经济增长由不景气转变成经济衰退，最后贷款人角色并不是要求央行充当"老好人"，谁没有钱了，就要把钱送去。白芝浩曾经强调高利率和抵押物就是附加一种惩罚性融资条件，同时借此分辨出银行资产的好坏，而不能够满足贷款条件的，央行有理由将其拒之门外。因此，扮演"最后贷款人"的角色，还需要谨慎把握好力度，否则对提升经济状况并不能起到应有的效果。

操作篇

打理金融生活

第十一章

怎样让钱生钱，存银行还是投资
——每天学点个人理财知识

存款储蓄：最传统的理财方式

投资理财计划中，一个最重要的环节是储蓄。储蓄这个"积谷防饥"的概念在中国人眼中并不陌生，但在西方国家则不同。以西方国家为例，上一代的人仍知道储蓄的重要，但现在的人只懂得消费，已经忘记了储蓄，美国的人均储蓄率是负数。也就是说，美国人不但没有储蓄，反倒先使未来钱，利用信用卡大量消费，到月底发工资时才缴付信用卡账单，有些更已欠下信用卡贷款，每个月不是缴费，而是偿还债务。

储蓄是一种习惯，是一种积少成多的"游戏"。每个月开始之前先把预定的金额存起来，这对日常生活没有很大的影响；相反，把钱放在口袋里，最后都花掉，连花到哪里也忘记了。

很多人错误地认为，只要好好投资，储蓄与否并不重要。实际上，合理储蓄在投资中是很重要的。储蓄是投资之本，尤其是对于月薪族来说更是如此。如果一个人下个月的薪水还没有领到，这个月的薪水就已经花光，或是到处向人借钱，那这个人就不具备资格自己经营事业。要想成功投资，就必须学会合理地储蓄。

很多人不喜欢储蓄，认为投资可以赚到很多的钱，所以不需要储蓄；有的人认为应该享受当下，而且认为储蓄很难，要受到限制；有的人会认为储蓄的利息没有通货膨胀的速度快，储蓄不合适。然而，事实并不是这样。

首先，不能只通过收入致富，而是要借储蓄致富。有些人往往错误地希望"等我收入够多，一切便能改善"。事实上，我们的生活品质是和收入同步提高的。你赚得越多，需要也越多，花费也相应地越多。不储蓄的人，即使收入很高，也很难拥有属于自己的财富。

其次，储蓄就是付钱给自己。有一些人会付钱给别人，却不会付钱给自己。买了面包，会付钱给面包店老板；贷款时，利息缴给银行，却很难付钱给自己。赚钱是为了今天的生存，储蓄却是为了明天的生活。

我们可以将每个月收入的 10% 拨到另一个账户上，把这笔钱当作自己的投资资金，然后利用这 10% 达到致富的目标，利用 90% 来支付其他费用。也许，你会认为自己每月收入的 10% 是一个很小的数目，可当你持之以恒地坚持一段时间之后，你将会有意想不到的收获。也正是这些很小的数目成了很多成功人士的投资之源泉。

晓白工作已经有 5 年的时间，从一名普通的职员，慢慢做到公司的中层，薪水也一直稳中有升，月薪已有近万元，比上虽然不足，比下仍有余地。可是昔日的同窗，收入未必高过自己，可在家庭资产方面已经把自己甩在了后面。

随着晓白的年龄逐步向 30 岁迈进，可还一直没有成家。父母再也坐不住了，老两口一下子拿出了 20 万元积蓄，并且让晓白也拿出自己的积蓄，付了买房首付，为结婚做打算。可是让晓白开不了口的是，自己所有的银行账户加起来，储蓄也没能超过六位数。

其实，晓白自己也觉得非常困惑。父母是普通职工，收入并不高，现在也早就退休在家。可是他们不仅把家中管理得井井有条，还存下了不少的积蓄。可是自己呢？虽说收入不算少，用钱不算多，可是工作几年下来，竟然与"月光族""白领族"没有什么两样。不仅是买房拿不出钱来供首付，前两年周边的朋友投资股票、基金也赚了不少钱，纷纷动员晓白和他们一起投资。晓白表面上装作不以为然，其实让他难以开口的是，自己根本就没有储蓄，拿什么去投资？

晓白出现这种情况的原因就是缺乏合理的储蓄规划。虽说储蓄是个老话题，然而在年轻人中间这却始终是个普遍的问题。很多像晓白这样的人，收入看上去不少，足够应对平时生活中的需要，可是他们就是难以建立起财富的初次积累。原因就在于，他们在日常生活中没有合理的储蓄规划。

随着时代的发展，今天的社会与从前发生了很大的变化，许多人没有看到储蓄的任何好处，因为利息低、通货膨胀等因素都实实在在地存在着。从另一个角度来看，选择合理的储蓄方式，能够让优秀的投资者们成为千万富翁，优秀的投资者们可以轻而易举地在银行存折中多出 20% 或更多的金钱，通货膨胀甚至还会帮助他们。储蓄并不是件一无是处的事情，相反它还会给你带来很多好处。下面我们就来详细地剖析优秀的投资者们一定要储蓄的理由：

1. 持续的储蓄让你积累更多的投资基金

许多投资者都有一个错误的观点，他们认为投资会使自己自然而然地变得越来越富有。然而事实上，这是不可能实现的！也许有的投资者们并不认同这个观点，也许他们会问：为什么投资不一定使自己变得富有呢？因为投资者的投资越多，风险也越大。也有的投资者会这么说："我同意储蓄，但我的方法是每年储蓄一次，把全年需要储蓄的金额一次放到银行里不就行了！"我们不得不说，这种想法也是很难实现的。

存款时需要考虑的问题

是吗？我刚想存款呢，那我还是选别的银行吧。

我以前在这里存过钱，结果到期时取不出来呀。

银行信用：也就是说，老百姓把钱放在你这家银行是不是安全。

优质服务：比如业务办理效率、排队时间长短、电子银行发达程度等。

排这么久都轮不到，服务太差了，把钱都取出来，以后不在这家存了。

增值服务：存款的利率是固定的，但为了吸引客户，银行在诸如送礼、搞活动等方面都或多或少有一些让利的行动。

2. 储蓄是善待自己的最好方法

说到善待自己，许多投资者也许都会觉得他们正在这么做，他们会每天吃最好的食物、把自己打扮得美丽动人、享受艺术与娱乐带来的休闲乐趣，但这一切在我们看来不过是表面的浮夸罢了。他们都忽视了一点：他们正在持续地付钱给别人，可从来没有付给过自己。买了好的食物，他们会付钱给厨师或食品店老板；打扮自己，他们会付钱给美容院和理发师；享受艺术与娱乐带来的乐趣，他们会付钱给电影院和酒吧……

但是投资者们什么时候付钱给过自己？在你们的生活中，自己的地位应该不亚于厨师、理发师和电影院老板吧！

优秀的投资者们应该付钱给自己，而这正是通过储蓄来实现的。每个月将收入的一部分（可能是10%或者15%）存入自己的账户，这样一来，投资者们就可以利用这笔钱达到致富的目标。这样做以后，你们将会发现：是用收入的全部还是90%或85%来支付生活所需的费用，而后者让投资者们还拥有了10%或15%的储蓄。

3. 积累原始资本

储蓄还能够帮助投资者进行原始资本的积累。投资者可以用固定的一部分收入来进行这种资本的投入。假设这部分资本金的固定额度是家庭总收入的10%，那么投资者应该如何累计这部分资本呢？首先，投资者需要开设一个存储账户，每个月月初，将收入的10%存入这个账户；要把持注自己，任何时候都不要轻易动用这个账户里的钱；找到适当的机会，用这个账户里的钱进行投资；当这个账户里的金额越来越多时，投资者将得到更多的投资机会和安全感。

债券投资：储蓄的近亲

债券作为一种重要的融资手段和金融工具，以其风险小、信用好等优势赢得了很多投资者的青睐。债券是一种有价证券，是社会各类经济主体为筹措资金而向债券投资者出具的，并且承诺按一定利率定期支付利息和到期偿还本金的债权债务凭证。由于债券的利息通常是事先确定的，所以，债券又被称为固定利息证券。

债券相较于其他的投资产品，是一种较为保守的投资方式，但是其安全性的确吸引了不少人的目光。尤其对于那些年龄较大、缺乏投资经验、追求稳健的投资者来说，债券就是他们心目中较为理想的投资对象。

美国微软公司创始人比尔·盖茨向大众透露了他的投资理念，他认为，把宝押在一个地方可能会带来巨大的收入，但同样也会带来巨大的亏损。对待股市，他就是持着这样的看法。在股市上投资时，为了能分散甚至是规避这些风险他经常采用的方法就是利用债券市场。

一般，盖茨会在买卖股票的同时，也将自己建立的"小瀑布"的投资公司控制的资产投入债券市场，特别是购买国库券。当股价下跌时，由于资金从股市流入债券市场，故而债券价格往往表现为稳定上升，这时就可以部分抵消股价下跌所遭受的损失。

从投资效果看，盖茨这样的组合投资已取得相当好的成绩，他的财富几乎总是以较快的速度增长。而在概括投资战略时，盖茨说："你应该有一个均衡的投资组合。投资者，哪怕是再大的超级富豪，都不应当把全部资本压在涨得已经很高的科技股上。"

有人戏称债券是理财的天堂，认为在众多的金融产品中，债券独受宠爱，是投资者眼中较为理想的投资对象，尤其是对那些厌恶风险的投资者来说，债券简直是最好的选择。

对于投资来说，每种投资项目都有其优势，你如果不掌握其特点，就不可能对其加以利用、扬长避短。那么，债券到底有什么优点？

其一，较高的安全性。债券一般是由相关的机构直接向社会发行的，与企业和政府相关机构挂钩，但与它们的业绩没有联系，收益比较稳定。一般政府的债券有绝对的安全性，而对于企业的债券，只要它不违约，就能够保证投资者的利益。

其二，较好的流动性。投资者可以直接进入市场进行交易，买卖自由，变现性颇高，且不会在转让时在价值上出现很大损失。

其三，扩张信用的能力强。由于国债安全性高，投资者用其到银行质押贷款，其信用度远高于股票等高风险性金融资产。投资者可通过此方式，不断扩张信用，从事更大的投资。

其四，收益性略高。对投资者来说，债券属于"比上不足，比下有余"的类型。它的收益高于银行存款，但低于股票投资。可是它又比股票投资稳定，所以，很适合略为保守的投资者。

正是因为以上这些优点，人们才愿意选择债券作为自己的投资项目。一般情况下，即使经济环境有所变化，债券的收入也大都会很稳定，不会受到太大的影响，投资者大可放心。

基于上述种种优势，许多投资者都把目光聚集到它身上，并且公认其为个人投资理财的首选。

众所周知，在做任何事的时候，你若能在事前了解其原则，抓住其规律，就必能在行动时事半功倍。同理，在决定投资债券之前，投资者须先弄清楚债券投资的原则，这样就能在投资时取得更好的效果。

债券投资的基本原则主要有三个：安全性原则、流动性原则、收益性原则，经常被人称为债券投资原则之"三足鼎立"。这三个原则是债券投资中必须要遵守的内容，是最基本的原则。

第一足：安全性原则

说债券是安全的投资方式，也只是相对而言。比起股票、基金等，它的确安全得多。但实际上，除了国债，其他债券也都是有风险的。因为债券根据发行的主体不同，可主要分为企业债券、国债、金融债券三类。国债暂且不论，仅从企业债券看，如果企业运营的安全性降低或因经营不善而倒闭，就会有违约的危险。因此，本着安全第一的原则，你最好在投资债券的时候，利用组合理论，分别投资多种债券，以分散风险。

第二足：流动性原则

流动性原则是指收回债券本金的速度快慢。债券的流动性越强，就越能以较快的速度转化成货币，也就越减少在这个过程中的无形损失。反之，则可能影响甚至大大削弱资产的价值。一般而言，债券的期限越长，流动性越差，由于外界各种因素的变化，容易造成无形损失，也就不适合投资，而期限越短则相反。债券有不同的类型，其流通性也不同。一般政府发行的债券流通性较高，在市场上交易方便。

影响债券市场的因素

债券的投资成本

银行利率与债券价格

市场供求货币政策与财政政策

债券的票面利率

通货膨胀率

债券市场

而企业发行的债券则根据具体企业的情况而有所不同，比较之下，大企业的债券流动性更好些。

第三足：收益性原则

任何一个投资者进行投资的目的都是获取利润，债券也不例外。因此，投资者都非常关心债券的收益率。而仅从收益上来说，短期收益率要受市场即期利率、资金供求的影响，而长期收益率要受未来经济的增长状况、通货膨胀因素等不确定性因素的影响，所以收益也可能会有所波动。

在众多债券中，国债因其是依靠政府的财政，有充分的安全保障，所以没什么风险；而企业发行的债券则存在是否能按时偿付本息的风险。不过，大多数情况下，企业发行的债券收益比国债要高，如果投资者选择的企业是大企业，就会略有保障。

以上便是投资债券的原则。对于刚开始进行投资的投资者，在选择债券的时候，应当在考虑自身整体资产与负债的状况的基础上，遵守投资原则，只有这样才可能避免血本无归，空忙一场。

保险：以小博大的保险理财

说起保险，经常会有人说："好好的，买什么保险！即使生病了，我不每月都有工资吗？几年下来存的钱也够应付'飞来横祸'了，所以我根本用不着买保险！"

事实是这样吗？是的，你工作了五年，努力攒下了50万元，可是你能保证这50万元能够支付你或者家人的突发疾病？你能保证这50万元能够让你应对事业上的进退维谷？……退一万步来讲，即使利用这50万元能够应对一切难料之事，然而，当这50万元花完之后，你还拿什么来养活自己和家人，保证生活品质的一如既往？

实际上，世界上只有一种人是可以不用买保险的，就是一生之中永远有体力、有精力赚钱，同时不生病、不失业的人。当然，还得家里人都不生病，房子不会遭水、遭贼，不开车，或是车不会被剐蹭、被盗抢，等等。

你是这一种人吗？如果不是，那就赶紧加入保险投资的大军吧！

如果我们把理财的过程看成是建造财富金字塔的过程，那么买保险就是为金字塔筑底的关键一步。很多人在提起理财的时候往往想到的是投资、炒股，其实这些都是金字塔顶端的部分，如果你没有合理的保险做后盾，那么一旦自身出了问题，比如失业、生大病，我们的财富金字塔就会轰然倒塌。没有保险，一人得病，全家致贫。如果能够未雨绸缪，一年花上千八百块钱，真到有意外的时候可能就有一份

选择合适的险种，投保人应从哪些因素考虑

现在人们的保险意识越来越强，然而众多的保险险种让人眼花缭乱。那如何选择险种呢？下面介绍下选择险种的考虑因素：

适应性 → 投保要根据自己或家人需要保障的范围来考虑。

经济支付能力 买寿险是一项长期性的投资，每年的保费开支必须取决于自己的收入能力。

选择性 在经济能力有限的情况下，为成人投保比为独生子女投保更实际，因为作为家庭的"经济支柱"，其生活的风险总体上要比小孩高。

十几万、几十万的保单来解困，何乐而不为呢？

如今买保险也像进超市一样，品种五花八门，有的似乎还看不懂。你买保险了吗？随着人们保险意识的提升，这句问候语逐渐流行，保险已经不仅仅是一个消费品，品种更加多元化，集投资与保障于一体。不同的人对于保险的观念与需求是大不相同的。

1.60 多岁的人群：增强买保险的意识

人生步入了老年，风险承受能力开始逐步降低。在这个阶段里，购买保险是非常必要的，它可以为老年生活降低风险的侵袭。因此在这个阶段里，增强买保险的意识尤为重要。

李老伯和刘阿姨是国企退休职工，现在住在单位分的职工家属楼，如今他们二人都已经退休了，每个月工资总共也有五六千元，子女都已经成家立业，而且没有什么经济压力。二老决定跟儿子一起住，于是将老城区那套房出租，另外买了一套新房，就在儿子隔壁。李老伯说自己既享受公费医疗，又有退休金，现在和老伴每个人一个月退休金有两三千元，并且夫妻俩身体都很硬朗，他们觉得每年花上千元的钱来购买保险完全没有必要。还不如把钱花在平时，吃得好一点，保养身体比什么都重要。

不过，相比城市退休老人来说，农村老人就更加不会有买保险的意识，农村的王阿姨说，自己一辈子在家务农，儿女在外地工作，近几年才有了农村社保。王阿姨说，以前什么保障都没有，大家不也都安度晚年了吗？况且，本来经济就不宽裕，又怎么舍得花钱买保险？花钱来买保险哪里有养儿防老靠得住？

2.40 ~ 50 岁：没保险自己也要买保险

20 世纪 60 ~ 70 年代出生的人正是当前社会的中流砥柱。赵先生是 70 年代生人，经营了一家医疗机械制药厂，生意在国内做得十分红火。早在 5 年前，赵先生不仅为自己和太太购买了寿险和重大疾病险，还为自己 4 岁的儿子买了一份教育金保险。

赵先生说，自己做生意的不同于在企事业单位工作的，没有社保，只能自己买保险，再说做生意风险大，也不敢打包票说工厂能一直维持下去，一旦将来有什么意外，有份保险还是踏实一些，即便将来退休了，也有个保障。

除了做生意的人之外，就是单位福利待遇较好、社保齐全的情况下，一些人也开始未雨绸缪。有个事业单位的职员说："医疗费用太高，一旦生了大病，社保可能不够，所以我额外买了重大疾病保险。"

3.80 后：各类费用高，主动买保险

"80 后"们正处于事业起步阶段，因此经济条件普遍不算宽裕。"尽管我们大学毕业，但工资也只有 5000 元，这在北京属于中等水平。"小黄每年花 1000 元为自己购买了健康保险。

80后普遍受到了科学的理财观念的影响，并且一般受到了比较好的教育，因此对于投资保险来说，观念还是比较跟得上时代发展的。他们认为，小的投入可以为自己增添一份保障，保险是非常必要的。

如果你和家人的健康能够得到很好的保障，你们的财产能够得到充分的保护，生活也就轻松很多了。保险，就是这样一个理财工具，它为你的生活提供更多的保障，带来更大的改变。

人生需买的三大险

除了足够富有的人需要为"闭上眼睛的瞬间财产减少一半"而规避损失以外，普通人需要为"意外、健康和养老"而转移损失。这就是人生必保的"三大风险"。

意外险

健康险

养老险

外汇投资：投资外国的货币

对于外汇，许多人都觉得比较陌生，认为那是要出国的人才需要了解的东西。其实，这完全是一种误解。外汇作为一种投资工具，正在改变我们的生活。近年来，随着经济的进一步发展，投资外汇成了广大投资者创富的有效途径。

李老先生退休后拿出了积蓄中的 2 万美元，投资到外汇市场，每天骑车跑银行，成了"专业"汇民。问他投资的情况，他说："有赚有赔，总体算下来赢利，比银行存款强多了。"

投资外汇，根据其间差价来获得利润，已经成为国际上投资者的新宠，它造就了多位亿万富翁。由于它的外围环境比较公正、透明，而且交易量很大，颇受大家的信赖。毕竟，若投资股市，一只股票的背后只是一个公司，而投资外汇，一种货币的背后却是一个国家，况且在外汇市场上，政府的干预有限。所以，目前，手中持有外币的人越来越多了。

外汇的外围环境比较公正、透明，那么，外汇有什么特点？

其一，目标特殊。它投资的是一个国家的经济，而股票投资的是一家公司的经营情况。

其二，地域、时间特殊。它属于全球性的买卖，涉及整个世界的金融，不会被任何人士、银行或国家操纵。而从交易时间上，是 24 小时，东西方世界可不间断进行。你可以在任何时候、任何地点交易。而股市一般都是白天交易。因此，也可以说它的灵活度高。

其三，交易。一般股票投资只有涨的时候才能赚钱，而外汇投资，既可以买涨，也可以买跌。这样，赚钱的机会就比股票多一倍。只要选对交易方向，就没问题。

其四，起点低，成本少。想要投资外汇，500 美元就可以开个户。而其交易费用也比较低廉，大大缩减了成本支出。

其五，无套牢的风险。外汇市场极为灵活，在 24 小时内，投资者可任意选择出场，不会发生无法出场而被套牢的风险。

因为它的如上特点，外汇市场逐渐发展起来，吸引了不少人，它已成为一种重要的投资工具。外汇市场中的投资者既有少数高手从几千、几万元起家，累积了数千万乃至数亿元的财富，亦有小赚大赔的人，而无论怎样都无法避免它成为最热门的投资工具。

当然，市场上各种外汇投资产品的收益和风险高低不同，产品期限、结构和门槛也各不同。投资者应该清醒地看到外汇投资往往伴随着一定的汇率及利率风险，所以必须讲究投资策略，在投资前最好掌握相关的外汇知识，制订一个简单的投资计划，做到有的放矢，避免因盲目投资造成不必要的损失。

赵小姐研究生毕业参加工作以后，省吃俭用攒了一些钱，并全部用来投资外汇，可不幸的是汇率一降再降，收益微乎其微。失望之余，她深感成为一个富裕的人比登天还难。可是，她并没有灰心，于是在下次发了丰厚的年终奖时，她又全都买了外汇。原本一开始，小挣了一笔，谁想到，好事不久，汇率又跌了下来。

但世上没有后悔药卖，痛定思痛，经过反思，赵小姐决定再买，长期持有不动摇。经过对相关外汇知识的认真学习和谨慎的选择，赵小姐认购了新的外汇。可是不幸的是，股市动荡，整个经济都受到影响，汇率也受到影响，跌了不少。但这次赵小姐咬着牙没有赎回。苍天不负有心人，赵小姐终于等到了赢利的时候。年底，股市转牛，整个经济都在复苏，汇率也一样，上涨了几个点，赵小姐尝到了甜头，获利颇丰。

由此可见，个人外汇投资并非轻而易举的事。你要想通过买卖外汇来赚取差价，必须做足各方面的功课，包括获取真实、具体、最能表现外汇汇率现状及其走势的资料，评估自己的风险承受能力，确定投资方案，准备相应的投资资金和保证金，了解外汇的投资程序，了解国家相关的金融政策，等等。只有先准备好"战衣""战袍"和"武器"，才能保证自己在外汇投资的战场上无往不胜。

在具体投资实践中，投资者应注意以下几点：

其一，了解个人的投资需求及风险承受能力。不同的外汇投资人有不同的投资需求及风险承受能力。比如，有人资本雄厚，他的外汇主要用于投资升值，风险承受能力较强；另一些人资本较少，因此其虽然也进行外汇投资，但厌恶风险，将保本作为投资底线；也有部分人持有外汇，可能在未来有诸如留学、境外旅游、境外考试等其他用途，不但风险承受能力有限，连投资期限也有一定限制。因此，作为投资人只有充分了解自己的投资需求和风险承受能力，才能够选择适合自己的外汇投资产品。

其二，投资人应根据个人实际制订符合自己的投资策略。投资人在明确了个人的投资需求后，就可依据自己的投资预期目标来制订投资策略。投资升值需求强烈、风险承受能力强的投资人，可将部分资金用于外汇买卖或投资于风险较大、投资回报率较高的外汇投资产品，并配合一些保本型投资以控制风险；而那些风险承受能力较差或是以保值为主要目的的投资人，则可将大部分资金投资于一些保本型的投资产品。

通常，投资人可进行适当的分散投资，分别投资不同类型的投资产品或是不同的币种，从而有效地分散投资风险。各种投资产品或外汇币种的比重则可根据自己的偏好来决定。但是，资金薄弱的投资人是很难进行分散投资的，在这种情况下，选择一种最佳的投资产品就显得尤为重要。

其三，投资人要充分了解投资产品的结构。投资人要赢利，就需要在合适的时机，选择合适的投资产品。因此，投资人不仅应该对国际金融市场有一个基本的认识，还应对各种投资产品的结构特性有一个全面的了解。比如，当投资人预测到某一货

如何解决初涉汇市投资者的疑难问题

首先，当产生入场冲动的时候，先问问自己有入场的理由吗？有交易计划吗？如果答案是肯定的，那么严格地按计划执行。

其次，注意保住自己的本金。对新手而言，下单前不管你有多大的把握，请将你的委托单减半！

最后在连续出错的时候，应该离开市场好好休息一下。如果你连续出现亏损，请关上电脑，不要再关注价格变化，给自己放个假，等情绪稳定的时候再入市。

币将持续走强，那么就可以通过外汇宝买入该货币，也可以投资与该货币汇率挂钩的投资产品以提高存款收益；在利率缓步上扬的市场中，投资人可以考虑投资收益递增型或是利率区间型投资产品；而在利率稳定或逐步下降的市场环境下，与投资利率反向挂钩型产品则可以为投资人带来较高的投资收益。

外汇市场的投资，作为投资者需要经常关注各国的经济走势以及各国最新推出的经济政策，这些都对投资者进行科学合理的外汇投资大有帮助。

期货：创造价值的"买空卖空"

最初的期货交易是从现货远期交易发展而来的，最初的现货远期交易是双方口头承诺在某一时间交收一定数量的商品，后来随着交易范围的扩大，口头承诺逐渐被买卖契约代替。这种契约行为日益复杂化，需要有中间人担保，以便监督买卖双方按期交货和付款，于是1571年伦敦便出现了世界第一家商品远期合同交易所——皇家交易所。

为了适应商品经济的不断发展，1848年，82位商人发起组织了芝加哥期货交易所（CBOT），目的是改进运输与储存条件，为会员提供信息；1851年芝加哥期货交易所引进远期合同；1865年芝加哥谷物交易所推出了一种被称为"期货合约"的标准化协议，取代原先的远期合同。使用这种标准化合约，允许合约转手买卖，并逐步完善了保证金制度，于是一种专门买卖标准化合约的期货市场形成了，期货成为投资者的一种投资理财工具。1882年，交易所允许以对冲方式免除履约责任，增加了期货交易的流动性。

1. 期货与现货的区别

在小麦每吨2000元时，估计麦价要下跌，于是投资者在期货市场上与买家签订了一份合约，约定在半年内，可以随时卖给买家10吨标准小麦，价格是每吨2000元。五个月后，果然小麦价格跌到1600元每吨，投资者估计跌得差不多了，马上以1600元的价格买了10吨小麦，转手按照契约上以2000元的价格卖给买家，转眼就赚了4000元，原先缴纳的保证金也返还了，投资者就这样获利平仓了。

这其实是卖开仓，就是说投资者的手上并没有小麦，但因为期货可以实行做空机制，可以先与买家签订买卖合约。而买家为什么要与投资者签订合约呢？因为他对小麦看涨。事实证明，投资者的判断是准确的，否则如果在半年内小麦价格没有下跌，反而涨到2400元，那么在合约到期前，投资者必须被迫高价购买10吨小麦然后以契约价卖给买家，这样就亏损了，而买家就会赚4000元。

期货与现货相对。期货是现在进行买卖，但是在将来进行交收或交割的标的物，

国内主要的期货品种

　　我国是大豆的故乡。近年来，世界大豆贸易增长很快，价格波动剧烈。大豆属于国际性商品，有很大的差价利润。

　　豆粕85%用作饲料，东北三省是我国主要豆粕生产地。

　　世界铜矿资源主要分布在美洲和中非。我国的铜资源比较匮乏，铜产地主要在江西、湖北、甘肃等地。

这个标的物可以是某种商品，例如黄金、原油、农产品，也可以是金融工具，还可以是金融指标。交收期货的日子可以是一星期之后，一个月之后，三个月之后，甚至一年之后。买卖期货的合同或者协议叫作期货合约。买卖期货的场所叫作期货市场。投资者可以对期货进行投资或投机。对期货的不恰当投机行为，例如无货沽空，会导致金融市场的动荡。

期货投资，通俗点说就是利用今天的钱，买卖明天的货。期货是期货合约的简称，是由期货交易所统一制定的一种供投资者买卖的投资工具。

现在所说的期货一般指期货合约，就是指由期货交易所统一制定的、规定在将来某一特定的时间和地点交割一定数量标的物的标准化合约。期货合约规定了在未来一个特定的时间和地点，参与该合约交易的人要交割一定数量的标的物。所谓标的物，是期货合约交易的基础资产，是交割的依据或对象。

2. 期货的特点

期货交易是一种特殊的交易方式，它有不同于其他交易的鲜明特点：

（1）期货交易买卖的是期货合约。期货买卖的对象并不是铜那样的实物或者股票价格指数那样的金融指标，是和这些东西有关的合约，一份合约代表了买卖双方所承担的履行合约的权利和义务。合约对标的物（也就是大豆、股票价格指数等）的相关属性和时间地点等问题提前进行了详细的规定，买卖合约的双方都要遵守这个规定。买卖双方对合约报出价格，买方买的是合约，卖方卖的也是合约。

（2）合约标准化。同一家交易所对标的物相同的合约都作出同样的规定。例如，在上海期货交易所上市交易的铜期货合约，每张合约的内容都是一样的，交易品种都是阴极铜，交易单位都是 5 吨，交割品级都要符合国标 GB/T467–1997 标准，其他的有关规定包括报价单位、最小变动价位、每日价格最大波动限制、交易时间、最后交易日、最低交易保证金、交易手续费等，这些规定对每份铜期货合约来说都是相同的。

（3）在期货交易所交易。大部分的期货都在期货交易所上市。期货交易所不仅有严密的组织结构和章程，还有特定的交易场所和相对制度化的交易、结算、交割流程。因此，期货交易往往被称为场内交易。我国国内的期货产品都是在期货交易所交易的。

（4）双向交易。我们既可以先买一张期货合约，在合约到期之前卖出平仓（或者到期时接受卖方交割），也可以先卖一张合约，在合约到期之前买进平仓（或者到期时交出实物或者通过现金进行交割）。就算手头没有一张合约，依然可以先卖出。这种可以先买也可以先卖的交易被称为双向交易。

（5）保证金交易。进行期货买卖的时候，不需要支付全部金额，只要交出一定比例（通常为 5% ~ 10%）的金额作为履约的担保就行了，这个一定比例的金额就是保证金。

期货交易的优势

期货交易具有做空机制，即你可以在还没拥有某一商品的时候就进行卖出。

期货交易实行特有的保证金制度，只需要有1/10甚至1/20的资金就可以交易相当于商品总值的合约。

期货交易通过每日结算制度进行风险控制，这不仅可以有效地保证资金安全，而且可以随时兑现自己的投资。

（6）到期交割。期货合约是有到期日的，合约到期需要进行交割履行义务，了结合约。商品期货到期交割的是商品，合约的卖方要把铜或者大豆这样的标的物运到指定的交易仓库，被买方拉走，这被称为实物交割，商品期货都是实物交割。股指期货的标的物是一篮子股票，实物交割在操作上存在困难，因而采用现金交割。在股指期货合约到期时，依照对应的股指期货的价格，也即合约规定的交割结算价，计算出盈亏，交易者通过交易账户的资金划转完成交割。

投机者根据自己对期货价格走势的判断，作出买进或卖出的决定，以获取价差为最终目的。其收益直接来源于价差。如果这种判断与市场价格走势相同，则投机者平仓出局后可获取投机利润；如果判断与价格走势相反，则投机者平仓出局后承担投机损失。投机者主动承担风险，他的出现促进了市场的流动性，保障了价格发现功能的实现。

对市场而言，投机者的出现缓解了市场价格可能产生的过大波动。投机者提供套期保值者所需要的风险资金。投机者的参与，使相关市场或商品的价格变化步调趋于一致，增加了市场交易量，从而增加了市场流动性，便于套期保值者对冲其合约，自由进出市场。期货的产生使投资者找到了一个相对有效的规避市场价格风险的渠道，有助于稳定国民经济，也有助于市场经济体系的建立与完善！

期权：只有权利，没有义务

目前世界上最大的期权交易所是芝加哥期权交易所；欧洲最大期权交易所是欧洲期货与期权交易所，它的前身为德意志期货交易所与瑞士期权与金融期货交易所；亚洲方面，韩国的期权市场发展迅速，并且其交易规模巨大，目前是全球期权发展最好的国家，中国香港地区以及中国台湾地区都有期权交易所。

期权又称为选择权，是在期货的基础上产生的一种衍生性金融工具。从其本质上讲，期权实质上是在金融领域中将权利和义务分开进行定价，使得权利的受让人在规定时间内对于是否进行交易，行使其权利，而义务方必须履行。在期权的交易时，购买期权的一方称作买方，而出售期权的一方则叫作卖方；买方即是权利的受让人，而卖方则是必须履行买方行使权利的义务人。

假设标的物是铜期货。甲公司向乙公司买铜。可是，甲公司的资金有限，需要去银行贷款。甲公司估计大概需5个月的时间才能拿到贷款，担心在这段时间内，铜价格会涨。所以，甲公司与乙公司商定，甲公司付2000元/吨给乙公司，乙公司同意甲公司有权在5个月之内任何时间，以商定的30000元/吨的价格购买铜。第一种情况：5个月后，铜价格涨到40000元/吨，甲公司就按商定30000元/吨的价钱买下，再以40000元/吨的价钱在市场卖出，扣除本金30000元/吨和权利金2000

元／吨，甲公司从中获得的差额收益就是 8000 元／吨。

第二种情况：在 3 个月后，铜价格跌到 20000 元／吨。甲公司就可以放弃铜的认购权利，而转向市场直接以 20000／吨的价格买入铜，甲公司损失的金额仅限于已经付给乙公司的 2000 元／吨的权利金。

这就是期权，这就是期权市场的优势，它给从业者提供了一个非常灵活的避险工具。买进一定敲定价格的看涨期权，在支付一笔很少权利金后，便可享有买入相关期货的权利。一旦价格上涨，便履行看涨期权，以低价获得期货多头，然后按上涨的价格水平高价卖出相关期货合约，获得差价利润，在弥补支付的权利金后还有盈利。如果价格不但没有上涨，反而下跌，则可放弃或低价转让看涨期权，其最大损失为权利金。

期权是在期货的基础上产生的一种金融工具。这种金融衍生工具的最大魅力在于，可以使期权的买方将风险锁定在一定的范围之内。

期权主要可分为买方期权和卖方期权，前者也称为看涨期权或认购期权，后者也称为看空期权或认沽期权。具体分为四种：买入买权；卖出买权；买入卖权；卖出卖权。期权交易事实上是这种权利的交易。买方有执行的权利也有不执行的权利，完全可以灵活选择。期权分场外期权和场内期权，场外期权交易一般由交易双方共同达成。

在对期权价格的影响因素进行定性分析的基础上，通过期权风险指标，在假定其他影响因素不变的情况下，可以量化单一因素对期权价格的动态影响。期权市场是由于风险管理的需要，随着时间的推移慢慢产生的。期权市场的风险管理是重中之重。当相关标的期权市场出现较大波动的时候，一些下单活动往往变得十分活跃，比如说频繁地取消订单、更改订单和重新下单。在这种紧张的环境中，难免会出现投资者在交易时因为无意识地犯一些愚蠢的小错误却酿成了大损失的情况。对此，也有独特的措施来避免这类错误的发生：

其一，在履约结算方面，规定在开始第一笔交易之前，交易者必须首先缴纳一定数额的保证金。之后，在每次下单之前，计算机系统将自动对其保证金进行计算并检查该会员账户是否持有足够的保证金数额。采用的是将期货和期权持仓合并计算的保证金系统。初始保证金为 15%，维持保证金为 10%。这些风险防范措施可以保证期货市场更加健康地发展。

其二，对每单最大交易量做了限制，现行规定是投资者在期货交易中每单交易量不能超过 1000 张期货合约，在期权交易中每单不能超过 5000 张期权合约。

其三，为防止有人对市场进行恶意操纵，随时监督会员的持仓情况。会员的期货净持仓不能超过 5000 手，但其中不包括套利和经查属实的对冲仓位。

其四，限制了下一交易日的权利金价格的波动范围，即期权权利金的波动幅度

▣ 投资者降低期权交易风险的三要素

投资期权有一定的风险，其实任何投资都具有一定的风险性，但是如果投资者有良好投资技巧和投资心理，一样可以投资期权获得成功。

1. 注意基本面的信息，加强技术面的分析，提高自身的判断能力，采取灵活的交易手段降低交易的风险。

2. 不要满仓操作，控制好资金和持仓的比例，避免被强行平仓的风险。

3. 坚持止损原则，及时止损，随时提醒自己，将风险控制在自己可承受的范围内。

不能超过该期权的理论价格加 / 减 KOSP1200 指数当日收盘的 15%。

其五，对于期权权利金的变动情况进行限制。比如当市场价格波幅超过 5% 时，系统就暂停交易 1 分钟或者更长的时间。

期权交易中，买卖双方的权利义务不同，使买卖双方面临着不同的风险状况。对于期权交易者来说，买方与卖方均面临着权利金不利变化的风险。这点与期货相同，即在权利金的范围内，如果买的低而卖的高，平仓就能获利。相反则亏损。与期货不同的是，期权多头的风险底线已经确定和支付，其风险控制在权利金范围内。期权空头持仓的风险则存在与期货部位相同的不确定性。由于期权卖方收到的权利金能够为其提供相应的担保，从而在价格发生不利变动时，能够抵消期权卖方的部分损失。

虽然期权买方的风险有限，但其亏损的比例却有可能是 100%，有限的亏损加起来就变成了较大的亏损。期权卖方可以收到权利金，一旦价格发生较大的不利变化或者波动率大幅升高，尽管期货的价格不可能跌至零，也不可能无限上涨，但从资金管理的角度来讲，对于许多交易者来说，此时的损失已相当于"无限"了。因此，在进行期权投资之前，投资者一定要全面客观地认识期权交易的风险。

投资者们更关心的是中国期权市场的发展状况，国际期货市场现在热闹非常，今天油价高涨，明天铜价大跌，而这一切似乎也多多少少跟中国有些关系。而中国的经济发展也越来越受到国外的重视，国外的越来越多的金融领域希望对中国的经济有所反映。现在，我国已具备推出商品期权交易的条件，业界和投资者也迫切希望商品期权的上市。目前我国的期货市场已经日渐成熟，相信一旦引入期权，广阔而又活跃的中国市场一定会发展得更快更好！

基金：安全而又稳定的投资

在物价持续涨而不落的大背景下，越来越多的人开始投资基金，把自己积攒多年的存款拿出来交给基金专家打理。这种投资方式比股票投资稳定得多。

在所有的投资项目中，利润与风险都是成正比的：炒股获利最多，但风险最大；储蓄获利较少，但风险也最小。如果把股票与储蓄的优势集中在一起，采取"取长补短"的形式，就形成基金的优势了。

说起基金市场，它在我国存在的年头虽然不长，但是已经有了巨大的发展。基金是指通过发售基金份额，将众多投资人的资金集中起来，形成独立财产，由基金托管人托管，基金管理人管理，是一种实行组合投资、专业管理、利益共享、风险共担的集合投资方式。通俗地说，就是将投资大众的闲散资金交由专家管理，由他们凭专业知识进行专业理财。如果赚钱了，则剔出相关的费用后，按份额将赢利以不低于 90% 的比例对投资人进行分配，而且依目前的法律必须用现金分配；如果亏损了，投资人按份额承担损失。

基金的出现标志着金融业的成熟。它由于自身的优势，越来越引起广大投资人的关注。现在，许多投资人因为高风险而不欣赏股票，又因低收益而不喜欢储蓄。基金刚好能够综合前两者的优势，于是很快国内就掀起了一阵购买基金的热潮。

🖐 投资基金前先问自己三个问题

投资基金前，投资者对于以下这三个方面应予以认真考虑，这要比投资者在其他的投资类刊物上读到的任何信息都重要。

在你确实打算要进行投资之前，应该首先考虑购买一套房子，毕竟买房子是一项几乎所有人都能够做得相当不错的投资。虽然也存在例外的情况，但在99%的情况下购买一套房子是能够赚钱的。

如果手中有不急用的闲钱，可以委托基金管理公司的专家来理财，可达到轻松投资、事半功倍的效果。

在投资市场的投资资金只能限于你能承受得起的损失数量，即使这笔损失真的发生了，在可以预见的将来也不会对你的日常生活产生任何影响。

陈先生是个有名的车迷，很早以前就有买车的想法。从动了念头的那天开始，他便学开车、拿驾照、逛车市、看车展。总之，只要是和车有关系的，他都会关注。

原本，这是件家人都大力支持的事情，可是家里经费紧张，就一而再、再而三地往后推，总也买不成。这买车的事就成了陈先生的一个心病。

直到去年，事情才有了转机，当时股市开始走牛，他有很多朋友都靠基金赚了钱。他想：买车为什么不试试投资基金？于是他立刻行动起来。

他发现当时南方高增的行情非常看好，立刻就投入了2万。果然，不长时间，他的钱就到了5万元，见到收获颇丰，他立即又买了几只当时比较好的基金，如中邮核心、嘉实300等。在过了不到三年的时间里，就基本凑足了买车的钱。随后，陈先生就拿着钱，兴高采烈地跑到车展会上选购了一台心仪已久的车。他逢人便说："这回咱也是有车族啦！"

投资基金使陈先生成为有车族，实现了他的财富梦想。当我们的资产略有剩余时，为求安全保障，将自己积攒多年的银行存款拿出来交给基金专家打理，不失为一种良好的投资理财方式。与股票、债券、定期存款、外汇等理财工具一样，投资基金也为投资者提供了一种投资渠道。那么，与其他的投资工具相比，投资基金具有哪些好处呢？

具体来说，投资基金的好处体现在几大方面：

其一，稳定的投资回报。举个例子，在1965年到2005年的41年的时间里，"股神"巴菲特管理的基金资产年平均增长率为21.5%。当然，对于很多熟悉股市的投资人而言，一年21.5%的收益率可能并不是高不可攀。但问题的关键是，在长达41年的周期里能够持续取得21.5%的投资回报，按照复利计算，如果最初有1万元的投资，在持续41年获取21.5%的回报之后，拥有的财富总额将达到2935.13万元。

其二，基金具有专业理财的强大优势。有统计数据显示，在过去的十几年时间里，个人投资者赚钱的比例占有不到10%，而90%以上的散户投资都是亏损的。正是在这种背景下，基金的专业理财优势逐步得到市场的认可。将募集的资金以信托的方式交给专业机构进行投资运作，既是证券投资基金的一个重要特点，也是它的一个重要功能。

其三，基金具有组合投资与风险分散的优势。根据投资专家的经验，要在投资中做到起码的分散风险，通常要持有10只左右的股票。然而，中小投资人通常没有时间和财力去投资10只以上的股票。如果投资人把所有资金都投资于一家公司的股票，一旦这家公司破产，投资人便可能尽失其所有。而证券投资基金通过汇集众多中小投资人的小额资金，形成雄厚的资金实力，可以同时把投资人的资金分散投资于各种股票，使某些股票跌价造成的损失可以用其他股票涨价的赢利来弥补，分散了投资风险。

其四，在生活质量的提升和财富的增长之间形成良性循环。在海外，往往越富裕的群体投资基金的比例越高，而且持有期限越长，甚至是一些商场高手或颇具投资手段的大企业领导人也持有大量的基金资产。在他们看来，自己并不是没有自己管理财富的能力。但相比之下，他们更愿意享受专业分工，把财富交给基金公司这样的专业机构管理虽然要支付一定的费用，但却可以取得一定程度超越市场平均水平的回报。

基金投资日渐成为很多人的首要理财方式。如果你没有足够时间打理你的现金资产；你没有充分的金融投资知识；你没有大量精力关注股票，而你又期望得到长期稳定的收益……就投资基金吧！投资基金会让你从小风险中收获大回报。

"没有不想当将军的士兵"，这句话套用到证券市场上就是没有不想当'基精'的基民。刚刚成为基民的你，看到老基民在那里随心投资，心里肯定十分着急，怎样才能快速成为"基精"？你若真有这个想法，尽量缩短适应期，就必须抓紧时间做好下列事情：

第一，了解基金基础知识。从进行第一笔交易开始，你就务必要将基金的相关基础知识以及其交易规则等问题弄清楚，以求尽快熟练于心。尤其是要知道如下重要内容：基金的概念、基金操作过程中涉及的各个主体、基金的种类、各种种类的特点和投资基金需要注意的风险。

第二，根据自己的投资目标挑选好的基金。如前面所强调的，自己的投资目标是你挑选好基金的指向标。你先为自己的投资作出一个目标区域，在将不同类型的基金加以对比、权衡之后，留下几种符合自己条件的基金。然后，再在这几种中挑选收益率靠前或者公司的基金评价比较靠前的基金。

第三，委托优秀的基金管理公司。你可以根据基金评价，按照上面的排名，选择较优秀的基金公司。因为它能给你带来好的收益，并且可以为你提供更多更全面的服务。且优秀的基金公司相对而言资金更雄厚，可以雇用更优秀的人才，进而进一步提高公司的经营业绩。

第四，挑选基金经理。基金在运作过程中，考验的是基金经理的投资水平。基金运作得越好，说明基金经理的技术越高超。因此，投资者在选择基金时绝不能忽视对基金经理的挑选。基金经理过去的经营业绩、人品，是否真正能从你的角度着想，都是考虑的重点。

除了这些，你最好再了解一下市场的情况、基金发展的历史以及对基金管理公司相关内容的学习。了解这些背景知识将为你的基金投资打下良好的基础。

想要变成"基精"，并没有一夕可成的办法。你需要更多的实践和体验，所以快行动起来吧！

封闭式基金和开放式基金有何不同

基金规模的可变性不同

封闭式基金均有明确的存续期限，在此期限内已发行的基金单位不能被赎回。正常情况下，基金规模是固定不变的。

而开放式基金所发行的基金单位是可赎回的，而且投资者在基金的存续期间内也可随意申购基金单位，导致基金的资金总额每日均不断地变化。

基金投资策略不同

由于封闭式基金不能随时被赎回，其募集得到的资金可全部用于投资，这样基金管理公司便可据此制定长期的投资策略，取得长期经营的绩效。

而开放式基金则必须保留一部分现金，以便投资者随时赎回，而不能尽数地用于长期投资。一般投资于变现能力强的基金。

股票投资：选择一只成长股

股票是成就财富梦想的一种有效的致富渠道，更是一种让人心跳加速的理财方式。也许你昨天不名一文，今天却一夜暴富；也许你昨天身价百万，今天却一贫如洗。这就是股票的魅力，它的变现性强，投机性大，风险也最大。

然而，纵然股票有如此大的风险，还是获得了很多投资人的青睐。尤其是随着我国经济的稳步发展，投资股票的人越来越多，股票投资已成为普通百姓的最佳投资渠道之一。

投资实践中，为什么越来越多的人对股票投资青睐有加呢？

股票投资同其他投资项目比起来有很多优势：

其一，股票作为金融性资产，是金融投资领域中获利性最高的投资品种之一。追求高额利润是投资的基本法则，没有高利润就谈不上资本扩张，获利性是投资最根本的性质。人们进行投资，最主要的目的是获利。获利越高，人们投资的积极性就越大；获利越少，人们投资的积极性就越小。如果某一种投资项目根本无利可图，人们即使让资金闲置，也不会将资金投入其中。当然这里所说的获利性是一种潜在的获利性，是一种对未来形势的估计。投资人是否真能获利，取决于投资人对投资市场和投资品种未来价格走势的预测水平和操作能力。

其二，股票投资的可操作性极强。在金融性投资中，股市的可操作性最强，不仅手续简便，而且时间要求不高，专职投资人可以一直守在证券交易营业部，非专职股民则比较灵活，一个电话即可了解股市行情，进行买进卖出，有条件的投资人还可以直接在家里或在办公室的网上获知行情。而且投资于股票几乎没有本钱的限制，几千元就可以进入股市。在时间上完全由投资人个人说了算，投资人可以一直持有自己看好的股票，不管持有多长时间都可以，炒股经验一旦学到手便可以终身受益。

无数实践证明，炒股票光凭运气可能获得于一时，但不可能获得于长久，更不可能获得于最后。面对险象环生的股市，投资者不仅要有勇气、耐心和基本知识，而且要有投资的技巧和策略。以下就介绍几种股票投资的策略，希望对你的股票交易有所帮助。

第一，顺势投资。顺势投资是灵活的跟"风"、反"零股交易"的投资股票技巧，即当股市走势良好时，宜做多头交易，反之做空头交易。但顺势投资需要注意的一点是，时刻注意股价上升或下降是否已达顶峰或低谷，如果确信真的已达此点，那么做法就应与"顺势"的做法相反，这样投资人便可以出其不意而获先见之"利"。投资人在采用顺势投资法时应注意两点：一是否真涨或真跌；二是否已到转折点。

第二，"拔档子"。采用"拔档子"的投资方式是多头降低成本、保存实力的操作方法之一。也就是投资人在股价上涨时先卖出自己持有的股票，等价位有所下降后再补回来的一种投机技巧。"拔档子"的好处在于可以在短时间内赚得差价，

如何选择适合自己的股票

每个人都有自己的个性，不同类型的股民在投资上会表现出不同的特点。按照自己的个性选股，是比较稳妥可靠的方法。

稳健型投资者

- 公司经营状况和赢利状况都较稳定
- 股票的市盈率较低
- 红利水平较高
- 股本较大，一般不会有市场主力光顾

激进型投资者

- 股票以往表现较为活跃
- 最好有主力资金的介入
- 有炒作题材配合
- 量价关系配合良好
- 技术指标发出较为明显的信号

进取型投资者

- 赢利和红利的增长潜力大
- 红利水平较低
- 预期收益率较高
- 赢利增长率较高

由于股票市场是一个高风险的市场，投资者往往追求高收益而忽略其风险因素，所以我国的大部分投资者都属于激进型和进取型。

使投资人的资金实现一个小小的积累。

"拔档子"的目的有两个：一是行情看涨卖出、回落后补进；二是行情看跌卖出、再跌后买进。前者是多头推进股价上升时转为空头，希望股价下降再做多头；后者是被套的多头或败阵的多头趁股价尚未太低抛出，待再降后买回。

第三，保本投资。保本投资主要用于经济下滑、通货膨胀、行情不明时。保本即投资人不想亏掉最后可获得的利益。这个"本"比投资人的预期报酬要低得多，但最重要的是没有"伤"到最根本的资金。

第四，摊平投资与上档加码。摊平投资就是投资人买进某只股票后发现该股票在持续下跌，那么，在降到一定程度后再买进一批，这样总平均买价就比第一次购买时的买价低。上档加码指在买进股票后，股价上升了，可再加码买进一些，以使股数增加，从而增加利润。

上档加码与摊平投资的一个共同特点是：不把资金一次投入，而是将资金分批投入，稳扎稳打。摊平投资一般有以下几种方法：

一是逐次平均买进摊平。即投资人将资金平均分为几份，一般至少是三份，第一次买进股票只用总资金的 1/3。若行情上涨，投资人可以获利；若行情下跌了，第二次再买，仍是只用资金的 1/3，如果行情升到第一次的水平，便可获利。若第二次买后仍下跌，第三次再买，用去最后的 1/3 资金。一般说来，第三次买进后股价很可能要升起来，因而投资人应耐心等待股价回升。

二是加倍买进摊平。即投资人第一次买进后行情下降，则第二次加倍买进，若第二次买进后行情仍旧下跌，则第三次再加倍买进。因为股价不可能总是下跌，所以加倍再买一次到两次后，通常情况下股票价格会上升的，这样投资人即可获得收益。

第五，"反气势"投资。在股市中，首先应确认大势环境无特别事件影响时，可采用"反气势"的操作法，即当人气正旺、舆论一致看好时果断出售；反之果断买进，且越涨越卖，越跌越买。

"反气势"方法在运用时必须结合基本条件。例如，当股市长期低迷、刚开始放量高涨时，你只能追涨；而长期高涨，则开始放量下跌时，你只能杀跌。否则，运用"反气势"不仅不赢利，反而会增加亏损。

黄金投资：用黄金挽救缩水的钱包

欧先生是从 2007 年底开始炒"纸黄金"的。2008 年初，他追高入市，结果被深套。但他遇到了一个好时机，2008 年 4～5 月，黄金行情走出了一波大行情，2008 年累积涨幅已经达到了 40% 左右。得益于金价的大涨，欧先生不仅解了套，而且还小有赢利。

2009 年，欧先生打算转战兴业银行推出的实物黄金业务。"即使不想炒了，也可以提取实物，不会贬值啊。"欧先生乐观地表示。

黄金，一个足以令人耳热心跳的名字！因其稀少、特殊和珍贵，自古以来被视为五金之首，有"金属之王"的称号，享有其他金属无法比拟的盛誉。在投资市场上，黄金的地位也非常高，投资者们仍十分喜欢购买黄金。因为黄金不仅由于其本身的稀缺性而有较高的商业价值，而且还有着重大的美学价值。正因如此，与其他投资方式相比，投资黄金凸显其避险保值功能。因此，投资黄金成为一种稳健而快捷的投资方式。

1. 黄金投资基本无风险

黄金投资是使财产保值增值的方式之一。黄金的保值增值功能主要体现在它的世界货币地位、抵抗通货膨胀及政治动荡等方面。黄金可以说是一种没有地域及语言限制的国际公认货币。也许有人对美元或港币会感到陌生，但几乎没有人不认识黄金。世界各国都将黄金列为本国最重要的货币之一。

黄金代表着最真实的价值——购买力。即使是最坚挺的货币也会因通货膨胀而贬值，但黄金却具有永恒的价值。因此，几乎所有的投资人都将黄金作为投资对象之一，借以抵抗通货膨胀。黄金之所以能够抵抗通货膨胀，主要是因为它具有高度的流通性，全球的黄金交易每天24小时进行，黄金是最具流通能力的资产。除此之外，黄金还有另一个受人青睐的特性：黄金在市场上自由交易时，其价格可与其他财物资产的价格背道而驰。事实证明，黄金的价格与其他投资工具的价格是背道而驰的，与纸币的价值也是背道而驰的。

黄金不仅是抵抗通货膨胀的保值工具，而且还可对抗政治局势的不稳定。历史上许多国家在发生革命或政变之后，通常会对货币的价值重新评估，但不管发生了多么严重的经济危机或政治动荡，黄金的价值是不会降低的，通常还会升高。

2. 黄金不会折旧

无论何种投资，主要目的不外乎是使已拥有的财产保值或增值，即使不能增值，最基本的也应维持在原有价值水平上。如果财产价值逐渐减少的话，就完全违背了投资的目的。最符合这种标准的莫过于黄金了。

3. 黄金是通行无阻的投资工具

只要是纯度在99.5%以上，或有世界级信誉的银行或黄金运营商的公认标志与文字的黄金，都能在世界各地的黄金市场进行交易。

4. 黄金是投资组合中不可缺少的工具

几乎所有的投资理论都强调黄金投资的重要性，认为在投资组合中除拥有股票及债券等外还必须拥有黄金。特别是在动荡不安的年代，众多的投资人都认为只有黄金才是最安全的资产。由于害怕其他财物资产会因通货膨胀等而贬值，人们都一致把黄金作为投资组合中不可缺少的部分。

📠 投资实物黄金的优势

　　股市、基金低迷，房地产投资不明朗，国际金融危机汹涌而至，广大投资者如何调整投资方向应对市场风险呢？黄金作为一种投资避险工具出现在广大投资者面前。

　　1. 投资、收藏两种功能：比如投资如意金条等实物黄金，往往兼具投资、收藏两种功能。

　　2. 多种组合抗风险：多种黄金投资方式，能多方位地满足百姓多元化投资的需要，而且组合方式多，能够抵抗风险，增加收益。

　　3. 适合长期理财：实物黄金作为抵御通胀的"天然货币"，对通胀有很好的抵御作用，因此实物黄金更适合那些希望长期保值、有真正提金需求的投资者。

5. 黄金也是一种艺术品

目前我国黄金市场上的金条、金砖都已经工艺化、艺术化了，金条、金砖的外部构图，都可以说是精美绝伦的。

目前市场上的黄金品种主要有：黄金的实物交易、纸黄金交易、黄金现货保证金交易、黄金期货这四种。那么究竟哪种适合自己，还要看个人的偏好及对黄金市场的了解程度。具体介绍如下。

（1）黄金的实物交易

顾名思义，是以实物交割为定义的交易模式，包括金条、金币，投资人以当天金价购买金条，付款后，金条归投资人所有，由投资人自行保管；金价上涨后，投资人携带金条，到指定的收购中心卖出。

优点：黄金是身份的象征，古老传统的思想让国人对黄金有着特殊的喜好，广受个人藏金者青睐。

缺点：这种投资方式主要是大的金商或国家央行采用，作为自己的生产原料或当作国家的外汇储备。交易起来比较麻烦，存在着"易买难卖"的特性。

（2）纸黄金交易

什么叫纸黄金？简单地说，就相当于古代的银票！投资者在银行按当天的黄金价格购买黄金，但银行不给投资者实金，只是给投资者一张合约，投资者想卖出时，再到银行用合约兑换现金。

优点：投资较小，一般银行最低为10克起交易，交易单位为1整克，交易比较方便，省去了黄金的运输、保管、检验、鉴定等步骤。

缺点：纸黄金只可买涨，也就是说只能低买高卖，当黄金价格处于下跌状态时，投资者只能观望。投资的佣金比较高，时间比较短。

（3）黄金现货保证金交易

通俗地说，打个比方，一个100块钱的石头，你只要用1块钱的保证金就能够用它进行交易，这样如果你有100块钱，就能拥有100个100块钱的石头，如果每个石头价格上涨1块，变成101块，你把它们卖出去，这样你就净赚100块钱了。保证金交易，就是利用这种杠杆原理，把资金放大，可以充分利用有限资金来以小博大。

（4）期货黄金

现货黄金交易基本上是既期交易，在成交后即交割或者在数天内交割。期货黄金交易的主要目的是套期保值，是现货交易的补充，成交后不立即交易，而由交易双方先签定合同，交付押金，在预定的日期再进行交割。主要优点在于以少量的资金就可以掌握大量的期货，并事先转嫁和约的价格，具有杠杆的作用。黄金期货风险较大，对专业知识和大势判断的能力要求较高，投资者要在入市前做足功课，不要贸然进入。

个人投资者三步参与黄金期货

无论做什么投资，前期准备过程都是十分重要的，那么，个人投资黄金期货应该分为哪些步骤呢？

Step 1

要想参与黄金期货交易，第一步就是要选一个值得信任的期货公司。

Step 2

开通银期转账账户。

Step 3

划入保证金。

收藏品投资：艺术与理财的完美结合

俗话说："盛世玩古物，乱世收黄金。"当金融危机逐渐远离，经济稳步发展的时候，人们将越来越多的目光投到资产保值、升值上。收藏品的种类有很多，最初人们热衷于古玩、名家字画，现在一些新奇特的艺术品也被列入了收藏品的范围。

如今，随着人们文化素质的不断提高，古玩、名人字画之类的收藏品也越来越受到大众的重视。民间收藏现在已经成为收藏界的主力军。据介绍，目前全国已有民间收藏品交易市场和拍卖行200余家，人们从事收藏，除了它们自身珍贵的艺术、历史意义之外，它们的经济价值也越来越高。

收藏品主要有如下几个大类：

书画、古籍善本、瓷器、陶器、玉器、赌石、奇石、家具、印纽、金石、各种材质的雕刻艺术品、古今钱币、邮品单证、各种刺绣、茶品、琴棋、古今兵器、车辆等，还有火花、民间剪纸、皮影等民俗。如果嗜好动物也算一种收藏行为的话，有些人也喜欢收藏名贵的品种，比如古人有圈养良驹骏马的习惯。

某些收藏品的时空分为：高古、远古、明清、近代、现代，也有收藏横跨整个人类社会活动的时空的藏品。

总之，收藏是一种涉及范围很广的人类社会活动和兴趣爱好。随着民间收藏的日益兴盛，收藏品种类越来越多，从过去的古玩工艺品、名人字画收藏已经发展到现在火花、票证、奇石、连环画等，连神舟飞船的一些实物都被爱好者收藏。

资料显示，目前我国收藏品的种类达7400多种，老式家具、瓷器、字画、打火机、邮票、纪念币、拴马桩都成为新的收藏热点，在一些拍卖会上经常有藏品被拍出惊人的高价，一些有实力的企业和个人也纷纷投入这一前景看好的行业，这些企业和个人收藏的数量之多、品种之全、品位之高令人瞠目，由于收藏品众多而举办的民间博物馆也越来越多。而且，民间收藏有利于发掘、整理历史和文化资料。

对于许多收藏投资者来说，把握收藏投资的基本方向，使自己在浩瀚无边的艺术海洋中不会迷失方向，这是最重要的问题。有一些老一辈收藏者收藏效果不好，花大代价买入一大堆文化垃圾。其实，很多时候，其收藏不利的原因不在于财力不够，也不在于心态不端，热衷于暴富神话，最根本的原因是没有处理好收藏投资的基本原则问题。

收藏投资的基本原则简要概括为九字箴言：真、善、美、稀、奇、古、怪、精、准。其奥妙在于收藏的实践活动中能灵活运用，举一反三，融会贯通，要求对每一藏品都得用九字原则在九个方面或者更多方面进行全方位评估。九字箴言的具体内涵是：

1. **"真"即藏品必须是真品**

这是收藏的前提条件，任何伪或劣藏品均无收藏意义，存真去伪永远是收藏的主旋律。在兴趣和嗜好的引导下，潜心研究有关资料，经常参加拍卖会，游览展览馆，来往于古玩商店和旧货市场之间。有机会也不妨"深入"到穷乡僻壤和收藏者的家中，多看，多听，少买，在实践中积累经验，不断提高鉴别收藏真品的水平，此外要大量地阅读古玩或艺术品图录，以学者的严谨态度认真研究，寻找同类规律或同时代风格等，这种严谨的态度是收藏成功与否的保证。藏家如有唐代狄仁杰断案的精明、宋代提刑官宋慈的逻辑严谨，分析透彻，在收藏领域不成功也难。

2. **"善"即藏品的器形**

器形，即存在的形式在藏家的位置及心理的地位。比如帝王的印玺，名人的印章，官窑瓷品的创新精品，文房用品，宋元字画，玉雕神品，青铜重器，皇家或名人注录的藏品，等等；对收藏品要有长期投资的意识，这样的收藏品投资是一种长期投资，只有长期持有，才能获利丰厚。

3. **"美"即藏品的艺术性表现出来使人愉悦的反映**

文物是文化之物，也是文化的载体，艺术性是评判文物价值最重要的准绳。人们不会忘记秦兵马俑的雄伟，汉马踏飞雁铜奔马的洒脱以及姿态的优美，宋代书画的线条描绘的繁华，人物的动感传神以及宋代字体的独特字迹的稳重和狂草的不拘一格，宋代官瓷的宁静致远，小中见大，等等，好的艺术精品会摄人魂魄，让人神往，产生共鸣。

4. **"稀"是指稀有**

稀，对藏品的主观评测来讲，指稀有，也是存世量的小。稀有性要求以存量小来凸显藏品的存在价值，比如玉的数量因受资源限制数量远远少于瓷器，唐宋元时期的字画因年代久远不易保存，数量少，很珍稀，近现代字画存世量大，其价值往往不尽如人意（商业欺诈，恶意炒作除外），等等。

5. **"奇"是指具有特点**

"奇"是指艺术性中的个体特征，有特点并且符合人们的审美情趣，就会吸引艺术市场细分化的艺术观众群体。有些古玩存世量不多，但往往是不足为"奇"，因而，影响力不足。

6. **"古"和"怪"是指年代越古越好**

"古"是时空的概念，也只有艺术性强的古代艺术品，才会有沧海桑田的感受，才会有数量稀少，制作难度大的联想。"怪"与"奇"相似，怪更侧重于，表现形式的张扬和个性的特别，如三星堆铜器的艺术表现的独特。

7. **"精"而"准"，是指选择收藏品要少而精，且量财力而行**

收藏品种类繁多、范围广，应根据个人的兴趣和爱好，选择其中的两三样作为投资的对象。这样，才能集中精力，仔细研究相关的投资知识，慢慢变为行家里手。

如何识别真伪青铜器

如果投资者想通过青铜器投资来实现致富的目标，就应该先学会识别真伪青铜器。

看器物造型、纹饰和铭文有无破绽，锈色是否晶莹自然。

 眼看

手摸

凡是浮锈用手一摸便知，赝品器体较重，用手一掂就知真假。

鼻闻

耳听

出土的新坑青铜器，有一种略有潮气的土香味，赝品则经常有刺鼻的腥味，舌舐时有一种咸味。

用手弹击，有细微的清脆声，凡是声音混浊者，多是赝品或残器。

同时，选择收藏品还要考虑自身的支付能力。如果是新手，不妨选择一种长期会稳定升值的收藏品来投资或从小件精品入手。

投资收藏品，不仅是一种获取收益的手段，同时更是一门艺术，对投资者的眼光有着更高的要求。因此，掌握投资收藏品的方法，更多地学习收藏品的知识对投资者来说显得更加重要。

专家提醒：并非所有的金银收藏品都值得拥有，因此消费者在选择投资产品时要注意谨慎选择有价值的收藏品进行投资。

房产投资：不应忽略的投资宝典

如今，也许没有什么东西比房子更能搅动大家的心了，不少人因之一夜暴富。据《福布斯》公布的数据，1996年全球十大富豪中，一半人的财富都是以房地产为标的。许多世界一流的大企业，在经营各类不同产业的同时，也都把经营房地产业作为重要的利润来源，并且从中获取巨额利润。其实，房地产投资的巨大优势，很早就被许多颇具眼光的人认识到了。他们之中的许多人正是通过房地产脱贫致富，进而把房地产投资作为一种手段进而富甲一方的。

房地产投资为什么令那么多人着迷，它究竟有什么特点呢？现在就让我们细细地盘点一下，看看其中的奥妙。房地产投资一个最显著的特点就是：可以用别人的钱来赚钱。

几乎所有的人，在今天要购买房屋时，都会向银行或金融机构贷款，越是有钱的人越是如此。在房地产投资中，你可以靠借钱买房，也就是举债，人们称之为投资房地产的"债务杠杆"。

银行之所以乐意贷款给你，主要是因为房地产投资的安全性和可靠性。除房地产外，你要投资其他类型的项目，可能就不会有这么好的运气轻而易举地借到钱了，通常，对于那些回报不太有保障的项目，银行多采取审慎的态度。

接下来的问题就是付贷款和利息了，很多投资人通过租房就能把这一问题轻松解决，因为投资人的债务都是由房客来承担的。从房地产投资的一般性资金流向来看，投资人在贷款购买房地产后，都是通过把所属房产出租来获得收益，然后再把租金收入付给银行以支付贷款利息和本金。

此外，因为房地产是一项有关人们基本生存的资产，因此各国对房地产方面的融资总是予以最大的宽容，不但贷款的期限长，而且利率也较之于其他消费贷款低很多。如果在房地产投资中，合理且最大化地利用房地产贷款这一优势，那就等于把房地产变成你的银行，它为你的房地产投资和其他方面的消费贷款提供数额可观的资金，但是只支付很低的利息。

房地产投资的另外一个显著的特点就是它具备很大的增值潜力。随着经济的发展和城市化进程的加快，在城市地区，大量有效的土地被一天天增多的人所占据，土地资源越来越少，其价值由此变得越来越高。

以日本和美国的土地价值比较，美国在地理上比日本大25倍，但从20世纪90年代的统计看，日本物业的价值相当于全美物业总值的5倍。理论上说，日本可以卖掉东京，而买下全美国；卖掉皇宫，就可以买下整个加州。从1955年至1990年，日本房地产的价值增长了75倍，物业的总价值为10万亿美元，相当于当时世界总财富的20%之多，也是当时全球股市总市值的两倍。日本这种土地的巨大价值，是极度稀缺的土地之于它所拥有的巨大生产能力而言的。

与现在城市房地产需求不断增加相联系的是，房地产投资的周期长，获利的空间就大，赢利时间也就长。一般情况下，一个房子的寿命在100年左右，最短也在60年以上。从借钱买房的角度来看，投资房地产不但得到了物业的产权，而且可以赢得至少40年以上的获利时间。房地产增值潜力表现的另一方面是，它能够有效地抵消通货膨胀带来的负面影响。在通货膨胀发生时，房地产和其他有形资产的建设成本不断上升，房地产价格的上涨也比其他一般商品价格上涨的幅度更大，而像钞票这样的非实质资产却因此不断贬值。在这个意义上，许多人都把房地产作为抗通货膨胀、增值、保值的手段。

在房产投资中主要有以下几种投资的方法：

1. 投资好地段的房产

房地产界有一句几乎是亘古不变的名言就是：第一是地段，第二是地段，第三还是地段。作为房地结合物的房地产，其房子部分在一定时期内，建造成本是相对固定的，因而一般不会引起房地产价格的大幅度波动；而作为不可再生资源的土地，其价格却是不断上升的，房地产价格的上升也多半是由于地价的上升造成的。在一个城市中，好的地段是十分有限的，因而更具有升值潜力。所以在好的地段投资房产，虽然购入价格可能相对较高，但由于其比别处有更强的升值潜力，因而也必将获得可观的回报。

2. 投资期房

期房一般指尚未竣工验收的房产，在香港期房也被称作"楼花"。因为开发商出售期房，可以作为一种融资手段，提前收回现金，有利于资金流动，减少风险，所以在制定价格时往往给予一个比较优惠的折扣。一般折扣的幅度为10%，有的达到20%甚至更高。同时，投资期房有可能最先买到朝向、楼层等比较好的房子。但期房的投资风险较高，需要投资者对开发商的实力以及楼盘的前景有一个正确的判断。

3. 投资"尾房"

尾房指楼盘销售到收尾价段，剩余的少量楼层、朝向、户型等不十分理想的

房地产的跟风行为与价格起落

房地产市场与其他经济市场一样具有周期性，而且房地产市场的价格往往与人们的盲目跟风有关。

看到有人进入地产市场赚钱了，大家纷纷进入，开始哄抢，导致房地产价格一路上涨。

价格的抬高使得有人承受不了开始退出，又有人效仿，纷纷抛售，从而导致市价开始回落。

因此，在这个市场中必须找准买进点和卖出点，不盲目跟风，才能让自己有所收获。

房子。一般项目到收尾时，开发商投入的资本已经收回，为了不影响其下一步继续开发，开发商一般都会以低于平常的价格处理这些尾房，以便尽早回收资金，更有效地盘活资产。投资尾房有点像证券市场上投资垃圾股，投资者以低于平常的价格买入，再在适当的时机以平常的价格出售以赚取差价。尾房比较适合砍价能力强的投资者投资。

教你如何从尾房"沙里淘金"

1.要懂得区分尾房、烂尾房和空置房。购买时只要查验开发商是否持有卖房所需证件及其真实性，就可避免损失。

2.要择优购买，切勿只图低价而买了"假实惠"。验收尾房时，要仔细检查房屋的各类设施，还应与开发商签署相关文件，以明确责任。

3.请教专业人士以获得切实可信的指点。购房者若对一些楼盘早有垂青，可请一些专业人士通过实地考察加以甄别，谨慎选择尾房。

4. 投资二手房

现在国家的各种政策（限购、包括银行给予贷款的额度）的出台，二手房基本已经失去了升值的空间，以后的一线城市的二手房价格只会跌不会涨，国家现在重点发展的对象是中小型城市，所以我们可以把握这个机会去投资那些二线城市的新楼盘。而且现在的新楼盘基本上都是开发商给予包租，等到二线城市的经济发展起来的时候你的本钱已经回来了，你的房子也涨价了。

5. 投资商铺

目前的一些新建小区中，附近都建有沿街的商铺或是大型的商场店铺。一般这些店铺的面积不大，在 30 ~ 50 平方米，比较适合搞个体经营。由于在小区内搞经营有相对固定的客户群，因而投资这样的店铺风险较小，无论是自己经营还是租赁经营都会产生较好的收益。

近年来，房产投资成为一种流行的投资方式。房屋不仅可以用来居住，还可以作为一种保值增值的家庭理财工具，如果你有数额较大的闲置资金，将其投资在房产上是一个不错的选择。总的来说，在房产投资中，投资人应秉持房产投资的原则。但除此之外，投资人自身也要加强巩固房产投资的相关知识，缔造良好的投资心态。

第十二章

资金管理是企业经济管理的命脉
——每天学点公司理财知识

公司金融：为什么要了解公司金融

所谓金融，简单地讲就是资金的融通，再简单点儿讲就是研究钱与钱之间的关系。金融是货币流通和信用活动以及与之相联系的经济活动的总称。

企业是金融市场的一个重要组成部分，因此，对企业来说，了解公司金融至关重要。公司金融是考察公司如何有效地利用各种融资渠道，获得最低成本的资金来源，并形成合适的资本结构，研究如何有效地配置公司金融资源以实现公司的经营目标。它会涉及现代公司制度中的一些诸如委托、代理结构的财务安排、企业制度和性质等深层次的问题。

随着市场竞争越来越激烈，企业面临的生存环境也变得越来越复杂，对于企业现金流的管理水平要求越来越高，只有合理控制营运风险，提升企业整体资金利用效率，才能不断加快企业的发展。

在经济学中，企业是指追求"利润最大化"的经济组织，即企业经营的目标是实现"利润最大化"，那么企业理财的目标是否也是"利润最大化"呢？公司理财的目标不仅是要达到利润最大化，还要做到收入最大化、管理目标的实现、社会福利的获得以及股东财富最大化。目前我国企业的现状是：有些企业虽然账面盈利颇丰，却因为现金流量不充沛而倒闭；有些企业虽然长期处于亏损状态，却能够依赖自身拥有的现金流得以长期生存。所以，对于企业的持续性发展经营来说，靠的不是高利润，而是良好的资金管理。

假如你想出售你的房子，你是否希望获得可能的最高价格？

你是否认为想买你房子的人希望支付尽可能低的价格？

假如你想投资一笔钱，你是否愿意在下一年成为原来的三倍？但是你是否愿意冒失去你所有钱的风险？

如果我欠你100美元，你是愿意今天收回呢，还是半年以后？

以上这些问题都属于公司金融的范畴，相信掌握好公司金融，它一定能够很好地帮助你解决这些问题。在认识公司金融的同时，我们也必须认识一下公司金融的原则，它主要有以下几点：

第一，风险与收益相权衡的原则。对额外的风险需要有额外的收益进行补偿。

第二，货币的时间价值原则。合理利用公司的每一分钱，要认识到今天的一元钱价值要高于未来的一元钱。

第三，价值的衡量要考虑的是现金而不是利润。现金流是企业所收到的并可以用于再投资的现金；而按权责发生制核算的会计利润是赚得收益而不是手头可用的现金。

第四，增量现金流量原则。在确定现金流量时，只有增量现金流与项目的决策相关，它是作为一项结果发生的现金流量与没有该项决策时原现金流的差。

第五，在竞争市场上没有利润特别高的项目。寻找有利可图的投资机会的第一个要素是理解它们在竞争市场上是如何存在的；第二个要素，公司要着眼于创造并利用竞争市场上的不完善之处，而不是去考察那些看起来利润很大的新兴市场和行业。

第六，资本市场效率原则。市场是灵敏的，价格是合理的。在资本市场上频繁交易的金融资产的市场价格反映了所有可获得的信息，而且面对"新"信息能完全迅速地作出调整。

第七，代理问题。代理问题的产生源自所有权和经营权的分离，尽管公司的目标是使股东财富最大化，但在现实中，代理问题会阻碍这一目标的实现，人们往往花费很多时间来监督管理者的行为，并试图使他们的利益与股东的利益相一致。

第八，纳税影响业务决策。股价过程中相关的现金流应该是税后的增量现金流。评价新项目时必须考虑所得税，投资收益要在税后的基础上衡量。否则，公司就不能正确地把握项目的增量现金流。

第九，风险分为不同的类别。人们常说"不要把所有的鸡蛋放到一个篮子里"。分散化使好的事件与不好的事件相互抵消，从而在不影响预期收益的情况下降低整体的不确定性。当我们观察所有的项目和资产时，会发现有一些风险可以通过分散化消除，有一些则不能。

第十，道德行为就是要做正确的事情，而在金融业中处处存在着道德困惑。

正因如此，当中国的金融市场化进程为部分企业提供了发展机遇时，我们应该发挥各自的竞争优势，管理好公司金融。

公司金融是围绕资金运动展开的，资金运动是企业生产经营主要过程和主要方面的综合体现，具有很强的综合性。掌握了资金运动，犹如牵住了企业生产经营的"牛鼻子"，做到"牵一发而动全身"。

任何一个企业都和每一个人是一样的，没有随随便便成功的，除了员工的拼命工作、产品质量的安全可靠、企业管理的合理有效，还有一个很重要的因素，那就是了解公司金融。如果你打算自己创业，那么你就要考虑，摆在你面前的几个项目，该如何作出最优的选择以获得最大的利润？外部的金融资源该如何利用？是否应该开展企业并购……了解公司金融就是要培养你解决这些问题的思路和方法，帮助你的企业获得更大的成功。

事实上，公司金融的理论非常丰富，绝不是一两千字就能够很好地诠释的，因此，在接下来的论述中，我们将会从多个方面来和大家一同认识公司金融，希望大家在以后的实践过程中，能够合理运用公司金融，以帮助企业更快更好地发展。

资金管理：聪明的人能够更好地解决问题

假如将一个正常经营的企业交给你管理，相信短期内你一定也会管理得有条不紊。可是，如果让你自己创业，管理一个新企业，这就要难很多了，因为创立一家新企业，远比管理一家现成的企业困难得多。因此，那些成功的企业家不但是经营管理的能手，同时更是融资的能手。

资本管理是指将现有财富，即资金、资产等不具生命的物质，转换成生产所需的资本，也就是以人为本，使知识、才能、理想及策略融合而成的有机体，通过管理来适应社会环境的需要，以创造源源不绝的长期价值。因此，资本管理不但是返璞归真，更在格局及眼界上加以提升，为人类经济、社会、环境各方面，有形及无形财富的创造，奠定长久的基础。

在企业发展中，贯穿全过程的是资金，缺乏资金企业将丧失最基本的生存权利，更谈不上企业发展和获利。因此，推行以资金管理为核心的财务管理工作更有利于实现企业管理目标。资金是企业经济活动的第一推动力，也是一个持续的推动力。对企业的经营和发展来说，能否获得稳定的资金、能否筹集到生产过程中所需要的足够的资金，都是至关重要的。而民营企业在发展中遇到的最大障碍就是融资困难，大约80%的被调查民营企业认为融资难是一般的或主要的制约因素。

聪明的人总是能够很好地解决问题，而愚昧的人总是被问题解决。智慧的作用就是解决现实中的矛盾，但是如果需要智慧真正地发挥作用，必须要具备一些基本的条件，也就是说，智慧的真正作用是正确地利用有限的条件、资源以及更好地利用有限的条件重新组合成某种竞争优势，这种组合就是再创造。这种再创造是需要一系列有关的基本条件作基础，而并非无中生有或凭空设想。

在竞争日益激烈的今天，资金是企业生存发展的物质基础，也是企业生产经营的血液和命脉，更是企业管理的主题。良好的管理资金是取得胜利的根本，这是由市场规律的本质所决定的。不过，聪明的脑袋的确可以将资金或资源的利用率降到最低或者是最合理的程度，也可以想到很多融资的办法，但是并不意味在竞争中可以空手套白狼。即使有这种可能，那也是在某些特殊环境下、特殊的条件下的偶然事件。如果只是坐等这种机遇的降临，那么无疑是在期望着"天上掉馅饼"的事情发生。

北京建工四建工程建设有限公司是国内一家大型的建筑企业，下设水电设备安装、装饰、市政、钢结构、房地产开发、物业管理等多个专业公司和15个土建施工项目经理部，组织机构庞杂，管理方式较为粗放，致使公司总部资金管理能力较弱，企业核算难度较大。

认识到这一问题后，企业采取了一系列措施来改善这个状况。公司通过NC系统客户化对会计科目、客商档案、项目档案等基础数据的管控以及系统参数配置，确保了公司制定的统一的会计核算制度、政策在下属单位的贯彻执行；财务数据集中管理，将全公司财务数据共享、方便查询与实时监控下属单位财务情况；通过NC

企业资金管理的发展阶段与发展水平

企业资金管理的发展阶段

企业资金管理的发展水平

系统的协同凭证功能，解决内部对账难以及三角债问题；通过资金计划系统，加强了资金管理，公司及时掌握各单位及全公司未来一段时间的资金流入流出情况，统筹安排资金；并通过资金结算平台，统一办理对内及对外支付业务，实时掌控各项资金支付情况。通过内部信贷及资金计息，强化下属单位加强日常资金管理，提高资金使用效率；快速准确地编制公司报表及报表分析。

自 2007 年 11 月四建公司财务信息化项目启动以来，现已建立公司统一的财务管理系统平台，实现了对下属单位财务状况进行实时监控管理。建立统一的报表管理系统，满足了公司及下属单位各项报表的要求，进行及时、准确地汇总合并。建立资金管理系统，满足公司集中的资金管理要求，掌控下属单位资金的流入和流出情况。与用友的合作已经基本取得达到了预期的公司财务集中管理目标。公司的财务信息化进程已经进入了新的阶段。

资金管理是企业管控的重中之重，企业管理以财务管理为核心，而财务管理则以资金管理为核心。有了充足的资金，企业才有做事情的底气，才能够真正地做到干什么都可以得心应手，而资金不足就会让企业在机会面前畏首畏尾，不但束缚了管理者的思维方式，还会极大地破坏管理者的投资心态，想做的事情不敢做，可以想的事情却又不敢想。在竞争过程中，很多的成功都必须依靠充足的资金来实现，如果因资金不足，退而求其次，则很可能会变主动为被动，从而丧失了大好的获胜机会。

此外，资金不足还可能导致部分企业领导者偏激的投资心态，不是之前的畏首畏尾，便是倾向于孤注一掷，不能顾全大局，做不到全面地思考问题，以至于盲目乐观、自信，甚至一厢情愿地幻想着事情不会那么糟糕，最终走向惨败。

社会主义市场经济不断发展的今天，强化企业资金管理，对加强内部管理、提高经济效益、贯彻落实企业战略方针以及实现企业经营目标任务都具有重大的战略意义。抓住资金管理，一切问题就迎刃而解。

融资计划书：如何做好融资计划

融资是指为支付超过现金的购货款而采取的货币交易手段，或为取得资产而集资所采取的货币手段。通常是指货币资金的持有者和需求者之间，直接或间接地进行资金融通的活动。

而如何才能成功融资，商务计划书是企业经营者必须做好的一步。一般情况下，投资方在了解融资方时，往往都是通过商务计划书开始对企业进行一步步深入了解的。

颜先生的公司需要获得一大笔资金，企业的规模扩张才能完成。为此，他让公司相关的人做了一份商务计划书。为了保证让投资者看得明白，他还特意叮嘱做计划书的人一定要做得精练一点。这份简练的计划书做好之后只有三五页，颜先生看了很高兴，一些主要的内容都有了，细节省去了，看上去一目了然。颜先生想，这下一定有戏。计划书递给投资方两天之后，对方打来电话，对颜先生说："你的项目很好，但是我还有些事情不明白，麻烦你给我写个说明补充一下吧。"颜先生赶紧写了个补充性质的说明书递过去。三天之后，对方又打来电话说，计划书里有一个地方的账目没算清楚，要颜先生再给算一下，颜先生就专程派人跑过去给算了一下。过了半个月之后，对方又打电话给颜先生说实在弄不明白他们公司的财务净现值到底是怎么算出来的，需要颜先生处理一下。就这样，来来回回四五次之后，对方终于没有耐性了，就干脆拒绝了颜先生的融资请求。

从颜先生的经历中可以看出，一份好的融资计划书非常重要，而一份好的融资计划书的要求是什么呢？

融资时，写融资计划书的主要目的就是吸引投资人。融资计划书的详略要根据企业的具体情况而定，既不能过于烦琐，也不能过于简单。如果企业面临非常激烈的市场竞争和复杂的商业环境，那么融资计划书就要详细一点；如果企业的业务单一，但管理队伍很精干，那么融资计划书就可以简洁一点。不论详尽与否，融资计划书都一定要做到重点突出，根据企业的长期发展目标来合理安排，千万不能主次不分。

做完一份融资计划书后，我们也要懂得如何来对它进行修改。我们都知道，融资计划书是围绕企业面临的商机，对影响企业发展的条件做出的合理、充分的分析和说明，而商机不是固定不变的，只有符合一定的条件才能成立，所以企业在制订融资计划书时要随时调整融资计划书的内容和实施情况，以便更好地顺应变动的市场条件，而不是不切实际地幻想让市场条件适合自己的计划。

后来，公司又找到一家投资公司。颜先生吸取了上次的教训之后，就让人认真地另做了一份详细的计划书。在这份计划书里，涉及本企业融资的所有信息都事无巨细地写进去了。看着这份融资计划书，颜先生以为这次应该不会有上次的那种麻烦了，没想到这次过了很久，他也没有得到对方的回应。最后颜先生实在耐不住了，就打电话过去问，才知道原来他的计划书实在是太厚了，被对方给放到一大堆计划书的最后面去了。

这就说明颜先生并不懂得如何修改。之前的一份融资计划书，过于简练，以至于连必要的数据分析等都没有，给投资者带来了太多的不方便，最后放弃了融资的计划。而经过修改以后，却洋洋洒洒地写出厚厚一本来，从一开始就被投资者放在所有融资计划书的最后。

融资计划书，其实是一份说服投资者的证明书，对的撰写，一般分为以下五个步骤：

第一，融资项目的论证。主要是指项目的可行性和项目的收益率。

第二，融资途径的选择。作为融资人，应该选择成本低、融资快的融资方式，比如说发行股票、证券、向银行贷款、接受入伙者的投资。如果你的项目和现行的产业政策相符，可以请求政府的财政支持。

第三，融资的分配。所融资金应该专款专用，以保证项目实施的连续性。

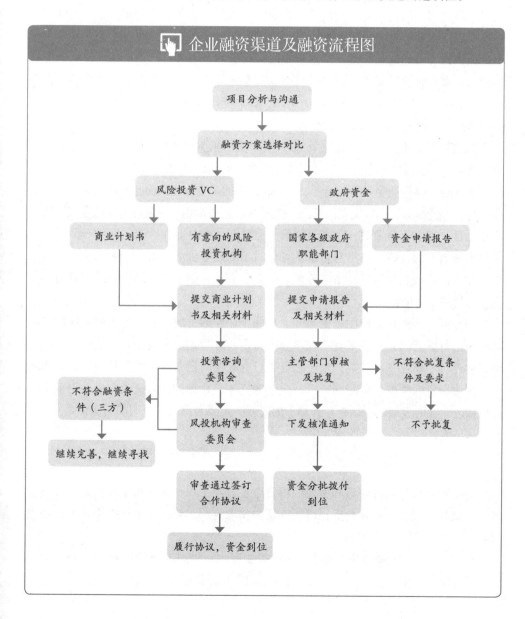

企业融资渠道及融资流程图

第四，融资的归还。项目的实施总有个期限，一旦项目的实施开始回收本金，就应该开始把所融的资金进行合理的偿还。

第五，融资利润的分配。

在这几个步骤的操作中，还有一些注意事项需要我们留意：

一是适当地阐述产品的功能。很多投资者每天要看许多份融资计划书，太过具体冗长的"产品介绍"很难调动起他们的兴趣。我们要知道，写融资计划书的目的是阐述一个切实可行的良好商机而不是无谓的闲聊，其阅读者往往是投资方，因此一定要避免与主题无关的一些内容，开门见山地切入主题，用真实、简洁的语言描述所要表述内容的中心思想和投资者可能关心的一些问题。然而有些企业经营者并不能抓住投资者的这种心理，常常担心因为投资方不了解自己的产品而影响到融资的成功，就在融资计划书中把产品写得非常具体。事实上，投资者更关心的是企业的产品能够帮助用户解决什么问题，所以，在融资计划书里，可以适当地说明产品，详细介绍产品能为用户解决什么问题。

二是做好财务预测。它是融资计划书的重要内容。财务预测是企业经营者对企业的未来发展情况的预期，也是对企业进行合理估值以吸引投资者的基础。

三是透彻描述竞争对手的情况。一个成长中的企业往往会面临不同的竞争对手，透彻地了解竞争对手的情况有助于企业及时采取应对措施，并坚持正确的发展路线，而这也是决定融资成败的一个重要因素。但总有一些企业在融资的时候会回避对竞争对手的情况的分析，更不愿意承认竞争对手的竞争优势。其实，如果让投资者看到企业对行业内竞争对手的透彻分析，他们会非常相信企业对同行业的理解力和对企业前景的正确把握。

四是要有明确而正确的融资目标。有些企业在融资的时候不是按照企业的发展需求来进行融资的，而是来者不拒，上不封顶；有些企业则是看到其他企业的融资情况就进行"攀比"。其实，企业融资额只有既能满足企业对资金的需求，又能将企业因为融资面临的风险降到最低，企业融资才是合理的，融资成本也会更低，也更能促进企业的发展。所以在写计划书的时候一定要对此有一个明确的认识。

银行信贷：如何让银行成为你的后台

商业银行通过各种渠道和手段取得资金后，除了一小部分用于存款准备金外，其余资金都要用于贷款和投资，以便能从中获取利润。放款业务和投资业务，是银行资金运用的两大主要内容。

银行以一定的利率将资金贷发给资金需要者，并约定期限归还的一种经济行为，就是银行贷款。银行贷款历史悠久，是企业融资渠道的重要形式之一。

1990 年秋，美国华盛顿银行副总裁迈·哈丁审阅了瑞德胡克阿尔啤酒酿造公司的一项新的贷款申请。银行于 1987 年第一次和瑞德胡克发展业务关系，那时银行为其融通了两笔资金，一笔为 750000 的定期贷款；另一笔为 100000 的信用额度。该公司一直保持良好的信誉关系，能够达到或超过财务计划目标，而且能及时归还贷款。

瑞德胡克有给人以深刻印象的经营记录。创建于 1981 年的该公司自从 1984 年以来销售以年平均 53% 的比率增长，在 1989 年达到了 2700000。在太平洋西北部不断增长与竞争越来越激烈的微酿酒市场中，它的阿尔淡色啤酒和彼特黑色啤酒占有 50% 的市场份额。

为了满足预计增长的产品需求，瑞德胡克计划在加利福尼亚北部的海湾地区建一个新酿酒厂。另外其还想引入拉哥淡啤酒品牌，这需要再在华盛顿西部波各圣德地区建立一个较大的啤酒厂。为了给经营扩展融通资金，瑞德胡克正在寻求 5000000 股权投资，股东为有兴趣进入北美市场且资金雄厚的一家欧洲酿酒厂。同时，美国华盛顿银行已答应为其提供 6500000 的新贷款。

企业的发展不能完全依赖自身，合理地使用银行信贷，可以让银行成为企业的坚实支柱。但是银行信贷的发放不是随随便便就能通过的，关于银行贷款，主要关注以下几方面：

1. 银行贷款的特点

（1）向银行贷款只需要取得银行同意就可以，不必经过国家金融管理机关、证券管理机关等部门批准，手续比较简单，资金到位快。

（2）如果微观环境发生变化，还可以和银行协商变更有关条款。由于它面对的对象只有一个而不像债券那样分散，所以协商比较灵活。

（3）只需要和银行进行协商就行，不需要制作大量的文件，也不需要进行广告推广，所以融资成本低，贷款利率也低于债券融资利率。

（4）贷款利息可以进入成本核算，企业能够从中取得节税效应。

（5）任何企业都可能把银行贷款作为长期资金来源，而不像发行股票、债券那样必须是股份制企业才行。

2. 办理银行贷款的一般程序

（1）建立信贷关系。无论企业还是个人，要想办理银行贷款，首先必须和银行建立信贷关系。只有具有信贷关系，你才能向银行申请贷款。

企业对银行申请建立信贷关系，需要提交"建立信贷关系申请书"一式两份，等待银行信贷员的调查。调查内容包括：企业经营的合法性、独立性，是否属于国家产业政策发展序列，经营效益如何，资金使用是否合理合法。如果是新扩建企业还要看是否具备足够的自筹资金。

信贷员调查后会写出书面报告，逐级审查批准。如果审查通过，双方接下来就

银行贷款的种类

银行贷款的种类

按贷款期限分
- 短期贷款 → 期限在1年以内，包括1年。
- 中期贷款 → 期限在1~5年，不含1年但包括5年。
- 长期贷款 → 期限在5年以上，但不包括5年。

按担保条件分
- 信用贷款 → 完全凭客户的信用，不需要任何担保和抵押就可以取得贷款。
- 担保贷款
  - 抵押贷款
  - 质押贷款
  - 保证贷款
  → 需要有一定的财产和信用做担保。
- 票据贴现 → 客户把自己还没有到期的商业票据来换取银行的现金或活期存款。

按贷款用途分
- 工业贷款
- 商业贷款
- 农业贷款
- 科技贷款
- 消费贷款
- 流动资金贷款
- 固定资金贷款
→ 按照贷款用途划分，目的主要是帮助银行安排贷款结构，降低贷款的风险。

按贷款风险大小分
- 正常贷款 → 没有足够理由怀疑不能按时还贷。
- 关注贷款 → 有可能对按时还贷造成影响。
- 次级贷款 → 还款能力出现明显问题，有可能造成一定损失。
- 可疑贷款 → 明确无法足额偿还贷款本息，即使担保也会造成较大损失。
- 损失贷款 → 在采取所有措施包括法律程序后，仍然无法收回本息，至多只能收回少量本息。

会继续签订"建立信贷关系契约"了。

（2）提出贷款申请。企业向银行提出贷款申请，必须从生产经营中流动资金的合理需要量出发，向银行申请流动资金贷款额度，填写"借款申请书"。银行会根据国家产业政策、信贷政策等规定，结合上级银行批准的信贷规模计划和贷款资金来源，对贷款申请进行审查。

（3）贷款审查。贷款审查的内容主要有：直接用途，看是否是"合理进货需要支付货款、承付应付票据、经银行批准的预付货款、按规定用途使用的专项贷款"中的某一项；企业近期经营状况，主要看物资购进、耗费、库存，产品的生产、供应、销售，流动资金占用水平、结构，企业信誉，企业经济效益；企业有没有挖潜计划、流动资金周转加速计划、流动资金补充计划，以及其执行情况；企业发展前景如何，主要考察整个行业的发展前景以及企业发展方向、产品结构、寿命周期、新产品开发能力，主要领导工作能力、经营决策水平、开拓创新能力等；企业负债能力，主要看可用自有流动资金占全部流动资金的比例、企业流动资产负债率两项指标。

（4）签订贷款合同。贷款合同中要载明资金用途、到期还本付息数额。贷款利息由国家规定，双方一般不能随意商定。主要内容包括：贷款种类、用途、金额、利率、期限、还款资金来源及还款方式、保证条款、违约责任等。

（5）发放贷款。贷款申请经审查批准后，下一步就是银行发放贷款了。主要过程是银行经办人员填制放款放出通知单，由信贷员、科（股）长、行长（主任）签发，然后送银行会计部门，将贷款划入贷款企业账户。

我国从 2002 年 1 月 1 日开始实行这种分类，目的是帮助银行及时意识到贷款风险，把损失降低到最小。在此以前，长期实行的是"一逾两呆"（正常、逾期、呆滞、呆账）的分类方法和监督评估制度。

资金是企业发展的源泉，而银行信贷又是资金的一个重要来源。认识到企业信贷对于企业的重要性，懂得如何利用银行信贷，也就为企业的发展找到了富裕的后台。有了它，企业在发展的道路上，每一步都走得坚定而且姿态骄傲！

企业合并：如何改变高失败率的命运

企业并购自从 19 世纪在美国出现以来，已经历了五次并购浪潮，从"合并同类项"到"多项式相加"，再到"杠杆效应"，发展可谓是突飞猛进。近年来，伴随着全球经济一体化和信息化的趋势，企业并购浪潮更是风起云涌，呈现出范围大、数量大、力度强、巨额化、跨国化等全新特点。

企业合并，是指将两个或者两个以上单独的企业合并形成一个报告主体的交易或事项。企业合并分为同一控制下的企业合并和非同一控制下的企业合并。一个在并购过程中常被忽视的问题是整合时的整体规划。整合问题是最难解决的问题，尤其在资金、技术环境、市场变化非常剧烈的时代，整合就更加不容易了。

上周，美国时代华纳公司正式宣布分拆 AOL，两者不再是一家人了。

这真是悲惨的结局。9 年前合并的时候，AOL 的市值还高达 1640 亿美元，如今只剩下了 20 多亿美元，整整缩水了 98%！这桩当年被称为"世纪交易""史上最伟大的创举"的企业合并案，竟然是如此下场！

从叱咤风云的"巨无霸"，蜕变为无足轻重的"小虾米"，AOL 只用了 9 年时间。我们看惯了互联网的造富神话，但是何尝想到，互联网消灭财富的速度竟也堪称光速。在这个网络高速发展的年代，"网络巨人"AOL 为何会沦落至此？

但是，没有人料到，从宣布合并的那一刻起，AOL 就开始走下坡路了，市场的领跑者变成了落伍者，因为它犯了一个不可原谅的愚蠢错误——忽视了宽带业务！AOL 起家的法宝是拨号上网，最高网速一般不超过每秒 10KB，这意味着打开一个100KB 大小的普通网页，用户需要等待 10 秒以上，而下载一个 5MB 的 MP3 文件耗时超过 10 分钟，所以这种上网又称"窄带上网"。AOL 本身是新技术的受益者，却对用户渴望高速上网的需求视而不见，对新兴的宽带技术无动于衷，顽固地坚守拨号上网阵地，这真是不可思议的事情啊，它最终遭到市场的惩罚。

——载 2009 年 12 月 15 日《21 世纪经济报道》

企业的规模扩大能够增强企业抵御市场风险的能力，企业合并以后，可充分整合并利用两个企业现有的共同资源，使其更具势力和扩张力。

然而，是否真能实现大幅度的竞争力提升和销售额的增长，得以市场来最终衡量和监督，同时，还要看企业高层对此次收购的重视是否是长期的。除了对当时的成功收购仪式的举行的重视，还要将这一合并的资源有效运用，企业文化的统一更新，企业管理结构的优化调整，从而才能实现"硬件与软件"优化的结果，真正达到竞争力的提升和销售额的增长。

企业合并过程可以分为：合并选择、合并执行与合并后整合三个阶段。任何一个环节出现问题，都会给整个并购战略带来灾难性后果。

首先，目标明确，确立自己的企业合并战略。在合并过程中有一个明确可实行的目标，是合并战略实施成功的关键。此时，管理者要注意不要掉入自己织造的并购陷阱中。一些管理者认为，花钱买回的资产一定可以创造更大利润，且买得越多，回报越大。而事实远非如此。

其次，要防止整合过程中出现管理系统的崩溃。这类系统性问题，是实施并购管理者的梦魇。每一个人都期望并购后出现累加或合成效应，但如果没有正确的认识和积极准备，并购后整合通常都会成为并购成功的最大障碍。

对公司合并整合而言，通常要考虑财务、战略和文化、运营与管理等几方面要素。首先是财务整合，在专业机构的参与下，对并购资产进行清查，对并购前的预

企业兼并的形式

企业的兼并就是对企业组织要素的整合，使生产、组织要素等在资本市场创造更大的价值。

进口机器

兼并成一个纺织厂

1.横向兼并：生产或经营同一、相似产品的企业间的兼并。

兼并成一个工厂

2.纵向兼并：在生产工艺或经销上有前后关联关系、买卖关系的企业间的兼并。

兼并成一个工厂

3.混合兼并：指一个企业对那些与自己生产的产品不同性质和种类的企业进行的并购行为。

设标准进行修正，并回馈给管理层与投资方真实的信息，以便于作出进一步的决策。其次是战略与文化的整合，这是统一新老公司发展方向与各层级思想的工作，也是后续整合工作的基础。

眼看道琼斯指数从 14000 点跌到 8000 点，仅从财务角度看，国外资产价格的确比过去便宜很多，"很多欧洲企业也快到了撑不住的地步"。同时在政策上，海外对中国企业并购不像过去那么排斥，"利润下滑和金融危机令越来越多陷入困境的公司和国家转向现金充沛的中国，以图拯救"。在这种背景下，无怪乎众多中国企业对于海外抄底跃跃欲试。

然而，事情并非如此美好，通过分析中国企业海外并购存在的人力成本"盲区"，如通用、福特的员工退休福利赤字远远超过其市值，在合并过程中我们很容易陷入企业合并的最大陷阱——人力和文化的整合。正如英国《经济学家》一个尖刻的比喻所言，"企业合并要比好莱坞明星结合的失败率更高"。

长期在相对封闭的环境下成长、运作的中国企业在并购方面或许还要历经一些痛苦的失败。早年，TCL 收购法国汤姆逊，明基收购西门子手机，这在当时战略层面都曾被认为是可行的收购，最终都败在了"人"上。包括联想收购 IBM，这一蛇吞象的壮举，目前也还处在艰难的文化整合之中。

中国企业不得不面对的一个基本事实是，全球 60% ~ 70% 的合并案例是失败的。虽然中国企业大多数并购事件才刚刚发生，或者整合期间低调潜行，一时半会儿还无法算出中国企业海外并购的成败概率。但相对于经验丰富的欧美日企业，长期在相对封闭的环境下成长、运作的中国企业在并购方面可能要有一些很痛苦的失败过程，才能真正学到很有用的知识。有没有能力整合好，这是每个准备出手并购的中国企业必须考虑的问题。

融资诊断与评估：如何确定融资合理性

所谓融资诊断与评估，就是指企业在充分调查研究企业的优劣势、所面临的机会和风险的基础上，进行系统的分析和诊断，判断出企业对资金的需求情况，并评估出企业融资的必要性和可行性，然后企业就可以根据自身所面临的内外部状况和财务状况测算出合理的需要筹集的资金量以及必需的融资成本。

为什么要进行融资需求诊断与评估呢？

不进行诊断与评估，企业融资的合理性无法确定，就有可能犯方向性错误，就可能会带来融资风险，所谓"头疼医头，脚疼医脚"。

不进行诊断与评估，不了解企业内部的资源来源和资金占用的内部结构，就无法确定合理的资金需要量和合理的资金需求时间。

不进行诊断与评估，不掌握企业拥有的内部和外部资源，就不可能选择和设计合适的融资工具，无法在融资的成本、风险两者之间做到平衡。

不进行诊断与评估，就不可能选择合适的融资渠道，就有可能浪费企业的资源。

不进行诊断与评估，就不能了解企业是否具备融资的基础，就不利于做好融资的各项准备工作。

不进行诊断与评估，就无法确定融资需求、量化融资工作的目标，就不能有针对性地选择融资工具和资金渠道。融资诊断和评估需要对下列内容进行判断和评估：可能影响企业融资的发展战略；融资的必要性；融资实现的可行性；融资需求的评估与量化。科学合理的融资诊断与评估对企业融资的成败有着极其重要的意义。

其一，合理的融资诊断与评估可以很好地印证企业融资的合理性，为企业融资指明方向，避免所谓的"头疼医头，脚疼医脚"的融资风险。

其二，有助于企业经营者透彻地了解企业的资金来源和资金使用的内部结构，从而确定出科学合理的资金需求量和有利于企业发展的资金需求时间。

其三，有助于企业对自身所拥有的内外部资源有一个清醒的认识，为"知己知彼，百战不殆"打好基础，从而设计出符合企业的实际要求的融资工具和渠道，尽可能地在融资成本和融资风险之间找到一个平衡点。

其四，有助于企业打好融资基础，为融资做好各项准备工作。

其五，有助于企业在已经掌握的资料的基础上，运用一系列科学的方法对融资目标进行量化，为融资的具体工作提供直接的参考和指引作用。

企业要做好融资诊断与评估，就要注意以下几个步骤：

第一，收集好相关的书面资料，做好与有关部门和负责人的访谈工作，必要的时候还要进行现场考察。

第二，对已经收集到的资料和数据进行归纳、分析，提取出有利的数据，并形成报告。

第三，组建由企业内外部专家组成的专家组，对上述数据和报告进行修正和补充，并形成最终的融资诊断和评估报告。

第十三章

调节宏观经济"看不见的手"
——每天学点金融调控与政策知识

宏观调控：看得见的物价，看不见的手

英国经济学家凯恩斯在其著名的《就业、信息和货币通论》一书中记述了这样一则寓言：

乌托邦国处于一片混乱之中，整个社会的经济处于完全瘫痪的境地，工厂倒闭，工人失业，人们无家可归，饿殍遍野，人们束手无策。这个时候，政府采用了一个经济学家的建议，雇用200人挖了一个很大的大坑。这200人开始购买200把铁锹，于是，生产铁锹的企业、生产钢铁的企业、生产锹把的企业相继开工了，接下来工人开始上班、吃饭、穿衣……于是，交通部门、食品企业、服装企业也相继开工了，大坑终于挖好了；然后，政府又雇用200人把这个大坑再填埋上，这样又需要200把铁锹……萧条的市场就这样一点点复苏了，启动起来了。经济恢复之后，政府通过税收，偿还了挖坑时发行的债券，一切又恢复如常了，人们在灿烂的阳光下过着幸福的生活……

这则寓言说明了一个深刻的道理：国家的经济陷入危机的时候，国家要担起自己的责任，应该采用宏观调控的办法干预经济生活，使经济走上正常的轨道。

在斯密那只"看不见的手"的指引下，英国的经济首先呈现出高速的发展，然后美国、欧洲的经济都获得了空前的发展。但是到了1929年，形势急转直下，世界范围内爆发了一场空前的经济危机。这个时候人们才发现，斯密的那只"看不见的手"失灵了，这就是人们常说的"市场失灵"。与此同时，在经济生活中，人们意外地发现了另外一只手，发现有一只让人们"看得见的手"在挥舞，它开始频繁地进入人们的经济生活，这只"看得见的手"指什么呢？其实这只"看得见的手"就是"国家对经济生活的干预"。对市场的失灵，政府并不是无所作为的，不能坐而视之，而应该通过适当干预，刺激市场、启动市场，解决社会存在的经济问题。就像寓言中那样，在整个社会经济不好的时候，国家积极地进入了角色，开始干预经济生活，稳定社会的经济。

　　这只"看得见的手"曾一度使整个资本主义经济从危机的泥沼中走出来，并使资本主义社会的经济在世界范围内蓬勃发展。那么，国家是通过什么办法来调控整个社会的经济的呢？

　　国家主要是通过财政政策和货币政策在宏观上对经济进行调控的。财政政策主要依靠消费、投资、出口这三辆马车；货币有汇率的变动、利息率的变动、货币发行量的变动、发行国债等，都会对一国的经济走势起到宏观调控的作用。

　　也就是从凯恩斯那个时候开始，各国分析和预测经济问题的视角产生了彻底的改变。过去人们重视微观经济问题，也就是个人、家庭、企业对社会经济的影响；而现在人们更看重宏观经济的问题了。一个经济学家这样比喻：比如在剧场里看戏，当一两个人站起来的时候，这相当于微观经济，我们自己说了算；当全场的人都站起来的时候，这就是宏观经济了，这个时候每一个个人都无法左右全场的局面，他

🖱 政府干预经济的方式

　　由于市场失灵，要优化资源配置，必须由政府进行干预。正因为市场会失灵，才需要政府的干预或调节。市场规律和政府调控相结合，才能有效遏制"市场失灵"现象。

政府干预经济的方式 → 经济管制 → 对垄断厂商的产品价格、产量、市场进入和退出条件、特殊行业的服务标准的控制等

政府干预经济的方式 → 社会管制 → 保护环境以及劳动和消费者的健康和安全

只能想办法去适应这个局面。

在亚当·斯密发现"看不见的手"之后，市场规律指导资本主义经济繁荣了150多年；凯恩斯倡导的宏观调控，又让资本主义经济蓬勃发展了近50年。然而，事实证明，宏观调控并不是万能的。

例如，20世纪80年代的日本，由于国际贸易顺差较大，在美国等的压力下于1985年签署了《广场协议》，此后，日元开始迅速升值，兑美元汇率从1985年9月的240∶1一直上升至1988年的120∶1，整整升值了一倍。由于担心出口下滑、经济减速，日本采取了扩张性政策，放松银根，利率从5%降到2.5%、货币供应增幅是名义GDP增速的2倍，出现了流动性过剩，资金大量涌入股票和房地产市场，形成了市场泡沫。

1985～1990年，日本的土地资产总值增长了24倍，达到15万亿美元，相当于同期GDP的5倍，比美国土地总值多4倍。同期日经指数从12000点上升到39000点，股票总价值增加了47倍，市盈率1989年达到70.6倍（但日本股票收益率仅0.4%～0.7%，只有同期欧美企业的1/6左右）。1986～1989年，日本国民资产总额增加了2330万亿日元，其中60%以上为地价、股价上涨所带来的增值收益。

等到经济泡沫破灭后，股价从1989年最高时的39000点下跌到1992年的14000点，2004年达到最低的7600点，跌幅高达80%；房价跌幅也高达70%。股票和地价造成的资产损失相当于GDP的90%，达5万～6万亿美元。虽然此后政府采取了刺激经济的措施，不断降低利率，但又陷入"流动性陷阱"，零利率政策不起作用；加之扩大内需政策缺乏连续性，致使经济陷入10多年的大萧条，出现了银行坏账、设备、人员三大过剩，日本经济长期处于滞胀状态。

同样，在当前世界金融危机的威胁下，虽然各国的经济刺激方案纷纷出台，但并没有取得预期的效果，宏观调控显得越来越力不从心。

这是因为以信息技术为基础的全球化经济打破了传统工业社会中的主权经济、主权社会和主权政治的统一性，主权经济、主权社会和主权政治的重合缺失增加了主权国家宏观经济调控和社会管理的难度。

也就是说，全世界的经济依然成为全球互相依赖的基础，但是各个国家依然是主权国家。进一步说，在国际经济中，关税、出口配额、汇率、统计口径、生产要素等是一个主权国家可以控制和管理的，但又不完全取决于一个国家的选择。在这样的情况下，主权国家的经济社会政策会造成出乎政策制定者们预料的结果，有时甚至会造成相反的效果。这犹如在传统的工业社会中，企业是市场的主体，不同企业之间进行竞争和博弈，采取各自的策略，有时会造成市场不公平竞争，最后不得不由政府出面进行宏观调控，保持经济的稳定增长和社会秩序。在经济全球化的大背景下，全球市场的失灵会造成不公平竞争和主权国家宏观调控政策的失灵。

市场失灵——有的问题市场解决不了

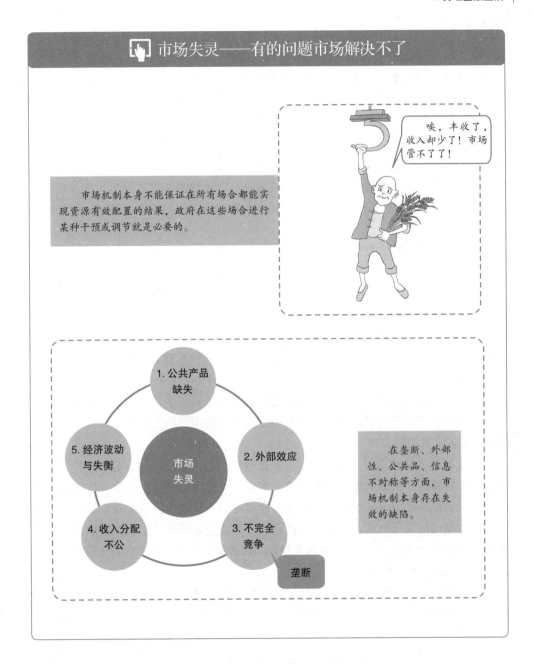

唉，丰收了，收入却少了！市场管不了了！

市场机制本身不能保证在所有场合都能实现资源有效配置的结果，政府在这些场合进行某种干预或调节就是必要的。

1.公共产品缺失

2.外部效应

市场失灵

3.不完全竞争

垄断

4.收入分配不公

5.经济波动与失衡

在垄断、外部性、公共品、信息不对称等方面，市场机制本身存在失效的缺陷。

财政调控：国家履行经济职能的基础

财政，也称国家财政、政府财政或公共财政，是指以国家为主体，通过政府税收、预算等收支活动，用于履行政府职能和满足社会公共需要的经济活动。

财政在整个国民经济运行中具有重要地位。因为全社会的最终需求有不同性质的两类：一类是食品、衣物等个人消费品以及企业生产经营所需要的生产资料，通称"私人物品或服务"；另一类是行政管理、国家安全、环保等"公共物品或服务"。由于私人物品或服务的获得具有排他性和竞争性，其交易活动要求双方利益边界清楚，并通过市场实现；而公共物品或服务的需要和消费是公共的和集合的，市场对这些物品的提供是失效的，只能由政府通过财政的物质支撑加以满足。

市场经济条件下，财政发挥着市场不可替代的关键作用。其主要作用：一是为国家履行其职能提供经济基础，并为国家通过直接配置公共资源来间接引导全社会资源的市场配置创造前提条件。二是财政政策与货币政策、收入政策、产业政策一起构成国家宏观调控的重要政策手段。三是财政具有再分配功能，是国家调节收入分配的重要工具。

财政调控的手段主要有：国家预算、税收、财政支出和国债等。

国家预算。国家预算是国家为实现其职能需要、有计划地筹集资金，使用由国家集中掌握的财政资金的重要政策工具，是国家的基本财政收支计划。国家预算包括中央预算和政府预算。中央预算是我国财政政策的主要工具，它对经济总量、经济结构和各经济层面都发挥着调节作用。其调节功能主要在年度财政收支规模、收支差额和收支结构中预先制定，并通过预算执行中的收支追加追减，以及收支结构变化等实现。

税收。税收是国家为实现其职能需要，凭借其政治权力，按照预定标准，无偿地取得的一种强制性的财政收入，也是国家进行宏观调控的工具之一。其调节作用的实现形式主要是确定税率、分配税负以及税收优惠和惩罚。

税收对经济的调节作用主要有：一是影响社会总供求。这种影响因税种不同而不同。流转税的征税效应侧重于总供给，提高流转税率可以限制供给；反之会增加供给。所得税的征税效应侧重于总需求。政府可以根据税收的自动稳定器作用，制定相机抉择的增减税措施，减缓经济波动。二是通过调整税率影响产业结构，限制或促进某些产业发展。三是通过征收累进所得税和社会保险税等有效调节收入分配，维护社会稳定，实现社会公平。

财政支出。财政支出是政府为履行其职能，将由其集中掌握的社会资源（或资金）按照一定的政治经济原则，分配、运用于满足社会公共需要的过程和耗费资金的总和，是宏观经济调控工具之一。

国债。国债是中央政府通过中央财政，按照信用原则，以债务人的身份在国内外发行债券或向外国政府和银行借款所形成的债务。债券或借款要还本付息。国债以国家信誉为担保，比其他信用形式可靠和稳定，因而又称其为"金边债券"。国债政策是国家根据宏观经济发展的要求，通过制定相关政策对国债发行、流通等过程实施有效管理，实现对宏观经济有效调控的目的。国债产生的主要动因是弥补财政赤字。但随着社会经济的不断发展、信用制度的日臻完善，国债政策已经成为一项较为成熟的财政政策工具，在平衡财政收支、调节经济运行和影响货币政策等方面发挥着日益重要的作用。

中央银行通过买卖国债的公开市场业务操作，吞吐基础货币，调节货币供应量，为货币政策服务，国债又成为连接财政和货币两大政策手段的桥梁。

财政的基本功能主要有以下几个方面：

一是资源配置功能。通过财政再分配，将国民总收入的一部分集中起来，形成财政收入；通过财政支出活动，引导社会资金流向，为社会公共需要提供资金保障。二是收入分配功能。通过税收、转移支付、补贴等财政手段调整社会成员间、地区间的收入分配格局，实现社会公平的目标。三是稳定经济功能。通过实施财政政策，对宏观经济运行进行调节，促使总供求基本平衡，调整优化经济结构，实现社会经济的可持续发展。

我国社会主义市场经济体制下的财政职能，除具有上述财政的一般基本功能外，还具有社会主义基本制度内在要求的特殊性，即监督管理功能。通过对宏观和微观经济运行、对国有资产保值增值等营运、对财政管理工作自身等方面的监督管理，保证国家政令统一，提高财政支出效率，维护国家和人民的根本利益。

我国财政调控的范围很广，既有总量调控，又有结构调整；既包括对财政收入的组织，又包括对财政支出的规范。随着改革的逐步深化，财政调控方式也日臻完善。计划经济体制的高度集中、统收统支的直接调控模式已经打破，直接调控、间接调控和法律规范相结合的调节格局基本形成，国民经济运行逐步走上规范化、法制化和市场化与必要的行政管理相结合的稳步发展轨道。

一方面，通过财政收支实现国家预算对供求总量的影响。财政收入一般反映财政参与国民收入分配过程的活动；财政支出是通过改变政府支出的规模和方向，实现财政的资源配置、收入分配和稳定经济功能，体现政府宏观调控的意图。预算对经济调节的具体形态主要有三种，即赤字预算、盈余预算和平衡预算，分别反映财政政策的扩张性、紧缩性和中性政策取向。为了实现财政平衡或节余，政府主要采取偏紧的政策选择，即增加收入或减少政府公共工程等支出。因此，盈余政策可以对总需求膨胀起到有效的抑制作用。平衡预算在总供求相适应时可以维持总需求的稳定增长。财政出现赤字时主要通过发行国债的方式弥补，但为应对经济紧缩趋势，政府主要通过扩大预算赤字、直接增加政府支出的方式，带动经济增长，实现供求平衡。因此，赤字预算政策在有效需求不足时作用明显。

另一方面，通过实施财政结构政策实现国家预算对经济结构调整的影响。在财政收支差额既定的情况下，调整财政收支结构（主要是财政支出结构），调节宏观经济的运行。一是通过降低（或提高）短线产品（长线或高利产品）的税率，引导社会资金投向"瓶颈"产业，缓解结构失衡；二是在供需结构失衡时，通过增加（或减少）财政投资，扩大（或抑制）社会有效供给（或需求），实现产业或产品结构调整的目的。

财政调控的目标

　　财政调控是国家自觉依据客观经济规律，运用财政政策手段调节经济运行，实现社会总供求平衡，保持经济稳定增长的有效方式。

　　1.实现社会总供给和总需求的总量平衡和结构平衡，促进资源的优化配置和经济结构的合理化，保持经济的适度增长和物价的基本稳定，促进充分就业等。

　　2.协调各方面的分配关系，促进收入的公平分配，防止和纠正平均主义和收入差距过分悬殊两种分配不公的现象。

　　3.在稳定经济的基础上促进政治稳定和社会稳定。

金融调控：当亚当·斯密遇见凯恩斯

几个世纪以来，围绕着政府与市场间的界限问题，很多经济学家和政治家、企业家都争议不断，甚至到了今天，自由派和保守派都还在为政府是否应在教育、医疗、扶贫等方面进行干预而进行讨论。实际上，政府逐渐侵占了市场的地盘，为什么呢？

"冬去春花次第开，莺飞燕舞各徘徊。疾风骤雨旦夕至，高唱低吟有去来。"这首古诗说的是自然界自有其生杀消长、生生不息的规律，市场经济也同样有其运作的规律。但同时，市场经济在运作中也会出现种种问题，比如资源配置不协调等等矛盾，这就需要政府发挥宏观调控的作用。在宏观调控中，金融调控是必不可少的一环。

金融调控是指国家综合运用经济、法律和行政手段，调节金融市场，保证金融体系稳定运行，实现物价稳定和国际收支平衡。金融调控是宏观经济调控的重要组成部分。在现代经济生活中，金融调控职能主要由中央银行来履行。中央银行通过货币政策调控货币总量及其结构，通过保持货币供求总量和结构的平衡来促进社会总需求与总供给的均衡。1993 ~ 1999 年，我国执行的是适度从紧的货币政策，1999 ~ 2007 年我国执行的是稳健的货币政策，从 2008 年起，我国开始执行从紧的货币政策。从紧货币政策是为防止经济增长过热和通货膨胀所采取的宏观调控政策，其内涵包括两方面：一是人民银行通过货币政策工具减少货币供应量，控制信贷规模过快增长；二是严格限制对高耗能、高污染和产能过剩行业中落后企业的贷款投放，加大对"三农"、中小企业、节能环保和自主创新等薄弱环节的支持。

在现代市场经济的发展中，市场是"看不见的手"，而政府的引导被称为"看得见的手"。为了克服"市场失灵"和"政府失灵"，人们普遍寄希望于"两只手"的配合运用，以实现在社会主义市场经济条件下的政府职能的转变。可见宏观调控在经济活动中的作用。

宏观调控亦称国家干预，就是国家运用计划、法规、政策等手段，对经济运行状态和经济关系进行干预和调整，把微观经济活动纳入国民经济宏观发展轨道，及时纠正经济运行中的偏离宏观目标的倾向，以保证国民经济的持续、快速、协调、健康发展。而在多种调控手段中，金融调控往往是最为关键的环节。

通常，中国的金融调控手段主要从以下五方面入手：一是央行将着力于正确处理内需和外需的关系，进一步扩大国内需求，适当降低经济增长对外需、投资的依赖，加强财政、货币、贸易、产业、投资的宏观政策的相互协调配合，扩大消费内需，降低储蓄率，增加进口，开放市场来推动经济结构调整，使国际收支趋于平衡。

二是改善货币政策传导机制和环境，增强货币政策的有效性，促进金融市场的发育和完善，催化金融企业和国有企业改革，进一步转换政府经营管理，完善间接调控机制，维护和促进金融体系稳健运行。

三是积极稳妥地推进利率市场化改革，建立健全由市场供求决定的、央行通过运用货币政策工具调控的利率形成机制，有效利用和顺应市场预期，增强货币政策的透明度和可信度。

四是加强货币政策与其他经济政策间的协调配合，加强货币政策与金融监管的协调配合，根据各自分工，着眼于金融市场体系建设的长期发展，努力促进金融业全面协调可持续发展，加强货币政策与产业政策的协调，以国民经济发展规划为指导，引导金融机构认真贯彻落实国家产业政策的要求，进一步优化信贷结构，改进金融服务。

五是进一步提高金融资金，主动、大力拓展债券市场，鼓励债券产品创新，推动机构投资者发展，加大对交易主体和中介组织的培育，加快债券市场基础制度的建设，进一步推进金融市场协调发展。

金融调控是宏观调控的重要组成部分，它与战略引导、财税调控一起构成宏观调控的主要手段，互相联系，互相配合，共同的目标是促进经济增长，增加就业，稳定物价，保持国际收支平衡。相对而言，金融调控侧重于国民经济的总量和近期目标，但是为宏观经济内在的规律所决定，其作用也必然影响到长远目标。

金融学家"看不见的大手"理论已经深入人心，只是，人们对它的理解还要更深一层。在市场经济的发展中，市场是"看不见的手"，而政府的调控被称为"看得见的手"。"看不见的手"促进大多数国家的市场发展，"看得见的手"为市场搭建法律和管理框架，两者完美结合，才会让市场更完善，经济发展更迅速，缺了任何一个，都会像小儿麻痹患者一样，走路不稳，容易摔倒。因此，为了克服"市场失灵"和"政府失灵"，人们希望"两只手"配合运用，实现在社会主义市场经济条件下的政府职能的重要转变。

个人所得税：收入分配的调节器

从经济学角度来说，不管人均 GDP 是高是低，只要贫富差距扩大化，就会引发社会革命。我国改革开放以来，分配体制改革不断深化，市场机制在国民收入初次分配中日益发挥基础性调节作用。但随着经济的不断发展，呈现出扩大的趋势，我国居民的收入差距在不断拉大，各国通过基尼系数来衡量财富分配是否平均，而我国的基尼系数已经超过了国际警戒线。过大的收入分配差距会导致一些矛盾，与建设社会主义和谐社会很不协调。

个人所得税是调整征税机关与自然人（居民、非居民人）之间在个人所得税的征纳与管理过程中所发生的社会关系的法律规范的总称。自1798年在英国创立至今，已有200多年历史。很多国家都把它作为调节收入差距的重要税种。我国法律规定：凡在中国境内有住所，或者无住所而在中国境内居住满一年的个人，从中国境内和境外取得所得的，以及在中国境内无住所又不居住或者无住所而在境内居住不满一年的个人，从中国境内取得所得的，均为个人所得税的纳税人。

新税改以前，我国个人所得税存在较多问题。我国的个人所得税制度采用分类课征的方式，这种税制不利于调节高收入，缓解个人收入差距悬殊矛盾。在公平性上存在缺陷，容易造成不同项目、不同纳税人之间的税负不公平。两种超额累进税率的施行，税率级别划分过多，税率计算烦琐，程序复杂，而且在一定程度上造成了税负不公，与国际上减少税率档次的趋势不吻合，不利于征收与管理。全国使用统一的费用扣除标准，不能有效调节收入差距。我国不同地区的人均收入水平有一定差距，居民收入差距导致消费支出水平的不同。基于财税一般原理，税收起征点的定位在很大程度上体现着该种税收的功能指向，而"个税"起征点设计未能体现其基本功能。中国是一个发展中的大国，生产力发展水平与社会保障条件与发达国家相比存在很大差距，在收入分配差距不断拉大的背景下，"个税"功能指向理当定位于"富人税"。而且，税收征管不到位。缺乏记录个人取得收入的制度、纳税人编码制度、财富实名制等相关配套制度；税源控制不力，代扣代缴不到位。企业对不固定发放的其他形式的奖金、实物等不扣缴税款，导致代扣代缴难以全面落实到位；基础性配套制度不健全，影响了税收检查工作的开展；对违反税法的行为惩罚力度不够。

2011年6月30日，十一届全国人大常委会通过了修改个人所得税法的决定，将个税起征点提高到3500元，将超额累进税率中第1级由5%降低到3%。修改后的个税法于2011年9月1日起施行。

税收作为国民收入再分配的重要手段，在调节社会成员收入差距方面有一定作用。开征个人收入所得税，实行累进税率（包括其他财产税、遗产税等），目的就是调节并缩小贫富差距，缓和阶级矛盾，维持社会的长治久安。

1.加大了高收入者的征收力度

个人所得税是我国目前所得税种中最能体现调节收入分配差距的税种。在降低

个人所得税的征收内容

个人所得税征收的内容有很多项，最主要的有以下三项：

1.**个人工资、薪酬所得**：是指个人因任职或受雇而取得的工资、薪金、奖金、年终加薪、劳动分红、津贴、补贴以及与任职或受雇有关的其他所得。

2.**个体工商户的生产、经营所得**：经工商行政管理部门批准开业并领取营业执照的城乡个体工商户生产、经营所得。

3.**对企事业单位的承包经营、承租经营所得**：是指个人承包经营、承租经营以及转包、转租所得，包括个人按月或者按次取得的工资等。

低收入者税收负担的同时，争取最大限度地发挥利用个人所得税调整收入差距扩大的作用，加大对高收入者的调节力度。在征管方面研究新措施、引进新手段，是个人所得税征管的关键。

本次修订的个人所得税法，提出了对富人进行重点征管的内容。《中华人民共和国个人所得税法实施条例》中提出了加强对高收入者的税收征管，将以前的单项申报改为双项申报，即将原来由纳税人所在单位代为扣缴个人所得税，改为高收入者的工作单位和其本人都要向税务机关进行申报，否则视为违法。条例规定，扣缴义务人都必须办理全员全额扣缴申报，这就形成了对高收入者双重申报、交叉稽核的监管制度，有利于强化对高收入者的税收征管，堵塞税收征管漏洞。实施条例中，高收入者也有了明确的定义："年收入超过 12 万元以上的个人。"

2. 缩小收入差距，降低基尼系数

我国区域经济发展水平不平衡，各地居民收入、生活水平存在一定差距，全国统一工薪所得费用扣除标准，有利于促进地区间的公平。如果对高收入地区实行高费用扣除标准，低收入地区实行低费用扣除标准，反而将加剧地区间的不平衡，这将与个税本来的调节意义背道而驰。目前，各地实行统一的纳税标准，对收入较低的西部地区将带来很大益处，西部相当部分中低收入阶层将不必缴纳个人所得税，该地区纳税人的税收负担将会减轻，有利于鼓励消费，促进落后地区经济的发展。

个人所得税在所有税种里最能调节收入分配差距，对收入进行二次平衡。富人和穷人是财富分配链中的两端，要缩小贫富差距，就是要从富人那里分割一定的财富，用来补贴穷人。而在我国 10 多年来个人收入分配差距不断加大，基尼系数达到 0.45。按照国际惯例，基尼系数达到或者超过 0.4，说明贫富差距过大。贫富差距凸显与个人所得税制度失效是因果相生的。统计数字显示，工薪阶层是目前中国个人所得税的主要纳税群体。2004 年个人所得税收入中 65% 来源于工薪阶层，违背了大家公认的"二八定律"。而中国的富人约占总人口的 20%。占收入或消费总额的 50%，但是，这 20% 的富人，对个人所得税的贡献，竟然只有 10%。这充分说明，个税不但没有实现从富人到穷人的"调节"，相反，这种财富的二次分配还处于一种"倒流"状态中。长期"倒流"下，只能是富人越富、穷人越穷，社会贫富差距仍将继续加大。有人称，中国富人的税收负担在世界上是最轻的。只有通过政府的税收强制手段才是完成"调节"的最有效方式。

中国公众缩小贫富差距、实现"共同富裕"的期待，很大程度上寄托在个税制度的归位中。税收制度对广大中等收入群体有重要的导向作用，作用原理是"限高，促中，提低"。加大对高收入者的征收力度，对降低基尼系数有明显的作用。

此外，从长远的角度看，如果贫富差距能够被有效抑制，社会稳定得到了保证，富人将成为他们所交纳的税金的最大受益者，因为他们避免了在社会失序的情况下被清算的命运。因此，可以说通过税收来调节贫富差距是合理的，所有的社会阶层都将从中受益。

利率政策："四两拨千斤"的政策

利率政策作为货币政策的重要组成部分，也是货币政策实施的主要手段之一。央行根据货币政策实施的需要，适时地运用利率工具，对利率水平和利率结构进行调整，进而影响社会资金的供求状况，实现货币政策的既定目标。利率上调有助于吸收存款，抑制流动性，抑制投资热度，控制通货膨胀，稳定物价水平；利率下调有助于刺激贷款需求，刺激投资，拉动经济增长。利率这个经济杠杆使用起来要考虑它的利弊，在什么时间、用什么幅度调整都是有讲究的。

以日本 10 年漫长的经济衰退时期的零利率政策为例：

20 世纪 90 年代初，泡沫经济崩溃后，大量借款不能偿还，给银行机构造成大量不良资产，日本经济陷入长期萧条。中小企业因资金周转不开大量倒闭，殃及中小银行金融机构跟着破产，为了刺激经济，日本政府扩大公共事业投资，年年增发国债，导致中央政府和地方政府负债累累，财政濒临崩溃的边缘，国家几乎无法运用财政杠杆调节经济。为了防止情况进一步恶化，刺激经济需求，日本银行于 1999 年 2 月开始实施零利率政策。2000 年 8 月，日本经济出现了短暂的复苏，日本银行一度解除了零利率政策。2001 年，日本经济又重新跌入低谷。2001 年 3 月，日本银行开始将金融调节的主要目标从调节短期利率转向"融资量目标"，同时再次恢复实际上的零利率政策。2006 年 7 月 14 日，日本央行解除实施了 5 年零 4 个月的零利率政策，将短期利率从零调高至 0.25%。零利率的解除，也标志着日本经济开始复苏。

在经济跌入低谷时，低利率政策的实施减轻了企业的债务负担，为市场提供了充足的资金，但其负面影响也是不容忽视的。例如，由于市场利率的下降引起存款利率的下降，使储蓄者蒙受一定损失，直接影响到个人消费的提高；另外，由于短期资金唾手可得，助长了某些金融机构的惰性。在低利率政策下，金融机构不用说实行证券化、开发衍生金融产品，就是连传统的存贷业务利润空间都很小，特别是保险行业经营已出现困难。因此，过低的利率使金融机构丧失了扩展业务与进取开拓的内在动力。更为严重的是，低利率甚至零利率政策意味着日本利用金融手段刺激经济的余地也越来越小。

不同国家的利率标准也不尽相同。中国央行负责人曾用"橘子是不能跟苹果相比"的形象比喻来说明各个国家利率手段的内涵和定价机制不同。受金融危机的影响，2009 年西方很多国家和过去 10 年中的日本一样，开始实行零利率政策。西方各国对于中国实行零利率政策的呼声很高。这是为什么呢？

因为利率对本国汇率和对他国汇率都有重要的影响。利率是货币供求关系的产物，增加货币投放量，市场上货币增多，供大于求，导致利率下降；反之减少货币投放量，市场上流通的货币减少，供不应求，利率提高。以中国和美国为例，如果中国增加货币投放量，利率降低，而假设美国利率不变，在外汇市场上导致人民币对美元贬值；反之，如果美国降息，而中国利率不变，将导致美元对人民币贬值。因此，一国的利率政策不仅会影响到本国人民的利益和经济发展，还会通过汇率作用于他国的经济。

自 2007 年初以来，中国人民银行先后五次上调人民币存贷款基准利率。其中，一年期存款基准利率累计上调 1.35 个百分点，一年期贷款基准利率累计上调 1.17 个百分点。2007 年底，央行发表报告认为，利率政策的累积效应逐步显现：一是融资成本适度上升，有利于合理调控货币信贷投放，抑制过度投资；二是连续多次加息，有利于引导居民资金流向，稳定社会通胀预期。在物价水平走高的情况下，中央银行提高存款收益水平并努力使实际利率为正，有利于保护存款人的利益。居民储蓄问卷调查显示，居民储蓄意愿下降速度已明显放缓，在当前的物价和利率水平下，认为"更多储蓄"最合算的居民占比，第一、二、三季度降幅分别为 5.6、4 和 0.9 个百分点，幅度明显减小。第三季度，储蓄存款余额下降趋势在一定程度上得以缓解。在五次上调人民币存贷款基准利率的过程中，中国人民银行适度缩小金融机构存贷款利差，一年期存贷款基准利率利差在各次利率调整后分别为 3.60%、3.51%、3.51%、3.42%、3.42%，利差从年初的 3.60% 逐步缩小为 3.42%，累计缩小 0.18 个百分点。

央行表示，利率政策的累积效应逐步显现。

近年来，中国人民银行加强了对利率工具的运用。央行采用的利率工具主要有：一是调整中央银行基准利率，包括：再贷款利率，指中国人民银行向金融机构发放再贷款所采用的利率；再贴现利率，指金融机构将所持有的已贴现票据向中国人民银行办理再贴现所采用的利率；存款准备金利率，指中国人民银行对金融机构交存的法定存款准备金支付的利率；超额存款准备金利率，指中央银行对金融机构交存的准备金中超过法定存款准备金水平的部分支付的利率。二是调整金融机构法定存贷款利率。三是制定金融机构存贷款利率的浮动范围。四是制定相关政策对各类利率结构和档次进行调整等。

从目前来看，我国利率调整逐年频繁，利率调控方式更为灵活，调控机制日趋完善。随着利率市场化改革的逐步推进，作为货币政策主要手段之一的利率政策将逐步从对利率的直接调控向间接调控转化。利率作为重要的经济杠杆，在国家宏观调控体系中将发挥更加重要的作用。改革开放以来，中国人民银行加强了对利率手段的运用，通过调整利率水平与结构，改革利率管理体制，使利率逐渐成为一个重要杠杆。1993 年 5 月和 7 月，中国人民银行针对当时经济过热、市场物价上涨幅度持续攀高，两次提高了存、贷款利率，1995 年 1 月和 7 月又两次提高了贷款利率，这些调整有效控制了通货膨胀和固定资产投资规模。1996 年 5 月和 8 月，1997 年 10 月和 1998 年 3 月，针对我国宏观经济调控已取得显著成效，市场物价明显回落的情况，央行又适时四次下调存、贷款利率，在保护存款人利益的基础上，对减轻企业，特别是国有大中型企业的利息负担，促进国民经济的平稳发展产生了积极的影响。

利率的杠杆作用

利率政策是货币政策的重要组成部分，也是货币政策实施的主要手段之一。央行根据货币政策实施的需要，适时地运用利率工具，对利率水平和利率结构进行调整，进而影响社会资金供求状况，实现货币政策的既定目标。

货币政策：扩张好还是紧缩好

货币政策是指政府或中央银行为影响经济活动所采取的措施，尤指控制货币供给以及调控利率的各项措施，用以达到特定或维持政策目标——比如，抑制通胀、实现完全就业或经济增长，直接地或间接地通过公开市场操作和设置银行最低准备金（最低储备金）。

货币政策通过政府对国家的货币、信贷及银行体制的管理来实施。一国政府拥有多种政策工具可用来实现其宏观经济目标。货币政策工具是指中央银行为调控货币政策中介目标而采取的政策手段。根据央行定义，货币政策工具库主要包括公开市场业务、存款准备金、再贷款或贴现以及利率政策和汇率政策等。从学术角度而言，它大体可以分为数量工具和价格工具。价格工具集中体现在利率或汇率水平的调整上。数量工具则更加丰富，如公开市场业务的央行票据、准备金率调整等，它聚焦于货币供应量的调整。

货币政策工具主要包括：一是由政府支出和税收所组成的财政政策。财政政策的主要用途是通过影响国民储蓄以及对工作和储蓄的激励，从而影响长期经济增长。二是货币政策由中央银行执行，它影响货币供给。通过中央银行调节货币供应量，影响利息率及经济中的信贷供应程度来间接影响总需求，以达到总需求与总供给趋于理想的均衡的一系列措施。

货币政策可以分为扩张性和紧缩性两种：

扩张性的货币政策是通过提高货币供应增长速度来刺激总需求，在这种政策下，取得信贷更为容易，利息率会降低。因此，当总需求与经济的生产能力相比很低时，使用扩张性的货币政策最合适。

紧缩性的货币政策是通过削减货币供应的增长率来降低总需求水平，在这种政策下，取得信贷较为困难，利息率也随之提高。因此，在通货膨胀较严重时，采用紧缩性的货币政策较合适。

2011年3月18日早晨，日本央行行长白川方明在七国集团同意联手干预日元后表示，日本仍将保持超宽松的货币政策。"日本央行将会推行强有力的宽松货币政策，并继续提供充足的流动性，以保持市场稳定。"日本央行当天的声明表示。3月18日早晨，七国集团财长决定联手干预日元汇率，随后日本央行又向金融系统注资3万亿日元（合370亿美元）。此前产经新闻报道，日本政府可能发行超过10万亿日元（约合1268亿美元）的紧急债券，而日本央行会全部买下这些债券。

地震、海啸和核危机给日本经济造成的损失超过20万亿日元。他还表示，重建需要的预算肯定会超过1995年阪神大地震后3.3万亿的重建费用。日本央行继续向金融系统注入资金，数量超过银行能够消化的数额，以保持较低市场利率。而回顾过去，2001年至2006年间，在通货紧缩的长期困扰下，日本中央银行曾将政策利率降至零并定量购买中长期国债的政策就是一种典型方式。这些政策的最终意图是通过扩大中央银行自身的资产负债表，进一步增加货币供给，降低中长期市场利率，避免通货紧缩预期加剧，以促进信贷市场恢复，防止经济持续恶化。

量化宽松有利于抑制通货紧缩预期的恶化，但对降低市场利率及促进信贷市场恢复的作用并不明显，并且或将给后期全球经济发展带来一定风险。中国国际经济研究会副会长认为："毫无疑问，主要央行量化宽松货币政策的开启，将带来全球通胀的风险。"实施量化宽松的货币政策，将形成日元走软、商品价格上涨的局面。

在通货膨胀较严重时，采用消极的货币政策较合适。货币政策调节的对象是货币供应量，即全社会总的购买力，具体表现形式为：流通中的现金和个人、企事业单位在银行的存款。流通中的现金与消费物价水平变动密切相关，是最活跃的货币，一直是中央银行关注和调节的重要目标。

财政赤字：影响国家经济的债务

财政赤字是财政支出大于财政收入而形成的差额，由于会计核算中用红字处理，所以称为财政赤字。它反映了一国政府的收支状况。财政赤字是财政收支未能实现平衡的一种表现，是一种世界性的财政现象。财政赤字即预算赤字，指一国政府在每一财政年度开始之初，在编制预算时在收支安排上就有的赤字。若实际执行结果收入大于支出，为财政盈余。

理论上说，财政收支平衡是财政的最佳情况，在现实中就是财政收支相抵或略有节余。但是，在现实中，国家经常需要大量的财富解决大量的问题，会出现入不敷出的局面。这是现在财政赤字不可避免的一个原因。不过，这也反映出财政赤字的一定作用，即在一定限度内，可以刺激经济增长。当居民消费不足的情况下，政府通常的做法就是加大政府投资，以推动经济的增长，但是这绝不是长久之计。了解会计常识的人知道，赤字的出现有两种情况：一种情况是有意安排，被称为"赤字财政"或"赤字预算"，它属于财政政策的一种；另一种情况，即预算并没有设计赤字，但执行到最后却出现了赤字，也就是"财政赤字"或"预算赤字"。

赤字财政政策是在经济运行低谷期使用的一项短期政策。在短期内，经济若处于非充分就业状态，社会的闲散资源并未充分利用时，财政赤字可扩大总需求，带动相关产业的发展，刺激经济回升。在当前世界经济增长乏力的条件下，中国经济能够保持平稳增长态势，扩张性赤字财政政策功不可没。从这个角度说，财政赤字是国家宏观调控的手段，它能有效动员社会资源，积累庞大的社会资本，支持经济体制改革，促进经济的持续增长。实际上财政赤字是国家为经济发展、社会稳定等目标，依靠国家坚实和稳定的国家信用调整和干预经济，是国家在经济调控中发挥作用的一个表现。

财政赤字的大小对于判断财政政策的方向和力度是至关重要的。财政政策是重要的宏观经济政策之一，而财政赤字则是衡量财政政策状况的重要指标。因此，正确衡量财政赤字对于制定财政政策具有十分重要的意义。非常遗憾的是，对于如何正确衡量财政赤字，经济学家并没有达成共识。一些经济学家认为，目前通常意义上的财政赤字并不是财政政策状况的一个好指标。这就是说，他们认为按照目前公认的方法衡量的财政赤字既不能准确地衡量财政政策对目前经济的影响，又不能准确地衡量给后代纳税人造成的负担。

财政赤字

一国之所以会出现财政赤字，有许多原因。

有的是为了刺激经济发展而降低税率或增加政府支出。

俺穷……

有的则因为政府管理不当，引起大量的逃税或过分浪费。

当一个国家财政赤字累积过高时，就好像一家公司背负的债务过多一样，对国家的长期经济发展而言，并不是一件好事，对于该国货币亦属长期的利空。

解决方法 → 减少政府支出
→ 增加税收

财政赤字对货币的影响 → 一国财政赤字若加大 → 该国货币会下跌
→ 若财政赤字缩小 → 该国货币会上扬

以美国为例，美国财政部公布的数据显示，在截至 6 月 30 日的 2008 ～ 2009 财政年度的前 9 个月，美国联邦财政赤字首次超过 1 万亿美元。据奥巴马政府预计，联邦财政赤字到今年年底将达 1.84 万亿美元，约占美国国内生产总值的 13%，为 1945 年以来的最高水平。

如果财赤问题不尽早解决，美国经济很难实现可持续发展。美国联邦政府原总审计长戴维·沃克认为，美国面临的最大挑战是政府在财政方面不负责任。研究美国公共债务问题的华盛顿智库布鲁金斯学会经济学家威廉·盖尔担忧，财赤危机一旦到来，对美国经济乃至世界经济的影响将不可估量。

赤字财政政策并不是包治百病的良药。从长期来看，巨额的财政赤字有可能造成通货膨胀加剧、货币贬值，并对国家的主权信用产生不良影响。刺激投资，就是扩大生产能力。实行扩张性政策，有可能是用进一步加深未来的生产过剩的办法来暂时减轻当前的生产过剩。因此，长期扩张积累的后果必然会导致更猛烈的经济危机的爆发。

因此，一国在采取赤字财政政策的时候必须审时度势，十分谨慎，要在促进经济发展的同时，为将来的政策调整留下空间和余地。

政府决策：固定规则还是灵活决策

原则上，财政政策和货币政策可以起到稳定经济的作用。许多经济学家认为，各国应该在实践上采取措施熨平商业周期的波峰和波谷。另外一些经济学家则表示怀疑，我们是否有能力预测周期，并在合适的时机根据适当的理由采取正确的措施。他们得出结论说：不能相信政府能制定出正确的经济政策，政府自由干预的权限应受到严格限制。那么，货币政策应该按规则还是相机抉择？

货币政策按规则就是要中央银行服从政策规则。例如，假设国会通过法律，要求美联储遵照每年正好增加 3% 的货币供给。为什么是 3% ？因为实际 GDP 平均每年增长 3%；又因为货币需求随实际 GDP 而增加时，3% 的货币供给增长大体上是引起长期物价稳定所必要的比率。这种法律将消除美联储本身的无能与权力滥用，而且这也将杜绝政治性经济周期。此外，政府也不再有时间不一致性。人们现在会信任美联储低通货膨胀的宣言，因为法律要求美联储实行低通货膨胀的货币政策。在预期通货膨胀低时，经济将面临较为有利的通货膨胀与失业之间的短期权衡取舍。

货币政策的另一些规则也是可能的。一种较为积极的规则允许根据经济状况的反馈来改变货币政策。例如，较为积极的规则可以规定失业率每高于自然率 1%，美联储可以提高货币增长 1%。无论规则的正确形式是什么，让美联储服从某种规则可以通过限制无能、权力滥用和实施货币政策中的时间不一致性而得到好处。

例如，财政政策方面的保守主义者担心，国会增加支出并削减税收比相反的政策更容易执行。在衰退时期很容易增加预算赤字，而在繁荣时期却很难反其道而行之，即根据反周期财政政策的要求削减赤字。因此，保守主义者几次力图限制国会批准设立新基金或扩大赤字的能力。

这些人认为，货币政策运用中的相机抉择有两个问题。第一是没有限制无能及权力的滥用。当政府派警察到一个社区去维护当地秩序时，它对警察如何进行工作给予严格的指示。因为警察有很大的权力，让他们随心所欲地行使权力是危险的。但是，当政府赋予中央银行领导人维护经济秩序的权威时，它并没有给他们以指导，而是允许货币决策者不受约束地相机抉择。

相机抉择货币政策第二个、也更微妙的问题是，它所引起的通货膨胀会高于合意的水平。中央银行领导者知道通货膨胀和失业之间没有长期的权衡取舍，通常宣布他们的目标是零通货膨胀，但他们很少实现物价稳定，为什么呢？也许是因为公众已经形成了通货膨胀预期，决策者面临通货膨胀与失业之间的短期权衡取舍，他们只好放弃他们关于物价稳定的宣言，以实现较低的失业。这种宣言（决策者说他们要做什么）和行动（决策者实际上主要做了什么）之间的不一致性称为政策的时间不一致性。由于决策者经常出现这种时间不一致性，当中央银行领导人宣布他们打算降低通货膨胀率时，人们往往表示怀疑。结果，人们预期的通货膨胀总要高于货币决策者宣布他们所要实现的水平。更高的通货膨胀预期又使短期菲利普斯曲线向上移动，这就使通货膨胀与失业之间的短期权衡取舍比没有这种情况时更不利。

虽然相机抉择的货币政策可能有一些缺点，但它也有一个重要的优点：灵活性。美联储不得不面对许多情况，而且并不是所有情况都可以预见到。例如在 20 世纪 30 年代，大规模的银行破产就是美联储始料未及的。

此外，所谓的相机抉择问题主要是假想的。例如，政治性经济周期的实际重要性很不明显。在某些情况下，情况看来正好相反。例如，1979 年吉米·卡特总统任命保罗·沃尔克为联邦储备的领导人。然而，在那一年 10 月，沃尔克转向紧缩性货币政策，沃尔克的决策可预期的结果是衰退，而且这种预期的衰退结果是卡特支持率的减少。沃尔克并没有用货币政策去帮助任命他的美国总统，使卡特在 1980 年 11 月的大选中被罗纳德·里根击败。

与此同时，货币主义保守派则试图通过货币增长规则或产出目标规则来制约中央银行的权限。例如，货币主义者不主张联邦储备系统根据经济情况增加或减少货币供给——即美联储所采取的逆风向政策，而是主张美联储按照一个稳定的比率增加货币供给。这将有利于消除金融市场的不确定性，并提高中央银行作为反通货膨胀斗士的信誉。

政府仅当国民经济这一躯体出了大病时才出来力挽狂澜，那不能算执政能力强。只有密切关注国民经济一切变化，保持国民经济健康、稳定、可持续发展，才算得上强势政府。所以，货币政策应该相机抉择也具有一定的道理。

在最一般的水平上，关于"固定规则与相机抉择"的争论可以归结为：灵活决策的优势是否会被由自由决策带来的不确定性和滥用权力的潜在可能性所抵消并超越。一些人认为经济具有内在的不稳定性和复杂性，并且政府一般可以作出明智的决策的人，乐于给政策制定者广泛的相机抉择权力，使其能够积极地采取措施稳定经济。另一些人则认为政府是经济中最不稳定的因素，政策制定者易于判断失误或贪污受贿，他们主张应当约束财政和货币当局的权限。

第十四章

汇率上升，对我们的生活有影响吗
——每天学点国际贸易知识

汇率：天下也有免费的"午餐"

故事发生在美国和墨西哥边界的小镇上。有一个单身汉在墨西哥一边的小镇上，他付了1比索买了一杯啤酒，啤酒的价格是0.1比索，找回0.9比索。转而他来到美国一边的小镇上，发现美元和比索的汇率是1美元：0.9比索。他把剩下的0.9比索换了1美元，用0.1美元买了一杯啤酒，找回0.9美元。回到墨西哥的小镇上，他发现比索和美元的汇率是1比索：0.9美元。于是，他把0.9美元换为1比索，又买啤酒喝。这样他在两个小镇上喝来喝去，总还是有1美元或1比索。换言之，他一直在喝免费啤酒，这可真是个快乐的单身汉。

这个快乐的单身汉为什么能喝到免费的啤酒呢？这跟汇率有关系，在美国，美元与比索的汇率是1：0.9，但在墨西哥，美元和比索的汇率约为1：1.1。那么，什么才是汇率呢？

汇率亦称"外汇行市或汇价"，是一国货币兑换另一国货币的比率，是以一种货币表示另一种货币的价格。由于世界各国货币的名称不同，币值不一，所以一国货币对其他国家的货币要规定一个兑换率，即汇率。从短期来看，一国的汇率由对该国货币兑换外币的需求和供给所决定。外国人购买本国商品、在本国投资以及利用本国货币进行投机会影响本国货币的需求。本国居民想购买外国产品、向外国投资以及外汇投机影响本国货币供给。影响汇率的主要因素有：相对价格水平、关税和限额、对本国商品相对于外国商品的偏好以及生产率。

各国货币之所以可以进行对比，能够形成相互之间的比价关系，原因在于它们都代表着一定的价值量，这是汇率的决定基础。

例如，一件价值100元人民币的商品，如果人民币对美元的汇率为0.1502，则这件商品在美国的价格就是15.02美元。如果人民币对美元汇率降到0.1429，也就是说美元升值，人民币贬值，用更少的美元可买此商品，这件商品在美国的价格就是14.29美元，所以该商品在美国市场上的价格会变低。商品的价格降低，竞争力就变高，便宜好卖。反之，如果人民币对美元汇率升到 0.1667，也就是说美元贬值，人民币升值，则这件商品在美国市场上的价格就是 16.67 美元，此商品的美元价格变贵，买的人就少了。

简要地说，就是用一个单位的一种货币兑换等值的另一种货币。

在纸币制度下，各国发行纸币作为金属货币的代表，并且参照过去的做法，以法令规定纸币的含金量，称为金平价，金平价的对比是两国汇率的决定基础。但是纸币不能兑换成黄金，因此，纸币的法定含金量往往形同虚设。所以在实行官方汇率的国家，由国家货币当局规定汇率，一切外汇交易都必须按照这一汇率进行。在实行市场汇率的国家，汇率随外汇市场上货币的供求关系变化而变化。

随着经济全球化的发展，世界各国之间的经济往来越来越紧密，汇率作为各国之间联系的重要桥梁，发挥着重要作用。

汇率与进出口。一般来说，本币汇率下降，即本币对外的币值贬低，能起到促进出口、抑制进口的作用；若本币汇率上升，即本币对外的比值上升，则有利于进口，不利于出口。汇率是国际贸易中最重要的调节杠杆。因为一个国家生产的商品都是按本国货币来计算成本的，要拿到国际市场上竞争，其商品成本一定会与汇率相关。汇率的高低也就直接影响该商品在国际市场上的成本和价格，直接影响商品的国际竞争力。

汇率与物价。从进口消费品和原材料来看，汇率的下降要引起进口商品在国内的价格上涨。至于它对物价总指数影响的程度则取决于进口商品和原材料在国民生产总值中所占的比重。反之，本币升值，其他条件不变，进口品的价格有可能降低，从而可以起抑制物价总水平的作用。

汇率与资本流出入。短期资本流动常常受到汇率的较大影响。在本币对外贬值的趋势下，本国投资者和外国投资者就不愿意持有以本币计值的各种金融资产，并会将其转兑成外汇，发生资本外流现象。同时，由于纷纷转兑外汇，加剧外汇供求紧张，会促使本币汇率进一步下跌。反之，在本币对外升值的趋势下，本国投资者和外国投资者就力求持有以本币计值的各种金融资产，并引发资本内流。同时，由于外汇纷纷转兑本币，外汇供过于求，会促使本币汇率进一步上升。

汇率是两种不同货币之间的比价，因此汇率多少，必须先要确定用哪个国家的货币作为标准。由于确定的标准不同，于是便产生了几种不同的外汇汇率标价方法。

第一，直接标价法。

直接标价法，又叫应付标价法，是以一定单位（1、100、1000、10000）的外国货币为标准来计算应付出多少单位本国货币。就相当于计算购买一定单位外币所应付多少本币，所以又叫应付标价法。在国际外汇市场上，包括中国在内的世界上绝大多数国家目前都采用直接标价法。如日元兑美元汇率为 119.05，即 1 美元兑 119.05 日元。

影响汇率的因素

货币实际所代表的价值量是汇率的决定基础，在下列主要因素的影响下，汇率不断变动。

1.国际收支：外贸收支对汇率变动起决定性的作用。外贸顺差，本币汇率就上升；反之，就下跌。

2.通货膨胀：通胀既直接关系到货币本身实际代表的价值与购买力，又关系到商品的对外竞争能力与对外汇市场的心理影响。通货膨胀减缓，本币汇率就上涨；反之则下跌。

3.各国的汇率政策：汇率政策虽然不能改变汇率的基本趋势，但一国根据本国货币的走势，进一步采取加剧本币汇率的下跌或上涨的措施，其作用不可低估。

在直接标价法下，若一定单位的外币折合的本币数额多于前期，则说明外币币值上升或本币币值下跌，叫作外汇汇率上升；反之，如果用比原来较少的本币即能兑换到同一数额的外币，这说明外币币值下跌或本币币值上升，叫作外汇汇率下跌，即外币的价值与汇率的涨跌成正比。

第二，间接标价法。

间接标价法又称应收标价法。它是以一定单位（如1个单位）的本国货币为标准，来计算应收若干单位的外汇货币。在国际外汇市场上，欧元、英镑、澳元等均为间接标价法。如欧元兑美元汇率为0.9705，即1欧元兑0.9705美元。在间接标价法中，本国货币的数额保持不变，外国货币的数额随着本国货币币值的变化而变化。如果一定数额的本币能兑换的外币数额比前期少，这表明外币币值上升，本币币值下降，即外汇汇率下跌；反之，如果一定数额的本币能兑换的外币数额比前期多，则说明外币币值下降，本币币值上升，即外汇汇率上升，这说明外汇的价值和汇率的升跌成反比。因此，间接标价法与直接标价法相反。

由于直接标价法和间接标价法所表示的汇率涨跌的含义正好相反，所以在引用某种货币的汇率和说明其汇率高低涨跌时，必须明确采用哪种标价方法，以免混淆。

世界上没有完美无缺的事物，对于任何一个国家来说，汇率都是一把"双刃剑"。汇率变动究竟会带来怎样的好处与坏处，要视一个国家的具体情况而定。

外汇交易：两种货币之间是怎样交易的

自从外汇市场诞生以来，外汇市场的汇率波幅越来越大。1985年9月，1美元兑换220日元，而1986年5月，1美元只能兑换160日元，在8个月里，日元升值了27%。近几年，外汇市场的波幅就更大了，1992年9月8日，1英镑兑换2.0100美元，11月10日，1英镑兑换1.5080美元，在短短大约两个月里，英镑兑美元的汇价就下跌了5000多点，贬值25%。不仅如此，外汇市场每天的汇率波幅也不断加大，一日涨跌2%～3%已是司空见惯。1992年9月16日，英镑兑美元从1.8755跌至1.7850，英镑日下挫5%。正因为外汇市场波动频繁且波幅巨大，给投资者创造了更多的机会，吸引了越来越多的投资者。

外汇交易就是一国货币与另一国货币进行交换。与其他金融市场不同，外汇市场没有具体地点，也没有中央交易所，而是以电子交易的方式进行。"外汇交易"是同时买入一对货币组合中的一种货币而卖出另外一种货币，即以货币对的形式交易，例如欧元/美元（EUR/USD）或美元/日元（USD/JPY）。

外汇交易中大约每日的交易周转的5%是由于公司和政府部门在国外买入或销售它们的产品和服务，或者必须将它们在国外赚取的利润转换成本国货币；而另外95%的交易是为了赚取盈利或者投机。对于投机者来说，最好的交易机会总是交易那些最通常交易的（并且因此是流动量最大的）货币，叫作"主要货币"。今天，大约每日交易的85%是这些主要货币，它包括美元、日元、欧元、英镑、瑞士法郎、加拿大元和澳大利亚元。这是一个即时的24小时交易市场，外汇交易每天从悉尼开始，并且随着地球的转动，全球每个金融中心的营业日将依次开始，首先是东京，然后是伦敦和纽约。不像其他的金融市场，外汇交易投资者可以对无论是白天或者晚上发生的经济、社会和政治事件而导致的外汇波动而随时反应。外汇交易市场是一个超柜台（OTC）或"银行内部"交易市场，因为事实上外汇交易是交易双方通过电话或者一个电子交易网络而达成的，外汇交易不像股票和期货交易市场那样，不是集中在某一个交易所里进行的。

外汇交易主要分为现钞交易、现货外汇交易、合约现货外汇交易、外汇期货交易、外汇期权交易、远期外汇交易、掉期交易等。下面简单介绍几种。

1. 现钞交易

现钞交易是旅游者以及由于其他目的需要外汇现钞者之间进行的买卖，包括现金、外汇旅行支票等。

2. 现货外汇交易

现货外汇交易是大银行之间，以及大银行代理大客户的交易，买卖约定成交后，最迟在两个营业日之内完成资金收付交割。下面主要介绍国内银行面向个人推出的、适于大众投资者参与的个人外汇交易。个人外汇交易，又称外汇宝，是指个人委托银行，参照国际外汇市场实时汇率，把一种外币买卖成另一种外币的交易行为。由于投资者必须持有足额的要卖出外币，才能进行交易，较国际上流行的外汇保证金交易缺少保证金交易的卖空机制和融资杠杆机制，因此也被称为实盘交易。国内的投资者，凭手中的外汇，到工、农、中、建、交、招等六家银行办理开户手续，存入资金，即可通过互联网、电话或柜台方式进行外汇买卖。

3. 合约现货外汇交易（按金交易）

合约现货外汇交易，又称外汇保证金交易、按金交易、虚盘交易，指投资者和专门从事外汇买卖的金融公司（银行、交易商或经纪商），签订委托买卖外汇的合同，缴付一定比率（一般不超过10%）的交易保证金，便可按一定融资倍数买卖10万、几十万甚至上百万美元的外汇。

以合约形式买卖外汇，投资额一般不高于合约金额的5%，而得到的利润或付出的亏损却是按整个合约的金额计算的。外汇合约的金额是根据外币的种类来确定的，具体来说，每一个合约的金额分别是12500000日元、62500英镑、125000欧元、125000瑞士法郎，每张合约的价值约为10万美元。每种货币的每个合约的金额是不能根据投资者的要求改变的。投资者可以根据自己定金或保证金的多少，买卖几个或几十个合约。一般情况下，投资者利用1000美元的保证金就可以买卖一个合约，当外币上升或下降，投资者的盈利与亏损是按合约的金额即10万美元来计算的。

这种合约形式的买卖只是对某种外汇的某个价格做出书面或口头的承诺，然后等待价格上升或下跌时，再做买卖的结算，从变化的价差中获取利润，当然也承担了亏损的风险。外汇投资以合约的形式出现，主要的优点在于节省投资金额。由于这种投资所需的资金可多可少，所以，近年来吸引了许多投资者参与。

4. 外汇期货交易

外汇期货交易是指在约定的日期，按照已经确定的汇率，用美元买卖一定数量的另一种货币。期货市场至少要包括两个部分：一个是交易市场，另一个是清算中心。期货的买方或卖方在交易所成交后，清算中心就成为其交易对方，直至期货合同实际交割为止。

外汇交易的分类

外汇交易是货币与货币之间的交易，从交易的本质和实现的类型来看，外汇交易可以分为以下两种：

咱俩交易一下如何？

现在人民币升值，这个时候交易不合算！

1. 为满足客户真实的贸易、资本交易需求进行的基础外汇交易。

2. 在基础外汇交易之上，为规避和防范汇率风险或出于外汇投资、投机需求进行的外汇衍生工具交易。

期货外汇和合约外汇交易既有一定的联系，也有一定的区别。合约现货外汇的买卖是通过银行或外汇交易公司来进行的，外汇期货的买卖是在专门的期货市场进行的。外汇期货的交易数量和合约现货外汇交易是完全一样的。外汇期货买卖最少是一个合同，每一个合同的金额，不同的货币有不同的规定，如一个英镑的合同也为62500英镑、日元为1250000日元、欧元为125000欧元。外汇期货买卖与合约现货买卖有共同点亦有不同点。

目前，全世界的期货市场主要有：芝加哥期货交易所、纽约商品交易所、悉尼期货交易所、新加坡期货交易所、伦敦期货交易所。

汇率政策：决定一国经济的兴衰

有这样一个故事：有一个外星人来到地球上，发现一种果子很好吃，他说："我要吃这种果子。"地球人告诉他："好，但要先确定你到哪里去买，到中国去买，1元人民币1个，到欧洲去买，1欧元1个。"

外星人说："那我用1欧元买1个好了。"

地球人说："慢！其实你不用花钱就可以，你先从中国借1个果子，到欧洲去换1欧元，拿1欧元到中国去，就可以换10个果子，拿一个果子还给中国人，你就白得了9个果子，你再拿9个果子再去换9欧元，再到中国去换90个果子，再拿这90个果子去换90欧元，再到中国去换900个果子……这样下去中国的果子都被你拿走了！"外星人惊讶道："还有这样的好事！那中国人为什么不把果子运到欧洲去卖钱？

"因为中国政府需要出口外汇，所以规定10元人民币＝1欧元，就是规定了10个中国的果子＝欧洲一个果子呀，就算把中国的果子拿去卖也赚不了钱啊。"

"难怪中国的外汇储备世界第一呀！那中国这么多的外汇，要做什么用啊？"

"暂时来说这么多的外汇实际上还没有派上用处呢！因为如果中国把这个钱花在外国，就只能买一个果子，就是说本来手里有10个果子，一交换就变成只有1个果子，再交换一次就变成0.1个果子，再交换一次就变成0.01个果子……那这样越交换就越穷了。现在中国把它换成人民币，所以我们现在人民币越来越多，才会引起通货膨胀啊。"

汇率对经济的影响是深远的。实际上，世界各国政府都极大地关注汇率的状况。在与国外正式进行贸易后，所有国家每天都在进行汇率战争，这并非凭空虚构。从历史上看，汇率战争中获胜的国家分享了经济繁荣，而失利的国家则要忍受严重的经济苦难。一个国家在本国货币的对外价值，即以汇率为对象进行的战争中获胜与否，左右着一个国家的经济命运。当然，经济的兴衰不是完全由汇率决定的，许多经济变量共同作用于国家经济，决定其兴或亡、增长或衰落。

一部分经济学者探讨了国民性的重要性问题。他们列举了经济增长国家的国民性，如对环境变化的适应力、资源分配的转换能力、创意性和发明能力、活跃性、反应力和灵活性、恢复力等。同时列举了衰落或停滞国家的国民性，如对变化的抗拒、逃避危险、懒惰、麻木、被动、懈怠、麻痹状态等。不过，也很难区分这些是增长或衰落的原因还是结果。或者，被视为结果更符合现实。新兴工业国中，特别是东南亚国家更加如实地证明了这一点。过去东南亚各国的国民虽然被错误地评价为具有懒惰等国民性，但经济跃进后，他们变得勤劳和具有挑战性，不逊色于任何民族。随着经济的增长，国民性也发生了根本性的转变。

为了成功引领汇率政策，应正确地推断增长潜力和国际竞争力。如果对增长潜力和国际竞争力估值偏低或估值偏高，汇率政策只能失败，因为汇率政策在正确推定增长潜力和国际竞争力时才能成功。如果增长潜力和国际竞争力的增长率较许可范围记录得高，经济就会马上力竭。相反，如果增长潜力和国际竞争力的增长率较许可范围记录得低，增长潜力和国际竞争力就会恶化。打个易于理解的比喻，如果马拉松选手赛跑的速度超过了自身的能力（体力），就会很快精疲力竭，无法赛跑了。同样，如果赛跑的速度低于自身的能力，选手的实力就会逐渐降低，因为马拉松运动员的实力要在试图跑得最快的过程中才能提高。汇率政策与此没有太大的不同。

首先，如果实施的汇率政策以记录的增长率超出了增长潜力和国际竞争力为前提，则物价会出现严重的不稳定，导致物价上涨的恶性循环，随之，国际收支严重恶化，外汇储备枯竭，进而爆发外汇危机。这种情况在发展中国家时常发生，也偶发于发达国家。实际上，美国在20世纪60年代实施了扩大财政支出以提高增长率的政策，但进入20世纪70年代物价不稳定问题才真正暴露出来，加之石油危机的来袭，美国深受严重的滞胀危机之苦。虽然国际收支迅速恶化，但由于美元是国际基础货币，所以没有遭遇外汇储备枯竭的危机。

不过，英国的情况完全不同。它与美国一样在20世纪60年代扩大了财政支出，维持了经济的良好态势，不过记录的增长率较潜在增长率高，因而出现了物价不稳定和国际收支的恶化。英国不仅深受滞胀的煎熬，还遭遇了外汇危机，最终不得不于1976年末接受了国际货币基金组织的救济贷款。

潜在增长率是指以不引发物价不稳定和国际收支恶化为前提的最高增长率，因此，不发生物价不稳定和国际收支恶化时所达到的最高增长率可以视为潜在增长率。特别是在开放进口的情况下，国际收支不恶化期间记录的最高增长率可以推定为潜在增长率。换言之，实现国际收支均衡时记录的最高增长率就是国际竞争力，因为物价不稳定，进口会首先急剧上升。

经济的兴衰并非单纯由某一个变量决定。"汇率政策"决定了国家经济的兴衰也很难被视为一般理论。尽管如此，汇率浮动对国家经济的兴衰具有十分重要的作用这一事实是被历史证明了的。

浮动汇率对中国经济的影响

对中国经济来说，浮动汇率会减缓外汇储备的增长速度，避免外汇储备更大的贬值，提高政府财政方面的长期健康水平。

浮动汇率会允许中国货币政策独立于外国经济形势，完全根据国内情况而制定，缓解国内商业周期的负面影响。

浮动汇率会减少资产价格上升导致通胀的风险。

经济学的经济增长理论认为，劳动、资本、技术、资源等生产要素的增加能够促进经济增长。不过，这一理论也有其根本的局限性。因为当其他生产要素保持了一定的水平，而只有生产要素中的一个或几个要素增加了，经济本应增长，但却反而衰落的情况比比皆是。

举例来说，中国清朝末期，劳动和资本的积累增加了，科学技术或资源也未退步，但经济困难却日渐深化。这些事实表明，生产要素可以作为说明经济增长的重要变量，但在寻找经济衰落的原因时却毫无助益。打个比方，这与身高、体重等体格超出常人的人并不都能成为优秀的田径运动员或足球运动员是一样的道理。劳动、资本、技术和资源等经济条件也是如此。

经济学者们对经济衰落的具体原因列举如下：投资率和储蓄率的减少；生产率低下；经济结构从实物产业移向金融产业；在国际竞争中失败；经济关注点从生产移向消费和财产方面，等等。不过，很难区分这些是经济衰落的原因还是结果。举例来说，尽管20世纪90年代美国的投资率和储蓄率较日本或欧洲的其他国家相对低些，而且美国的储蓄率较以往减少了，但经济增长率反而更高了。美国不仅在海外市场竞争中失利，在国内竞争中也败给了其他国家，从实物产业向金融产业的结构转变很快，国民关注点从生产向消费或财产方面转移得也很迅速，可是美国却在20世纪90年代到21世纪初实现了长期的经济繁荣。

仔细察看世界历史中反复上演的经济兴衰过程，特定的经济变量不是在一个时代都同时出现的，同时出现的现象并不多，汇率政策的成功和失败与其他因素共同决定了经济的命运。

汇率政策的成功和失败对国家经济的兴衰产生着更普遍、更强有力的影响，对于汇率政策的制定和实施，各个国家需要极为慎重和谨慎。

外汇投资的收益、风险和流动性

前些年，各大中外资行相继推出外汇理财产品。随后，浦发、光大、广发、深发、民生、东亚、荷银等新一轮产品扎堆上市。固定收益型产品收益率持续攀升，浮动收益型产品日趋复杂多样。理财专家提醒，莫把收益率当作唯一尺码，风险和流动性亦不可忽视。

美元基准利率已升至4.75%，外汇固定收益型产品的收益率水涨船高。浦发推出的"汇理财"外汇结构型理财产品，6月期、1年期美元产品的年收益率分别为4.75%、4.80%；农行"汇利丰"6月期产品年收益率为4.60%；"中信理财宝"新推的三款外汇理财产品，美元半年期和一年期的年收益率分别为4.72%和4.80%；光大新一期阳光理财A计划，美元一年期固定收益产品年收益率最高为4.95%。

值得注意的是，保本浮动收益产品不断创新，产品设计也日趋复杂多样。投资标的物从国债、金融债券到货币基金、信托计划等；挂钩指数则从利率、汇率到股票、石油、黄金和水资源类等。

面对高收益诱惑，光大一位理财师提醒，美元仍有加息空间，外币理财应以短期为主，切莫只看收益率，而不考虑资金的流动性和机会成本，以及可能承担的利率风险和汇率风险。

外汇风险是指某种资产的实际收益率通常不能预测，而且可能会与储蓄者购买时的预期大相径庭。如果储蓄者进行债券投资，实际收益率为10%，这是由债券投资的美元价值预期增长率（20%）减去美元价格预期增长率（10%）而得到的。但是，如果预期失误——债券的美元价值保持不变，而不是上升20%，那么储蓄者最终将获得负的10%的实际收益率。这种不确定性，即资产处于高度不稳定状态下就被称为外汇风险。如果某种资产实现的收益率变动很大时，这种资产即使具有较高的收益率，可能也不会对储蓄者产生吸引力。当由于公司遭受重大损失导致违约的可能性增大时，公司债券的违约风险提高，预期回报率下降。

因此，储蓄者在决定持有哪一种资产时，要考虑资产的风险、流动性以及预期实际收益率。同样，对外汇资产的需求，不仅取决于收益，也取决于风险和流动性。例如，即使欧元存款的预期美元收益比美元存款更高，如果欧元存款的收益变化无常的话，人们可能也不愿意持有欧元存款。

人民币对美元汇率中间价屡创新高，2007年1月24日人民币对美元汇率中间价达7.7735。人民币的不断升值，使手中握有外汇的人急于寻找出路；各商业银行则推出了名目繁多的外汇理财产品，令人眼花缭乱。外汇理财产品中的确有很多不错的产品。然而，有一些理财产品却充满了风险，甚至是陷阱。外汇市场中的风险主要有以下几个方面：

1. 不可不防范的流动性风险

流动性风险是指不能对理财产品进行提前获取现金而带来的损失。外汇理财产品的设计都有时间限定，短则3个月、半年，长则3年、5年不等。由于投资者在理财前没有考虑周全或突然急需用钱，不得不中断理财，往往造成较大的损失。如某商业银行推出的理财产品，合约上写明，该理财产品年收益率为3.65%，期限2年。如果投资者履行合约，2年期满可以得到如上收益；如投资者违约，未到期提前支取，没有投资收益，还需向银行缴纳2%的违约金。过了1年，一位投资者因儿子结婚，看中了房子首付钱不够，只得向银行提出"提前中断理财"，并支付违约金。

有的银行在设计外汇理财产品时，把流动性风险完全推给投资者，投资者承担了风险，却往往得不到任何收益。当国际金融市场剧烈波动，投资有风险时，就会提前终止该理财产品，避免承担损失。届时投资者即使不愿意提前中断，也必须被动接受。对于这种"单方面可终止"的格式理财合约，投资者一定要慎之又慎。

2.保本承诺难以抵抗汇率带来的风险

2005 年 7 月 21 日央行公布执行新的汇率政策并将人民币升值 2% 之后，对原先购买外汇理财产品的投资者来说就蒙受不同程度的损失，且理财产品期限越长，可能遭受到的损失也越大。

在外汇理财中往往容易被忽视的是汇率变动的风险。有些投资者由于工作忙，没时间关注汇率变化的趋势，遭受了损失。有的银行推出"保本"外汇理财产品，承诺 100% 保本。"保本承诺"始终是让人心动的一个条件，毕竟投资者的第一心态是保证资金的安全，在这个基础上再寻求资金的增值。然而恰恰是这个意在保护资金安全的"保本承诺"，成了资金不安全的最大隐患。即使投资者完全按照合约条款届时取回了本金，由于汇率的变动，此"本金"已不同于那"本金"，即使资本金的数量还稍有增加，币值与面值之间已发生了很大的背离。这时，投资者不仅损失了外汇储蓄利息，如果是用人民币换美元购买长期与利率挂钩的外汇理财产品，还要承担人民币升值和外币贬值带来的损失，因为汇率变化带来的损失往往比得到的利息收益要大得多。

3."漂亮数字"障眼法

为了吸引投资者的眼球，有的理财产品玩起了数字游戏，打着"高收益"的幌子，在漂亮数字背后设下陷阱。如某商业银行推出的理财产品收益率为 13.5%，经仔细了解，才知道这 13.5% 是 3 年的总收益。还有"累计收益率"也是个非常迷惑人的词。有的理财产品上写着：本理财产品挂钩港股，无论升跌，皆可获利，累计收益率为 6%。粗一看，有 6% 的收益，不低了。但累计收益率是"把多个收益段的收益相加"。比如，年收益率为 6%，当然不错；但如果是 2 年的累计收益，就显得低了。

所以，累计收益对投资者来说只是一个相对概念，只有明确了产品的期限，才能真正计算出产品给投资者带来的真实回报。投资者在购买银行理财产品时，一定要仔细阅读条款，看清楚产品收益的计算方式，然后将其折合成年收益率，这样才能对不同理财产品进行比较。

对于外汇市场风险的重要性,经济学家们没有达成共识,甚至对"外汇风险"的定义,仍然存在着争议。为了避免卷入过分复杂的讨论之中，我们假设，无论以何种货币形式存款，所有存款的实际收益的风险都是一样的。换言之，我们假定风险差异不影响对外汇资产的需求。然而，我们在决定持有何种货币时，一些市场参与者可能会受到流动性因素的影响。这类参与者中大多数是进行国际贸易的公司和个人。

对此，理财专家指出，高收益必然有高风险。投资者一般青睐保本产品，保本必然以收益率的降低为代价。在选择一些挂钩石油、黄金等波动较大的产品时，一定要看清收益率区间、观察期、参与率等如何设置，在何种条件下才能得到最高回报率。一般而言，此类产品要达到最高收益率的条件都比较严苛，对投资者来说，务必要警惕"收益率陷阱"。

👆 外汇投资的准备工作

随着外汇市场的发展，市场中的财富会越来越多，炒汇者做好交易前的准备比急匆匆地交易更加重要。在进行外汇交易前的准备工作至少应包括以下几个方面：

一.基本准备

基本准备是个初步认识和了解市场的过程，也是进行交易所必不可少的过程，它包括：学习基本的交易理论；了解常用的技术工具；熟悉交易品种；掌握各交易所的交易交割规则；熟悉开户、交易流程等。

二.模拟交易

进行模拟交易是对你所学习的知识的一个验证。在你不具备交易能力之前，进场实地交易一定会付出巨大的代价，所以，多做几次模拟交易可以减少和缓冲这个痛苦的过程。

三.小单量交易

先生，怎么就投这么一点？

我刚开始做，先学习看看。

四.再次认识自我和市场

通过小单量交易你一定会再次重新认识自我和市场，这种重新认识是一个重要的过程，它会决定你是否应该继续交易。

小单量交易是对严格意义上的模拟交易的进一步考验，在这个阶段获利不是你追求的目标，你仍处于学习阶段。

外汇干预：为什么外汇不能"自由"

所谓干预外汇市场，是指货币当局在外汇市场上的任何外汇买卖，以影响本国货币的汇率。其途径可以是用外汇储备、中央银行之间调拨或官方借贷等。一般而言，成功的外汇干预需要满足以下条件：其一是短期金融市场动荡，引起的汇率剧烈波动，而这种短期冲击不具有持续性；其二是汇率长期大幅度偏离均衡水平，这在现实经济中可反映为长期的全球范围贸易失衡；其三是由于外汇市场日均交易量大，因此成功的外汇干预往往需要各国央行协调一致，共同干预。在以上条件下，市场干预行为往往会伴随汇率的趋势性逆转，并通过影响其他市场参与者预期，加速汇率向均衡水平收敛。反之，如果外汇市场干预仅被市场参与者理解为增加"噪声"，则短期效果有限，最终干预行动也只是螳臂当车。

中央银行干预外汇市场的手段，可以分为不改变现有货币政策的干预和改变现有货币政策的干预。所谓不改变政策的干预是指中央银行认为外汇价格的剧烈波动或偏离长期均衡是一种短期现象，希望在不改变现有货币供应量的前提下，改变现有的外汇价格。换言之，一般认为利率变化是汇率变化的关键，而中央银行试图不改变国内的利率而改变本国货币的汇率。

这里要重点说一下改变政策的干预。所谓改变政策的外汇市场干预实际上是中央银行货币政策的一种转变，它是指中央银行直接在外汇市场买卖外汇，而使国内货币供应量和利率朝有利于达到干预目标的方向变化。例如，如果马克在外汇市场上不断贬值，德国中央银行为了支持马克的汇价，它可在市场上抛外汇买马克，由于马克流通减少，德国货币供应下降，利率呈上升趋势，人们就愿意在外汇市场多保留马克，使马克的汇价上升。这种干预方式一般来说非常有效，代价是国内既定的货币政策会受到影响，中央银行看到本国货币的汇率长期偏离均衡价格时才采取此策。

中央银行对外汇市场的干预在金融生活中并不少见，尽管这种手法也存在一些问题。那么，中央银行的干预手法有哪些呢？

中央银行干预外汇市场的定义是：货币当局在外汇市场上进行外汇买卖，并用以影响本国货币的汇率，其途径可以是用外汇储备、中央银行之间调拨，或官方借贷等。中央银行在进行这种干预时的常规手段有两种，当然这两种手段是并行不悖的。

第一，中央银行在外汇市场上买进或卖出外汇时，同时在国内债券市场上卖出或买进债券，从而使汇率变而利率不变化。例如，外汇市场上美元对日元的汇价大幅度下跌，日本中央银行想采取支持美元抛出日元，美元成为它的储备货币，而市场上日元流量增加，使日本货币供应量上升，而利率呈下降趋势。为了抵消外汇买卖对国内利率的影响，日本中央银行可在国内债券市场上抛售债券，使市场上的日元流通量减少，利率下降的趋势因此而抵消。需要指出的是，国内债券和国际债券的相互替代性越差，中央银行不改变政策的干预就越有效果，否则就没有效果。

第二，中央银行在外汇市场上通过查询汇率变化情况、发表声明等，影响汇率的变化，达到干预的效果，此被称为干预外汇市场的"信号反应"。中央银行这样做是希望外汇市场能得到这样的信号：中央银行的货币政策将要发生变化，或者说预期中的汇率将有变化等。一般来说，外汇市场在初次接受这些信号后总会做出反应。但是，如果中央银行经常靠"信号效应"来干预市场，而这些信号又不全是真的，就会在市场上起到反面的效果。

那么，我们怎么判断中央银行的干预是否有效呢？看中央银行干预的次数多少和所用的金额大小是没有意义的，从中央银行干预外汇的历史至少可以得出以下两个结论：

如果外汇市场异常剧烈地波动是由信息效益差、突发事件、人为投机等因素引起的，而由于这些因素对外汇市场的扭曲经常是短期的，那么，中央银行的干预会十分有效，或者说，中央银行的直接干预至少可能使这种短期的扭曲提前结束。

如果一国货币的汇率长期偏高偏低是由该国的宏观经济水平、利率和政府货币政策决定的，那么，中央银行的干预从长期来看是无效的。而中央银行之所以坚持进行干预，主要是能够达到以下两个目的：首先，中央银行的干预可缓和本国货币在外汇市场上的跌势或升势。这样可避免外汇市场的剧烈波动对国内宏观经济发展的过分冲击；其次，中央银行的干预在短期内常会有明显的效果，其原因是外汇市场需要一定的时间来消化这种突然出现的政府干预。这给了中央银行一定的时间来重新考虑其货币政策或外汇政策，从而做出适当的调整。

历史篇
解读金融的历史

第十五章

世界财富是如何转移的
——了解金融中心演变要学的金融学

白银与黄金时代——中国衰落，欧洲崛起

中国历来处在强大的专制主义中央集权的统治之下，官僚体系相当完善，社会具有一种强大内聚力。而且这种状况在中国两千多年的发展中保证了中国社会的稳定。经济学家肯尼迪估计，乾隆十五年（1750年）时中国的工业产值是法国的8.2倍，是英国的17.3倍。一直到第二次鸦片战争，英国的工业产值才刚刚赶上中国，而法国才是中国的40%。1820年时，中国的GDP占世界GDP的32.4%，欧洲占26.6%，中国经济在当时世界经济中所占的地位，远远超过今日美国在世界经济中的地位。可见，19世纪鸦片战争之前，中国是世界上最富裕的国家，中国的经济实力在当时的全球化经济体系中，占据着绝对的领导地位。有学者指出，当时中国拥有全世界白银总量的一半以上。

但当封建制度走向衰落时，中国并没有抓住自发萌芽的资本主义新的生产关系的机遇。面对衰落的事实，中国并没有甘于堕落，它也像有着同样境况的日本一样，走上了改革之路。但是日本通过明治维新，钢铁、煤炭、水泥、金属、机械、造船和纺织等重要产业逐渐兴起，政治经济都取得了较大的发展。然而，大清政府在与日本类似的复兴之路上，虽然付出了努力，却并未寻得自强之道。

大量数据显示，中国在世界经济中地位的下降，是从鸦片战争后开始的。鸦片战争后半个世纪里，中国GDP占世界GDP的份额，从绝对领先的1/3，急速下降到1/50。

正如伏尔泰所言："商人发现东方，只晓得追求财富，而哲学家则发现精神的世界。"当时西方的学者大部分都是汉学家，都有中国专著，最起码也对中国非常了解，即使是当时标新立异的学者，也要从对中国的批判中树立自己的学术合法性及社会影响力。当中国正沉浸在"天朝大国"的喜悦与骄傲中时，欧洲正在经历着一场巨大的变革。以1453年土耳其攻陷君士坦丁堡作为标志，欧洲告别中世纪，经历了文艺复兴、宗教改革、启蒙运动为期300多年的思想冲刷。这300多年的变化，恩格斯称之为一次"人类从来没有经历过的最伟大的、进步的变革"，是一个"需

鸦片战争后中国衰落的原因

我们在审视中国衰落的转折点时，必须要学会辩证地看问题。根本原因在于当时的中国经济缺乏独立性，尤其是金融主权的独立性。

中国在旧的世界经济体系中占据绝对优势，十分保守，不愿轻易改变。

在工业技术上，中国政府秉持着"造不如买，买不如租"的懒汉思想，使得大量学成回国的留学生得不到重用，致使当时的政府错失了工业发展的机遇。

西方金融资本大举进入中国，而为筹措军费，清廷开始向西方金融家大量借款。通过国债，欧美列强特别是英国逐步渗透进中国金融主权。

要巨人而且产生了巨人"的时代。

文艺复兴之所以具有开辟新时代的意义,是因为它体现了一种富于创造力的"时代精神"。它具有一种把中古时期远远甩在后面的前进冲击力。"……在它的光辉形象面前,中世纪的幽灵消逝了,意大利出现了前所未有的艺术繁荣,这种艺术繁荣好像是古典的再现,以后就再也不曾达到了。"这对近代欧洲的贡献无疑是伟大的,它为近代欧洲的前途发展指明了新方向。从 17 世纪晚期开始,到 18 世纪达到高潮,一直延续到 19 世纪,启蒙运动极大地促进了欧洲精神面貌的变化,它是近代欧洲全面崛起的推动力,为欧洲的崛起提供了强大的智力支持。

除了思想上的支持,欧洲各国经济、军事实力的发展也在为其崛起之路保驾护航。欧洲武器的不断发展确保了欧洲政治的多元化,武装远航商船使西方的海军大国最终取得了控制海洋商路和所有易受海军攻击的社会的有利地位,这意味着欧洲的世界地位大大提高了一步。

经济发展的必然结果就是贸易的扩大,两次工业革命,使得欧洲生产技术逐渐领先于世界其他地区,原来范围内的贸易已不能满足经济发展的需要,因此自然而然地扩大起来。造船技术和武器技术的提高也促使欧洲各国逐渐走上了海外殖民的道路。欧洲人民曾经向往和憧憬的富庶之邦——中国自然就成为了欧洲各国贸易扩张的首选之地。欧洲称雄于世界的时代也随之到来。

总的来说,近代中国的衰落是历史的必然,面对历史的变革,当时的清政府不能及时地改变思想,调整政策,以最好的状态来迎接来自国际上的挑战。而欧洲的崛起也不是偶然,它是政治、经济、科技综合作用的结果,这就预示着欧洲在一段时期内主宰全球是历史的必然。历史就像是大国和地区兴衰更替的链条,一环扣一环,有始无终,兴亡无常。因此,研究近代中国衰落和欧洲崛起的历史原因及经验教训,对于今天正在向现代化转型的中国发展是有益的。

第一个世界经济霸主——荷兰

地处西北欧、面积只相当于两个半北京的小国荷兰,在海潮出没的湿地和湖泊上,以捕捞鲱鱼起家从事转口贸易。那里的人们设计了造价更为低廉的船只,依靠有利的地理位置和良好的商业信誉,逐渐从中间商变成远洋航行的斗士。日渐富有的荷兰市民从贵族手里买下了城市的自治权,并建立起一个充分保障商人权利的联省共和国。他们成立了世界上最早的联合股份公司——东印度公司,垄断了当时全球贸易的一半;他们建起了世界上第一个股票交易所,资本市场就此诞生;他们率先创办现代银行,发明了沿用至今的信用体系。

金融在 18 世纪荷兰最具活力。与国外有密切联系的阿姆斯特丹银行家,18 世纪时把"自己的某些商业利益让给汉堡、伦敦,乃至巴黎",自己则"形成一个对外封闭的放债人集团"，把 17 世纪积累下来的资本向外输出。正如威尼斯或热那亚一样，这些食利者退出商业活动，坐享特权，不过依然控制着西欧经济生活的上层活动。

荷兰商人把资本大量地投入到国内金融领域，而且有增无减。18 世纪 50 年代荷兰放债集团平均每年把 1500 万盾投入到国内各种债券中，1780 ~ 1795 年，他们仅向国内公债一项的投入每年平均就达 3700 万盾。由于荷兰的剩余资本存量实在太大，而国内又缺少资金需求，导致了官方利息与民间利息在逐年下降：1640 年荷兰官方利率降至 5％，1672 年降至 3.75％；民间利息在 17 世纪 20 年代为 5％，1723 年后降至 4.25％，这就逼迫荷兰人将投资的目光投向了国外。再加上荷兰资本拥有者对这一时期国外金融机构信任度增加，于是荷兰商人资本更多地向国外流去。下面是 1782 年荷兰资本投放情况，根据荷兰省督旺代尔·斯皮格尔估计，投放资本共 10 亿弗罗林，投资项目（单位为百万弗罗林）：外国贷款 335，其中英国 280，法国 25，其他国家 30，殖民地贷款 140，国内贷款（借给各省、各公司和造船工厂）425……据估计，荷兰公民还持有 5000 万盾的金银珠宝，只有在一个截获一艘西班牙运宝船就可以取得 1200 万盾纯利润的时代，才有可能在短期内积累如此巨大的财富。

到 17 世纪中叶，荷兰的全球商业霸权已经牢固地建立起来。此时，东印度公司已经拥有 1.5 万个分支机构，贸易额占到全世界总贸易额的一半，悬挂着荷兰三色旗的 1 万多艘商船游弋在世界的五大洋之上。

在东亚，它们占据了中国的台湾，垄断着日本的对外贸易；

在东南亚，它们把印度尼西亚变成了自己的殖民地；

在非洲，它们从葡萄牙手中夺取了新航线的要塞——好望角；

在大洋洲，它们用荷兰一个省的名字命名了一个国家——新泽兰（后被英国人改成英文"新西兰"）；

在南美洲，它们占领了巴西；

在北美大陆的哈得逊河河口，东印度公司建造了新阿姆斯特丹城。今天，这座城市的名字叫作纽约。

随着荷兰经济的不断发展壮大，金融业逐渐成为荷兰最具活力的行业。尤其是在荷兰建成阿姆斯特丹银行之后，国内上到皇帝贵族下到普通商人，纷纷加入借贷者的行列。随着荷兰国内银行业的进一步发展，这些银行家们将眼光逐渐投向了世界，不再甘心做国内的"借贷者"。他们有偿地将自己手中的某些商业利益让给世界上诸如汉堡、伦敦以及巴黎等大城市的商人，然后从这些大商人手中收取一定的利息，通过这种方式，阿姆斯特丹的银行家们形成了一个固定的放债人集团，将上个世纪积累下来的剩余资本疯狂对外输出，自己则退出商业活动，坐享其他商人的利润。

18 世纪前期，荷兰疯狂将剩余资本输入国外的行为给它带来了丰厚的回报：荷兰放债集团投资者每年通过借贷从国外所获取的利息收入便可达 1500 万盾，随着经济的不断发展，到了 18 世纪后期，这些投资者每年从国外所获取的利息收入高达

荷兰无法一直称霸世界的原因

荷兰从西班牙手中承接了经济的霸权。不过，荷兰的条件在确保经济霸权方面有着诸多不利。

这个国家没有巨商或金融机构，国际贸易大部分依赖安特卫普（比利时的港口）。

荷兰的领土几乎都处于低地带。而且荷兰与邻近的竞争国家相比，国土狭小，人口稀少。

另外，荷兰真正开始涉足世界市场时，就面对着与西班牙和葡萄牙等强国角逐的局面。西班牙和葡萄牙不仅在航线知识方面，在造船技术和国家援助方面都优于荷兰。

由于上述等原因，在 17 世纪末荷兰的霸主地位被英国取代。

30007 万盾。在 1750 ～ 1773 年这短短的二十几年之内，阿姆斯特丹这一地区的银行家们每年从国外投资中便能坐享利息额高达 8000 万盾。从荷兰经济发展的轨迹当中我们可以看出，那种传统的依靠商品资本来刺激经济发展的模式在荷兰再也难以寻其踪迹，取而代之的是一种货币资本，这在当时的世界上是唯一的一个依靠货币资本来刺激国内经济发展的国度。通过不断的资本对外输出，荷兰完成了从一个传统的商业资本主义国家到金融资本主义国家的过渡。从此，世界上出现了第一个金融大帝国。

凭借一系列现代金融和商业制度的创立，17 世纪成为荷兰的世纪。由于国土面积等天然因素，17 世纪末，荷兰逐渐失去左右世界的霸权。但直到今天，荷兰人的生活依然富足，荷兰人开创的商业规则依然在影响世界。

黄金成就的霸权——葡萄牙和西班牙

15 世纪，欧洲最早的两个民族国家葡萄牙和西班牙，在国家力量支持下进行航海冒险：在恩里克王子的指挥下，葡萄牙一代代航海家们开辟了从大西洋往南绕过好望角到达印度的航线；在伊莎贝尔女王的资助下，1492 年哥伦布代表西班牙抵达了美洲。

当麦哲伦完成人类第一次环球航行后，原先割裂的世界终于由地理大发现连接成一个完整的世界，世界性大国也就此诞生。葡萄牙和西班牙在相互竞争中瓜分世界，依靠新航线和殖民掠夺建立起势力遍布全球的殖民帝国，并在 16 世纪上半叶达到鼎盛时期，成为第一代世界大国。

对黄金的追求是新航线发现的动因之一。因此，在发现了美洲后，葡萄牙和西班牙的殖民者首要的任务就是掠夺黄金。当时的黄金白银，犹如一个出落得亭亭玉立的少女，吸引着众人的眼球。为了掠夺黄金白银，葡萄牙和西班牙加强了对殖民地的控制，进一步鼓励国内的冒险家发现新大陆，以便不断扩大自己国内黄金的供给，尤其是西班牙。葡萄牙和西班牙作为新航路的开辟者，自然不会放过掠夺金银的大好机会。特别是西班牙，对新大陆的掠夺可谓是登峰造极，掠夺了大量的金银，西班牙也因此成为当时的欧洲霸主。

葡萄牙将掠夺回国的大量黄金白银用于国内一些大地主、大贵族的奢侈生活，这也是它为什么拥有大量黄金之后而不能称霸欧洲的重要原因之一。从史料上来看，葡萄牙和西班牙从它们各自所属的殖民地掠夺的黄金白银数量是极其惊人的。

1422 年葡萄牙首次从境外输入黄金，即用小麦、金属、布匹、床单、珊瑚串珠和白银在非洲换取黄金。此后，葡萄牙从非洲进口的黄金便具有掠夺的性质。1500 ～ 1520 年，非洲平均每年流失黄金 700 公斤，其中大部分落入葡萄牙人手中。整个 16 世纪，葡萄牙从非洲掠夺黄金达到 270 吨以上。经过多年的扩张，葡萄牙国王统治了三个海外帝国：西非的黑人奴隶和黄金帝国；印度洋的香料帝国；南大西洋的巴西黑人奴隶和蔗糖帝国。在当时世界各国之中，没有一个国家，在海外殖民扩张中获得如此巨大的收益，葡萄牙殖民大帝国达到了黄金时代。

西班牙是继葡萄牙之后的又一殖民帝国，西班牙本身就是新航线的开拓者，因此在海外扩张上有着得天独厚的优势，加上王室政府的支持，西班牙很快就建立了一个繁荣昌盛的殖民大帝国。

哥伦布航海之后，西班牙很早就扎根于加勒比海的西印度群岛。1520 年，西班牙征服了墨西哥，1530 年，征服了秘鲁。其间，他们掠夺了大量的金银运回了西班牙。对因货币不足而束手束脚的欧洲经济来说，从美洲掠夺来的金银如同生命之水般重要。西班牙的经济地位自然上升，经济霸权的确立也成为可能。

西班牙也是继葡萄牙之后少数几个从殖民地掠夺大量黄金的国家之一，西班牙人掠夺黄金的手法与葡萄牙人有所不同，葡萄牙人当初掠夺黄金还需通过表面上合法的贸易来进行，而西班牙则抛弃了这层"合法的外衣"，采取了公然掠夺的方法：西班牙人占领殖民地之后，起先是公然抢劫印第安人的金银饰品和寺庙中的金银饰物，然后再将这些贵重金属熔化制成一小块一小块的黄金，以便运送；随着殖民统治的不断深入，西班牙人又开始以开发矿藏的形式从殖民地掠夺黄金。哥伦布是当时殖民者当中的一个典型。1495 年，他所率领的船队刚到达海地，就开始了公然的掠夺：命令当地 14 岁以上的成年男女每人每月必须缴纳一定量的金砂，酋长所应缴纳金砂的数量当然远高于普通民众。表面上看起来，哥伦布是为了满足自己的私欲而公然掠夺黄金，但其实早在他起航之前，便受到西班牙国王的"特别照顾"，国王命令他务必重视搜集黄金、白银、珠宝和香料等贵重物品，有了国王做靠山，哥伦布当然敢这样公然抢夺。为了进一步加强西班牙人对殖民地黄金的掠夺，一方面，大量的西班牙人在黄金的刺激之下，申请移民殖民地；另一方面，西班牙国王鼓励国内民众在殖民地开采金矿，但是必须将所取得黄金的 2/3 上缴国库。在这种政策的刺激之下，大量的西班牙国民涌入非洲、美洲等殖民地，之后便世代繁殖，在殖民地定居下来。今天很多非洲、美洲人的祖先之所以是西班牙人，就是这个原因。

黄金的大量涌入，刺激了西班牙国内经济的发展，使得它从当时一个名不见经传的小国，一跃而成为欧洲的霸主。为了从美洲顺利将掠取的黄金运送回国内，西班牙配备了专门的运送黄金的船队。到了 16 世纪末期，西班牙凭借超强的国力，控制了当时世界黄金开采量的 85%，在 1521 ~ 1544 年这短短的十几年间，西班牙人每年从美洲运回国内的黄金和白银总量多达 4 万公斤。在占领拉丁美洲的近 3 个世纪中，西班牙通过掠夺的方法从拉丁美洲掠夺了近百万公斤的黄金和上亿公斤的白银，这对当时一般的国家来说简直就是一个天文数字，难怪当时有人说西班牙人几乎每一个国民都富可敌国。

因此，西班牙之所以能成为当时欧洲的霸主，很大部分与它从新大陆所掠夺的黄金有关。因为西班牙将大量的黄金掠夺回国后，将其中的一小部分用于发展国内的军事和扩大再生产，这为它的强大奠定了坚实的基础。

据统计，在入侵拉丁美洲的 300 年中，这两个国家共运走黄金 250 万公斤，白银 1 亿公斤，可谓是数量惊人。作为最贵重的交换工具，黄金在人们心目中有着至高无上的地位，成了西欧社会各阶层都渴望得到的新的"上帝"，成为该时期社会财富和权力的主要象征。黄金成为衡量一切价值的标准，谁占有了黄金，谁就拥有了一切。

现代中央银行的鼻祖——英格兰银行

英格兰银行是英国的中央银行，它负责召开货币政策委员会，对国家的货币政策负责。

而英格兰银行最初的任务是充当英格兰政府的银行，这个任务至今仍然有效。英格兰银行大楼位于伦敦市的 Threadneedle（针线）大街，因为历史悠久，它又被人称为"针线大街上的老妇人"。

英国的中央银行作为世界上最早形成的中央银行，为各国中央银行体制的鼻祖。1694 年根据英王特许成立，股本 120 万镑，向社会募集。成立之初即取得不超过资本总额的钞票发行权，主要目的是为政府垫款，1833 年英格兰银行取得钞票无限法偿的资格。1844 年，英国国会通过《银行特许条例》（即《比尔条例》），规定英格兰银行分为发行部与银行部。发行部负责以 1400 万镑的证券及营业上不必要的金属贮藏的总和发行等额的银行券，其他已取得发行权的银行的发行定额也规定下来。

英格兰银行享有在英格兰、威尔士发钞的特权，苏格兰和北爱尔兰由一般商业银行发钞，但以英格兰发行的钞票做准备；作为银行的最后贷款人，保管商业银行的存款准备金，并作为票据的结算银行，对英国的商业银行及其他金融机构进行监管；作为政府的银行，代理国库，稳定英镑币值及代表政府参加一切国际性财政金融机构。因此，英格兰银行具有典型的中央银行的"发行的银行、银行的银行、政府的银行"的特点。

英国政府用公债向英格兰银行借钱，而英格兰银行用自己发行的货币（英镑）购买英国国债；这个国债是未来税收的凭证，英格兰银行持有国债就意味获得以后政府的税收。英国政府如果要买回流通在外的国债，必须用金币或英格兰银行认同的等值货币（货币能兑换黄金）买回。英格兰银行发行的货币（即英镑）的前身是银行券，这些银行券其实就是储户存放在金匠那里保管的金币的收据。由于携带大量金币非常不便，大家就开始用金币的收据进行交易，然后再从金匠那里兑换相应的金币。时间久了，人们觉得没必要总是到金匠那里存取金币，后来这些收据逐渐成了货币，所谓的金本位制就是以黄金为本位币的货币制度。在金本位制下，或每单位的货币价值等同于若干重量的黄金（即货币含金量）。因为英格兰银行发行的银行券的流通范围和接受程度都是比较广的，该银行的银行券就被默认为国家货币。所以，英格兰银行购买国债可以用它的银行券，以后就是被称为英镑的流通货币。可以认为用国家货币能兑换政府公债，前提是可以兑换成黄金的货币或者等价物；

英格兰银行建立的背景

建立英格兰银行的背景，最主要的是政府需要钱。

另外，国内的商人有一些富余的钱，所以他们想把这些钱贷款给政府，因此他们希望国家建立银行。

在这两方面的作用下，英国政府成立了银行，也就是英格兰银行。

用公债只可以到政府那儿领取利息，不可以兑换成黄金或者货币，因为该公债是政府的"永久债务"。

英格兰银行逐渐垄断了全国的货币发行权，至1928年成为英国唯一的发行银行。与此同时，英格兰银行凭其日益提高的地位承担商业银行间债权债务关系的划拨冲销、票据交换的最后清偿等业务，在经济繁荣之时接受商业银行的票据再贴现，而在经济危机的打击中则充当商业银行的"最后贷款人"，由此而取得了商业银行的信任，并最终确立了"银行的银行"的地位。随着伦敦成为世界金融中心，因应实际需要，英格兰银行形成了有伸缩性的再贴现政策和公开市场活动等调节措施，成为近代中央银行理论和业务的样板及基础。

1933年7月英格兰银行设立"外汇平准账户"代理国库。1946年之后，英格兰银行被收归国有，仍为中央银行，并隶属财政部，掌握国库、贴现公司、银行及其余的私人客户的账户，承担政府债务的管理工作，其主要任务仍然是按政府要求决定国家的金融政策。英格兰银行总行设于伦敦，职能机构分政策和市场、金融结构和监督、业务和服务三个部分，设15个局（部）。同时，英格兰银行还在伯明翰、布里斯托、利兹、利物浦、曼彻斯特、南安普顿、纽卡斯尔及伦敦法院区设有8个分行。

全球经济动力之都——伦敦金融城

在伦敦著名的圣保罗大教堂东侧，有一块被称为"一平方英里"的地方。这里楼群密布，街道狭窄，虽不像纽约曼哈顿那样高楼密集，但稳健、厚重的建筑风格和室内豪华、大气的装饰却有过之而无不及。这里聚集着数以百计的银行及其他金融机构，被看作是华尔街在伦敦的翻版。这就是金融城。

公元前后，罗马人在奥古斯都·屋大维的带领下，逐渐建立起一个以罗马为中心的横跨欧、亚、非的庞大的罗马帝国。43年，罗马人首次踏上英伦三岛，随后开始在泰晤士河畔修筑城墙，建立一个名为伦迪尼乌姆的聚居点，这就是英国首都伦敦最早的雏形。经过1000多年的发展，到16世纪的时候，伦敦已成为欧洲最大的都市之一。虽然1665年的瘟疫和1666年的大火给伦敦带来了毁灭性的灾难，但是大火之后的伦敦城很快就在恢复的同时发展壮大起来。目前，伦敦已经成为世界重要的金融中心。

与华尔街齐名的世界三大金融中心之一的"全球经济动力之都"——伦敦金融城，它的面积虽然只有一平方英里，但它为英国贡献了超过2%的国民生产总值，伦敦人都习惯称之为"那一平方英里"。

伦敦金融城在历史上一直都是英国政治的钱箱，曾给予英国国王、贵族、教会很多援助，也大体上决定了英国的内政和外交政策。当权者为了拉拢这里的钱商富贾们，就赋予了他们特殊的地位和权力，并让其保留一块专有领地。金融城虽然只是伦敦市 33 个行政区中最小的一个，但金融城却有自己的市长、法庭以及 700 名警察。据说，连英国女王想进城，也必须先征得市长的同意。世界各国元首、政府首脑访问伦敦时大都要到这里做客。

金融城最初只是商人们聚在一起喝咖啡、谈生意的地方。渐渐地，货物运输和保险业在这里发展起来，使之成为英国经济活动的中心。从 18 世纪初开始，金融城

劳埃德保险行诞生的背景

爱德华·劳埃德是在一家咖啡馆里成立了劳埃德保险行，当时，这个咖啡馆是船主和商人聚会的地方。

这次出海不知道会不会遇到危险，如果有人为我们保险就好了。

从事海外贸易的船主，希望有人为他们的船只和财物保险。

海上的商人担心出事，我们何不收钱为他们办保险呢？运气好的话一定会赚上一笔的。

好主意！

而富商们则愿意通过承担保险来赌一下财运。

在上述两种原因的促使下，劳埃德保险行诞生了。劳埃德保险行成了一个由许多自负盈亏的个人保险商和投资者结合成的"劳合社"，至今仍然具有十分重要的国际地位。

逐渐成为英国乃至全球金融市场的中心，并被称为世界的银行，在各类金融服务方面的经验博大精深。

金融城里名流云集，熙熙攘攘，投资银行、保险公司、律师楼和会计事务所等金融机构的各路英豪纷至沓来，最多时城里的人口达 35 万。但到了晚上或周末，各公司关门打烊后，城里就立刻冷清下来，因为这里仅有 7000 常住人口。英格兰银行、伦敦证券交易所和劳埃德保险市场（又名劳合社）是伦敦金融城的重中之重。

劳埃德是世界最早和最大的保险交易市场，它的作用有点类似证券交易所，旗下聚集了 71 家保险财团的 762 家保险公司和 2000 名个人保险业者。据史料记载，1688 年，爱德华·劳埃德在一家咖啡馆里，以自己的姓氏命名，成立了一个保险行。几百年过去了，劳埃德虽然已经成为世界上最大的保险交易市场，但它仍然保留着古老的交易手段。交易大厅被隔成了许多洽谈保险业务的"鸽子笼"似的房间，投保人和保险商在里面进行面对面的谈判，双方达成协议后签个字，一笔保险额高达百万美元的生意就完成了，而劳埃德的信誉就是交易安全的保证。

劳埃德虽然只能占到整个保险市场 1% 的份额，但它仍然拥有全世界大约 25% 的海洋保险，而且它还是世界主要的再保险中心，因此伦敦城的保险市场仍是国际保险行业的一号种子选手。然而，尽管目前伦敦城内的各类金融市场仍然颇具实力，可是它已经无法找回帝国时代的荣耀了。它在世界金融界的地位已先后被纽约和东京超过，而成为世界金融的第三极。在欧洲它还是第一位的金融中心，但是随着欧洲一体化进程的推进，整个欧洲货币实行一体化，欧共体有可能会将法兰克福选为欧洲银行的所在地。如果真是这样的话，伦敦城的地位将受到更大的威胁，这个黄金铸就的"心脏"将蒙上一层阴影。

伦敦金融城的外汇交易额、黄金交易额、国际贷放总额、外国证券交易额、海事与航空保险业务额以及基金管理总量均居世界第一，名列世界 500 强的企业有 375 家都在金融城设了分公司或办事处，有超过 480 家的外国银行在这里开业经营，全球 20 家顶尖保险公司也都在这里有自己的公司。每天的外汇交易额达 10000 多亿美元，是华尔街的 2 倍，约占全球总交易量的 32%。此外，金融城还管理着全球 4 万多亿美元的金融资产。由此可见，金融城被誉为"全球经济动力之都"，实不为过。伦敦作为国际金融中心的全部概念，几乎都是在金融城得以演绎和体现的。

现代世界经济中，金融的地位极为重要，金融业是否发达是区分发达国家与发展中国家的显著标志。金融业的不断发展能为一个国家的经济从以制造业为主的工业时代迈向以服务业为主的后工业时代创造必要条件。伦敦金融城被世界金融界巨头奉为"全球的力量中心"。了解伦敦金融城的运作与特色对于我国从粗放型商品经济转变为以金融等服务业为重要支柱的集约型现代化经济将会大有裨益。

伦敦金融城曾经无比辉煌，现在也依然闪烁着耀眼的光芒，它为英国的经济作出了巨大的贡献。20 世纪 80 年代里，它每年使英国纯收入税利 20 亿英镑以上，即使在经济衰退的 20 世纪 90 年代初期，失业率居高不下时，伦敦城也为无数人创造了就业机会。1995 年，伦敦城内从事金融业、商业的人员有 70 万，比法兰克福的总人口还要多。但是伦敦城的功与过却是英国人长期争论的问题。

第一次世界大战结束后，由于伦敦城将精力过多地投放到海外的投资中，从而使英国的工业得不到发展所急需的大量资金，这样，美国和德国不仅在钢铁等传统工业上超过了英国，而且在高科技领域也领先于英国。1925 年，英国首相丘吉尔为了保持英镑的地位和维持伦敦城在国际金融上的重要性，采取了严苛的财政预算和紧缩货币政策，结果他的目的暂时达到了，但英国的工业却为此付出了巨大的代价。即经过一个短暂的战后高涨期之后，国内需求持续下降，几个主要产业：造船、纺织、钢铁和煤炭都严重地收缩了。然而，即使是这样，还是没能挡住英镑挤兑的命运。

星条旗飘扬——美国经济的崛起

荷兰为了摆脱西班牙的统治，通过独立战争踏上了执掌经济霸权之路。英国也是在军事和经济力量相对较弱时通过海盗活动，军事和经济力量相对强大时通过战争或海上封锁，将该意志融入赶超当时的先进国家荷兰和西班牙的实践中去的。从英国手中承继了霸权的美国也毫无例外地走过了类似的路。

先接触先进文化的国家会率先迎来经济崛起的机遇，这是很自然的事情。掌握经济霸权的意大利城市国家如此，葡萄牙、西班牙、荷兰和英国也是如此。不过，并不是说抓住了机遇就都会大获成功。还需要成功的意志，这种意志要靠赶超先进国家的不懈努力予以强化。

曾是英国殖民地的美国不仅承继了科学和经济强国——英国的文化财产，而且承继了先进的政治、经济制度。这是美国的幸运。抓住幸运时机的关键在于美国成为英国棉织品产业的原料供应地。美国产的原棉虽然在英国棉织品产业称霸世界方面发挥了重要的作用，但美国却因向英国出口原棉而积累了财富。

不过，美国毕竟是英国的殖民地，这种从属关系对美国的经济繁荣有着局限性，而且美国的棉花生产是建立在奴隶制基础上的，不言自明，它的局限性不久就会显露出来。从希腊和罗马时代以来的历史经验来看，奴隶制生产明显落后于自耕农的生产力。美国若想分享经济繁荣，就应从英国的殖民地和奴隶制生产的拘囿中解脱出来。事实上，美国通过独立战争和南北战争实现了这两种意愿，特别是独立战争成了美国工业划时代发展的转折期。

即使在独立战争时期，美国无论在经济还是军事上都无法与英国相匹敌。为了削弱英国的霸权地位，法国积极援助美国。在此情况下，英国很难使殖民地美国屈服。最终，美国取得了民族独立，并获得了飞跃式发展。独立战争时期，英国封锁了美

美元霸主地位的形成因素

从历史来看，美国经济强大，综合国力的提升无形当中提升了国家信用度，其发行的美元货币为世界所采用。

同时，世界贸易的发展需要一种统一的世界货币。

美国通过马歇尔计划援助欧洲等国的重建，向各国发放大量美元纸币，促使美元在世界各国流通。

美国经济崛起、世界贸易发展、马歇尔计划的实施，都推动着美元向世界范围内流通，影响和改变了世界各国贸易习惯，促使美国世界经济霸主地位的形成。

国海岸。因此，美国所需的各种工业制品只能靠自己生产。这种困境反而为美国提供了经济飞跃的平台，美国的经济发展较欧洲的其他国家都相对迅速。因此，大量的欧洲人纷纷移民到美国。由于移民的持续增加，美国的其他产业也获得了发展。

拿破仑战争结束后，美国增长最快的就是铁路。铁路事业是需要大规模投资的，而铁路建设的企业没有巨额资本，最初只能依靠外部资本。这为美国金融产业的发展创造了划时代的契机。因为铁路事业的收益率高，股票和公司债券人气高涨，使资本的筹措比较容易。铁路事业需要的大规量资金由纽约筹集。

在拥有了广阔的国土、丰富的资源、肥沃的原野和经济崛起必需的政治、经济制度的完备等所有有利条件后，又有充足的劳动力作支撑，美国可以向世界经济霸主飞奔而去了。美国在 1870 年已经占据了世界制造业生产的 23%，到第一次世界大战爆发前的 1913 年达到了 32%，到世界经济大萧条之前的 1928 年则占世界制造业生产的近 40%。与此同时，国际竞争力和增长潜力较美国落后的英国逐渐衰落了下去。

1918 年至 1939 年期间，英国金本位制度统治着世界经济，尽管这一时期由于战争的爆发，大量资金的支出使得大量纸币出现，但是由于纸币并不具有货币价值，其价值与其数量呈反比，也就是发行货币越多，其币值就越低。一国政府通常都有印制大量纸币以支付政府开支或者支持经济建设的冲动。纸币与通胀之间的联系成了其天然的脆弱性。

在这一时期，由于美国与英国的实力相当，美元和英镑成为一定意义的世界货币。在世界贸易中，美元和英镑都能作为结算货币，这是世界各国对于美国和英国经济实力的肯定，世界各国都认为美国和英国的经济实力足以支撑其本国货币的信用。

1939 年后，随着英国在"二战"市场上的节节败退，美国通过战争大发战争财，这一下一上之间，美国经济实力开始明显超过英国。1945 年"二战"结束，美国的经济实力达到高峰，英国等国都面临着重建的问题。为了解决重建的资金问题，各国都把目光投向了富裕的美国。美国建立布雷顿森林体系，美元直接与黄金挂钩，各国货币则与美元挂钩，并可以按照 35 美元一盎司的官价与美国兑换黄金。美国坚持以金本位为基础，在此基础上，建立新的国际汇率和贸易体系。美国通过马歇尔计划向各国发放大量美元纸币，而各国则通过美元购买美国商品进行国家重建，这就形成了一个资金运动循环。据统计，该计划于 1947 年 7 月正式启动并整整持续了 4 个财政年度。在这段时期内，西欧各国总共接受了美国包括金融、技术、设备等各种形式的援助合计 130 亿美元。如果考虑通货膨胀因素，那么这笔援助相当于 2006 年的 1300 亿美元。

另外，美元开始成为各国之间交易的通用货币。这样，一个覆盖全球的美元资金循环就出现了。这个资金的循环使得美元流进了各个国家，各个国家都开始使用美元进行国际贸易。美元最终成为世界货币以后，美元的世界经济霸主地位形成。

亚太金融中心群的崛起

纽约、伦敦、东京、法兰克福乃至苏黎世，这些都是世人皆知的金融中心，它们经过了跌宕起伏的金融事件的历练，世界上流传着叱咤风云的金融大亨的传说，它们见证了金融史的成长。"二战"以后，美国作为世界经济的霸主，纽约无疑成为全球的金融中心。位于华尔街的纽约交易所让无数的投资者向往憧憬。但是随着世界经济的发展，特别是亚太地区经济的崛起，世界金融版图有了新的变化，以香港、新加坡、上海为代表的亚太金融中心成为世界金融版图的新身影。

布雷顿森林体系解体以后，美国的金融霸主地位开始不断地受到挑战。20 世纪 80 年代中期，日本的海外资产首次超过美国，取代美国成为全球债权中心。随着日元的大幅升值，加速了日本资本的向外输出，从而使得日本的国际金融地位更加突出和重要。继日本之后，东亚其他国家和地区也迅速发展，努力为成为新金融中心的目标而大步向前。

中国的香港是世界重要的金融中心之一。它具有高度自由化和国际化的金融管理体制，有发达的金融业和金融市场，其中 1994 年香港的银行资产占 GDP 的 195%，股票市场资本量占 GDP 的 205%。目前，香港已经成为全球最重要的国际金融中心之一，是全球第十二大、亚洲第三大国际银行中心（以对外资产计），在 2006 年 12 月底对外资产为 5440 亿美元（4.18 万亿港元），全球排名由 2005 年的第 8 位跃升至第 6 位，超过加拿大的多伦多交易所和德国的法兰克福交易所；2006 年 IPO 融资额高达 429.4 亿美元，仅次于伦敦交易所的 562.9 亿美元，高于纽约交易所的 371.3 亿美元；是亚洲重要的资产管理中心，2005 年底香港资产管理市场的规模管理资产市值达 5700 亿美元，位列亚洲第二；保险市场发展程度达到世界先进水平，市场渗透率升至世界第 9 位，人均保险支出位列世界第 15 位；是继英国伦敦和美国芝加哥之后的全球第三大黄金交易中心。同时，近年来香港已成为亚洲最活跃的金融衍生产品交易中心之一，香港是世界第一大金融衍生权证市场。在金融基础设施方面，香港拥有国际水平、亚洲最先进的多币种支付、结算及托管系统，提供了一个安全、稳妥的环境进行各类金融交易。

新加坡是世界上最大的外汇交易中心。1994 年新加坡的银行资产占 GDP 的 186%，股票市场资本总量占 GDP 的 217%。1998 年以来，新加坡开始着力打造财富管理中心。在政府的大力推动下，新加坡的金融业有了飞速的发展，现在有各类金融机构 600 家，其中，投资银行 53 家，保险公司 32 家，保险中介公司 60 家，基金管理公司 95 家，证券行 1 家，期货公司 32 家，财务顾问 53 家。在面积仅为 690 多平方公里的土地上，汇集了如此众多的金融机构，其密集度和多样化足以覆盖经济发展对金融的巨大需求。

上海作为中国最重要的经济城市，GDP 在 2007 年已经达到 12000 亿元，折合美元超过 1600 亿美元，占整个中国 GDP 的 6% 以上，以上海为中心的 "长三角" 地区正发展成为世界第六大都市圈。2005 年 6 月，国务院批准浦东进行综合配套改革试点，把推动金融市场发展和金融创新作为重要内容，为上海金融市场发展和金融创新提供了体制机制保证。2005 年 8 月，人行上海总部成立，这是中央加快推进上海国际金融中心建设的重要举措，是上海国际金融中心建设的一项重要标志，不仅进一步强化了上海国际金融中心建设作为国家战略的地位，而且人行上海总部作为上海国际金融中心建设的推进主体，将为上海国际金融中心建设注入新的活力。

除上述国家和城市外，中国的台北、韩国的首尔、泰国的曼谷等也正在向国际化的金融中心的目标挺进。这些地区的发展趋势，正向我们展示了东亚地区将要成为世界新的金融中心的未来前景。

有学者认为，历史上东亚地区发生的事件虽然对世界近现代历史发展产生了深远的影响，但这些影响更多是地区性的，真正对世界产生带有全球性的影响或根本性的历史变革则是亚太的崛起。亚太金融中心群的崛起对整个世界经济、政治、军事、文化等诸多方面均产生不可估量的重大影响。

2011 年 4 月的《博鳌亚洲论坛新兴经济体发展 2011 年度报告》中也表示，2008 年全球金融危机，不仅是美国战后最严重的经济危机，也是全球经济的一次巨大冲击。但是亚洲新兴国家在整个危机处理过程中发挥了重大的作用。可以说，自金融危机爆发以来，新兴经济体在国际事务中的地位得到了空前加强。它们积极参与到应对经济危机、全球治理、气候变化、恐怖主义等一系列重要的国际协调工作中，推动了全球经济向更加公平公正的可持续发展方向前进。

第十六章

金融主导大国的兴衰史
——了解金融秩序变迁要学的金融学

世界货币的变迁，风水轮流转

随着世界一体化进程的加快和世界各国经济实力的变动，世界政治经济格局也随之发生了巨大的变化。随着传统的殖民主义国家英国的衰落，世界霸主的桂冠落到了后期的资本主义国家——美国手中，世界货币体系也随之发生了翻天覆地的变化。

货币是主权国家的象征，在当今时代，一个主权国家一般都发行了自己的货币，并通过法律赋予该货币在本国范围内流通使用的法定地位。在一国之内，货币主要履行价值尺度、支付手段和储藏手段的职能。当一国货币跨出国家的界线，在其他国家或地区履行货币职能时，该国货币就演变成世界货币，"成为全球统一的支付手段、购买手段和一般财富的绝对社会化身"。

世界货币是实现国际经济贸易联系的工具，它促进了国际经济联系的扩大与发展，从而也促进了资本主义的发展。随着资本主义世界市场的发展，世界各地区在经济上逐渐联结起来。

世界货币应具有一定的基本职能，这些基本职能可以概括为：其一，在国际经济交易中充当贸易货币（结算货币）和计价货币；其二，如果某种货币已经成为国际交易中的重要和主要贸易的计价货币，则它很可能成为其他国家或地区货币当局官方储备的重要资产（储备货币）；其三，当一种货币同时具有了上述职能之后，它就有可能成为选择非自由浮动汇率制度的外国货币当局干预外汇市场时的名义锚（锚货币）。

从英镑到美元的转换，由伦敦到纽约的变迁，金融作为当今世界上最热的词汇之一，诉说着两百年来的世界经济中心的轮回。当今世界的金融格局怎么样？哪些因素促成了世界金融格局的变化呢？

19世纪，金、银都曾是世界货币。以后，随着金本位制的普遍建立，黄金遂取得了主导地位。在金本位制下，黄金既在国民经济中发挥国内货币的作用，也在国际关系中发挥世界货币的作用。国际收支的差额用黄金来抵补，构成国际储备货币的也只有黄金。黄金可以自由输出输入，而且一个国家的货币可以按固定比价自由地与黄金兑换。

世界货币的变迁

世界货币的变迁先是黄金，后是英镑，现在则是美元。而世界货币的未来正朝着多极化的方向发展。

由于黄金充当了世界货币，就产生了货币的兑换与汇率以及黄金的国际流通问题。货币兑换成了国际贸易中的必要因素。为了在对外贸易中进行支付，就要将本币与外币相兑换，或用各种货币共同充当世界货币的黄金相交换。由于货币作为世界货币时失去其地方性，都归结为一定的黄金量，因而一国的货币可以用另一国的货币来表现。

当金本位制崩溃，黄金非货币化后，人类进入了信用货币时代。19世纪70年代，英国一直拥有世界最大的工业生产能力，是全球最大的贸易国和金融资产的供给者。英国国内银行及海外银行十分发达，形成了巨大的国际贸易结算网络，伦敦成了当时世界上最大的国际金融中心。

在近一个世纪里，英镑充当了最重要的国际货币角色：全球贸易中最大的一部分由英镑进行结算，外国资产中绝大部分以英镑计值，最大部分的官方储备是以英镑持有的。英镑在国际货币体系中占据着统治地位，实际上等同于黄金。

英国作为一个贸易国家和资本来源地的地位持续下降，英镑开始衰落。1914年"一战"爆发，英国废除了金本位制，1925年又得以恢复，但高估的英镑损害了英国的出口。随后由于受到世界性经济大萧条的严重打击，英国于1931被迫放弃金本位制，英镑演化成不能兑现的纸币。随着美国经济实力的壮大，美元逐渐取代了英镑的世界货币地位。

美国自1776年独立到建立统一的国内货币体系，花了大约一个世纪。美国货币体系逐渐统一的背景是美国国内市场的统一。大约在1870年以后，美国国民收入和生产率就已经超过西欧，到1913年美国已经形成统一的国内市场，并相当于英国、法国和德国的总和。但是，尽管美国经济已经赶上并超过了英国，但在"二战"之前，美元却始终没有取代英镑的地位。

第一次世界大战对美元作为国际货币的崛起发挥了关键作用。战争爆发之后，外国官方机构持有的流动性美元资产大幅度增加，美国国际贷款者地位的形成，各国的外汇管制和欧洲脱离了战前的黄金平价，都促成了美元"作为国际货币的崛起"。从1914年到1973年，美元是唯一以固定价格兑换黄金的货币。20世纪20年代，它在国际贸易和金融中的使用日益扩大。第二次世界大战使美元上升到了支配地位。

"二战"以后，美国凭借其经济和军事优势，通过建立以美元为中心的布雷顿森林体系，确立了美元在国际货币金融领域里的霸权地位。《国际货币基金协定》规定美元与黄金挂钩，其他货币与美元挂钩。尽管黄金是布雷顿森林体系建立的官方储备资产，但美元是战后货币体制真正的储备资产，从而使美元取得了"世界货币"的特殊地位。国际货币基金组织的其他成员国将美元等同于黄金，在它们的外汇储备中，大量地保存美元。战后的一段时期，由于各国都需要美国的商品而缺乏美元来支付，美元成为当时世界上独一无二的"硬货币"，致使一段时间内在世界上出现了所谓的"美元荒"。

20世纪70年代初，美元停止兑换黄金，实行浮动汇率，各主要西方货币相继脱离美元，不再同美元保持固定比价，随之美元的国际地位也有所下降。从1995年美元连续大幅贬值，其国际主要货币的作用已极大地削弱，美元及美元圈的波动，加速了国际金融市场区域化的进程，促使各国货币汇价重组。2005年美元结算占全球贸易结算的比重为65%左右，美元交易量占全球外汇交易总量的50%左右；美元仍然是重要的价值储藏手段，2005年美元在全球外汇储备中的份额达76%～78%；美元被作为部分国家货币的"名义锚"。

进入20世纪80年代以后，随着欧洲货币一体化进程的加快，德国内部货币的统一，日元的国际影响力提高，美元的国际地位的绝对优势受到挑战。目前，世界货币正朝着多极化的方向迈进。

货币成为国际支付手段和储备货币的条件

一国的信用货币成为国际支付手段和储备货币必须具备以下条件：

1. 发行信用货币的国家要有强大的经济实力，在国际经济领域中占有重要的或统治的地位。

2. 这种信用货币必须具有相当大的稳定性。

3. 某个国家的货币要在世界范围内正式取得储备货币的资格，还要得到所有国家的承认，这就必须通过国际协议来实现。

英镑霸权的辉煌与衰落

从北京往西大约 8000 公里，就是欧亚大陆西部的终端，从这里划过一道海峡，有一个岛国，国名是大不列颠及北爱尔兰联合王国，我们通常叫它英国。这个面积只有 24 万平方公里的国家，在近代历史上占有非常特殊的地位。在 18 世纪和 19 世纪，它曾经是世界经济发展的领头羊，是第一个迈入现代社会的国家。同时，在世界的货币战争史上，英国也曾占据至关重要的地位。由英格兰银行独家发行的代表英国国家权力的英镑，替代黄金在全球通用。从此，人类史上第一个主权性质的国际储备货币诞生。

在特定的历史条件下，为什么英镑会异军突起？是什么原因撑起当时英镑的霸权地位，又有哪些因素让英镑逐渐退出霸权货币的历史舞台？国内一些知名专家，回顾了首个称霸世界的货币——英镑的兴衰。

黄金作为国内市场上流通的货币，最先采用的是英国，但是最先废除的也是英国。19 世纪中期，英国率先完成了工业革命，国内经济得到了突飞猛进的发展，控制了世界上大部分的商品生产和贸易往来。直到 19 世纪 70 年代，英国一直拥有世界最大的工业生产能力，是全球最大的贸易国和金融资产的供给者。由于英国国内剩余资本过剩，一些投资者纷纷将手中的剩余资本投资于伦敦金融市场，再加上英国国内银行业十分发达，因此这些导致了伦敦取代荷兰的阿姆斯特丹，成为当时世界上最大的金融中心。

伦敦成为金融中心之后，原来金融市场赖以存在的基础——金本位制度不再适应日益变化的市场发展，于是英国政府采取了一种新的流通于全国的货币——英镑。英镑从确立之时起，便注定会承担世界货币的功能，因为此时英国已经成为资本主义世界的头号强国，控制了世界上绝大部分的国际贸易。这样，全球贸易中绝大部分都由英镑来进行结算，外国资产中的绝大部分也以英镑来计值。实际上，此时的英镑，就相当于金本位制度取消之前的黄金，在国际货币体系中占据着统治地位。

随着强大的竞争者——美国的出现，德国在 19 世纪后期统一后也获得了令人瞩目的经济发展，英国可谓是腹背受敌。尤其是随着德国追逐欧洲霸权以来，英国在牵制过程中矛盾升级，最终导致世界大战的爆发。第一次世界大战的爆发使英国背负了巨大的经济负担。

第一次世界大战一结束，英国便为了恢复金本位制于 1918 年 1 月成立了康利夫委员会，这个委员会全体一致确定将立足于战前平价回归金本位制。1920 年英国的金融产业比较健全，开始实施紧缩政策，结果导致经济下滑，这是为回归金本位而付出的不可避免的代价。信赖金本位制回归的效果，即英镑恢复作为基础货币的地位时体现的经济效果，就要欣然接受这种代价。

1920 年末不过 3.4 美元的 1 英镑到 1923 年春升至 4.7 美元。英镑的价值上升对出口打击沉重。英国政府为了实现金本位制的回归，大力实施了紧缩政策，直接导致英国国内景气的迅速下降，人均收入从 1921 年 1 月到 1922 年 12 月间下降了 38%，生活费降低了 50%，失业率上升了 15%。

1924 年 2 月，劳动党政府接受了康利夫委员会关于英镑货币升值的提案，如此一来，资本的国外流出中断，英镑价值也恢复了稳定。此时，世界景气正在恢复，英国的国内景气也在上升，失业率开始减少。最终，金本位制的回归条件似乎已经形成。

可是，人们根本没有预想到物价下跌会引发多么具有破坏性的恶性循环。物价下跌问题比预想的更为严重。价格下跌的压力使经济萎缩。价格下跌和景气萎缩引发了恶性循环。英国经济步入了这种恶性循环中。

这一年，强烈主张金本位制回归的温斯顿·丘吉尔担任财政部长官。随之，各国对英镑的货币升值产生了期待，英镑的价值自然开始上升。因之投机之风猖獗，英镑猛增至 4.795 美元。英镑恢复到战前平价的金本位制表明英国要重寻世界金融中心的地位。

英国为了重拾世界金融中心的声望，当务之急就是恢复对英镑的国际性信赖。为此，要让人相信英镑价值的稳定性。英国政府坚信，只有这样，其他国家的资本才会涌进来，英国才会恢复世界金融中心的地位。可结果却是极其否定的。正如前面提及的那样，为了恢复战前的评价，要降低物价和工资，为此，需大力实行高利率政策等紧缩政策，结果会带来通货紧缩的巨大痛苦。

与其他国家相比，英国所受的经济打击都是十分严重的，更何况英国产业与欧洲其他国家相比，其出口比重都要高。制造业的 45% 依存于国外销售，所以英国经济才在其他国家的经济变化面前表现得敏感而脆弱。

战争结束后，各国为了保护国内产业纷纷课以重税。不仅如此，英国与日本和美国为首的其他国家的竞争也日渐激烈。因为种种因素，英国经济不断恶化。

20 世纪 20 年代中期世界经济开始恢复，20 世纪 20 年代后期景气良好。可是英国并没有一同分享到经济的好景况，直至 20 世纪 20 年代也没有摆脱经济停滞状态。

为了维持金本位制，到 1931 年 8 月为止，英国还从法国和美国借入准备金。随着黄金等外汇储备日渐减少，英国政府也认识到了无法再继续维持金本位制。这时，英国已经到了黄金储备即将枯竭之际，最终只能放弃金本位制。

不过，阴差阳错，一放弃金本位制，英镑的价值随之大跌，出口产业的竞争力复活，为了维持金本位制而实行的紧缩政策的脚镣也因之解除了。从 1932 年开始，货币政策向膨胀转化。

从这些事实我们可以很容易地看出，英国试图夺回世界金融产业的霸权，以及为此以汇率下降（货币升值）为前提、执着于金本位制的所作所为，产生了多么严重的后遗症和副作用。

总之，第一次世界大战之后，英国实施的汇率政策遭到惨败。这令英国经济在20世纪20年代始终处于举步维艰的境地，只能以放弃金本位制而告终。

英镑作为世界性流通货币在持续了近一个半世纪之后便发生了动摇。充盈的国库和黄金储备、稳定的金融市场再也得不到满足，英国的霸主地位摇摇欲坠，以英镑为中心的世界货币体系也最终崩溃。

20世纪50年代，随着美国经济的进一步发展和英国经济的进一步衰落，以美元为中心的世界货币体系正式确立起来。美元在世界货币体系中霸主地位的确立，正式宣告英镑持续了近一个半世纪的霸主地位退出历史舞台。从此，美元的时代正式来临。

英国面对金本位的两难选择

英国想要恢复金本位结果造成一系列经济难题，但是放弃金本位也会造成经济问题：

金本位自己进来吧。

维持金本位制就要保持高利率政策。

可是我们是一起的呀！

我怎么跌这么厉害！

放弃了金本位制，英镑价值大跌，开始出现通货膨胀！

因此，在金本位的问题上，无论怎么做，英国的经济似乎都不乐观。这也是英镑逐渐退出世界货币舞台的原因之一。

布雷顿森林体系——美国霸权的建立

美元霸权是美国构建超级大国的一块基石，国际关系学专家罗伯特·吉尔平将其与核武器的作用并列起来："美国霸权的基础，是美元在国际货币体系中的作用和它的核威慑力量扩大到包括了各个盟国……美国基本上是利用美元的国际地位，解决全球霸权的经济负担。"

英镑作为曾经的世界货币随着英帝国的没落而走下神坛，美元则在美国国力大增的背景下开始崛起。"二战"后，布雷顿森林体系为美元霸权地位的确立提供了制度保障。

从美国于1900年正式通过金本位法案起，美元开始登上国际舞台，同英镑争夺世界金融霸权，至20世纪50年代后期最终取代英镑霸主地位而独霸天下，时间持续近60年。从1900年至1914年即至第一次世界大战开始，美元在国际货币舞台上开始崛起。尽管在这一时期，美国的国民生产总值已超过英国，是世界第一经济大国，但美元未能撼动英镑的世界货币霸主地位。

从1914年至1945年即至第二次世界大战结束，美元逐渐超过英镑的信誉和影响，以《布雷顿森林协定》为标志，美元压倒英镑，初步取得世界货币金融霸主地位。从20世纪40年代中期即第二次世界大战结束至50年代后期。这是美元进一步挤压英镑，最终确立世界货币金融霸主地位的时期。

两次世界大战重创了英国经济，也动摇和摧毁了英镑的霸权地位。美国本土远离战场，经济未遭破坏，而且发了战争财。到第二次世界大战结束时，美国工业制成品占世界的一半，对外贸易占世界的1/3以上，黄金储备约占资本主义的3/4，并成为世界最大的债权国，从而为美元霸权的建立奠定了坚实的基础。美国以强大的经济实力作后盾，不断打击英镑，抬升美元的国际货币作用，终于在"二战"结束前夕，建立了以美元为中心的布雷顿森林体系。

布雷顿森林体系以黄金为基础，以美元作为最主要的国际储备货币。美元直接与黄金挂钩，各国货币则与美元挂钩，并可按35美元一盎司的官价向美国兑换黄金。在布雷顿森林体系下，美元可以兑换黄金和各国实行可调节的钉住汇率制，是构成这一货币体系的两大支柱，国际货币基金组织则是维持这一体系正常运转的中心机构，它有监督国际汇率、提供国际信贷、协调国际货币关系三大职能。

同时根据《布雷顿森林协定》的有关规定，以黄金一美元为基础的固定汇率制度最终确立。这种固定汇率制度就是实行所谓的"双挂钩"制度，即美元与黄金挂钩、各国货币与美元挂钩的汇率机制。第一，在美元与黄金挂钩的基础上，各成员国的货币则与美元挂钩，以美元的含金量作为各国规定货币平价的标准；各国货币对美元的汇率，按照各国货币的含金量确定，或者不规定含金量而只规定对美元的比价，从而间接与黄金挂钩。第二，各国政府有责任维护本国货币汇率的稳定，其对美元汇率波动的范围不得超过货币平价的±1%，并且有义务在必要的时候对汇率的波动进行干预。第三，只有当国际收支发生"根本性不平衡"的情况下，才允许货币升值或者贬值；货币平价的任何变动都需要经过基金组织的批准。但是在实际的操作中，在平价10%以内的变动可以自行决定；如果在10%～20%之间则需要基金组织的同意，并在72小时内作出决定；如果变动的幅度更大，则没有时间的限制。

通过上述规定，我们可以看出，布雷顿森林体系确立了美元在国际货币体系中的领导地位，从而行使世界货币的职能，成为世界最主要的清算货币和储备货币，而各个成员国的货币则都依附于美元。各国中央银行均持有美元储备，彼此以美元划账结算。各国货币虽然不能兑换黄金，但可以通过兑换美元间接地与黄金挂钩。这样，就形成了一种以美元为核心，美元等同于黄金，各国货币钉住美元的新型国际货币体系。

布雷顿森林体系形成后，基金组织和世界银行的活动对世界经济的恢复和发展起了一定的积极作用。一方面，基金组织提供的短期贷款暂时缓和了战后许多国家的收支危机，也促进了支付的稳步自由化，基金组织的贷款业务迅速增加，重点也由欧洲转至亚、非、拉美第三世界。另一方面，世界银行提供和组织的长期贷款和投资不同程度地解决了会员国战后恢复和发展经济的资金需要。此外，基金组织和世界银行为世界经济的恢复与发展提供了技术援助，为建立国际经济货币的研究资料及交换资料信息等方面的进步作出了重要贡献。

布雷顿森林体系的作用

布雷顿森林体系的形成对世界经济有着十分重要的作用，最主要体现在以下两个方面：

终于稳定了局面！

美元 81.08%

A国货币 8.66%

B国货币 6.64%

暂时结束了战前货币金融领域的混乱局面，维持了战后世界货币体系的正常运转。

在相对稳定的情况下扩大了世界贸易。

"华盛顿共识"与金融自由化

从 20 世纪 90 年代起，"金融自由化"，即放松资本管制，成为欧、美、日等发达国家的主潮流。开始是大的跨国公司用转移定价等方法规避资本流动管制，后来，大的银行机构也开始仿效跨国公司的结构形式，提供跨国银行服务。随着跨国投资以及国际贸易的增长，国际银行业务促进了国际资本市场的一体化。随着金融产品的发展创新、新市场的出现，欧洲货币市场、欧洲债券市场、二级资产市场、掉期市场、期货市场、期权市场源源不断地提供新的金融产品，同时金融交易工具也迅速发展，现金管理账户、可变利率贷款、杠杆收购等金融操作层出不穷。

金融自由化最早是一种美国现象，在美国自由化浪潮的推动下，欧洲、日本、加拿大、澳大利亚等西方发达国家也纷纷放松了资本管制，在信息通信技术的支持下，这些西方国家在 20 世纪 90 年代之后已经逐渐形成了一个统一的国际资本市场，金融全球化把这些发达国家紧紧地捆绑在了一起。

金融自由化成为西方国家经济学界和政界的一种共识，认为放松资本管制可以促进经济增长。发达国家自己放松资本管制后，很快也要求发展中国家放松资本管制。尤其是在美国的督促下，国际货币基金组织、世界银行等国际经济组织开始把金融自由化当作一剂良药开给发展中国家。

金融自由化和全球化给新兴工业化国家带来了高速经济增长，但同时带来了金融风险。大规模资本涌入这些国家，使这些国家内部许多产业部门逐步膨胀起来，有的产业甚至出现了金融泡沫，外资涌入也使这些国家的货币面临升值的压力，这些国家又没有足够力度的冲销政策对冲国内新多出来的货币供给，从而导致国内许多产业部门流动性愈加过剩。本币升值使这些国家的账户赤字状况更加恶化，再加上这些国家内部银行制度较差，许多企业过度借贷，做的许多投资也不太理想，同时这些国家又坚持固定钉住汇率制度，因此国际资本市场上的投机资本就开始兴风作浪。

在金融自由化冲击下，新兴工业化国家本身的弱点被放大，国际投机力量使这些金融弱点迅速膨胀，引发了一系列金融危机。1994 年爆发墨西哥金融危机，1997 年爆发亚洲金融危机，亚洲金融危机很快向世界其他地区传播，经过俄罗斯传到巴西和其他拉美国家。这些危机和 20 世纪 80 年代的主权债务危机有很大不同，它们起源于国际资本市场，完全是金融自由化和全球化的产物。

在这一背景下，1990 年由美国国际经济研究所出面，在华盛顿召开了一个讨论 20 世纪 80 年代中后期以来拉美经济调整和改革的研讨会。会上，美国国际经济研究所原所长约翰·威廉姆逊说，与会者在拉美国家已经采用和将要采用的十个政策工具方面，在一定程度上达成了共识。由于国际机构的总部和美国财政部都在华盛顿，加之会议在华盛顿召开，因此这一共识被称作"华盛顿共识"。"华盛顿共识"提出的主要目的是帮助解决 20 世纪 80 年代拉美地区国家的债务危机。"华盛顿共识"的 10 项宏观经济政策内容包括：

一是加强政府财政纪律，削减政府预算赤字。

二是政府从那些国有企业退出来，把公共开支转向提供那些产生经济效益又可改善收入分配的公共产品，比如基础医疗、基础教育、基础设施建设，等等。

三是实行利率市场化和自由化。

四是采用竞争性的浮动汇率制度。

五是实行贸易自由化。

六是放松对外国直接投资的管制，让外国资本进入本国。

七是改革政府税收制度，激发企业活力，降低名义税率，扩大税收基础。

八是实行企业、行业私有化，提高企业效率。

九是放松资本管制，取消资本进出口限制。

十是保护私有产权，建立国内产权安全环境。

从本质上说，"华盛顿共识"是一种以自由贸易、财经纪律和国有企业私有化为基础的新自由主义经济发展模式。其实质是主张政府的角色最小化，快速地私有化和自由化。

欧元崛起，欧洲可以因此获益吗

欧元的诞生标志着欧洲自罗马帝国灭亡以后又一次实现货币统一，其间经历了漫长的 19 个世纪。但两者的本质区别在于罗马帝国是用武力征服异邦，强行实施单一货币。而今天的欧洲联盟则以和平的渐进手段逐步迈向统一，各成员国主动、自愿地让渡自己的部分主权，包括货币主权，欧元的问世便是这一进程的必然结果。

第二次世界大战后，遭受重创的欧洲各国都怀念古罗马时代的辉煌，人们普遍认为，只有统一而强大的欧洲才能拥有持久的幸福和安宁，而分裂的欧洲始终存在着不安全的隐患和危机，于是他们设想了一个沿着经济、法律、政治、军事的途径，循序渐进统一欧洲的全过程。这一切都要从经济统一开始，事实上，欧洲人早就开始着手了。

1957 年，法国、联邦德国、意大利、荷兰、比利时、卢森堡 6 国在签署《罗马条约》的时候，提出了"建立经济和货币同盟"的设想，希望建立一个统一的欧洲货币，以提高各成员国之间经济合作的水平和效率。

1967 年，欧共体成立后，建立单一欧洲货币的设想被提上了议事日程。

1978 年，欧共体 9 国同意建立旨在稳定汇率的"欧洲货币体系"。

1979 年 3 月，欧洲货币体系开始生效。欧洲货币单位"埃居"成为欧洲记账单位。

1991年12月，欧共体首脑会议通过了《马斯特里赫特条约》（简称《马约》）。条约计划从1999年起实行统一货币，从此，欧共体变成了欧盟，欧元取代了埃居。

1993年1月1日，欧洲统一大市场正式全面实施，12个成员国之间取消内部边界，实现商品、资本、人员和劳务的全部或部分自由流通。

1994年1月1日，经货联盟进入第二阶段。欧洲货币局正式成立并运作。

1995年12月15日，欧洲理事会马德里会议确定单一货币名称为"欧元"。

1996年4月2日，欧洲货币局公布欧元的设计方案。

1998年5月1日，欧盟布鲁塞尔首脑特别会议确认比利时、法国、德国、意大利、西班牙、荷兰、卢森堡、葡萄牙、奥地利、芬兰和爱尔兰共11国为欧元创始国。

2002年1月，欧元纸币和硬币正式进入欧元区12国流通市场。

经过了十余年的准备，12个欧洲国家走到了一起，它们将放弃本国的原有货币，使用欧盟的统一货币——欧元。在2002年初的几天里，近3亿人民将他们手中的原有货币替换成欧元。这次替换将涉及140亿欧元纸币和500亿欧元硬币，其运作规模空前绝后。欧元的大规模更替，标志着欧洲经济一体化进程向纵深发展，欧元的正式流通将影响美元在各地外汇市场的走势。

欧元符的官方构造形式，指定应该用黄色打印在蓝色背景上欧元的国际三字母代码（ISO4217标准）为EUR。其符号为特别设计的欧元符，由民意调查从十个设计方案中选出两个，最终提交欧洲委员会选出最终设计。最终胜出者为由四名专家组成的小组所设计的。欧洲委员会宣称这一符号是"代表欧洲文明的希腊字母epsilon E，代表欧洲的E，与代表欧元稳定性的横划的平行线的组合"。

欧元由欧洲中央银行和各欧元区国家的中央银行组成的欧洲中央银行系统负责管理。总部坐落于德国法兰克福的欧洲中央银行有独立制定货币政策的权力，欧元区国家的中央银行参与欧元纸币和欧元硬币的印刷、铸造与发行，并负责欧元区支付系统的运作。

欧元的诞生，为区域合作提供了新的思路，使得现有的区域经济整合方式向前又迈进了一大步。随着货币联盟的推进，经济的整合必然要求政治的联合，这种超越国界和民族的新型组合方式，对于各国、各集团无疑具有很大的吸引力，从而鼓励更多的国家和集团选择"货币联盟"道路。

从长远来看，欧元的诞生为国际经济一体化绘出了新的蓝图。欧元的诞生对于国际经济和政治，特别是对国际货币体系，有着长远而深刻的影响。它使国际货币体系开始向多元方向发展。虽然"二战"后建立起来的"黄金—美元本位制"早已不复存在，但美元在国际货币体系中的主导地位及其影响力却一直存在，国际贸易计价、世界外汇储备以及国际金融交易中，美元分别占48%、61%和83.6%。但是在近几年来的国际交往中，由于稳定的汇率，欧元开始冲击美元国际结算货

欧元对美元的冲击

尽管美元仍然起着世界货币的作用，但欧元作为上升的货币目前及今后将发挥越来越重要的作用，对美元在国际金融中的地位形成挑战。

我可能很快就能把你压下去了！

首先，在国际贸易结算方面，欧元现在已经成为主要的国际计价货币之一，开始动摇美元在国际贸易中的霸主地位。

其次，随着欧元国际结算货币地位的加强，世界各国对其的需求量也开始增加，欧元成为各国的储备货币以应对日渐贬值的美元。

美元现在不值钱了，得多存点欧元了！

我虽然不是这个国家的人，但是大家都用欧元，我买东西方便多了！

最后，欧洲人可以在欧元区的任何国家直接使用欧元购物消费，减少了与美元的兑换和佣金损失，使欧盟企业降低了成本，提高了竞争力。

币的地位。

在经济竞争日益全球化、地区化、集团化的大趋势中，统一货币是最有力的武器之一。事实证明，欧元作为单一货币正式使用对解决欧盟浮动汇率机制下各自为政的多国货币币值"软硬"不一、汇率的变动等状况都起到了有效的作用，防止了欧盟内部金融秩序的混乱。欧元的产生可以减少内部矛盾，降低金融风险和降低流通成本。

根据欧洲学者预测，在全球未来的外汇储备结构中，欧元和美元将会平分秋色，各占40%，其余为日元、瑞士法郎等。

货币同盟：区域团结时代的到来

1973年布雷顿森林体系崩溃，其源于一纸总统命令。这一纸总统命令导致美元与黄金挂钩的历史终结，导致美元贬值10%成为事实。美元的贬值意味着各国手中持有的美元贬值，各国对美国的债权减少，美国债务降低，各国财富在无形中向美国转移。1997年亚洲金融危机，国际金融大鳄狙击泰铢、攻击港币，横扫亚洲各国，带走了大量财富。

美国通过联通全球的金融市场，利用美元贬值的手段，在全世界为其过失买单的同时，完成财富的转移。国际的财富转移需要具备什么条件以及这种财富转移是如何实现的呢？

分析金融危机的形成，可以发现一些规律。首先各国炒家会对国际市场进行分析，通过分析各国的经济状况，挖掘一国国内利率以及汇率等方面是否存在套利的机会。在发现有机可乘时，炒家会锁定目标国并开始进行布局。

所谓的布局就是建仓，通过多个账户进行长期建仓以避免被目标国提前发现。索罗斯在对英国、泰国、中国香港展开金融攻击时，所建的一般是空头仓位，并同时在货币市场、期货市场等多个市场运作。惯用的手法是从境外携带大量资金进入目标国并进行兑换，或在目标国大量借贷以筹集资金在期货市场或股票市场建仓。

当时机成熟时，国际炒家通常会通过抛售目标国货币并购买美元等稳定货币来攻击目标国家的外汇市场，由于目标国往往缺乏外汇储备或者外汇储备很少，目标国在不足以维持稳定汇率的时候只能选择本国货币自由浮动，这样的结果往往促使市场抛售本国货币，本国货币加速贬值。本币的贬值使得国际炒家通过原来的建仓赚取大笔利润，同时以美元等稳定货币在国际市场上购买目标国货币以归还借款，赚取目标国货币贬值带来的利润。

次贷危机发生后，最早暴露出问题的国家分别是冰岛、巴基斯坦、韩国、乌克兰、匈牙利。匈牙利由于有欧盟为后盾，得到了及时的救援，而其他四国则由于孤身作战，处于极其艰难和危险的境地，尤其冰岛和巴基斯坦，几乎沦落到国家"破产"的地步。

当冰岛在次贷危机发生后表达出强烈的加入欧盟的意愿时，这其实发出了一个明确的信号：次贷危机给相关国家带来的恐惧感，正在加快区域经济合作与货币同盟的形成。

近年来，频繁发生的金融危机正在给许多国家带来越来越强烈的不安全感。在美元本位制下，风险都落在非关键货币的国家身上。关键货币国家存在一个机制，可以向其他国家和地区转嫁危机，而非关键货币国家想摆脱危机也摆脱不了。在这种情况下，组建货币同盟便成为越来越多的国家的诉求。

风险分担机制可以增强抗御金融风险的能力。在建立货币同盟后，原来由不同货币计值的存款、债券、股票等金融产品，由一种货币来计值，消除了过去因货币不同所造成的汇率成本，使得金融市场更好地融为一体。

通过降低外汇储备可以在一定程度上抵制美元的强权掠夺。持有外汇储备不仅面临汇率风险，也面临着非常高的机会成本。而货币同盟形成后，减少了对美元国际储备的依赖，原来用于干预汇率的国际储备需要量也会减少，这可以大大降低成员国的平均国际储备，从而降低风险，提高外汇的收益率。

对于那些未参与货币甚至经济合作的国家而言，不仅不能抱团迎接挑战，还有一个更大的弊端，那就是在外部环境发生恶化的迹象时，争相实行本币贬值的政策，使得这些孤军作战的国家因囚徒困境而自相残杀，加大金融风险。

据统计，在1997年7月至1998年1月的半年时间内，东南亚绝大多数国家和地区的货币贬值幅度高达30%～50%，贬值幅度最大的是印度尼西亚，高达70%以上。

日元在东南亚金融危机以前即处于贬值轨道中，金融危机爆发后，贬值更快，1998年与1995年相比，日元累积贬值50%以上。日本通过日元的大幅贬值，提高其出口来提振经济。但日元的贬值引发了更严重的后果：一方面，给亚洲其他国家的货币带来沉重的贬值压力；另一方面，引发与其他国家之间特别是与美国之间的贸易战。因此，日本政府放任日元贬值的做法，被亚洲各国批评是以邻为壑，成为导致东南亚各国股市汇市连连下挫、东南亚金融市场加剧动荡的重要原因。

东南亚金融危机爆发的一个很重要的原因是相关国家没有能够协调行动，及时采取适当的对策来化解危机，而是互相残杀。在金融危机之下，如何抵制金融大国通过货币政策转嫁危机，转移世界各国的经济财富来削减本国内的经济衰退？世界各国只有依靠货币同盟这样的组织，才能协调行动，共同抵御金融危机，抗击美元霸权。

货币同盟的时代是欧洲人感情上最团结的时候之一，此前是在文艺复兴时期建

货币同盟的优势

在货币同盟之内，交易成本被降到最低，每个成员国都深深受益，收益远远高出成员国自身由于丧失汇率调控工具而带来的成本。

货币同盟的建立有利于抑制通货膨胀，确保社会的稳定和经济的可持续发展。

同时货币同盟有利于消除投机。货币同盟一旦形成，单一货币取代了多国货币，或者多国货币相互之间的汇率被永久性固定，就会使得寄生于多国货币的投机土壤不复存在。

因此，越来越多的单打独斗的国家在经历了金融危机之后，都纷纷希望加入到货币同盟中。

立在共同信仰的基础上的团结，此后就是今天的欧盟。这些措施在客观上也为欧洲带来了繁荣，这也对亚洲区域经济的建设提供了宝贵经验。

由于亚洲缺乏区域性制度建设和国家间政策共识，货币同盟的共同利益和长远利益在亚洲国家难以被认识和实现，亚洲国家仍维持在货币林立的"囚徒困境"中。因此，实质性的区域制度建设对亚洲国家走向货币合作非常重要。目前可考虑从一个如欧洲煤钢联营的具体的可操作性强的合作点入手，另外，建立"亚洲支付同盟"也应首先提上日程，既可以减少区域内对美元的依赖，又可以向窄幅波动和货币同盟迈开坚实的第一步。

第十七章

影响世界经济的金融事件
——了解世界经济兴衰要学的金融学

黑色星期二——1929 年美国股灾

1929 年 10 月 29 日，股指从之前的 363 最高点骤然下跌了平均 40 个百分点，成千上万的美国人眼睁睁地看着他们一生的积蓄在几天内烟消云散。在这个被称作"黑色星期二"的日子里，纽约证券交易所里所有的人都陷入了抛售股票的旋涡之中，这是美国证券史上最黑暗的一天，是美国历史上影响最大、危害最深的经济事件，影响波及西方国家乃至整个世界。因此，1929 年 10 月 29 日这一天被视为大萧条时期开启的标志性事件，由于正值星期二，所以那一天被称为"黑色星期二"。此后，美国和全球进入了长达 10 年的经济大萧条时期。

很难说清股市繁荣是从什么时候开始的。那个年代普通股价格上涨是有其合理原因的：公司收益良好，并且趋于增加；前景看好；20 世纪 20 年代初，股价偏低，收益增加。1928 年初，繁荣的性质发生了变化：人们为了逃避现实而变得想入非非，无节制的投机行为大量涌现。如同在所有的投机时期一样，人们不是努力去认清事实，而是寻找理由编织自己的梦幻世界。

危机已经悄悄降临，人们却没有注意到。1926 年秋，在投机狂潮中被炒得离谱的佛罗里达房地产泡沫首先被刺破了。然而，这丝毫没有给华尔街的疯狂带来多少警醒。从 1928 年开始，股市的上涨进入最后的疯狂。事实上，在 20 世纪 20 年代，美国的许多产业仍然没有从"一战"后的萧条中恢复过来，股市的过热已经与现实经济的状况完全脱节了。

11 月 16 日，胡佛以绝对优势当选总统后的第一天，股市出现了暴涨行情，指数一直不断刷高，股市又进入了新一轮的狂热。《纽约时报》工业股平均价格指数在一个交易日里净涨了 4.5 点，这在当时被认为是不寻常的涨幅，正是总统大选的余热激发了这股热情。11 月 20 日是另一个不寻常的日子，当天股市成交 650.323 万股，略小于 16 日的成交量，但股市的表现其实要疯狂得多。现在大牛市有了一个新口号，那就是"再繁华四年"。

12 月的股市就没那么好了。12 月初，股市出现了再一次严重下挫，而且比 6 月的跌幅更大。12 月 7 日，这个可怕的日子，疲惫迟缓的行情显示器报出了无线电公司股票跌 72 点的消息。当全面萧条似乎就要开始的时候，股市又恢复了平稳。几周紊乱的价格之后，股价再一次上扬。1928 年全年，《纽约时报》工业股 6 月股市却出现了第一次衰退，一股来自西部的"龙卷风"全力席卷了整个华尔街，前三个星期的跌幅几乎达到了 3 月份的全部涨幅。6 月 12 日这天损失尤为惨重，具有里程碑意义。纽约的一家最保守的报纸开始列数当天发生的事件，并且报道说"华尔街的牛市昨日崩溃，爆炸声响彻世界各国"。行情显示器报价已经比实际交易价格慢了近 2 个小时。在 5 月曾突破 200 点纪录的美国无线电公司股价下跌了 23.5 点。

股市下跌的消息惊动了总统胡佛，他赶紧向新闻界发布讲话说："美国商业基础良好，生产和分配并未失去以往的平衡。"有关的政府财政官员也出面力挺股市。但此时人们的神经已经异常脆弱，股市在经过昙花一现的上扬后，就开始了噩梦般的暴跌。

跳楼的不仅是股指，在这场股灾中，数以千计的人跳楼自杀。欧文·费雪这位大经济学家几天之中损失了几百万美元，顷刻间倾家荡产，从此负债累累，直到 1947 年在穷困潦倒中去世。

1929 年股崩发生之后，公众的财产如同被洗劫了一般，迷茫和悲哀最终转化成了怀疑与愤怒，他们将矛头指向了曾经鼓励他们把资金投向股市的银行家们。随后，美国参议院即对股市进行了调查，发现有严重的操纵、欺诈和内幕交易行为。1932 年银行倒闭风潮，又暴露出金融界的诸多问题。多年来，西方经济学家对 1929 年大危机爆发的原因提出了许多不同的观点，但是，正如美国经济学家莱维·巴特拉所指出的那样：事实上，发生这场大危机的原因至今仍然困扰着专家们。

美国股市的危机，进而引发的经济危机，除了人们本身的狂热之外，在股市的制度建设和基本经济层面存在的问题，同样起了推波助澜的作用。经济危机的爆发，摧毁了美国人的财富梦想，但是也让他们认识到经济存在诸多问题，美国开始了变革的道路。

在痛定思痛、总结教训的基础上，从 1933 年开始，罗斯福政府对证券监管体制进行了根本性的改革。建立了一套行之有效的以法律为基础的监管构架，重树了广大投资者对股市的信心，保证了证券市场此后数十年的平稳发展，并为世界上许多国家所仿效。这样，以 1929 年大股灾为契机，一个现代化的、科学的和有效监管的金融体系在美国宣告诞生。经历了大混乱与大崩溃之后，美国股市终于变得理性、公正和透明。此后，经过罗斯福新政和"二战"对经济的刺激，美国股市逐渐恢复元气，到 1954 年终于回到了股灾前的水平。

20 世纪 20 年代的美国，既是全民投资发热的时代，也是资本市场内幕交易泛滥的时代；既是让人无奈的垄断时代，也是令人欣慰的经济大发展时代。由于这一时

1929 年美国股灾爆发的原因

人们在股市面前表现出的疯狂是一个重要原因。

内幕交易。内幕交易行为人违反了证券市场"公开、公平、公正"的原则，侵犯了投资公众的平等知情权和财产权益。

阿姨，内部价哦，肯定赚啊！

你为什么非要拽上我呢？

你必须跟着我！

基本经济的问题。股市作为经济的晴雨表，总体上受制于基本经济的表现。通常，基本经济形势不好的时候，股市会下跌。

代烙刻在各种历史记载中，使我们得以详尽了解 20 年代疯狂繁荣之后的长期萧条，看到萧条时期罗斯福新政以及经济结构的急剧转变。

正所谓福兮祸之所依，祸兮福之所伏。1929 年的股崩粉碎了美国人的发财梦，却也让他们看到繁荣之下的美国社会隐藏的许多问题；经过灾后重建，美国社会发生了天翻地覆的变化，并最终取代了英国，成为国际经济中的霸主。

引发"二战"的根本原因——经济萧条

经济大衰退是于 1929 年在美国发生的。当时，美国大部分的股票价格暴跌，股票市场崩溃，很多人在一夜间丧失全部资产，引起了全国的经济大恐慌。大量工厂、银行因此倒闭，全国陷入经济困境。

1929 年 10 月 29 日是美国历史上最黑暗的一天。"黑色星期二"是股票市场崩盘的日子，"经济大萧条"也正式开始。失业率攀升到最高点，1933 年，有四分之一的劳工失业。

1929 年的经济大危机引发了各国严重的政治危机，为摆脱经济危机打起了贸易壁垒战，严重依赖美国的德国与严重依赖外国市场的日本，都无法通过自身内部经济政策的调整来摆脱危机，只能借助原有的军国主义与专制主义传统，建立法西斯专政进行疯狂对外扩张，欧、亚战争策源地形成。

1931 年日本发动九一八事变，1935 ～ 1936 年意大利侵略埃塞俄比亚，1936 ～ 1939 年德、意武装干涉西班牙、德国吞并奥地利、慕尼黑协定的签订和德国占领捷克斯洛伐克，1939 年 9 月初德国突袭波兰。

美国于 1941 年加入第二次世界大战后，经济大萧条也随之退出。美国与英国、法国和苏联等同盟国共同对抗德国、意大利与日本。这场战争死亡的人数不断增加。在德国于 1945 年 5 月投降之后，欧洲区的战火也随之熄灭。在美国于广岛与长崎投下原子弹后，日本也随即在 1945 年 9 月投降。

经济大衰退导致极权主义在德国、日本兴起，而且带给美、英、法等西方国家严重的失业及社会不稳定等问题，致使它们没有能力联合起来阻止极权国家的侵略行动。而罗斯福新政在一定程度上减缓了经济危机对美国经济的严重破坏，促进了社会生产力的恢复。由于经济的恢复，使社会矛盾相对缓和，从而遏制了美国的法西斯势力。

在经济危机的大背景之下，贸易摩擦逐步转化成军事对抗，最终导致第二次世界大战爆发。1929 ～ 1933 年的世界经济危机，是两次大战间由和平向战争过渡的重要历史时期。在长达 4 年的危机中，面对经济危机，各国不以世界经济的整体安全为首要目标，而是从狭隘的国家利益出发，采取了损人利己、以图自保的经济政策。

在经济危机中，国家间对市场的争夺，使各国分裂对立程度加深，出现了以某国为核心的集团化对抗。在金融领域，英、美、日等国纷纷宣布本国放弃"金本位"，在贸易战中通过降价用"廉价"商品对别国进行"倾销"。彼此金融联系密切的国家，也如炮制地组成诸如英镑、美元集团、日元集团等相互对立、封闭的货币集团。类似的做法，扩大了经济冲突，最终导致国家集团对抗局面的形成。

世界经济危机对德国打击沉重。危机高峰时的 1932 年一年中，德国工业产量比 1929 年下降将近一半。危机期间，德国失业者用废旧物品搭成住房，而统治阶级实行征收新税、削减工资、削减救济金和养老金等政策，力图把危机转嫁到劳动人民的身上，致使社会矛盾激化。

在经济危机袭击下，法西斯党的影响迅速增长，最终使希特勒上台成为可能，并将德国带向一条战争不归路。1936 年 3 月，希特勒政府废除《洛迦诺公约》。至此，"二战"的欧洲战争策源地在德国形成。

危机加快日本侵略步伐，在"大萧条"前的 1927 年，日本就爆发了金融危机。银行与企业的破产导致日本政局动荡，促使军国主义头目田中义一内阁上台。1929 年美国空前的"大萧条"迅速波及日本，外出逃荒、倒毙路旁、全家自杀、卖儿卖女的事件层出不穷。面对经济危机与社会矛盾，日本财阀越来越感到有必要建立"强力政权"，致使以陆军为主力的法西斯势力乘机抬头，利用英美经济危机、中国内乱，加大了入侵中国的步伐。1936 年 8 月，日本决定了"向南部海洋发展"的"国策大纲"；1936 年 11 月，日本同纳粹德国缔结《日德防共协定》。至此，亚洲战争策源地形成。

历史已经证明，巨大经济危机可改变许多国家的面貌，当年的经济危机导致德日法西斯上台，直接结果就是"二战"的巨大灾难。

在全球性经济危机推动下酿就的战争——"二战"成为人类发展史上的最惨痛经历。如今，金融危机在世界各国蔓延，世界大战有可能再次爆发吗？

针对美国兰德公司向美国国防部提出的"7000 亿美元救市效果很可能不如拿 7000 亿美元发动一场战争"的评估报告以及网民热议"美国发动战争转嫁经济危机"的讨论，经济危机的确是爆发"二战"的重要根源之一，但经济危机的后果不必然就是战争。

从目前看，尽管全球面临经济危机的威胁，但全球一体化下强有力的国际组织、国家紧密协调与国际呼吁合作的"救市"基调，都使集团性对抗与战争思潮没有存在的土壤与根基。但同时，由于经济与政治密不可分，经济危机可能直接导致各国政局不稳，由经济危机引发的局部冲突不可忽视。

"经济危机引发战争"的确是过去的一种研究视角与看法，如帝国主义体系下不可调和的国家矛盾往往是通过侵略或战争最后解决的。但是，经济萧条带来的巨大打击仍然不容忽视。我们应该以史为鉴，吸取 20 世纪的经验和教训，这样才能在经济萧条到来的时候，发挥出政府更强有力的作用！

👆 经济危机的影响

　　经济危机指的是一个或多个国民经济或整个世界经济在一段比较长的时间内不断收缩（负的经济增长率），是资本主义经济发展过程中周期爆发的生产过剩的危机，是经济周期中的决定性阶段。会产生以下三方面的影响：

造成失业率持续上升，越来越多的人找不到工作。

出口下滑、内销不畅。

企业破产倒闭、裁员过冬。

世界最大的金融丑闻——住友期铜事件

早在 16 世纪时，住友家族因在四国岛上开创并经营一座铜矿而日益发展壮大，成为日本官方指定的供铜商，主要服务于当时日本一些极具实力的名门望族，其中包括在 1603 ～ 1868 年间统治日本长达 200 多年的德川幕府。当时，该家族的掌门人自豪地宣称，住友商社是全球最大的铜出口商。

19 世纪中叶，日本市场逐步对西方开放，住友商社也更为广泛地在冶钢及炼钢等领域发展起来。到 20 世纪初，住友家族已经迅速发展成为日本第三大金融财阀。

20 世纪 30 年代及第二次世界大战期间，一些颇具政治影响力的垄断集团成为日本军国主义的主要追随者，住友财团也不例外。在此期间，住友财团的家族集中化更加明显，该财团的大部分产业都集中到了住友家族手中。到 1937 年，住友家族的第 16 代传人已经掌握了财团股本总额的 90% 之多。

发生在 20 世纪 90 年代末的"住友期铜事件"被称为是世界上最大的金融丑闻。其实该事件并不复杂，可以简单地总结为"住友交易员滨中泰男企图操纵期铜价格，而最终被阻击"这么简单的一句话。

但是，这个事件的背后还是有很多需要我们思考的东西：作为叱咤期铜市场 20 余载的交易员为什么会犯下如此大的错误，难道他不懂得期货市场规避风险的方法吗？伦敦金属期货交易所——世界上影响力最大的金属期货交易所，它的管理体制为什么一直被人们所诟病，它在这件事中又扮演了一个什么样的角色呢？有人评论说，伦敦金属期货交易所是"金融大鳄"聚集的"沼泽地"，那么这些"大鳄"们在这个零和博弈的市场上是通过何种手法来获取超额利润的呢？期货是一个以小博大的投资方式，在变幻莫测的市场面前，前人在不断的操作过程中也是总结了一系列的经验，这些经验真的有用吗？

1996 年 6 月 14 日，住友商社宣布，该公司有色金属交易部首席交易员滨中泰男从事的国际期铜交易，造成了至少 18 亿美元的巨额损失。此举当时被称为"前无古人"的世界最大的金融丑闻，成为期货市场的典型案例。那么滨中泰男是何许人也？他的操作手法又是怎样的呢？

1970 年，滨中泰男加盟住友商社，自此以后他在国际铜市上连续征战了 20 年。在这 20 年中，通过自己的努力逐渐得到圈内人士的认可。

滨中泰男所带领的住友商社有色金属交易部曾控制着全球铜交易量的 5%，甚至还多。在"控制现货的就是（期货）庄家"的期货市场，这一战绩足以使得他能够在交易中要风得风，要雨得雨。"锤子"是从滨中泰男的英译名称 yasuohamanaka 演绎而来的，因为滨中泰男在英语中的读音与"锤子"十分类似，主要是因为它正反映了滨中泰男在交易中所具有的锤子一般坚硬的性格。这种性格促使其取得重大的成功，但或许也正是这种性格把他推向万劫不复的深渊。

期货操纵案的共同点

1. 案件的发生都与温和的监管方式、松散的规则，以及市场的不透明及监督无力分不开。

2. 案件中频频出现大金融机构的身影，它们利用其雄厚的资金实力和熟练的操作手法把那些妄图操纵市场的"英雄"们挑下马。

3. 所有事件中都有"不守规矩"的所谓"英雄人物"存在，人性贪婪和自负的一面在这里表现得淋漓尽致。

　　期货交易以其"以小博大"的特点引来很多投资者和投机者，但是，要想在这个市场生存下去却需要对其进行深入的研究，做到"知己知彼，百战不殆"。

此次事件全面爆发于 1996 年 6 月，但整个事件却持续了近 10 年。早在 1991 年，住友商社首席交易员滨中泰男在伦敦金属期货交易所铜市场上就有伪造交易记录、操纵市场价格的迹象，但是由于伦敦金属期货交易所的特殊性，这些行为并没有得到及时的处理。直到 1994 年和 1995 年，由于控制了许多交割仓库的库存，导致伦敦金属期货交易所铜价从最初的 1600 美元/吨单边上扬，最高达到 3082 美元/吨的高位。到 1995 年下半年，随着铜产量的大幅增加，越来越多的卖空者加入抛售者的行列，其中不乏一些国际知名的金融大鳄，使得伦敦铜价从高点一度跌至 1995 年 5 月份的 2720 美元/吨左右。但是，自信的滨中泰男继续投入几十亿多头头寸，利用他驾轻就熟的逼空手法开始操纵铜价，又将铜价在七八月份拉升至 3000 美元以上。

人算不如天算。1995 年 10～11 月，有人开始意识到期铜各月合约之间价差的不合理状态，美国商品期货交易委员会开始对住友商社在美国国债和铜期货市场的异常交易情况进行调查，在美国的通报与压力下，伦敦金属交易所也开始了调查。

虽然经过滨中泰男的最后挣扎，使得铜价在 1996 年 5 月份维持在 2700 美元以上。但是，随着调查的深入，市场有关滨中泰男将被迫辞职的谣言四处流传，被滨中泰男一度逼到悬崖边的金融大鳄们终于发动了强有力的反击，伦敦铜价从 5 月份的 2720 美元/吨高位一路狂泄至 6 月份的 1700 美元/吨左右。短短一个多月，跌幅超过 1000 多美元。事件发生后，按照当时的价格计算，住友商社的亏损额在 19 亿美元左右，但是，接踵而来的恐慌性抛盘打击，更使住友商社的多头头寸亏损扩大至 40 亿美元。

滨中泰男于 1998 年被东京法院以欺诈罪与伪造罪判处入狱 8 年，成为历史上受罚最重的个人交易员。整个事件并没有因为滨中泰男的锒铛入狱而终结，在随后的处理过程中，住友商社起诉了瑞银和大通曼哈顿银行，称它们为该公司前首席铜交易员滨中泰男未经授权的交易提供融资。住友商社当时在诉讼中称，大通曼哈顿银行和瑞银通过安排贷款帮助滨中泰男隐藏亏损，因而他得以操纵市场。最终，2006 年，在晚于大通曼哈顿银行赔偿 1.25 亿美元 4 年之后，瑞银赔偿 8700 万美元，与住友达成庭外和解。至此，这场沸沸扬扬持续了 10 年的丑闻事件终于"尘埃落定"。

发生在国际金融市场上的一场场闹剧并没有因为该事件的结束而落幕，而是呈现出"你方唱罢我登场"的热闹场面，"前无古人"并不代表着"后无来者"，在这之后又出现了"株冶锌事件""铝价操纵案"以及我国的"刘其兵事件"等影响较大的期货操纵案。

美国史上最大的破产案——安然神话的破灭

一直以来，安然身上都笼罩着一层层的金色光环：作为世界最大的能源交易商，安然在 2000 年的总收入高达 1010 亿美元，名列《财富》杂志"美国 500 强"的第七名；掌控着美国 20% 的电能和天然气交易，是华尔街竞相追捧的宠儿；安然股票是所有的证券评级机构都强力推荐的绩优股，股价高达 70 多美元并且仍然呈上升之势；直到破产前，公司营运业务覆盖全球 40 个国家和地区，共有雇员 2.1 万人，资产额高达 620 亿美元。安然一直鼓吹自己是"全球领先企业"，业务包括能源批发与零售、宽带、能源运输以及金融交易。

安然曾经被认为是美国创富神话的巅峰之作。在它的辉煌时期，它的每一个动作都会成为华尔街追捧的对象，它好像有一种魔力，可以把传统行业改造成流动性强的创新性行业。

是什么力量把这个大厦推倒的呢？与布什总统及白宫有着千丝万缕关系的 CEO 肯尼斯·雷是怎样的一个人？为什么安然申请破产后，斯基林仍坚持安然的失败是由于卖空者和媒体制造的挤兑风潮？难道说安然真的是被法斯托的财务诡计搞垮的？有人说，安然的破产不仅代表着一家公司的灭亡，而且还是一个时代的终结，动摇了美国金融市场的信用，那么这个神话是怎样一步一步破灭的？

2001 年初，一个投资商经过对安然盈利模式的分析，披露了一个惊人的消息：尽管安然的业务表面上很辉煌，但其实根本无法盈利。这个投资商通过以下两个方面来论证自己的结论：一方面，虽然安然的业务看起来很辉煌，但实际上赚不到什么钱，也没有人能够说清安然是怎么赚钱的。据他分析，安然的盈利率在 2000 年为 5%，到了 2001 年初就降到 2% 以下，对于投资者来说，投资回报率仅有 7% 左右。另一方面，他还注意到作为安然首席执行官的斯基林一边宣称该公司股票将会涨至 126 美元，一边在抛售自己手中的股票，而按照美国法律规定，公司董事会成员如果没有离开董事会，就不能抛出手中持有的公司股票。在这之后，对安然神话的质疑之声逐渐多起来，呈现出一种"墙倒众人推"的态势。这个处于巅峰时期的华尔街新宠成为人们质疑的焦点，它的一个个耀眼的金色光环也开始一层层地褪去。

一直以来，安然公司都以防范竞争对手的名义拒绝公开公司的任何收入或细节利润，但是其所提供的财务报表又凌乱不堪，就连一些专门热衷于财务分析的专业人士都无法弄清楚财务报表上这些数据的来源，对于一家如此大的公司，竟然连财务报表都如此混乱，不能不令人产生怀疑。继此次质疑之后，波士顿一家证券公司经过认真调查研究，发表了一份专门针对安然公司的分析报告，该分析报告指出，1996 年，安然公司的利润率为 21%，但是到了 2000 年，该公司的利润率便下降至 16%，2001 年更是下降到了只有 1.5% 的水平。最后，该分析报告向公众提出了一个结论性的意见：建议投资者将手中持有的安然股票抛售。安然公司的股票价格已经从 3 月份的 80 美元每股跌至 42 美元每股，上任不久的首席执行官杰夫·斯基林意识到事态的严重性，突然宣布辞职，这使得原本已成众矢之的的安然公司雪上加霜。不久，美国证券交易委员会终于对安然展开了全面的调查。继此次调查之后，安然公司的股票价格一路暴跌。同年，安然公司正式拍卖几项资产及其在资产中的

安然事件对美国的影响

首先，安然的财务危机严重影响了美国乃至全球资本市场。美国投资者信心受到严重影响，华尔街股市一再下跌。

其次，影响大公司的诚信度。一批有影响的企业舞弊案相继暴露出来，IBM、思科、施乐等大企业也传出存在财务违规行为。

最后，安然的破产使美国重新审视自己的监管体制。

安然事件已经尘埃落定，但是它给我们留下的思考还远未结束。

控股权，最终，这个经历了 20 年辉煌时期的安然公司彻底覆灭，退出了世界 500 强企业的舞台。

作为美国史上最大的破产案，安然事件连同美国"9·11"事件、世界通信公司会计造假案和安达信解体，被美国证监会前主席哈维·皮特称为美国金融证券市场遭遇的"四大危机"，可见安然事件对美国经济的影响之大。

安然事件发生后，美国社会对企业制度作了反思，意识到公司治理问题是导致公司舞弊的根本原因。以下制度安排存在的缺陷，才是导致安然事件等发生的深层次原因所在。一方面，股票期权制激励了造假动机。股票期权使一些公司的管理者在几年内成为亿万富翁，也鼓励一些人不顾一切地炒作股市，把公司变成个人的"摇钱树"。一些公司的管理者运用包括财务造假在内的各种方法，制造"题材"，创造利润，抬高股价，忽视公司的长远发展，损害了投资者的利益。另一方面，公司独立董事形同虚设。为了防止公司高级管理层利用股权分散滥用"代理人"职权，侵犯中小股东利益，美国十分注重独立董事制度。但安然公司的独立董事却形同虚设，根本没有履行应尽的职责。同时，审计委员会未发挥应有的作用。虽然，美国纽约证券交易所早在 1978 年就要求所有上市公司都要设立由独立董事组成的审计委员会，负责监督外部审计师的审计质量。但是，安然事件充分暴露出美国公司的审计委员会没有发挥应有的作用。上述种种问题表明，美国企业的内部控制也不是完美无缺的，特别是公司高管部门及高管人员有疏于舞弊控制责任的问题。

金融飓风的发源地——美国次贷危机

2007 年初，大西洋彼岸刮起了一场"金融飓风"，以美国著名的住房抵押贷款公司为代表的贷款机构、以美林为代表的投资银行，以及以花旗为代表的金融超市等成为这场"金融飓风"的直接风眼，同时，大大小小的对冲基金、海外投资者等都遭受了飓风的波及。众多金融机构暴露出的巨额亏损消息，一时成为美国社会的热点新闻。美国大多数人认为这只是美国金融的一次小感冒，直到 2007 年下半年，有关金融危机的报道和评论逐渐平息下来，人们似乎又恢复了平静的生活，人们已经暂时忘记了次贷事件。

美国次贷危机发端于 2006 年，在 2007 年夏季全面爆发，进入 2008 年之后愈演愈烈。美国次级抵押贷款市场违约率的进一步上升，造成基于次级抵押贷款资产的证券化产品的市场价值严重缩水。而由于上述证券化产品在全球金融市场上流通，从而造成持有该产品的全球机构投资者出现了巨额账面亏损。次贷危机目前已经成为国际上的一个热点问题。

美国到底发生了什么？危机怎么来得如此急促？接下来还会发生什么？伴随着经济下滑、工作岗位减少、收入降低等一系列的连环事件，人们切实感受到一场新的危机已经来到身边。要了解这场危机的来龙去脉,必须首先了解什么是"次贷危机"。

次贷即"次级按揭贷款"。"次"的意思与"高""优"相对应,形容较差的一方,在"次贷危机"一词中指的是信用低、还债能力低。次级抵押贷款是一个高风险、高收益的行业,指一些贷款机构向信用程度较差和收入不高的借款人提供的贷款。与传统意义上的标准抵押贷款的区别在于,次级抵押贷款对贷款者信用记录和还款能力要求不高,贷款利率相应地比一般抵押贷款高很多。那些因信用记录不好或偿还能力较弱而被银行拒绝提供优质抵押贷款的人,会申请次级抵押贷款购买住房。在房价不断走高时,次级抵押贷款生意兴隆。即使贷款人现金流并不足以偿还贷款,他们也可以通过房产增值获得再贷款来填补缺口。但当房价持平或下跌时,就会出现资金缺口而形成坏账。次级按揭贷款是国外住房按揭的一种类型,贷给没多少收入或个人信用记录较低的人。

在美国,大多数人崇尚提前消费,在住房方面更是如此,"贷款买房"的制度就是一种非常好的金融制度。一般它要求贷款者支付至少20%的首付款,表示贷款者的责任心;其次,贷款的总数不能超过贷款者年收入的4倍,也就是说年收入10万元的家庭,银行顶多借给你40万元买房子。这是最基本的金融产品,这个产品使很多原来买不起房子的年轻夫妻可以拥有一处自己的房子,实现了他们的"美国梦",同时激活了相关的经济。在无限制的"贷款买房"制度下,银行与贷款者的责任与风险都非常清楚:贷款者知道如果付不出每个月的贷款就有可能失去房产和20%的首付款;银行知道如果呆账达到一定程度就会被政府关闭,取消营业资格。在责任与风险的平衡下,社会活动平稳运转。

但是问题是,并不是每个美国人都能有资格申请贷款买房。这时候,美国人利用自己的聪明智慧创新出了"次级债"。美国抵押贷款市场的"次级"及"优惠级"是以借款人的信用条件作为划分界限的。根据信用的高低,放贷机构对借款人区别对待,从而形成了两个层次的市场。信用低的人申请不到优惠级,只能在次级市场寻求贷款。两个层次市场的服务对象均为贷款购房者,但次级市场的贷款利率通常比优惠级贷款高2% ~ 3%。次级抵押贷款由于给那些受到歧视或者不符合抵押贷款市场标准的借款者提供贷款,所以在少数族裔高度集中和经济不发达的地区很受欢迎。从这一点来看,应该说美国次级抵押贷款的出发点是好的,在最初的10年里,这种金融产品的适度发放也取得了显著的效果。1994 ~ 2006年,美国的房屋拥有率从64%上升到69%,超过900万的家庭在这期间拥有了自己的房屋,这很大部分应归功于次级房贷。

1980年,美国国会为鼓励房贷机构向低收入家庭发放抵押贷款,通过了《存款机构放松管制和货币控制法》。该法取消了抵押贷款利率的传统上限,允许房贷机构以高利率、高费率向低收入者放贷,以补偿房贷机构的放贷风险。在利用次级房

美国发生次贷危机的原因

美国次贷危机产生了非常深远的影响，波及范围也非常广，那么，是什么原因造成了这一危机呢?

1. 为推动经济增长，鼓励寅吃卯粮、疯狂消费。

2. 社会分配关系严重失衡，广大中产阶级收入不升反降。

3. 金融业严重缺乏监管，引诱普通百姓通过借贷超前消费、入市投机。

贷获得房屋的人群里，有一半以上是少数族裔，其中大部分是低收入者，信用记录也较差。因此，次级抵押贷款具有高风险性。相比普通抵押贷款 6% ~ 8% 的利率，次级房贷的利率有可能高达 10% ~ 12%，这样一来，钱少、信用差的贷款者承担高利率，高利率的放贷者承担高风险，前者有房住，后者赚大钱。

美国从来都是金融衍生产品的缔造者，对金融创新的执着源于对金钱的热爱，环环相扣的资产证券化使财富值呈几何增长。然而随着红极一时的美国次级抵押贷款市场爆出空前的危机，美国的金融机构最终难逃厄运，被自己一手养大的这条毒蛇所反噬。这场由金融创新引发的危机使得购房者、金融机构、布什政府都受到了重创，美国得了流感，全世界都跟着打喷嚏。

金融衍生品的牺牲品——巴林银行倒闭

巴林银行创建于 1763 年，创始人是弗朗西斯·巴林爵士，由于经营灵活变通、富于创新，巴林银行很快就在国际金融领域获得了巨大的成功。

1762 年，弗朗西斯·巴林爵士在伦敦创建了巴林银行，它是世界首家"商业银行"，既为客户提供资金和投资建议，自己也开展贸易活动。其业务范围相当广泛，无论是到刚果提炼金矿、从澳大利亚贩卖羊毛，还是开凿巴拿马运河，巴林银行都可以为之提供贷款。但巴林银行有别于普通的商业银行，它不开发普通客户存款业务，而主要为英国的达官显贵服务，因此它被赋予了"贵族银行"的称号。

1803 年，独立不久的美利坚合众国从法国人手中购买南部的路易斯安那，所有资金就出自巴林银行。尽管当时巴林银行有一个强劲的竞争对手——罗斯柴尔德银行，但巴林银行还是各国政府、各大公司和许多客户的首选银行。1886 年，巴林银行发行"吉尼士"股票，购买者手持申请表如潮水一样涌进银行，后来不得不动用皇家警察来维持秩序，很多人排上几个小时的队后，才能买到少量的"吉尼士"股票。据说，等到第二天抛出时，这些股票的价格已经涨了一倍。

20 世纪初，巴林银行荣幸地获得了一个特殊客户：英国王室。自此以后，英国国王（包括后来的伊丽莎白二世女王）一直是它最尊崇的客户。巴林银行除了为贵族和王室管理钱财外，还替为英国政府代理军费收支和债券包销，在它最鼎盛时期，其规模可以与整个英国银行体系相匹敌。由于巴林银行的卓越贡献，巴林家族先后获得了五个世袭的爵位，这在英国银行史上是绝无仅有的，从而奠定了巴林银行在伦敦金融城的显赫地位，并被誉为世界金融市场上的金字塔。

巴林银行的业务专长是企业融资和投资管理。作为一家老牌的商业银行，它在业务拓展和内部管控方面一直都表现得很稳健。20 世纪 80 年代以后，巴林银行开始大力开拓海外业务，先后在中国、印度、巴基斯坦、南非等新兴市场国家建立了办事处。

截至 1993 年底,巴林银行的全部资产总额为 59 亿英镑,1994 年税前利润高达 1.5 亿美元,其核心资本在全球 1000 家大银行中排名第 489 位。然而这家拥有 233 年历史、在全球范围内掌控 270 多亿英镑资产的老牌商业银行,竟然在不到两年(1993 年 7 月到 1995 年 2 月)的时间内,被一个名叫尼克·里森的毛头小子在金融衍生品交易中毁于一旦。

1995 年 1 月份,巴林公司期货经理尼克·里森看好日本股市,未经授权在东京和大坂等地买了大量期货合同,指望在日经指数上升时赚取大额利润。谁知天有不测风云,日本坂神地震打击了日本股市的回升势头,股价持续下跌,致使巴林银行亏损 6 亿英镑,这远远超出了该行的资本总额(3.5 亿英镑)。

在英国中央银行及有关方面的协助下,在日经指数期货反弹 300 多点的情况下,巴林银行所有未平仓期货合约分别在新加坡国际金融期货交易所、东京及大阪交易所全部平掉。至此,巴林银行由于金融衍生工具投资失败造成的亏损高达 9.16 亿英镑,合 14 亿多美元。

1995 年 2 月 26 日,英国中央银行英格兰银行宣布,巴林银行不得继续从事交易活动并将申请资产清理。10 天后,这家拥有 233 年历史的银行以 1 英镑的象征性价格被荷兰国际集团收购,接管其全部资产与负债,使其恢复运作,并将其更名为"巴林银行有限公司"。巴林银行 233 年的历史终于画上了句号,令英国人骄傲了两个世纪的巴林银行改易新主,这座曾经辉煌的金融大厦就这样倒塌了。

从理论上讲,金融衍生产品并不会增加市场风险,若能恰当地运用,比如利用它套期保值,可为投资者提供一个有效的降低风险的对冲方法。但在其具有积极作用的同时,也有其致命的危险,即在特定的交易过程中,投资者纯粹以买卖图利为目的,垫付少量的保证金炒买炒卖大额合约来获得丰厚的利润,而往往无视交易潜在的风险,如果控制不当,那么这种投机行为就会招致不可估量的损失。巴林公司的里森,正是对衍生产品操作无度才毁灭了巴林集团。里森在整个交易过程中一味盼望赚钱,在已遭受重大亏损时仍孤注一掷,增加购买量,对于交易中潜在的风险熟视无睹,结果使巴林银行成为衍生金融产品的牺牲品。

第十八章

金融圣地的荣耀、贪婪与毁灭
——了解华尔街往事要学的金融学

谁人不识华尔街——由一面墙而得名的华尔街

海蒂·格林被人们称为华尔街女巫，号称美国最有钱的女人。1865年左右，她从父亲那里继承了一笔遗产，她就来到了华尔街开始投资，她的巨额财富都是从华尔街靠投资股市挣来的，她是一个勤勉的投资者，但她对金钱的酷爱近乎病态，为了不引起税务人员的注意，她总是穿着肮脏、零乱的衣服，海蒂·格林正是华尔街历史上典型的葛朗台式的守财奴。1916年她死时留下的财产足足一亿美元，换算成今天的财富价值相当于230亿美元，足以列世界富豪榜前十名。

海蒂·格林曾经说过，投资其实没有什么难的，就是低买高卖，只要你认真地去选择股票，认真地去研究上市公司的财务报表。随着华尔街的发展，和海蒂·格林一类的人就演变成为美国的信贷投资银行和信贷基金经理，他们变成了真正的专业人士。他们在寻求自己利益的同时，市场上实现了优胜劣汰，客观上推动了社会资源的配置，推动了经济的发展。

如果你曾经身处过华尔街，感受过那里的气息，那么你可能会发现，在那里，每天早晨7点到晚上12点，每个金融机构的办公楼里，灯光都不会熄灭，电脑也不会关闭。在所有人都已安然入睡的时候，外汇交易员正在全神贯注地进行着某个遥远市场的大宗交易；在所有人还没有起床的时候，分析师们却正端着浓浓的咖啡，在去往例行晨会的途中；在每一个该与家人欢度的周末里，投资银行家们可能正坐在三万英尺高的飞机上，奔赴某一个新兴国家。对他们来说，这不仅仅是工作，更是一种生活，是每一个身处华尔街的人都该有的精神风貌。不止一个人曾经大呼——"我对这一切都上了瘾！"

然而，就是这个一些人为之着魔，而另一些人又嗤之以鼻的华尔街，它不过就是一面墙的名字。它位于纽约市曼哈顿区南部，从百老汇路延伸到东河，全长不过三分之一英里，宽仅11米，英文名叫Wall Street。如果你不了解华尔街的历史，那么它只是17世纪荷兰人为了保护自己的财富而在新阿姆斯特丹的北面修建的一道城

👆 华尔街成为资本之城的原因

华尔街的发展，有来自荷兰移民带来的股份制公司、股票交易所和货币汇兑银行。

也有来自英国移民从伦敦带来的国债、跨国银行和中央银行。

华尔街更是一个人才汇集的中心，精英人才的不断涌入，在加重竞争残酷性的同时，也在不断激发着华尔街的活力和创新意识。

这些现代金融的种子在这片充满商机的肥沃土地上生根发芽，以其旺盛的生命力，最终成就了华尔街。

市围墙，是一条既狭窄又短的街道，从百老汇到东河也不过仅有 7 个街段。

虽然这面围墙早已经被拆除，但是"华尔街"的名字却被保留了下来。当年荷兰殖民者为保护自己的财富而筑起这面土墙时，可能从未想过它会有今日的辉煌。在全长仅三分之一英里的弯曲街道上，两旁耸立着摩天大楼，集聚着美国大垄断组织和金融机构。纽约证券交易所、咖啡、棉花等商品交易所以及摩根、洛克菲勒、杜邦等大财团开设的银行、保险、铁路、航运、采矿、制造业等公司的总管理处都集中在这里。因此，华尔街已成为美国垄断资本的代名词。

从起初的一道墙，到现在的"美国的金融中心"，这是华尔街的历史，也恰恰是整个纽约的历史，华尔街墙的建立与消失，都在着力塑造着纽约这座城市的性格。

1783 年美国独立战争胜利后，北美 13 个殖民地摆脱了英国的统治，建立起自己的国家——美利坚合众国。经过 100 多年的发展，到 1900 年，新兴的美国取代了英国，成为世界上最强大的经济体。纽约取代了伦敦，成为全球新的金融中心。华尔街的银行家们也超越了伦敦的罗斯柴尔德家族，建立起新的金融帝国。

现在的华尔街有两处标志性的景观，一个就是在与百老汇的交界处，抬头就可以看到著名的三位一体教堂，早在华尔街还是一堵破烂不堪的城墙的时候，它就已经是这附近的标志性建筑，始终屹立在这里，见证华尔街的起起落落。而另一个就是华尔街的铜牛雕像，身长近 5 米，重达 6300 公斤。它一直是美国资本主义最为重要的象征之一。1987 年纽约股市崩盘，这给美国人带来的是一场巨大的沉痛。由此，意大利艺术家狄摩迪卡有了创作的灵感，他不惜卖掉了家乡西西里祖传农场的一部分，共筹得资金 36 万美元，终于在 1989 年的一个午夜，在纽约证券交易所外竖起了这座举世闻名的铜牛塑像，宣称它是"美国人力量与勇气"的象征。

虽然，地理上的华尔街非常小，而在真正的意义上，华尔街是美国的资本市场乃至金融服务业的代名词。毫无疑问，现在当我们说起华尔街，是指这个真正意义上华尔街，它早已远远超越了这条小街，也超越了纽约市最繁华的市区——包括华尔街在内的纽约金融服务区，而发展成为一条遍布美国全国的金融服务网络。在世界经济一体化的今天，华尔街已经跨越了国界，扩展到全球的各个角落。所以，真正意义上的华尔街，不仅包括每天在华尔街上忙忙碌碌的几十万人，也包括远在佛罗里达的基金经理、加州"硅谷"的风险投资家或美国投资银行在伦敦的交易员，等等。事实上，作为美国金融服务业的总称，华尔街实际上已经代表了一个自成体系的金融帝国。

对于世界上的大多数人来说，无论相隔多远，人们在精神上仍属于同一条街道——在这条街道上，所罗门兄弟曾经提着篮子向证券经纪人推销债券，摩根曾经召开拯救美国金融危机的秘密会议，年轻的文伯格曾经战战兢兢地敲响高盛公司的大门，米尔肯曾经向整个世界散发他的垃圾债券……这些人物已经成为过去，在华尔街几百年的历史中，又会有新一批银行家、分析师、交易员、经纪人或基金经理等进入这条大街，随时制造最新的金融神话。这就是华尔街。

镀金时代，资本无眠——华尔街的资本流动

纽约坐落于美国东海岸，是美国最大的城市，下辖5个区，拥有1800万人口。曼哈顿区是纽约的市中心，纽约的主要商业、贸易、金融、保险公司大都分布在这个面积不足60平方公里的岛屿上。

在华尔街，一直流传着这样一个故事：老师问学生，是谁创造了世界？学生答：上帝在公元前2004年创造了世界，但是在1901年，世界又被摩根先生重组了一回。

1901年3月，已经65岁的钢铁大王卡耐基通过助手得知，摩根曾经向他透露想购买卡耐基的公司，价钱由卡耐基决定。

经过24小时的思考，第二天卡耐基在一张纸条上写下了他想要的价钱：4.8亿美元。

很快这张纸条到了摩根手里，摩根看了一眼这个价格，说：我接受。

据说，摩根买下卡耐基的一部分股权，递给他支票的时候跟他说：恭喜你，卡耐基先生，你现在是世界上最富有的人了。

很快，就在短短12周内，摩根就收购了很多其他各式公司，将美国钢铁公司以14亿美元的价格资本化。在当时来说，即使美国政府每年的花费也只有5亿美元，所以，那是一笔巨大的资金。

全世界最大的城市之一，这是对现在的纽约最简单直白的定义，在超过850万的市区人口中，有1/3是外来移民。不同肤色、不同语言、不同国籍的人们会相聚在这里，却为了同一个理想，那就是获得更多的财富。

经过300多年的发展，纽约从一个小渔村成为一个国际大都会；华尔街也由一条泥泞的小路成为资本通衢。如今的纽约，拥有全球最大的证券交易所，如今的华尔街，也控制了全球40%的金融资产。这条只有几百米的街道正是美国资本市场和经济实力的象征，它影响和牵动着全球资本市场和全球经济。

19世纪，华尔街先后出现了摩根的金融帝国、约翰·洛克菲勒的石油托拉斯和卡耐基的钢铁城市。华尔街在创造了财富神话的同时，悬殊的贫富差距也将当时美国社会矛盾推向了极致，这就是美国历史上的镀金时代。

纽合组织执行总裁凯西·王尔德这样说过："纽约是美国联系世界的纽带，代表美国通往世界的门户。我们的企业在很大程度上是通过华尔街的金融服务业将美国带到了全球，它们也吸引了大批国外企业到美国来投资。华尔街和银行业的纳税几乎相当于我们这个城市的总税收。"

继摩根之后，美国掀起了一个并购狂潮。每年有3000家中小公司消失，大公司控制了美国大部分市场。1910年，美国托拉斯组织达到800家。当时有72家大公司分别控制了各自市场份额的40%，有42家大公司甚至控制了市场的70%。托拉斯成为美国经济的统治力量，掌握着国家的经济命脉，而幕后操手就是华尔街。

以土地为代表的自然资源为主导的生产方式向以资本为主导的生产方式的转变，是第一次产业革命带来的巨大改变。从某种意义上来说，金融已经成为整个经济的主导，资本的地位也越来越凸显出来。

在整个金融的资本运转过程中，华尔街已经超越了它的地理概念，将金融之网撒向全球，世界的任何一个角落都有可能成为华尔街的金融机构，任何一个人都可能成为华尔街人，它完全成了一种精神归属。依靠美国强大经济实力而崛起的华尔街，已经不单单是在驾驭美国经济的兴衰。作为世界金融中心，华尔街这张资本之网已经辐射到了全球所有的商业领域，与全球经济紧密编织在了一起。现在，来自全球的7000多家公司选择在华尔街上市交易，这其中包括了490多家世界500强企业。

在过去的123年中，时间向我们证实了，一个品牌的成长，只要你用心经营，那么它绝对有可能为你创造始终一致的金融效益，在股市中也就会有很好的表现，华尔街为很多人创造了很多机会。华尔街，它改变了很多人的命运，不分时代、不分背景。在通往理想和欲望的道路上，华尔街以其神奇的魔力，一次又一次在有序和无序的循环中不断地重新建构着整个经济，既标刻着繁华，也遭遇着危机。

在华尔街，很多公司通过融资服务得到了创业或者企业发展所需要的资金。因为它，太多人的梦想得以实现。在这里，资本无眠，每天有很多人忙忙碌碌、跑来跑去，不管是在高盛、摩根大通，还是大大小小的华尔街公司，因为他们的忙碌，每年赚到的钱少则几十亿，多则高达几百亿美元。

如何让进入华尔街的资金更加有效地投资到上市公司的股票或者各类债券，以及其他金融产品上？这就需要有一道桥梁，即投资银行。在华尔街上的那些投资银行，经过岁月的洗礼，在一次又一次的胜利和挫折中积累了非常好的信用。因此，很多有钱人、投资者，他们愿意把几百万、几千万，甚至几亿美元的钱，都委托给华尔街这些投资银行。2008年以前，华尔街的投资银行只有十余家，它们被称为"华尔街的巨人"。这其中包括了高盛、美林、摩根斯坦利、摩根大通、雷曼兄弟等这些耳熟能详的名字。

华尔街依靠其筹集资金和分担风险的能力，在不断吸引着美国本土之外的公司。目前在华尔街上市的国外公司有1000多家，这其中包括了2009年位列500强之首的荷兰壳牌公司。

如今，每年从境外进入美国的资金将近1万亿美元，其中很大一部分进入了华尔街。华尔街的资金不仅来源于全球各地的养老基金、大学基金等各类基金。同时，华尔街也吸纳了包括美国本土在内的世界各国银行、保险等金融机构的资金。这个以华尔街为中心的庞大的资金网已经将全球无数金融投资机构网罗其中，而且网络末端已经触及了无数家庭和个人的经济利益。

但是，正是由于投资银行和投资者对财富的狂热追求，最终导致了2008年华尔街金融风暴。处于风暴中心的投资银行遭到重创，这个连接华尔街资金与上市公司的桥梁在自身出现断裂的同时，也破坏了华尔街在全球布下的金融之网，华尔街金融风暴迅速演变成了席卷全球的金融危机。华尔街差不多每20年就会面临一次危机，当这一代人已经遗忘了上一次暴跌的教训时，另一次危机又悄然来临。金融危机之后，纽约人又开始加快世贸中心的重建，这也是一种信心的建立，他们在整装待发，继续迎接下一次胜利的到来。

马克·吐温曾经这样描绘这个时代：表面繁荣，掩盖着腐败的风气、道德的沦丧及其他潜在的危机。在很多人看来这是一个"黄金时代"，但只不过是个内里虚空、矛盾重重的"镀金时代"。

美国"栽了一个大跟斗"——华尔街惊天变局

2008年9月15～20日，短短的6天，无疑是震撼世界的一周。近200年来逐渐形成的华尔街金融版图，正遭遇"地毯式"的剧变。破产和另类并购是本周华尔街的关键词。有着158年辉煌历史的雷曼兄弟公司轰然倒下，美林集团易主美国银行，摩根斯坦利也寻求合并，保险巨头美国国际集团（AIG）终获政府援手，美国最大储蓄银行——华盛顿互惠银行也在为避免破产苦寻买主……还有更多"涉雷""涉贷"的坏消息在路上。曾经春风得意，制造了财富繁荣和资本神话的华尔街金融机构，如今又向全球输出着恐慌。

格林斯潘称，"这是百年一遇的危机"。或许这将是全球经济史上最严重的一场危机，但当人类克服危机，实现由感性认识到理性认识的飞跃时，这或许也将成为人类重新认识现代经济，尤其是现代金融体系的最重要枢纽。

2008年，贝尔斯登倒塌、雷曼兄弟垮台、美林易主、AIG告急……这一切都预示着美国的金融危机似乎真的来了。从雷曼破产到美国政府出台巨额救市方案，在短短五个交易日内，华尔街可谓经历了大悲大喜。

在次贷危机之初，受影响的公司只限于那些直接涉足建屋及次级贷款业务的公司，如北岩银行、美国国家金融服务公司等。2008年7月11日，全美最大的受押公司瓦解。印地麦克银行的资产在它们被紧缩信贷下的压力压垮后被联邦人员查封，由于房屋价格的不断下滑以及房屋回赎权丧失率的上升。当天，金融市场急剧下跌，由于投资者想知道政府是否将试图救助抵押放贷者房利美和房地美。2008年9月7日，已是晚夏时节，虽然联邦政府接管了房利美和房地美，但危机仍然继续加剧。

然后，危机开始影响到那些与房地产无关的普通信贷，而且进而影响到那些与抵押贷款没有直接关系的大型金融机构。在这些机构拥有的资产里，大多都是从那些与房屋按揭关联的收益所取得的。对于这些以信用贷款为主要标的的证券，或称信用衍生性商品，原本是用来确保这些金融机构免于倒闭的风险。然而由于次级房屋信贷危机的发生，使得受到这些信用衍生性商品冲击的成员增加了，包括雷曼兄弟、美国国际集团、美林证券和 HBOS。而其他的公司开始面临压力，包括美国最大的存款及借贷公司华盛顿互惠银行，并影响到大型投资银行摩根斯坦利和高盛证券。

这是一个类似多米诺骨牌效应的危机传导。我们不妨来回顾一下次贷危机是如何烧到华尔街投资银行的：

第一波：引发放贷机构收回房产；

第二波：所有非政府债券资信下降；

第三波：通过杠杆放大百倍对冲基金；

第四波：日元、瑞士法郎等套利交易砍仓；

第五波：美国及其他国家消费者信心受挫；

第六波：套息交易恐慌性结利；

第七波：金融机构、投资银行纷纷落马……

从金融损失的情况来看，这次的情况堪比 1929 年大萧条。当年，面对当时美国最严重的危机，时任美国总统的罗斯福说过："我们最大的恐惧就是恐惧本身。"而这次金融危机的复杂性与传播速度可谓前所未有。这无疑让人们对金融市场失去了信心，信心的缺失又传给投资银行，造成了毁灭性打击。

有专家指出，次贷危机不是传统意义上的经济危机，而是一次资产价格泡沫破灭的危机。所谓资产价格泡沫，就是资产的价值与价格离得太远。这里有一个常识的判断，泡沫是非常脆弱的，泡沫的破灭几乎是不费吹灰之力的。事实上，华尔街金融巨头贝尔斯登、雷曼兄弟、美林证券，已经在虚拟经济的泡沫中灰飞烟灭。

这次美国华尔街爆发的次贷危机的泡沫，包含很多内容，信用泡沫—产品泡沫—资金泡沫—价格泡沫—市值泡沫，形成一条长长的泡沫链。

抵押贷款是一个信用产品，信用产品应该贷给有信用的人。但是，次级贷款把一个信用产品贷给了一些低信用，甚至没有信用的群体。眼花缭乱的产品泡沫以及伴随的价格泡沫，创造了一个巨大的市值泡沫，超过美国 4.3 万亿美元的国债市值两倍。

一旦泡沫破灭，瞬息之间，数万亿美元甚至数十万亿美元的虚拟财富消失，化为乌有，引发全球金融危机。次贷危机从新世纪抵押贷款公司的关闭开始次贷违约，沿着次贷产品的证券化产品、结构化产品、保险互换产品、债券保险、债券市场、信用卡证券化产品、消费信贷证券化产品直至债券保险公司，都深陷危机。贝尔斯登倒闭，把危机的严重程度提高到红色警报，几乎所有金融公司都陷入了次贷危机的旋涡。

受次贷影响，英国北岩银行发生了百年不遇的挤兑行为，最后英国政府对其实施了国家收购。因为直接持有大量次贷衍生产品，欧洲成为重灾区。虽然欧洲央行的大规模注资，使欧洲所有金融机构有了喘息的机会，但是因次贷危机的延伸影响，本来滞后美国一年的欧洲经济已经开始面对衰退，日本经济也重返了负增长之途。

全球经济危机一触即发，几乎华尔街以及全球金融市场没有什么东西可以买，

✋ 次贷危机对美国的影响

美国次贷危机首先影响到的是美国经济的发展,美国经济面临通货膨胀、房地产市场萎缩等问题,GDP 出现持续下滑。

美国消费者信心指数

次贷危机使得美国家庭财富缩水,而且通货膨胀等经济问题导致美国居民消费受到影响。

美国次贷危机还造成了美国失业率的增长,失业人数不断增加。

证券投资资本大规模撤出华尔街和其他国际金融市场，进入商品市场，以前所未有的速度迅速推高了石油、粮食的价格，全球通货膨胀急剧恶化，超过70个发展中国家通胀超过两位数，美国的通胀已达5.6%，欧洲的通胀大大超过警戒线，使美联储和欧洲央行都面临经济放缓与通胀的双重困境。

在美国政府一系列政策的刺激下，19日开盘，三大股指即大幅攀升了3%以上。美国证券监管委员会当天清晨发布了一道紧急命令，暂时禁止对799家金融机构的股票做空。高盛和摩根斯坦利的涨幅均超过了20%。经过一周前所未有的动刀，华尔街市场迎来了短暂的整修。政府的大量援助，让这一周的大起大落很快成为历史，穿梭在华尔街的那些财富追求者们，又要开始新一轮的资本追逐。

主流经济学家们普遍同意，如果资金流动性危机不解除，那么全球性衰退将终成定局。2009年4月13日，经济学权威克鲁曼在演讲中说道，如果各国政府目前的做法依然不变，甚至认为金融海啸已经接近尾声，那么很快史上最惨烈的大萧条即将来袭，因为不管股市反弹与否、数据降幅缩小与否、银行业状况好坏，整体世界经济下坠中并且工作数量持续下坠是不可扭转的既定事实。

是谁搞垮了华尔街——华尔街的危机根源

新世纪金融公司成立于1995年，它的创始人是三位多年从事抵押贷款业务的专家，20世纪90年代初期，他们共同服务于一家位于加利福尼亚州的贷款发放公司。1995年的时候，他们获得了风险投资基金的青睐，共获得大约300万美元的风险投资，从而创办了自己的新世纪金融公司。新世纪金融公司于1997年在资本市场顺利上市，并在1998年的时候，成功避免了当时因为亚洲金融危机而引发的次贷风险。在21世纪的头几年里，美国的房地产市场迎来了难得的繁荣期，在这段顺风顺水的时间里，新世纪金融公司凭借高效率的管理和服务体系，一举成为次贷市场上冉冉升起的一颗新星，在《财富》杂志曾举行的一次100家增长最快的公司排名中，排在第12位，并在2006年的时候，成长为仅次于美国国家金融服务公司的全美第二大次优贷公司。然而，就是这个拥有12年历史、美国第二大次级贷款公司在2008年的时候因为过度借款给购房者而苦恼万分，公司被一连几个月不断出现的次级抵押贷款违约事件折磨得疲惫不堪，而各债权人对它的屡屡逼债行为也使它的前景越发黯淡，无论新世纪金融公司怎么挣扎、怎么努力、怎么绞尽脑汁，破产的厄运还是在不断向它招手。

那么，到底什么是次贷呢？在美国抵押贷款市场，"次级"及"优惠级"是以借款人的信用条件作为划分界限的。信用低的人申请不到优惠贷款，只能在次级市场寻求贷款。两个层次的市场服务对象均为贷款购房者，但次级市场的贷款利率通常比优惠级抵押贷款高2%~3%。次级抵押贷款是指银行或贷款机构提供给那些信用等级或收入较低、无法达到普通信贷标准的客户的一种贷款。这种贷款通常不需要首付，只是利息会不断提高。

随着美国住房市场的降温，尤其是短期利率的提高，次级抵押贷款的还款利率也大幅上升，购房者的还贷负担大为加重。同时，住房市场的持续降温也使购房者出售住房或者通过抵押住房再融资变得困难。这种局面直接导致大批次级抵押贷款的借款人不能按期偿还贷款，进而引发"次贷危机"。

次贷本不是大事，但是经过了三级放大，次贷变成了大事。经过打包评级、杠杆交易、担保，一个本来可以控制住的次贷规模，经过三级放大，变成了一个非常大的金融客体，因此产生了很大的问题。

由于房地产下滑、经济放缓等一系列原因，次贷本身的价值开始出现贬值。在贬值过程中，经过会计减值、卖空、又一次评级降级的三级加速，使一个高速膨胀的次贷从一个有限的问题变成了巨大的问题。

金融危机的直接根源是过度投机。投机活动无处不在，但是最容易发生在哪里呢？"资本惧怕没有利润或利润过于微小的情况。一有适当的利润，资本就会非常胆壮起来。只要有10%的利润，它就会到处被人使用；有20%，就会活泼起来；有50%，就会引起积极的冒险；有100%，就会使人不顾一切；有300%，就会使人不怕犯罪，甚至不怕绞首的危险。如果动乱和纷争会带来利润，它就会鼓励它们，走私和奴隶贸易就是证据。"通过这段话不难看出，哪个行业利润高，哪个行业就容易产生投机行为，利润越高，投机产生的风险就越大。

经济中的某个行业如果处于利润过高的状态，根据西方经济学中"市场是一只看不见的手"的原理，必然会有很多资本包括投机资本流入该行业，其结果就是造成该行业的过剩和其他行业的短缺，这种局面如果维持时间过长的话，经济的不平衡状态会逐步加剧直到出现该行业因为严重过剩，企业大量破产的局面，最终造成银行大量坏账，进而波及其他行业，损害实体经济的发展。

高额的利润诱发过度投机行为。我们通过一些数据来看一下金融业和地产业的高利润状况。根据美国官方公布的数据，美国房价2004年平均涨幅为11%，2005年平均涨幅为13%，美国2000年到2006年全国房价平均价格上涨了90%，其增长速度均超过同期利率回报水平；在国内金融界，2007年11位金融高管年薪过千万；2007福布斯中国富豪榜前10名中，涉足地产的达到6位，前4名均涉足地产。从这些数据中不难看出，金融业和地产业的利润程度，如此高额的利润岂能不诱发资本的逐利行为？其行业投机程度由此可窥见一二。

金融危机的深刻根源是信用交易失控。为什么金融业和房地产业容易成为经济危机的重灾区？或者说，为什么在金融业和地产业更容易产生投机呢？投机需要大量的资本来支撑，在资本不足的情况下，杠杆交易成了投机者最好的工具。正是因为在金融和地产领域广泛存在着杠杆交易，才使得这两个行业成为投机活动的重灾区。

次贷危机的开端正在于打包和评级。就是把一千个人的次贷合同放在一个包里，全部把它放在一个特殊公司里，评级的时候，就把这些放进来的次贷发一个债券，然后对债券评一个级。评级就是指信用评级，是专业机构对债务人就特定债务能否准时还本付息及意愿加以评估，分为资本市场、商业市场及消费者三类评级，其中资本市场评级居中心地位。这个评级是关键。

光是打包和评级是不会有什么问题的，如果到这里就能停止，也不至于那么严重。但我们又看到了次贷的第二级放大，叫杠杆放大。而杠杆交易是一种以小钱做大仓位的交易，例如，如果买100元证券，2倍的杠杆度只需要50元就可以交易。杠杆交易可能带来倍增的利润，也可能令投资者的亏损因杠杆的比率而放大，放大的程

投机的特点

投机与投资虽然只有一字之差，但是却是完全不同的，投机具有自己独特的特点，具体来说，它的特点有：

怎么说赔就赔了！

1.冒险：不是具有冒险性质的经济活动不属于投机的范畴。

卖出

2.只有靠价格变动，才能产生利润或获得资金收益。

买进

度与杠杆度有关。

信用违约危机最重要的特点是信用违约掉期（CDS）等金融衍生品市场的全面危机。这个阶段，我们会一直看到信用衍生品违约的问题，包括银行的烂账，金融衍生品市场会越来越糟糕。这次冲击和上一次次贷危机比起来是多大的规模呢？据测算，这一年的金融风暴对全球金融市场造成的冲击大概是去年次贷危机的三倍。

目前，世界上许多投资银行为了赚取暴利，采用 20 ~ 30 倍杠杆操作，假设一个银行 A 自身资产为 30 亿，30 倍杠杆就是 900 亿。也就是说，银行 A 以 30 亿资产为抵押去借 900 亿的资金用于投资，假如投资盈利 5%，那么 A 就获得 45 亿的盈利。反过来，假如投资亏损 5%，那么银行 A 赔光了自己的全部资产还欠 15 亿。相关资料表明，贝尔斯登、雷曼兄弟、美林、高盛、摩根斯坦利等著名美国投资银行及其交易对手出现的流动性危机，都是源于高财务杠杆率支配下的过度投机行为。美国投资银行平均表内杠杆率为 30 倍，表外杠杆率为 20 倍，总体高达 50 倍。

第三级放大，是最严重的放大，就是担保的放大。有时候评级公司评了 3A，投资者不信，或者说评出来只有 2A，甚至只有 1A，投资者就觉得不够有把握，担心投资风险，这时候有些保险公司站出来了，说没有关系，我来担保这个东西吧，它卖了一个 CDS。

CDS 是信用违约掉期的缩写，是目前全球交易最为广泛的场外信用衍生品。CDS 的出现使得信用风险可以像市场风险一样进行交易，解决了信用风险的流动性问题，从而转移担保方风险，同时也降低了企业发行债券的难度和成市。

无论是东南亚金融危机，还是此次起源于美国的金融危机，其起源都是金融和房地产泡沫的破裂，这恰好反映了一个问题：金融业和地产业在危机爆发前存在着利润过高和规模过度膨胀的情况。可以说，过度投机使这些高利润甚至是暴利行业过度膨胀，最终促使了经济危机的发生。

政府是市场经济的守夜人——华尔街金融危机与救援

在华尔街，差不多每 20 年就会有一次危机，差不多是一代人忘记上一次暴跌教训的时候，危机就又来一次。1792 年有一次，1819 年、1837 年、1857 年、1873 年、1893 年、1907 年还有 1929 年，然后平静了一段时间，之后，1987 年有一次，2008 年又有一次。

1929 年，因为美联储长时间一直降低借款利率，让人们很容易得到银行贷款进行股市投机。危机爆发后，股民聚集到纽交所门口，恐惧的情绪在庞大的人群中蔓延。经济危机间接引发了遍及整个资本主义世界的大萧条：5000 万人失业，无数人流离失所，上千亿美元财富付诸东流，生产停滞。

1929 年经济大萧条时期的股市大崩盘之后，政府颁布的法规数量最多，例如《格拉斯—斯蒂格尔法案》，1933 年的《证券法》，1934 年的《证券交易法》，1940 年的《投资公司法》。

在美国，每一次金融危机都会促使一些法案通过，这是因为当灾难来临时，人们都希望他们的政客有所作为，挽救日益严重的经济形势。正如同亚当·斯密所说，他把政府的职责定义为守夜人，政府是市场经济的守夜人。

所谓守夜人，就是夜间看护人员，在资本市场迎来灾难性的时刻，守夜人必须发挥他的巨大作用，保护市场中企业和人民的安全。政府担当市场经济的守夜人，及时拯救金融危机，这是历史发展的过程，是金融市场发展的必然趋势。

市场经济作为发达的商品经济运行而建立的一种经济体制，十分重视市场的作用，市场作为配置适合资源的基础性手段和社会运行所围绕的中心。在现代市场经济体系中，市场调节社会资源发挥不可替代的作用，提高了资源配置的效率，而事物具有两面性，市场在配置资源的过程中并不是万能的。一个市场经济国家的健康稳定发展是市场调节和政府干预共同作用下的结果，自由竞争和宏观调控是相互联系、相互交织、缺一不可的重要组成部分。

当市场经济处于紧急时刻，政府就要充当全社会的最高权威，把全国的经济转入正式轨道。2008 年金融危机爆发，此时的美国就处于这样的紧急时刻，从个人到机构，从华尔街到整个世界，都在质问谁应该对此负责。如果政府不采取果断的干预措施，金融体系就可能崩溃。因此，在这个时候，政府可以介入金融体系，介入经济，这是它必须做的事情，即使是在非紧急状态下，政府也应该维护市场规则，保持市场运行的良好秩序。

政府如何履行自己的守夜人职责，如何对市场经济进行监管，这其中很重要的一步就是要切实做好金融监管。金融市场在运作时常常会出现失灵，存在不少的缺陷，其潜在的道德风险也会对金融市场的正常运行带来危害。政府应该从以下几个方面进行金融监管：有效控制和管理货币供给，实现货币供求均衡，为经济发展创造一个良好的货币金融环境；确保负债性商业金融机构的稳定性和安全，提高商业性金融机构的生存能力，增强金融市场的内在稳定性；保护债权人、存款人的利益，约束债务人的行为，维持金融市场的稳定和秩序；改善金融市场的资源配置效率，实现有效配置和社会公平。

热点篇

与金融大事面对面

第十九章

昔日可买一房，今日只抵一瓶酒
——了解通货膨胀要学的金融学

通货膨胀：钱为什么越来越不值钱了

2007年6月康师傅等高价方便面率先提价后，从7月26日开始，以华龙、白象等为首的中低价方便面价格也整体上调，方便面平均涨价两三毛钱。

康师傅"五连包"涨了1元，单袋涨了0.2元。根据统一的调价通知，该品牌单袋方便面从1.3元涨到1.6元，"五连包"和单袋的涨幅分别达到14%和9%。

此轮涨价与成本增长有关。自2006年以来，方便面原材料的价格不断上涨，持续到2007年上半年，仍无下降的趋势。其中，棕榈油从去年均价4200元/吨，猛增到现在的8000元/吨，仅此一项，方便面成本即上升11.12%。而面粉价格的上涨也影响到方便面成本使其上升1.72%。此外，辣椒、马铃薯、淀粉等主要原材料价格都在上涨，综合估算，方便面因原料价格的上涨而导致的成本增加在13%以上，有的企业原料成本则上扬20%。

你会发现，手中的钱还是那么多，甚至比原来多了不少，可是却不经用了。这到底是怎么回事？为什么你的钱会越来越不值钱了？要解释这个问题还要从通货膨胀说起。

英国经济学家哈耶克认为，要找出通货膨胀的真正原因，就必须先对通货膨胀的概念进行界定，分清什么是通货膨胀、什么不是通货膨胀。他认为物价上涨是否具有通货膨胀性，关键看其原因何在。如果通货膨胀是货币数量过度增加而引起的，那么货币数量过多是形成通货膨胀的唯一原因。

一个岛上有个聪明的穷人A想挣钱，他在海边捡了一颗石子，说这颗石子值100万，把它卖给了一个人B，B觉得自己所有的钱加一起也没有100万啊，怎么办，于是向银行借，银行也没有这么多钱，于是把印钞机打开，印了这100万，借给了B买了这颗石子。

然后B开始转卖这颗石子，100万卖给了C，由于A把钱花了，所以岛上的钱多了，所以这100万可以筹集到，多买些产品就有了。但当C把这颗石子以200万转让的时候，银行只能又印了 100 万，就这样钞票越印越多。可是当这颗石子不停地流动时，大家并不觉得岛上的钱多，产品价格还是原来的那样。可是当这颗石子不流通或流通得慢时，大家觉得钱多了。可是如果当持有石子的人把它扔到大海里，那就等于岛上凭空多出 N 多个 100 万来，怎么办，银行最害怕的就是这颗石子没了。它没了岛上产

超量发行纸币的诱因

既然我们知道纸币发行量超过流通中实际需要的货币量会导致通货膨胀。那么一般在什么样的情况下，纸币的发行量会超过实际需要的货币量呢？

1. 外贸顺差

贸易出口总额

贸易进口总额

所以，企业挣得的外汇越多，央行发行纸币越多，但是国内商品流通量还是不变，那么就可能引发通货膨胀。

2. 投资过热

某些发展中国家为了使投资拉动经济发展，会加大对基础设施建设的投入，那么就有可能印更多的纸币。

品的价格就会飞涨，就会通货膨胀。那么持有石子的人就绑架了岛上的经济。

通货膨胀指在纸币流通条件下，因货币供给大于货币实际需求，也即现实购买力大于产出供给，导致货币贬值，而引起的一段时间内物价持续而普遍地上涨现象。其实质是社会总需求大于社会总供给。

因此，通货膨胀只有在纸币流通的条件下才会出现，在金银货币流通的条件下不会出现此种现象。因为金银货币本身具有价值，作为贮藏手段的职能，可以自发地调节流通中的货币量，使它同商品流通所需要的货币量相适应。而在纸币流通的条件下，因为纸币本身不具有价值，它只是代表金银货币的符号，不能作为贮藏手段，因此，纸币的发行量如果超过了商品流通所需要的数量，就会贬值。例如，商品流通中所需要的金银货币量不变，而纸币发行量超过了金银货币量的一倍，单位纸币就只能代表单位金银货币价值量的1/2。在这种情况下，如果用纸币来计量物价，物价就上涨了一倍，这就是通常所说的货币贬值。此时，流通中的纸币量比流通中所需要的金银货币量增加了一倍，这就是通货膨胀。

在经济学中，通货膨胀主要是指价格和工资的普遍上涨，在经济运行中出现的全面、持续的物价上涨的现象。纸币发行量超过流通中实际需要的货币量，是导致通货膨胀的主要原因之一。纸币发行量超过流通中实际需要的货币量，也就是货币供给率高于经济规模的增长率，是导致通货膨胀的主要原因。

其实在我们的社会生活中还有一类隐蔽的通货膨胀，就是指社会经济中存在着通货膨胀的压力或潜在的价格上升危机，但由于政府实施了严格的价格管制政策，使通货膨胀并没有真正发生。但是，一旦政府解除或放松这种管制措施，经济社会就会发生通货膨胀。

当发生通货膨胀，就意味着手里的钱开始不值钱，但是大家也不用提到"通货膨胀"即谈虎色变。一些经济学家认为，当物价上涨率达到2.5%时，叫作不知不觉的通货膨胀。他们认为，在经济发展过程中，搞一点温和的通货膨胀可以刺激经济的增长，因为提高物价可以使厂商多得一点利润，以刺激厂商投资的积极性。同时，温和的通货膨胀不会引起社会太大的动乱。温和的通货膨胀即将物价上涨控制在1%～2%，至多5%以内，则能像润滑油一样刺激经济的发展，这就是所谓的"润滑油政策"。

从宏观上来讲，普通老百姓对抑制通货膨胀无能为力，必须要依靠政府进行调控。政府必须出台相关的经济政策和措施，例如上调存贷款利率，提高金融机构的存款准备金率，实行从紧的货币政策，包括限价调控等。对于我们普通人而言，应该有合理的措施来抵消通货膨胀对财产的侵蚀，如进行实物投资、减少货币的流入等，以减少通货膨胀带来的压力和损失。

通胀预期：临渴掘井还是未雨绸缪

2010 年，当中央政府表示希望将 CPI 控制在 3% 的时候，社会舆论就开始炒作 3% 的所谓"红线"，而到了 2011 年，外界又开始炒作 4% 的通货膨胀预期。

在我国的 CPI 统计框架中，33% 的权重是食品。2010 年 2 月 CPI 上涨 27%，其中食品上涨 62%、住房价格上涨 3%，这两个加起来拉动 CPI 增长 1.3 个百分点。而在食品类商品中，猪肉价格又占据了较大的比重，因此，CPI 涨幅不仅与食品供应量变化关系较大，与猪肉的关系更是密不可分，具有"猪周期"的特征。

CPI 3% 的涨幅曾经被当作判断通胀是否来临的一道"红线"，CPI 低于 3% 还忧虑通货膨胀简直就是杞人忧天。而从数据上看，尽管 2010 年下半年以来一路回升，但到 2011 年 3 月份，CPI 同比涨幅 2.4%，一季度为 2.2%，仍在红线范围之内。因此，面对我们口中的通胀压力，国家统计局的判断是"总体上基本稳定"。而我们对于通胀的感受，却显然没有这么"稳定"。据中国人民银行对中国银行储户的问卷调查显示，储户对未来物价上涨预期指数高达 73.4%，已连续四个季度上升。

为什么现在人们感到恐惧？因为全民都在炒作通胀预期。

通胀预期是一种较为简便的算法，是把前面几年的通货膨胀率相加，再除以年限，实际上就是一个算术平均数。是指人们已经估计到通货膨胀要来，预先打算做好准备要避免通胀给自己造成损害，然而防范通胀的措施本身就会造成资产价格的上升，即对通胀的预期本身就会加快通胀的到来，准备得越充分通胀越严重。

1987 年夏天出现的抢购商品潮，2007 年的股票市场疯涨和房地产价格的大幅上扬，都是通胀预期推动价格飙升的具体案例。同时，通胀预期可能引发甚至加剧经济波动，因为通胀预期对人们的经济行为会产生很大的影响，而这些影响又会使人们做出一些难以理解的行为。

通胀预期是导致通胀的重要原因，但通胀预期往往比通胀本身更可怕。一旦消费者和投资者形成强烈的通胀预期，就会改变其消费和投资行为，从而加剧通胀，并可能造成通胀螺旋式的上升。比如，如果消费者和投资者认为某些产品和资产（地产、股票、大宗商品等）价格会上升，且上升的速度快于存款利率的提升，就会将存款从银行提出，去购买这些产品或资产，以达到保值或对冲通胀的目的。这种预期导致的对产品和资产的需求会导致此类资产价格加速上涨。而这些产品或资产的价格一旦形成上涨趋势，会进一步加剧通胀预期，从而进一步加大购买需求，导致通胀的螺旋式上升。

从一定意义上讲，通胀预期是一种心理预期，不是真正的通胀，但它却能影响人们的消费行为和投资者的市场行为，引导市场供求关系发生重大变化，推动形成实际通胀，进而影响经济和社会稳定。因此，管理通胀预期不能有丝毫松懈和麻痹。

心理预期是影响通货膨胀的主要非经济因素，对通货膨胀起着推波助澜的作用。

社会各主体应主动适应政策环境的变化，改变非理性预期，管理好自身的资产和负债，有效配置资金和风险，共同营造良好的经济金融环境。政府利用宏观政策管理通胀预期的手段主要有以下几个方面：

其一，管好通胀预期，应努力消除或减少引起通胀的体制性因素。

继续深化投融资体制改革，关注地方投资的扩张，增强区域政府投融资的透明度，

👆 通胀预期推升通胀压力的路径

通胀预期推升通胀压力需要通过一定的路径，具体来说，要通过以下两条路径：

1.从投资需求的角度。
投资者的通胀预期会使其扩大投资，推动资产价格上涨，进而从源头开始影响最终消费品和服务的价格。

2.从消费需求的角度。
消费者的通胀预期会增加消费，消费需求的冲击引起物价上行。

可以看出，通胀预期与通胀之间存在自增强效应和放大效应，两者相互鼓励，通胀预期通过传导机制增强通胀的压力，而物价的大幅上涨又会进一步放大通货膨胀预期，加剧通胀的上行压力。

防止出现区域性财政风险。防止和减少各地对金融机构正常经营活动的干预，有效防范金融风险。

其二，应努力增强经济发展的内生性。

继续增加农产品的有效供给，尤其是扶持粮食、生猪、油料、奶业、禽类的生产，同时加强对农产品流通的管理和规范。特别是应注重用经济和法律的手段管好市场，制止哄抬价格、串通涨价、散布涨价谣言等违法行为，保持市场的正常秩序和消费者的理性决策。重视收入分配改革，逐步提高居民收入在国民收入分配中的比重，提高劳动报酬在初次分配中的比重，使低收入群体不因价格上涨而降低生活水平。

其三，应保持融资总量的适度增长。

既要密切关注融资总量的增长，又要积极促进融资结构的调整，推进中国经济资本化的进程，推进利率市场化改革，完善宏观调控机制。应密切关注经济金融发展趋势，把握好不同宏观政策目标的均衡，合理选择政策工具，调控市场中的流动性，保持货币信贷的合理增长。建立更加审慎的金融管理制度，适时调节和防范风险。加强对国际资本流动的监测和管理，防止短期资本的冲击。同时，继续深化金融改革，积极推动金融转型，促进发展方式转变。

当前，我国经济继续保持平稳快速增长，国内外对中国经济增长的信心增强，但与此同时，也面临物价上行的压力。在此背景下，中央强调要更加注重稳定物价总水平，管理好通胀预期，防止经济出现大的波动。政府治理通胀预期的主要手段是实行紧缩性的财政政策，即主要通过削减政府支出和增加财政收入来抑制通货膨胀。

综上所述，管理好通胀预期是当前我国宏观调控的重大任务之一。

政府如何治理通货膨胀

20世纪70年代是美国经济混乱的时期。这10年是从决策者力图降低20世纪60年代遗留下来的通货膨胀开始的。尼克松总统实行了对工资和物价的暂时控制，而美联储通过紧缩性货币政策引起了衰退，但通货膨胀率只有很少的下降。当工资与物价控制取消之后，控制的影响也结束了，而衰退又如此之小，以至于不能抵消在此之前繁荣的膨胀性影响。到1972年，失业率与10年前相同，而通货膨胀高出了3个百分点。

在1973年初，决策者不得不应付石油输出国组织（欧佩克）所引起的大规模供给冲击。欧佩克20世纪70年代中期第一次提高油价，使通货膨胀率上升到10%左右。这种不利的供给冲击与暂时的紧缩性货币政策是引起1975年衰退的因素。衰退期间的高失业降低了一些通货膨胀，但欧佩克进一步提高油价又使20世纪70年代后期通货膨胀上升。

整个 20 世纪 80 年代是美国经济政策发生根本性变化的时代。这些变化受以下因素的影响：20 世纪 80 年代初始的经济条件、罗纳德·里根总统的风格和政治哲学以及经济学家和行政官员中新的社会思潮倾向。20 世纪 70 年代末惊人的高通货膨胀率和迅速增长的个人税赋以及六七十年代庞大的政府支出，已引起公众普遍的不满。罗纳德·里根 1980 年当选为总统反映了这样一种公众情绪，人们期待新总统降低通货膨胀、降低税率以及削弱政府对经济的干预。

通货膨胀是一个世界性的难题，多少年来经济学家们一直为解决通货膨胀苦苦思索，当然也为厘清这一问题作出了巨大的贡献。

治理通货膨胀，必须逐步消除经济过热，切实引导扩大社会总需求，实行积极的财政政策和适度从紧的货币政策，下决心压缩固定资产投资规模，严格控制公务消费，引导和扩大民生内需的增长。以美国 20 世纪 70 年代发生的通货膨胀为例：

1979 年沃尔克就任美联储主席，强力提升美元利率。高息的强势美元政策，吸引了大量的外国资本流入美国，将美国推入强势美元时代。沃尔克执掌美联储的前几年，因为布雷顿森林体系的垮台，通胀达到了 13.5%（1981 年），沃尔克成功把它降到了 3.2%（1983 年）。

他是怎么做到的呢？ 1979 年联邦基金利率，美国的同业拆借利率是 11.2%，1981 年被沃尔克抬到 20%，银行基准利率跟着涨到了 21.5%。但是利率飙升极大损害了美国的农业，愤怒的农民们开着拖拉机闯进华盛顿街区，堵住了埃克尔斯大楼（美联储所在地）的大门。

尽管付出了惨重的代价，但是事实证明，沃尔克的这一政策非常成功，三年后通胀被抑制，到 1983 年，美国的通货膨胀率降到了 3.2%，并在此后一直将其保持在低水平上。最重要的是，即使在 1982 年出现经济衰退期间，美联储也坚持实行高利率，这种在面临通货膨胀威胁时大力加息、在通货膨胀比较温和时才下调利率的做法为美联储赢得了声望。

不过，沃尔克最被人所诟病的也正是他紧缩的货币政策。因为这一政策，美国失业率直逼 20 世纪 30 年代的经济大危机，并陷入一场经济衰退中，直到里根时代才有根本改观。然而此后，美国经济出现了前所未有的连续 25 年高增长，这充分证明了其政策的有效性。那么在对抗通货膨胀的问题上，应该注意哪些问题呢？

第一，避免经济上的损失。经济增长速度与财政收入、企业效益和职工生活水平之间存在着连锁反应关系。只有经济增长达到一定速度，财政收入才能有保证，企业才能有效益，职工生活水平才能提高。经济发展速度慢下来以后上述问题便会暴露出来。同时，采取暂停政府财政性投入的办法，缩减政府平台项目，削减基建，势必形成地方政府投资平台多数转为 BT、BOT 方式融资。2008 年以来在建项目停工待建，也会降低原来的社会福利水平，造成物质的大量闲置。从国际经济关系看，避免因放缓经济增长，必将丧失许多竞争和发展机会，影响国际形象，减弱经济实力。

第二，释放安稳压力。长期以来，社会制度下存在着就业刚性、个人收入刚性和财政支出刚性。人们可能忍受一定程度的通货膨胀带来的痛苦，但很难容忍失业和实际收入的减少。实行适度从紧的货币政策后，可能会有一批企业减产、停业甚至破产倒闭，失业人员会增加，职工收入水平也不可能普遍提高或下降，可能会产生新的情绪，但整个市场的物质供求还是比较平衡的，物价保持基本稳定。

第三，信贷投放计量管理。从本质上看，目前的通胀压力反映了自2009年以来的货币供应增加，以及资源价格上涨的趋势。数据显示2010年11月份我国新增信贷达到5640亿元，人民币信贷余额47.43万亿元，同比增长19.8%。截至2010年11月，当年新增信贷额7.44万亿元，为年初监管目标7.5万亿的99.24%；11月份M1余25.94万亿，同比增长22.1%，增幅较1月份降低近18个百分点。那么随着货币供应增速的持续下降，GPI是否也会如期回落，对此信贷投放的增减决定价物价的控制。

第四，加强流动性管制。央行六次调整存款准备金率已高达18.5%的历史高位，充分显示了政府抑制通胀和收紧流动性的决心。应对美国第二轮量化宽松政策一定会通过某种形式带来资金的流入，国内银行体系的流动性也非常宽松，在特定时期，提高准备金率有利于宏观调控。控制屡创新高的物价为目的，减少银行可用信贷资金规模，起到收缩流动性的作用，最终起到控制物价的目的，控制信贷需求，将信贷资金调整到实体经济，按需审查支付，防超边界使用。

第五，经济滞胀的危险。在治理通货膨胀的过程中，都把主要目标放在需求管理方面，而忽视了改善供给，出现了滞胀的局面。要防止经济供给有余而有效需求不足，内需疲软的现象产生，它容易导致结构失衡，引发经济衰退。短缺型经济，有效供给长期不足，这是经济增长过热，容易失控的一个重要原因。大力压缩社会总需求是正确的，但收得太急容易出现扩大内需受阻，不但难以实现紧缩目标，还有可能严重影响有效供给，市场供应减少。治理通货膨胀需要时间，需要长短期措施的配合，而对通胀日益加剧的形势，迅速采取措施是必要的，更需从长计议，不能顾此失彼，防止出现经济滞胀的可能，出台的政策应当适应未来的发展需要。

第六，货币结构回归常态。贷款需求和供给反映了发行货币的结构关系，分析认为不会出现较大的衰减。截至2010年11月末，M2余额已经达到71.02万亿元，比较2009年末的61.02万亿元，增长16.04%，以年初监管部门的目标同比增长17%来看，12月份的M2不超过4000亿元，运用10年的数据分析显示除2007年外，其余年份12月比11月份增加的M2量均高于这一水平，且自2008年以来更超过了1.5万亿元。不过将货币供应控制在今年17%的增速内，准备金年调整按货币乘数4.32（3

运用财政政策治理通货膨胀的方式

通常来说，政府运用财政政策来治理通货膨胀有以下几种方式：

1. 增加税收，使企业和个人的利润和收入减少，从而使其投资和消费支出减少。

2. 削减政府的财政支出，以消除财政赤字、平衡预算，从而消除通货膨胀的隐患。

3. 减少政府转移支付，减少社会福利开支，从而起到抑制个人收入增加的作用。

季度）计算已能使货币供应量扩张减少 1.5 万亿元左右，而存款准备金的调整对经济体的影响相对温和，就商业银行而言，盈利水平影响将不到 1%，新增信贷规模，货币供应结构，都将逐步向常态回归。

除此之外，还有一些方法也可以改变或改善通胀：通过货币政策进行调整。比方说，央行为了减缓通货膨胀采用升息的政策，以引导市场利率上升，使企业融资的成本增加，承担较多的利息支出，从而降低投资的需求。另外，随着更多的资金回流到银行体系，有助于抑制消费从而缓和过渡期的经济。在格林斯潘就任期间，这个目标的实现过多的是依靠个人判断而不是制度保证。事实上，近年来，全世界的许多中央银行都在采用各种措施来抵制通货膨胀。

通货紧缩：当通货膨胀走到马路对面

与通货膨胀对应的还有一个词，叫通货紧缩。前者是指钱更不值钱了，后者是指钱更值钱了。通货膨胀不好，因为它让我们口袋里的钱缩水，买不到之前那么多东西了。所以我们应该喜欢通货紧缩，因为它让我们口袋里的钱购买力更强，同样数额的钱可以买更多的东西。也许的确有人这么想，但经济学家可不这么认为。因为他们知道，不管是通货膨胀还是通货紧缩，最终买单的还是广大老百姓。

由通货膨胀可以很容易联想起通货紧缩表示一定时期内商品和劳务的价格持续明显下降。发生通货紧缩时物价处于疲软状态，商品的有效需求不足，货币供应量逐渐减少，生产者无意增加生产，潜在失业风险以及失业率都大为上升，经济衰退，投资低迷。

这里就开始初现端倪：为何经济学家们不认为通货紧缩是好事？在短时期内，我们手中的钱更值钱，能够花很少的钱就能买到一直想买的东西，没有消费者不为这个而感到高兴。但是，消费者开心了，生产者可不开心，他的钱就不像以前那么好赚了，日子变得难过。当商品始终价格疲软，市场需求不足，生产者则会缩小生产规模，减少人工数量或者降低工资，以及减少机器损耗，更别提扩大生产了。消费者同样是劳动者，需要工作需要赚取工资，当生产者作出上述决定时，一部分消费者将失去工作，也就是失去收入来源；而一部分消费者可能会收入减少。所以最终，消费者的消费能力降低，哪怕是商品便宜了，但最终可能还是不能为所欲为地购买甚至出现买不起的情况。这个分析告诉我们经济是一个事关大局的系统，每一个环节都是紧扣着另一个环节相互影响的，短期的非正常利益总不可能维持太久。

从大家的熟悉程度来说，很显然通货紧缩比通货膨胀陌生。但通货紧缩同通货膨胀一样，当发生程度比较严重时，对经济体的打击都是毁灭性的。当然，总体上来说，通货紧缩的危害还是不及通货膨胀的。

根据发生的程度不同，通货紧缩也有几种类型：

一是温和的通货紧缩。这表示物价在一定时期内有普遍下降的现象，但是还不够剧烈，是居民和国家可以承受的范围，经济不会发生严重的衰退。

二是恶劣的通货紧缩。此时物价持续明显剧烈地下降，生产萎缩严重，大量工人失业，经济发生严重衰退，整个市场低迷，严重影响经济的运行。

另外也可以从供求的角度来分析通货紧缩。一种是需求不足的通货紧缩，另一种是供给过剩的通货紧缩。如果总需求不足，正常供给的商品则会过剩，此时供给大于需求，价格就会下降。总需求包括消费需求以及投资需求，也分为国内需求和国外需求。因此总需求不足的原因可能会相对复杂，甚至要考虑到一个国家（或者经济体）的经济结构。如果一个国家严重依靠国外需求，那么当国外需求减少时就很容易发生总需求不足的情况。而如果不依靠外国需求，当国外需求减少时，本国需求仍然旺盛，那么对经济的打击就不大。投资需求和消费需求同理。如果一个国家一定时期内科技突飞猛进，生产效率大大提高，于是这个时期的产品库存大量增加，远远超过市场需求所能消化掉的量，则也会发生通货紧缩。当然，可以预见这种通货紧缩只是一定时期内的，或者只处于经济发展的某一阶段。随着生产率的发展，旧的落后的产品必然遭到淘汰，新产品逐步被人们接受并广泛使用，于是经济体又恢复到了平衡的状态。

通货紧缩到底是如何形成的呢？不同的国家不同的时期，原因肯定是不一样的，但是也必然会有些共通之处。

其一，通货紧缩也是个货币现象，市场中流通的货币量过多会造成通货膨胀，相对应地，如果货币供应量不足，则容易形成通货紧缩。货币的发行是由国家来控制的，如果国家采取紧缩的货币政策，紧缩银根减少货币发行量，以及将转移支付和公共开支等相关都减少，当商品市场和货币市场失衡，相对商品总量来说货币过少，则会发生通货紧缩。

其二，有效需求不足。当经济形势并不是太乐观，并且人们预期的实际利率一再下降，投资的回报甚至不及储蓄的回报，人们就宁愿储蓄或者持有现金，而不再愿意去投资或者消费，导致总需求下降，也有可能引起通货紧缩。

其三，经济周期和新技术的应用。当经济进入繁荣周期或者有新技术应用时，劳动生产率会大幅度提高，生产成本也大大降低，生产能力过剩，商品出现供过于求，引发周期性或者过渡性的通货紧缩。

其四，体制因素。由于体制的不同，人们的消费习惯也不同。比如有些国家是超前消费，因此储蓄率低。而有些国家则储蓄率超高，人们对消费很慎重。这与习惯有一定关系，但是与背后的保障关系更大。如果国家的企业体制和社会保障比较完善，后顾之忧比较少，自然不需要大量储蓄来"以防不测"和养老之用。而高储蓄率导致的则是低消费，总需求则会不足，也会引起通货紧缩。

其五，汇率因素及国际市场的冲击。如果汇率制度不够合理，比如钉住强币的汇率制，当本国汇率被高估时就会导致出口下降，国内商品供给过剩。在对外贸易密切的国家，受国外市场影响比较大，当外部需求减少时出口下降，同时外资流入减少又进一步降低国内的需求，使得国内价格下跌，形成通货紧缩。

通货紧缩的影响

通货紧缩可能带来的危害大多是隐性的。而通货紧缩的主要负面影响有以下几个方面：

现在生产的产品真是太少了！

1. 长期的通货紧缩会抑制投资与生产。

2. 通货紧缩还会导致经济衰退。

经济发展速度

经济发展趋势

时间

金融体系

通货紧缩

3. 通货紧缩还会危害金融体系。

通货紧缩的隐性危害

按照通货紧缩的发生程度不同，可以分为相对通货紧缩和绝对通货紧缩。相对通货紧缩是指物价水平在零值以上，在适合一国经济发展和充分就业的物价水平区间以下，在这种状态下，物价水平虽然还是正增长，但已经低于该国正常的经济发展和充分就业所需要的物价水平，通货处于相对不足的状态。这种情形已经开始损害经济的正常发展，虽然是轻微的，但如果不加重视，可能会由量变到质变，对经济发展的损害会加重。

绝对通货紧缩是指物价水平在零值以下，即物价出现负增长，这种状态说明一国通货处于绝对不足状态。这种状态的出现，极易造成经济衰退和萧条。根据对经济的影响程度，又可以分为轻度通货紧缩、中度通货紧缩和严重通货紧缩。而这三者的划分标准主要是物价绝对下降的幅度和持续的时间长度。一般来说，物价出现负增长，但幅度不大（比如 -5%），时间不超过两年的称为轻度通货紧缩。物价下降幅度较大（比如在 -5% ~ -10%），时间超过两年的称为中度通货紧缩。物价下降幅度超过两位数，持续时间超过两年甚至更长的情况称为严重通货紧缩，20 世纪30 年代世界性的经济大萧条所对应的通货紧缩，就属此类。

界定通货紧缩，在一般情况下可以而且能够用物价水平的变动来衡量，因为通货紧缩与通货膨胀一样是一种货币现象。但是如果采取非市场的手段，硬性维持价格的稳定，就会出现实际产生了通货紧缩，但价格可能并没有降低下来的状况，而这种类型的通货紧缩就是隐性通货紧缩。

通货紧缩是比通货膨胀更危险的敌人，通货紧缩通常被认为是经济衰退的先兆，严重的通货紧缩将会造成经济的大萧条，使经济发展倒退几十年，并且在较长时间内难以复苏。难怪日本经济学家把曾经发生在日本的一场通货紧缩称为"可怕的通货紧缩幽灵"。很多经济学家由此得出一个结论："通货紧缩对经济所造成的损害要比通货膨胀大得多。"

假设一个自主经营的小裁缝店在 1 年前从银行借了 100 元，那时候一件上衣的价格是 100 元。到了通货紧缩时期，货币的价值大幅上升，而价格却大幅下降。假设 1 年后，一件上衣的价格变成了 50 元，这位裁缝店在 1 年前制作 1 件上衣就可以还掉的贷款，在 1 年后却要制作 2 件上衣才能还掉。也就是说，人们为了还债，必须要付出双倍的劳动。

经济学有句话叫通缩比通胀更可怕，宁要通胀不要通缩。在通货紧缩的情况下，如果消费者能维持原有的收入，那么物价的下降将提高消费者的生活质量，但是很多情况下企业会因利润下降被迫降薪或裁员。

由于通货紧缩形成的原因比较复杂，并非由单一的某个方面的原因引起，而是由多种因素共同作用形成的混合性通货紧缩，因此治理的难度甚至比通货膨胀还要大，必须根据不同国家、不同时期的具体情况进行认真研究，才能找到有针对性的治理措施。

反思我国通货紧缩局面的形成，无不跟政府主导型发展战略有关，像国有企业大量亏损，失业现象严重，重复建设造成经济结构的扭曲，短缺与无效供给的并存都与政府对市场的过度干预紧密相连。因此，要想尽快走出通货紧缩的困境，必须加大改革力度，充分发挥市场机制的作用，增强企业的活力，使其真正发挥促进经济发展的关键作用。

一般而言，要治理通货紧缩，必须实行积极的财政政策，增加政府的公共支出，调整政府收支结构。就是在加大支出力度的基础上，既要刺激消费和投资需求，又要增加有效供给。而通货紧缩既然是一种货币现象，那么治理通货紧缩，也就必须采取扩张性的货币政策，增加货币供给，以满足社会对货币的需求。作为中央银行可以充分利用自己掌握的货币政策工具，影响和引导商业银行及社会公众的预期和行为。在通货紧缩时期，一般要降低中央银行的再贴现率和法定存款准备金率，从社会主体手中买进政府债券，同时采用一切可能的方法，鼓励商业银行扩张信用，从而增加货币供给。财政政策与货币政策的配合运用，是治理通货紧缩和通货膨胀的主要措施。

政府应该如何治理通货紧缩

2010 年 5 月 4 日，诺贝尔经济学奖得主保罗·克鲁格曼警告说，日本式的通缩已初露端倪。

英国中央银行英格兰银行行长默文·金指出，2010 年下半年直到 2012 年底，英国的通货膨胀率将低于政府确定的 2% 的目标；同时，英国经济的衰退程度比以前估计的严重，而且即使经济开始复苏，步伐也将是缓慢的。

2010 年 6 月英国通胀水平达到了 1.8%，低于 5 月的 2.2%，创下自 2007 年 9 月以来的最低纪录。英国央行同时预计，通货膨胀率还可能暂时跌破 1%。这一报告也显示，英国经济正面临陷入通缩的风险。

通货紧缩是指货币供应量少于流通领域对货币的实际需求量而引起的货币升值，从而引起的商品和劳务的货币价格总水平的持续下跌现象。

购买力上升，影响物价下跌，造成通货紧缩。依据诺贝尔经济学奖得主保罗·萨缪尔森的定义："价格和成本正在普遍下降即是通货紧缩。"经济学者普遍认为，当消费者物价指数（CPI）连跌两季，即表示已出现为通货紧缩。通货紧缩就是物价、工资、利率、粮食、能源等统统价格不能停顿的持续下跌，而且全部处于供过于求的状况。

政府应对通货紧缩的办法

松绑了!

1.宽松的货币政策和财政政策

扩大财政支出,降低利率,可以增加流通中的货币量,从而刺激总需求。

2.调整经济结构

减少过剩部门或行业的产量,鼓励新兴部门或行业发展,如发展新能源等。

各种数据显示,我们的经济正在逐渐好转……

3.增加人民的信心

政府通过各种宣传手段,增加公众对未来经济发展趋势的信心。

此外,还要完善社会保障。建立健全社会保障体系,适当改善国民收入的分配格局,提高中下层居民的收入水平和消费水平,以增加消费需求。

很多人会认为，这不是正代表着抑制通货膨胀的目标实现了吗？这是好事啊。其实不然。这就是通货紧缩，整体物价水平下降，是一个与通货膨胀相反的概念。

长期的货币紧缩会抑制投资与生产，导致失业率升高及经济衰退。因为物价的持续下降会使生产者利润减少甚至亏损，继而减少生产或停产；同时使债务人受损，继而影响生产和投资；生产投资减少会导致失业增加、居民收入减少，加剧总需求不足。通货紧缩是比通货膨胀更危险的敌人。

2008年下半年，韩国几家经济报曾刊载过股神沃伦·巴菲特的新闻。舆论媒体在新闻中引用了沃伦·巴菲特在《纽约时报》刊登的文章中的一句话："买美国股票吧，我也在买。"并像沃伦·巴菲特那样告诉人们："现在的股票价格已经到达最低点，以投资的长远目光来看，正是购买股票的好时机。"媒体的这种宣传误导了很多散户投资者，他们因此买进股票。

事实上，舆论只是想让我们产生错觉而已。因为沃伦·巴菲特通过《纽约时报》力劝人们购买的是美国的股票，而不是韩国的股票。可是韩国新闻却报道巴菲特劝买的是全世界的股票，结果使众多散户投资者陷入了混乱之中。

通货紧缩时期由于信贷紧缩，跟我们生活密切相关的房地产和股票价格开始下跌。这一时期，各国中央银行会通过下调基准利率以期增加市场流动性。各商业银行因为可以低利率融资，所以极力把筹得的资金贷给个人或家庭。它们努力通过这种方式遏制股票和房地产价格的下跌。但是，中央银行下调基准利率后，股票和房地产的价格并不会上升。中央银行持续下调基准利率反而成为经济衰退恶化的信号。

在通货紧缩时期，如泡沫般不断膨胀的资产价格也开始试图寻找一个合适的价格水平。任何领域都不会一直下跌至底。这不是媒体、政府能够操控的，只有依靠市场的自我调节——唯有当价格下跌到一个市场认可的、合适的水平时，价格才会停止下跌。日本经历了通货紧缩，在过去近20年的时间内，住房价格一直在下跌。日本政府和中央银行在这"失去的20年"里，虽然持续实施了通货再膨胀政策，试图诱使通货膨胀发生，但并没有取得任何效果。我们不应该忘记日本房地产市场的教训。

第二十章

资产价格泡沫的国际传播
——了解资产泡沫要学的金融学

泡沫的产生：风起青萍之末

我们在倒啤酒的时候有这种经验，明明是倒了满满一杯，但泡沫下去以后杯中酒却没有多少。如果把这充满泡沫的酒当作幸福的寄托，那么这句话就最恰当不过：幸福就像泡沫，脆弱而易消逝。是的，泡沫是酒杯里虚胖的酒，只是酒杯的虚假繁荣。

泡沫意味着缺少实体的支撑，泡沫经济则因为虚拟资本过度增长，与虚拟资本相关的交易持续膨胀最终逐渐脱离实物资本的增长，造成经济的虚假繁荣，最终当泡沫破灭时会导致经济崩溃，甚至社会动荡。

1986 年 12 月到 1991 年 2 月，这是日本战后的第二次经济大发展时期。随着大量投机活动的全面展开，日本的经济在周边国家一片萧条的背景下开始飞速发展，似乎在瞬间，一个普通的发展中的国家就变成了遍地黄金的富裕之地。1989 年日本迎来了投机经济的最高峰，资产价格仍然一路飙升，但是因为泡沫资产价格上升过快而无法得到实体经济的支撑，最终出现危机。1991 年日本泡沫经济开始破裂，日本的经济像一座建立在泡沫上的高楼大厦，在泡沫破裂的瞬间崩塌。

泡沫经济从形成到破裂有一个过程，从 1986 年 12 月到 1989 年高峰之前，都是形成和繁荣阶段，直到高峰之后则开始走下坡路，最终泡沫破裂。因此泡沫经济可分为三个阶段：形成阶段、膨胀阶段以及破灭阶段。

泡沫状态是由于一种或一系列资产在一个连续的过程中陡然涨价，在价格上升的过程中不断引发人们的上涨预期，于是更多的买主义被吸引，更多的买主加入之后更加助推了这种资产的上涨趋势，于是人们在这种疯狂的涨势下很容易丧失判断力，忽略了资产本身的盈利能力，而所有眼光都压在了通过这种资产谋利的方面。然而，没有足够实体支撑的经济是不可能一直持续上涨升值的，随着涨势的逆转，价格最终会下滑甚至暴跌，最后便是金融危机甚至发展成为经济危机。

说到底，泡沫经济的根源在于极度鼓吹虚拟经济，导致虚拟经济对实体经济偏离，虚拟资本的膨胀导致现实经济所能够产生的虚拟价值远低于虚拟资本，最终无法得到支撑而经济崩溃。

所谓现实资本，就是以生产要素形式和商品形式存在的实物形态的资本，比如钢铁厂生产出钢铁，织布厂生产出布匹，玩具厂生产出玩具，那些产品是我们能够实实在在看得见摸得着的东西。

与现实资本相对，虚拟资本则主要是以有价证券的形式存在的，如同股票、债券、不动产抵押单等。人们在进行股票债券交易的时候，交易者持相关账户进行交易，虽然是与众多数字打交道，但并未能接触实物产品。

在实物经济的世界里，是不会产生泡沫的。这很容易理解，因为双方是以实物形态为媒介，是等价交换，并未产生不合实物的价值符号。而虚拟资本的运作则不同，

日常生活中的泡沫陷阱

一、房托的骗局

在楼房开盘的现场时常活跃着这样一种人，就是专门为新开盘楼盘"烘盘的托儿"。这种人的出现往往会蒙蔽消费者的眼睛。

二、股市的迷雾

在投资股市的时候，不要盲目轻信股评和专家预测，更不能跟风购买，而是应该站在旁观者的角度去预测股票的未来走势，并对照上市公司的经营业绩来分析股票的前景，才能最大限度地避免泡沫经济给自己带来的损失。

它们可以产生大量的超过实体经济的资本。所以一般认为，泡沫经济总是起源于金融领域。

然而，经济是一个整体，尤其是全球经济如此紧密相连的今天，不仅各行各业联系紧密，各个国家的经济联系也非常紧密。不同行业和不同经济体之间的渗透力是相当高的，任何一个环节出现问题都有可能引发全局性的问题。

随着雷曼兄弟破产、美财政部和美联储接管"两房"以及美林"委身"美银，AIG告急等一系列事件的爆发，震惊美国乃至震惊全世界的美国金融危机爆发。这次危机起因于商业银行的次级贷款，在商业银行放出次级贷款之后，又将其转手卖给投资银行，投资银行又将其打包卖给全世界，于是引发了世界性的金融危机。

2008年金融危机印象最深刻的是沿海很多外贸企业破产，很多人失业，导致了一度的返乡潮。随着美国金融危机的影响，中国也迎来了股市的暴跌，2007年股市的大好景象如今只能是刻在股市历史上的一道风景线，让人们记忆深刻的应该是从6000点到3000点的弧线。

由此看来，泡沫经济前期主要是经济的繁荣期，这段时间里大家的感觉都是美好的，因为人人都会从繁荣的经济中获利，大家都感觉自己的资产更多，幸福感更重。股市的利好给投资者带来更多收益，房产市场的景气能让地产投资者更有信心，从事房产经营或者使房东们收入更加稳定，投资者也更乐意投资。金融衍生品会越来越多越来越丰富，交易也越来越频繁，与此相对应，信用的透支也会越来越严重。然后，这背后确实存在着巨大的陷阱和深层危机。

当股市泡沫破裂，股价大幅振动并下跌，痛失资金的仍是投资者；当房地产动荡，地产泡沫破裂，曾一度居高不下的房价突然下跌，房产投资者们将迎来残酷的寒冬。无论是股市还是地产，无论是其他金融衍生品交易还是任何一个借贷或者保险信用环节发生问题，最终整个大盘必定会受到牵连和影响。而且，以往的泡沫经济现象表明，泡沫经济持续的时间越长，发展的程度越高，牵连的资本体或者行业越广，则泡沫破灭以后对经济、对社会的危害越大、越持久、越深刻。

滚滚而来的资金和资产泡沫

经济泡沫问题古已有之，只是于今为烈。17世纪荷兰的"郁金香狂热"、18世纪法国的"密西西比泡沫"和英国的"南海泡沫"，只要是了解世界经济史的人都是耳熟能详的。中国古代历史上很少有经济泡沫的记录，如果不是进行严格范畴的界定，那么"洛阳纸贵"也可能是一种经济泡沫。资本主义与市场经济视经济投机为正常理性的行为，因此将经济泡沫无论在广度、频度、烈度上都不断推向新的极致，以至于我们今日之生活近乎与泡沫为伍。经济泡沫形形色色，当下人们最为关注的是房市与股市的疯狂，这就是资产泡沫。

在世界经济史上，一国往往因为经济政策不当而导致资产泡沫，而资产泡沫最后引致金融危机的事情屡见不鲜。资产泡沫最容易在股票市场与房地产市场生成，最典型的是日本资产泡沫和金融危机。

1985 年，日本土地资产总值是 176 万亿日元，到 1989 年达到 521 万亿日元，4 年上升近两倍。东京地价上涨尤为严重，1990 年其商业区地价是 1985 年的 2.7 倍，住宅区地价是 1985 年的 2.3 倍。在地价飚涨的同时，股市价格也急剧上升。日经 225 股价指数在 1985 年为 13083 点，到 1989 年已上升至 38916 点，4 年同样上升近两倍。"日本奇迹"泡沫巨大，最终幻灭的后果也严重而持久。20 年后，日经平均指数还在 1 万点徘徊，是当年高峰的 1/4，日本 6 个最大城市的平均住宅地价也只是 20 年前的 1/3。

当今世界，凡是以房地产推动经济增长、促进社会繁荣的国家，最后几乎都未能逃过资产泡沫膨胀与金融危机的命运，似乎必然要遭受"摩天楼魔咒"。通常在一国经济上扬过程中，该国政治家或企业家一般豪情万丈，大家都通过兴建摩天大厦来"宣扬国威"。远有 1908 年纽约胜家大厦、1931 年帝国大厦及 1974 年芝加哥的威利斯大厦；近有 1997 年落成的吉隆坡双子塔、2004 年启用的台北 101。这些摩天大厦建成之日，通常差不多也就是泡沫经济破灭、金融危机爆发之时。有经济学家做了苦心研究，发觉"摩天楼魔咒"的灵验程度还不低。舞会有曲终人散之时，色彩斑斓的泡沫也有最终爆破的一天，真所谓"眼见他起朱楼，眼见他宴宾客，眼见他楼塌了"，一个个试图要刺破青天的摩天楼由此往往成为见证轻狂岁月的标志。

1997～1998 年的东南亚金融危机，资产泡沫也扮演了重要角色。20 世纪 90 年代后，菲律宾和马来西亚房地产价格在最高和最低时的比率达到了 3 倍和 2 倍，泰国和印度尼西亚房地产最高和最低价格的比率分别为 1.25 倍和 1.32 倍，相对较小，但这两个国家房地产的空置率却远较马来西亚高，分别达到了 15% 和 10%，1997 年以后不动产供给过剩的现象更加严重。空置率居高不下是房地产泡沫形成的一个显著标志，因为投资者购买房产并非使用，而是套利。

就当前的情况来看，短期国际资本涌入新兴经济体将助长其已经初步形成的资产价格泡沫风险。美欧日等主要发达国家经大幅降息后，利率仍然保持接近于零的低位，而新兴经济体利率均高于发达国家，过多的流动性在全球涌动，特别是欧美发达国家重启第二轮量化宽松政策后，套利资金重新大规模涌入新兴经济体，一些新兴经济体成为短期国际资本（俗称国际游资或热钱）觊觎的对象，包括股市、楼市在内的资产泡沫再一次被急剧放大。

就世界经济史来看，资产泡沫越大，爆破时破坏力也就越大。对于资产泡沫的

资本向新兴经济体流动的特点

在资本向新兴经济体大量流动的过程中，有几个特点需要格外引起关注：

第一，当前资本流动中有大量短期投机资本（即俗称的"国际游资"或"国际热钱"），这为宏观经济的管理带来了挑战。

第二，银行资本在收缩。目前，这种收缩的状况还在保持，特别是小型与信用级别较低的公司的借贷难度加大。

第三，新兴经济体内部的资本流动在增加。

产生，结果不外乎流动性催生出来的，政治家或金融家吹出来的，还有投资者跟出来的。一个超级资产泡沫的诞生通常都是伴随着宽松的货币政策环境，正是宽松的货币政策，产生过多流动性（就是容易得的钱，是投机资金，是游资），累起泡沫的土壤，播下泡沫的种子。金融资本总是不断争取自己的最大自由，最好不受任何约束与监管，而监管缺失的金融投机则成为资产泡沫酵母。如此，金融投机在低成本资金、高财务杠杆、高债务的基础上，迅速做大一个个资产泡沫。当然，在这个对知识崇拜的时代，经济泡沫的不断膨胀少不了经济学家的帮腔，他们不断撰文表示，资产泡沫有利于激发"财富效应"，如楼价与股价上涨有助于消费者增加开支，股价上升有助于企业融资与再投资，更加有利于经济增长。

资产泡沫与银行危机

2001 年 6 月，英国中央银行公布了一份研究报告，开宗明义地概述了全球银行业发生的危机。在过去的 1/4 个世纪里，与在此之前的 25 年相比已迥然不同，许多银行危机在全世界陆续出现。

银行业是金融业的主体，在一国社会经济生活中具有非常重要的地位，也关系到广大的民众。银行业危机的影响之大也非一般行业危机可比，它可能会波及一国的社会、经济、政治等方方面面。引发银行危机的往往是商业银行的支付困难，即资产流动性缺乏，而不是资不抵债。只要银行能够保持资产充分的流动性，就可能在资不抵债、技术上处于破产而实际上并未破产的状态下维持其存续和运营。

20 世纪 90 年代以来，世界金融业呈现出起伏动荡的态势。银行危机具有多米诺骨牌效应。因为资产配置是商业银行等金融机构的主要经营业务，各金融机构之间因资产配置而形成复杂的债权债务联系，使得资产配置风险具有很强的传染性。当资产泡沫破灭的时候，银行也会破产。则单个或局部的金融困难就会演变成全局性的金融动荡。

1929 年到 1933 年，美国大约有三分之一的银行倒闭。不同于今日的是，当时并没有存款保险，所以当银行倒闭以后，储户的存款也随之遭受损失，而政府也没有钱来补偿在倒闭银行里损失的存款。另外值得一提的是，存在这些倒闭银行中的绝大多数存款是在繁荣时期赚来的，而这种繁荣也是在信贷宽松的情况下形成的。如果信用扩张的速度没那么快，那么经济的增长就会趋缓，存款获得的回报自然就变少了。换句话说，这些在银行破产中毁于一旦的存款，绝大多数是在破产前的经济泡沫中创造的。

一旦银行倒闭、存款消失，货币供给就会随着存款基础的崩溃而一蹶不振。这么多财富在银行体系中被毁，或者说货币供给急剧下降，正是让经济大萧条变得如此严重和持久的原因。

对此，政府必须审慎地对银行进行监管。美国通过了许多相关法案，成立联邦存款保险公司向大众提供存款保险。法律制定者都相信，存款保险可以增强公众对银行体系的信任，进而降低银行挤兑和倒闭的可能性。在银行倒闭的事件中，存款保险能够缓解其对货币供给以及经济造成的负面影响。

如果要让储户避免受到银行的拖累，政府付出的代价将非常高。对某些国家来说，这些财政成本甚至高达国内生产总值的 55%。从 1980 年起，若干国家还经历过两次或两次以上的银行危机，如阿根廷、印度尼西亚、马来西亚、菲律宾、泰国及土耳其等国。许多危机至今还在持续，有的政府已经受到严重的债务拖累，无法筹措到足够的资金来偿还公众的存款。储户在辛苦赚得的积蓄受损后，通常都会以暴力回应，因此政治陷入极不稳定的状态。

以史为鉴，美国的金融部门很可能会受到经济危机的严重打击。资产证券化或许会把商业银行的风险降至最低。可是，由于 20 世纪 90 年代过度扩张造成的弊病，很可能在未来对金融业造成严重损害。不管这些危机是出自于保险业、政府支持的企业还是银行业，政府出于政治的需要都会被迫支出庞大的资金来收拾残局。

从美国未来 5 年的发展形势来看，财政赤字会随着税收的减少和财政刺激计划支出的不断增加而日益恶化。在这种情况下，政府救助金融业所付出的代价必定越来越大。前景不容乐观，尤其是考虑到政府在社会保障方面的资金补足后，就更没有轻松的理由了。

美国政府采取的观点是必须对银行谨慎地加以规范和监控，这样才能避免银行破产。换句话说，在任何一家银行的倒闭事件中，政府的政策就是干预，把银行储户损失的钱重新归还给他们，以预防银行倒闭的风潮波及其他银行，引起储户的恐慌，避免货币供给紧缩对经济造成损害。

目前，在国际货币基金组织的影响下，近 30 年来经历过银行危机的绝大多数国家都以政府财力做后盾，贷款给储户以弥补储蓄损失。不论在银行倒闭前是否存在正式的存款保险制度，各国通常都会执行这一政策。一般来说，如果银行出现危机，而且过去没有正式的存款保险制度，政府就会宣布银行体系的所有存款都会受到政府的担保。多数国家都会这么做以预防银行体系陷入更大的危机，进而防止对银行部门、货币供给及整个经济造成进一步损害。另外，政府在对所有储户提供担保的同时，也承担起相应的义务，对储户在银行倒闭时遭受的损失提供补偿。

但是，我们也应该理性地认识到，目前仍然存在各种理由表明银行危机还会不断发生，而且程度也会越来越严重。因为最近几年，当美国经常账户赤字像气球一般膨胀到史无前例的程度时，国际收支的不稳定性还将恶化。只要从美国流出的美元继续在全球泛滥，那么新一轮的资产价格泡沫就一定会如期发生。

房地产崩塌及衍生品泡沫破裂

　　Ruty 毕业于英国剑桥大学，5 年前涉足房地产业。在过去的几年中，由于房地产市场异常红火，房价扶摇直上，贷款政策也异常宽松。在此期间，Ruty 在新泽西州先后对多处房地产进行投资，装修之后再高价转手。但是当房地产市场进入熊市，房屋价格大幅下滑，她已经不再赚钱。她现在持有四套房产，两处是在新泽西，一处在佛罗里达，另外一处在纽约布鲁克林。由于面临按月还贷的压力，这些房产随时都有可能被银行收走。在新泽西出租的房产建于 2002 年，当时的开发商在底层的车库后面又修了一层带厨房和卧室的一居室公寓。这样本来供两房家庭住的公寓可以出租给三户人家。但是市政府忽然禁止出租这所谓的第三套公寓，违规者罚款 4000 美元，而且租客必须搬出。由于这个原因，Ruty 的租金收入下降为原来的 2/3，只有 2600 美元，而这栋房产的月供是 4000 美元。纽约布鲁克林的豪宅是 Ruty 最喜欢的，两年前她以 93.5 万美元的价格买下这处房产，装修又花掉 6 万美元。在房地产最红火的时候，这栋房子的价格曾经达到 120 万美元，但也仅仅是曾经而已。Ruty 表示即使卖掉这幢房子也不能还清债务。

　　当时，美国房价上涨不是普涨，各个州之间差异较大，暴涨狂升的主要是大城市的产权公寓以及部分地区的家庭别墅。特殊地区和特殊类型的房屋的暴涨是拉动美国整体房价上扬的重要因素。纽约、芝加哥、旧金山、波士顿等大城市最近几年豪华公寓的价格上涨幅度都在 100% 以上，纽约曼哈顿地区豪华公寓平均价格上涨幅度达到 153%，其中一些新开发区域的公寓价格更是暴涨 318%，而数量是豪华公寓好几倍的合作公寓售价在 4 年里仅上涨了 36%。夏威夷州、加利福尼亚州、佛罗里达州等风景旅游区集中的 8 个州 2005 年房价涨幅均超过 20%，而位于南大西洋的北卡罗莱纳州、乔治亚州、南卡罗莱纳州以及西弗吉尼亚州涨幅不超过 10%。

　　美国的次贷危机开始于房价下跌，然而房价下跌仅仅是次贷危机的导火索，或者说是压死骆驼的最后一根稻草，并不是次贷危机的根本原因，次贷危机从本质上讲是一种泡沫的破裂。

　　泡沫就像一个幽灵，在最近 30 年游荡在地球村，骚扰着不同的人家，几乎当今世界所有主要的经济体都曾吃过它的苦头。泡沫破裂的故事在当今世界经济中可谓愈演愈烈，正如现任美联储主席所言："从 20 世纪 80 年代起，主要工业国家均经历了股票和房地产价格'泡沫兴起—泡沫破灭'的多个显著周期，全球金融体系不稳定性明显的增加。"

　　在次贷危机之前，人类历史上有九大著名的泡沫，最早的当属 17 世纪的荷兰郁金香泡沫。"房地产泡沫"就是资产泡沫的一种，它是以房地产为载体的泡沫经济。一般是指由房地产投机引起的房地产价格脱离市场基础价格的持续上涨现象。通常表现为在经济繁荣期，地价飞涨形成泡沫景气，但到达顶峰状态后，市场需求量急

中国楼市泡沫会不会破灭

中国楼市泡沫什么时候才破灭呢？有经济学家曾经多次断言：就在近几年！不过，也有人说中国楼市泡沫不会破灭，以下是这一论点的支持理由。

① 房地产商的资金链不会断开

首先，房地产商的资金链不会断，通胀还将继续。因为央行执行"外汇本位"的基础货币制度没有改变。

虽然国有银行可以控制房地产借贷，但如果每年都有10亿元人民币基础货币投入市场，可想而知，房地产商的资金链会断裂吗？

② 中国正处在城市化进程中

其次，中国正处在城市化的过程中，对房产刚性需求仍然旺盛。在楼市泡沫环境下，房价在一定程度上降价是必然的，但20%~30%的降价算不上泡沫破灭。

③ 中国市场的容量太大

最后，中国市场的容量太大，具有超越现有经济学理论的巨大潜能。

剧下降，房价大跌，泡沫也随之破灭。因为建筑产品系劳动产品，其价格相对比较稳定、比较容易判别，所以房地产泡沫实质上是指地价泡沫。地价泡沫则是指土地价格超过其市场基础决定的合理价格而持续上涨。

根据经济学的解释，房地产泡沫是由于虚拟需求的过度膨胀导致价格水平相对于理论价格的非平衡上涨。泡沫过度膨胀的后果是预期的逆转、房屋的高空置率和房价的暴跌，即泡沫破裂，它的本质是不可持续性。

房地产泡沫的存在意味着投资于房地产有更高的投资回报率。在泡沫膨胀期间，大量的资金集聚于房地产行业，投机活动猖獗。而一旦这个泡沫破灭，经济和社会结构就会失衡，而且还极易带来金融危机、生产和消费危机以及政治和社会危机。

就像历史上所有的泡沫一样，是泡沫就有破灭的那一天，只是是早或迟的问题。从 2004 年开始，美联储开始不断调高基准利率，次级房贷的利率也不断水涨船高，低收入家庭承担的利息越来越重，还款的压力越来越大，终于开始不堪重负——很多低收入的家庭开始选择违约。从 2004 年开始，次级按揭贷款的违约率不断攀升，次级贷款"高风险"的一面开始显露出来，而且人们渐渐发现次级贷款的违约率比当初预想的要高得多！这个信号传导到次级债券市场便是"次级债券的基础资产出现了问题——流入资产池的现金流将大大低于预期"。一时间，次级债券的价格暴跌，接着是发行次级债券的贝尔斯登等公司的股票价格暴跌，然后是投资者对整个美国经济前景的担忧，继而是美国整个金融市场的大动荡，巨大的房地产泡沫一瞬间破灭并且消失在空气中。

日本泡沫经济的兴起、破灭与后果

日本泡沫经济的基本特征是资产价格泡沫，从 1985 年起脱离了经济基本面支持，形成泡沫。现在一般认为，1985 ~ 1986 年为日本泡沫经济形成期，1987 ~ 1989 年为膨胀期，1990 年以来，日本股价、房地产价格相继急剧暴跌，泡沫经济破灭，日本步入长期萧条时期。

川濑从东京理工大毕业后就职于一家公司，不到 40 岁就成了公司的核心技术人员，一直在东京品川公司总部工作。对公司发展贡献很大，基本工资近百万日元。1985 年，也就是泡沫经济形成初期，川濑辞职创办了一家住宅制作工厂。一起步就发展很顺利，到 1988 年，川濑不仅贷款扩大了生产规模，同时在东京的一等地还购买了一套近 2 亿日元的高档公寓。没想到，1990 年后，形势急转直下，工厂的订单几乎为零。川濑 1 亿 2 千万把东京的公寓抵押给了银行，希望渡过难关、保住工厂。可最终还是在 1997 年破产了。原公司的高层念川濑的能力和多年的交情又让他回到公司，但是工资却只有 40 万日元。

日本泡沫经济期间，资产泡沫不仅存在于股票、房地产两大主流资产市场，同时蔓延到了文物、收藏品、珠宝乃至高尔夫会员证等另类资产领域，某些另类资产价格涨幅比主流资产价格涨幅有过之而无不及，如东京附近几家高级高尔夫球俱乐部会员证价格超过 100 万美元，相当于一个普通公司职员两三年的收入。但论对经济社会影响之大，仍以股票、房地产为最。

各家银行由于在泡沫膨胀时期深深地卷入资产市场，发放了大量房地产贷款和不动产及证券抵押贷款，并进行了大量股票投资，券商则大量投资于证券、股指期货、发放证券抵押贷款和提供担保，保险公司也依靠股市和房地产投资收益弥补因日元升值等原因遭受的对外证券投资亏损，资产泡沫急剧破灭导致日本金融机构全线陷入巨额亏损和呆账的泥潭，并且金融业的不良资产规模与日俱增。

1990 年新年伊始，日本的股票价格开始暴跌。1990 年 4 月，日经平均股价跌至 2.8 万日元，下跌幅度为 27.5%。8 月 2 日，海湾战争爆发，石油价格上涨，股价继续下跌，股市呈现空前的恐慌。1992 年 4 月，股价跌至 1.7 万日元。同年 7 月 22 日，又进一步跌至 1.4 万日元，下跌幅度达到 60%，突破了"二战"后日本股市的最大下跌纪录。继股市暴跌之后，地价也开始狂泄。到 1992 年，股票和地价的合计资产价格比高峰期下跌了 40 万亿日元，相当于日本名义国民生产总值的 88%。在 1991 年 7 月至 1992 年 7 月这 1 年里，京都住宅区地价下跌了 15.1%，大阪府为 27.8%，京都府为 27.5%。受地价跌风之影响，大批以不动产投资为主的企业陷入了不能自拔的深渊。

日本泡沫经济的兴起并急剧破裂，人口老龄化和德国统一造成的国际资本流动逆转等"天灾"的作用固然不可忽视，但主要还是日本经济缺陷及其自身决策失误的"人祸"所致。

就其自身的经济缺陷而言，日本是一个资源严重依赖进口的国家。要获取资源，日本必须要用他国需要的商品来进行交换。如果投向不动产的资金越来越多，日本整个产业结构和就业结构就会向不动产业倾斜。出口创汇的制造业就会萎缩，能够从他国获取的资源也就越来越少。10 年、20 年后，随着发展中国家的崛起，本来无价格优势的日本产品连技术优势也将会失去，再没有了可以和别国交换的商品，日本人对不动产的争夺就如同贫穷的村民去争夺无电、无暖、无气、无油的土坯草房。

在政府的决策方面，由于长期的创新能力不足，经济结构调整不力，致使过剩资本无从投入实体经济部门推动经济可持续发展，只能涌向资产市场吹大泡沫。而就中短期而言，在宏观层次上，错误的货币政策、扩张性过强的财政政策等对造成泡沫经济难辞其咎；在微观层次上，银行、企业、居民个人等微观主体投融资行为的演变又极大地放大了货币供给膨胀推动资产泡沫膨胀的作用，日本金融监管部门却盲目、片面地推行金融自由化，致使微观主体的道德风险未能受到有效遏制而极度膨胀，等等，所有这一切因素相互促进，将日本经济推向了深渊。

日本泡沫经济的后果

股票大跌

房地产大跌

企业倒闭

政府财政赤字增加

1990 年日本泡沫经济崩溃，日本经济近 20 年萧条的严重性表现在已经明显堕入流动性陷阱。尽管随后日本央行实行了宽松的货币政策，大幅调低央行贴现率，1995 年至今的官方贴现利率几乎为零，先是引入零利率政策，后又引入定量宽松政策，随后又延长了短期资金供给，承诺未来将继续实行定量宽松的货币政策，并采取信贷宽松政策（购买商业银行持有的资产支持证券、资产支持商业票据、股票），但效果却非常的不理想。猛烈而又漫长的货币供给收缩导致物价持续低迷，物价低迷和通货紧缩又造成企业效益不佳、投资动力不足、失业率居高不下。

由于陷入流动性陷阱，20 世纪 90 年代以来，昔日高度重视健全财政的日本政府不得不一再依靠财政刺激景气，致使财政欠账越积越多。财政赤字及中央和地方债务数字惊人，在工业革命以来的发达国家中堪称史无前例，人们纷纷担心今后利率上升和增税的问题，消费处于非常低迷的状态。虽然有小泉内阁曾推行财政改革，但由于日本社会老龄化导致社保负担加重、累积债务利息负担加重、经济增长和财政收入增长乏力等问题，财政状况一直未好转。

东亚经济奇迹和亚洲金融危机

在亚洲一些发展中国家和地区，它们在经济上并没有采取赶超的措施，却取得了快速的经济增长，成为世界经济发展中的明星。第一个成功的事例发生在日本，紧随其后的是地处东亚的韩国、新加坡、中国的台湾和香港。在过去数十年，这些国家和地区，它们的经济起点大致相同，但是却各自实现了完全不同的发展绩效，成为世界经济中高速、持续经济增长的典型，被誉为"东亚奇迹"。

与大多数的发展中国家和地区一样，日本和亚洲"四小龙"也是自第二次世界大战后从较低的经济发展水平上起步的。特别是亚洲"四小龙"国家和地区，其工业化水平在 20 世纪 50 年代初期仍然很低，资本和外汇十分稀缺。但是，这些国家的经济在二三十年的时间里持续、快速增长，并且随着资本、技术的积累，它们又逐步发展资本、技术密集型的产业，成为新兴工业化经济，进入或接近发达经济的行列。值得一提的是，在这些国家的经济中，高速增长还伴随着收入分配的相对均等、经济结构的优化以及一系列社会福利指标的提高。

关于日本、东亚"四小龙"何以能够成功地实现经济快速增长从而达到赶超发达经济的目标，学术界存在着种种不同的解释。有不少研究者的解释已经超出了经济范畴，以为这些国家的成功与经济因素无关。其中一种是从文化的角度进行解释。例如：

有人观察到日本和亚洲"四小龙"都深受儒家思想的影响，认为勤恳耐劳和奉行节俭的儒家文化是这些国家的经济实现成功赶超的原因。如果事实真正如此，其他国家实现经济成功发展的机会就相当有限了，因为文化是不同的，而且难以在短期内发生变化。然而问题在于，这些国家和地区长期以来就一直在儒家文化的濡染之下，但为什么它们并没有在 16 ~ 17 世纪率先实现现代化和经济发展？此外，同样受到儒家文化影响的其他国家并没有实现同样的经济成功，而许许多多与儒家文化无缘的国家却更早地实现了经济现代化？可见，用儒家文化解释不了"李约瑟之谜"，也无法回答东亚奇迹产生之谜，正如这种解释本身就否定了用所谓"新教伦理与资本主义精神"对著名的"韦伯之疑"所作解释的有效性一样。

还有一种解释是由一些从政治地理的角度观察问题的学者作出的。他们认为，由于长期的东西方冷战，美国和西方国家向日本和亚洲"四小龙"提供了大量的投资和援助，以期减弱社会主义阵营对这些国家和地区的影响，同时美国也更加乐于向这些国家和地区转移知识、技术和开放市场。然而，当年卷入冷战的国家远不止这些实现成功赶超的国家，为什么成功者寥寥无几？按照这个逻辑，亚洲的菲律宾和大量拉丁美洲国家都应该在这个成功者的名单上；而恰恰是这些国家成为经济发展不成功的典型事例。可见，由于冷战的需要而形成的政治因素对经济发展的影响，充其量可以视为促进成功的经济发展的辅助性因素，而远非决定性因素。

从理论上看，一个国家怎样才能发挥其比较优势呢？根据赫克歇尔—俄林模型，如果一个国家劳动资源相对充足，该国的比较优势就在于劳动密集型产业。如果这个国家遵循比较优势，发展轻工业即劳动密集型产业为主的产业，由于生产过程使用较多的廉价的劳动力，减少使用昂贵的资本，其产品相对来说成本就比较低，因而具有竞争力，利润从而可以作为资本积累的量也就较大。

日本和亚洲"四小龙"实行的是市场经济，政府又较早地放弃了赶超战略，因此，各种产品和要素的价格基本上由市场的供给和需求竞争决定，能够较好地反映各种要素的相对稀缺性，企业在做产品和技术选择时就能利用各个发展阶段显现出来的比较优势。此外，政府不对价格的形成进行干预，还可以减少社会中的寻租行为。这样，企业和个人要增加收益就只能通过提高技术水平和管理水平，私人的生产活动也就会是社会的生产活动。

亚洲金融危机（香港、台湾又称亚洲金融风暴）发生于 1997 年 7 月至 10 月，由泰国开始，之后进一步影响了邻近亚洲国家和地区的货币、股票市场和其他的资产价值。印度尼西亚、韩国和泰国是受此金融危机波及最严重的国家，中国香港、老挝、马来西亚和菲律宾也受到影响。而中国内地、中国台湾、新加坡受影响程度相对较轻（中国在此次金融危机前实行宏观调控，并因市场尚未完全开放，使损失得到减少）。

危机迫使了除了港币之外的所有东南亚主要货币在短期内急剧贬值，东南亚各国货币体系和股市的崩溃，以及由此引发的大批外资撤逃和国内通货膨胀的巨大压力，给这个地区的经济发展蒙上了一层阴影。但是日本处在泡沫经济崩溃后自身的长期经济困境中，受此金融危机的影响并不大。

亚洲金融危机爆发的原因

金融危机爆发的后果让人害怕，那是什么原因造成的危机爆发呢？亚洲金融危机爆发的原因主要有以下三个方面：

1.**外部原因**：世界金融一体化为国际货币投机活动提供了舞台，尤其是以索罗斯为代表的国际投机者，这是金融危机爆发的直接原因。

2.**内部经济根源**：亚洲经济基础相对薄弱，经济结构矛盾突出，出口贸易受阻，国际收支严重失衡。

3.**内部政治根源**：政府对经济过度干预，但却对经济的发展缺乏敏感性；官商勾结、家族特权政治、腐败盛行。

　　亚洲金融危机导致东南亚国家和地区的外汇市场和股票市场剧烈动荡，大批的企业、金融机构纷纷破产和倒闭。例如：

　　泰国和印度尼西亚分别关闭了56家和17家金融机构，韩国排名居前的20家企业集团中已有4家破产，日本则有包括山一证券在内的多家全国性金融机构出现大量亏损和破产倒闭，信用等级普遍下降。泰国发生危机一年后，破产停业公司、企业超过万家，失业人数达270万，印度尼西亚失业人数达2000万。

　　东南亚金融危机演变成经济衰退并向世界各地区蔓延。在金融危机冲击下，泰国、印度尼西亚、马来西亚、菲律宾四国经济增长速度极速下降，危机爆发的第二年，上述四国和中国香港、韩国甚至日本经济都呈负增长。东亚金融危机和经济衰退引发了俄罗斯的金融危机并波及其他国家。巴西资金大量外逃，哥伦比亚货币大幅贬值，进而导致全球金融市场的剧烈震荡，西欧、美国股市大幅波动，全球经济增长速度放慢。

第二十一章

全球经济衰退滞缓到何时
——了解世界经济大势要学的金融学

为什么美国一打喷嚏，全世界都会感冒

金融市场上流传着一个古老的谚语："美国一打喷嚏，世界就会感冒。"尽管这种说法是老生常谈，但是大量事实证明这种现象的确存在。美国是世界上规模最大、实力最强的经济体。一旦美国经济出现问题，那些依赖于美国源源不绝的消费需求、为美国提供从原材料到最终消费品等种种商品的国家也就无法独善其身。

19世纪，大英帝国是主宰世界经济的超级大国，每一次它都被卷入金融危机，接着对原材料和制成品的需求直线下降，其贸易伙伴都会因此遭受间接损失。20世纪，美国继承了英国的主导地位，在危机的前夕，美国的GDP占到全世界的四分之一。考虑到美国存在7000亿美元的经常项目逆差，它在全球经济中占据的实际份额更大。当美国陷入了严重的经济萧条时，世界各国都难以幸免，包括墨西哥、加拿大、中国、日本、韩国、新加坡、马来西亚、泰国和菲律宾等。中国的处境尤为困难，因为我国近年来经济增长主要依赖对美国的出口贸易。数以千计的中国工厂倒闭，雇员从城市返回农村地区，地球的另一端也陷入了灾难。

回顾19世纪50年代以来全球经济发展史，我们就可以清楚地看到，自从美国成为世界第一经济大国和推行国际贸易自由化以来，每每美国经济只要有个风吹草动，全世界经济就会跟着打哆嗦。这次随美国经济严重衰退而来的，同样是世界经济无法逃脱一场剧烈而痛苦的经济放缓。这种美国和世界经济一荣俱荣，一损俱损的现象是不争的事实。

这种动态作用在金融危机时期会导致严重后果。在世界经济强国爆发的某个金融问题可能顷刻间演变为一场毁灭性的全球性金融危机。在全球性金融中心出现的股票市场崩盘、大型银行倒闭或者是其他意想不到的崩溃事件，都可能演变为一场全国性的恐慌，接着蔓延成世界性的灾难。无论是在19世纪的英国，还是之后的美国，这种情景已经多次出现过。

当美国被 2006 年末至 2007 年期间的次贷危机击垮时，传统观念认为，世界上其他国家可以与这个深陷金融危机泥潭的超级大国"互不相干"。这种观点最初是由高盛的分析师提出的，后来变成了人们的共识：巴西、俄罗斯、印度和中国等国家经济的蓬勃发展取决于其国内需求，这些国家可以安然无恙地度过次贷危机。

而事实恰恰相反，危机冲击了大陆上的每一个国家，包括巴西、俄罗斯、印度和中国。有时，这种共同承担的痛苦是一个全球相互依赖的问题：危机通过各种各样的渠道逐步蔓延开来，传播到其他国家经济中的健康领域。但是，"传播"这个词并不能充分地解释金融危机，尽管它常常被人们提及。危机从一个经济出现问题的强国蔓延到其他经济正常运行的国家，这个过程并不是一个简单的疾病传播过程。一旦受到经济危机的冲击，其他那些长期实施内生性泡沫刺激政策的国家已经不堪一击了。的确，最初看起来似乎仅仅是美国人自己的问题，但是事实上其波及面达到了让人无法相信的程度。

那么美国衰退对他国经济、金融和股票市场发生传染效应的渠道到底是怎样的？

其一，金融传导。美国次贷市场崩溃、雷曼兄弟公司及其他几大金融机构的破产，不仅给美国的金融市场造成了广泛和严重的金融危机，而且通过这些跨国公司传导到欧洲、澳大利亚和世界其他地方。这种金融传染的根源在于，约有一半的美国证券化金融工具是卖给外国投资者的。这就是为什么在拉斯韦加斯、凤凰城和克里夫兰由抵押贷款违约所导致的金融损失会在欧洲、澳大利亚甚至挪威的小村庄暴露出来。因为来自全球各地的投资者购买了这批有高度风险的证券祸害。结果在欧洲和其他地方紧跟着就出现了金融风暴。金融传染是通过股市发生的，美国股市暴跌，紧接着就是亚洲和欧洲股市开盘暴跌。

其二，进出口贸易传导。实体经济传染主要是通过直接贸易纽带而发生的。如果美国发生经济衰退，由此而来的私人消费、公司资本支出和生产就会减少，从而导致美国消费品、资本品、中间产品和原材料进口的减少。美国的进口即别国的出口，因此其他国家出口的收缩，便导致它们的经济增长率降低。例如美国衰退所导致的私人消费的萎缩会直接影响到中国对美国的消费品出口，中国的大批出口企业就要压缩生产，职工就会下岗。

其三，美元进一步贬值的全球通缩效应。美国经济放缓以及随之而来的美元利率下调已经导致美元对其他主要货币的大幅贬值。尽管弱势美元能够提升美国出口竞争力，但这对向美国出口的国家来说却是坏消息，它们的货币对美元升值，其产品在美国市场上会因涨价而削弱其出口竞争力，直接影响出口国经济的发展。

总而言之，上述所有渠道都意味着美国衰退将对全球经济增长和金融市场产生巨大的影响。遇上好年景，贸易全球化和金融纽带会大力促进经济增长；但在坏年头里它们也会把美国等大国的负面冲击传导到全世界。国际金融体系和全球贸易犹

为什么美国的经济影响全球

为什么美国一打喷嚏，全球经济就要感冒呢？这是因为：

1. 美国一直是世界经济发展的"领头羊"，因此美国经济出现衰退，必然会影响世界经济的发展。

2. 美国推行贸易自由化政策，引导世界走上了全球经济一体化的道路，其他国家同美国经济紧密挂钩，相互依存。

我要是贬值了，你们也都不好过！

3. 美元作为世界货币，各国都把它作为外汇储备，美国经济出现危机，美元贬值，各国的财富大量缩水，就会造成经济损失。

如一张网，当危机来临，任何一个国家都无法独善其身，如果低估了危机的危险性与传播速度，那么它很可能会使得一国的金融危机演变成全球性的经济危机。

风暴过后重创的美国经济

"一只南美洲亚马孙河流域热带雨林中的蝴蝶，偶尔扇动几下翅膀，可以在两周以后引起美国得克萨斯州的一场龙卷风。"这是美国气象学家爱德华·罗伦兹1963年在一篇提交纽约科学院的论文中所提到的著名的"蝴蝶效应"。

随后的30年后，一场声势浩大的全球性灾难又一次印证了这一理论。2008年9月15日，由于陷于严重的财务危机，美国第四大投资银行雷曼兄弟宣告破产，成为华尔街金融风暴全面爆发的导火索。此次金融危机波及的不仅仅是美国，在经济全球化趋势的演变下，华尔街金融风暴对欧洲乃至世界的经济都产生了巨大的破坏力。

追究其原因，这次华尔街金融危机的爆发和美国近几十年来过于宽松的金融监管制度密切相关。长期以来，美国金融体系发展的一个重要特征就是虚拟经济的发展速度和规模远大于实体经济。

从20世纪80年代起，美国开始鼓励华尔街的金融精英人士进行金融创新，房地产市场的贷款证券化就是金融创新的主流之一，金融衍生品和资产证券化产品被大量使用，越来越多的与住房贷款相关的证券化等金融衍生品被不断开发，种类和规模都达到了空前的饱胀状态。20世纪90年代中后期至今股票市值与GDP的比例达130%，债券市值占GDP的比例达150%，股票市场和债券市场与实体经济呈现明显的脱离状态。而金融衍生品就更加严重，2000年金融衍生品的交易量已是美国GDP的8倍。从2003年到2007年，华尔街信用类金融衍生品的金额从不到3万亿美元猛增到60万亿美元，其中大部分由美国五大银行控制，摩根大通占有30万亿美元，美国银行和花旗银行各有10万多亿美元。在这一系列的创新过程中，潜在的风险被无限放大，因为美国每天的流动资金绝大部分都在金融市场上进行着投资、投机等行为，极少用在实体经济上。而虚拟经济的发展过程中极容易产生系统性风险，问题一旦爆发就会导致意想不到的灾难，金融危机便由此引发。

2008年华尔街金融风暴爆发后，美国的经济遭受前所未有的打击，甚至引发经济的衰退。在今天，美国终于现出了其虚拟经济的原形。在科技的不断更新和世界经济全球化的推动下，美国为了维持现有的国际地位，不得不使其付出更大的代价。除了2008年华尔街金融风暴的影响外，美国一直遭受世界反美力量的困扰，十几年前的"9·11"恐怖袭击依然清晰在目。近年来，美国为了维护自己的利益，以作为对恐怖分子残暴行径的反击，美国发动了耗时超过"一战"与"二战"的阿富汗、伊拉克两场战争。与此同时，昔日的霸主美国重新认识世界并开始寻求各国政府的响应和声援，掀起了一场全球性的"反恐"行动。

美国政府将大量精力投入到反恐和中东战争布局，使得美国本应在网络经济泡沫破灭之后及时启动的经济与产业变革被拖延了 10 年，其后实施的挽救经济措施毫无起色；另外，"9·11"使美国耗费了大量的经济资源，仅阿富汗和伊拉克战争，美国就支出了高达 3 万亿美元的军费，导致美国政府赤字持续飙升，债务危机空前严重。

由于财政状况的恶化以及经济实力因反恐而大大透支，美国的国家信用遭遇到了空前的质疑，其综合国力和竞争实力日渐衰微，崛起的俄罗斯又加入了与美国竞争的行列，由此削弱着美国在全球经济舞台上的影响力与话语权。

历数美国经济危机，目前无论从持续的时间上，还是从衰退程度上都超过美国第二次世界大战以来所发生两次最大的经济衰退。

1973 ～ 1974 年和 1981 ～ 1982 年两次经济危机持续的时间都在 16 个月，目前的经济衰退将至少持续 19 个月以上；1973 ～ 1974 年经济衰退 4% 以上，1981 ～ 1982 年经济衰退 6% 以上，而目前的经济衰退预计在 8% 以上。更有悲观的观点认为，美国本次经济衰退的时间可能是 36 个月，而不是 19 个月，是前两次经济衰退时间的 3 ～ 4 倍。2009 年，美国实际 GDP 将下降到 −2.2%，预计年实际 GDP 也仅达到 1.5%。

影响美国经济中的重要因素接连出现负面迹象，先是失业率重回 9.2% 的高位，再是制造业、消费增长等多种重要经济指标大幅下挫，使得人们日益担忧经济二次衰退即将来临。

由于投资者对美国乃至世界经济前景等多方面的担忧，导致纽约股市经历了自 2008 年金融危机以来的最大跌幅。连续下挫的 8 个交易日，使得标准·普尔 500 家股指重挫 10.8%，道琼斯指数一周内暴跌 5.8%，其中美国国会通过债务上限法案后，股市不但没有出现明显上涨，反而使道指在 8 月 4 日一天暴跌 513 点，跌幅高达 4.31%，让全世界资本市场震惊。与此同时，在标准·普尔和美国财政部门争执的情况下，标普于当地时间 8 月 5 日周五晚间，决定把美国的债务评级从 AAA 下调为 AA+，使美国失去了保有 70 年之久的 AAA 评级，此举也意味着美国今后借债成本将上升，而且世界各国的美债持有者的资产安全受到威胁。

股市及标准·普尔的举动，不但反映了投资者对美国经济前景的担忧，更表明人们对美国主要政党把党派争斗置于国家经济利益之上的恐慌。

从美国债务形势未来发展趋势看，英国颇具权威性的《金融时报》社评称，美债闹剧并未因上限议案的通过而落幕。实际上，美国两党围绕预算的政治争斗不但仍将继续下去，且将面临更加恶劣的政治环境和经济氛围。

《金融时报》社评同时呼吁美国："美国总统和国会中的两党领袖都应该冷静下来想一想。全世界刚刚见证了一场严重的治理失误。如果美国不能修补其政治中的漏洞，美国自身乃至整个世界，都将面临一条死路。"

同年 8 月 7 日，西方七国集团及二十国集团经济决策者们在周末分别举行紧急电话会议，共商避免金融危机突然降临的应对策略。如果效果难以预料，世界金融乃至经济将又一次开启危险旅程。

自由贸易与贸易保护主义的较量

对于"自由贸易"和"贸易保护主义"，是人类社会自有了国家和贸易之后一个持久的争议焦点。

所谓的自由贸易是指在没有进口关税、出口补贴、国内生产补贴、贸易配额或进口许可证等因素限制下进行的贸易或商业活动。自由贸易理论产生的基本依据是比较优势理论：各地区应致力于生产成本低、效率高的商品，来交换那些无法低成本生产的商品。

而与之相对的贸易保护主义是指通过关税和各种非关税壁垒限制进口，以保护国内产业免受外国商品竞争的国际贸易理论或政策。关税、进口配额、外汇管制、烦琐的进出口手续、歧视性的政府采购政策等都是国际贸易保护的重要手段。

如今，金融危机席卷全球，很多国家为了自保，纷纷拥护贸易保护主义，令贸易保护主义大行其道，令世界经济再生变数。英国前任首相布莱尔曾分析，贸易保护之所以抬头，是因为西方世界的经济衰退进一步恶化。

卡特彼勒集团总裁卡特彼勒一直是全球开放自由贸易的积极倡导者。他认为自由贸易的好处是显而易见的。自由贸易不仅能够拓宽客户群体，而且自由贸易能够创造就业机会。美国五分之一的就业就来源于贸易；自由贸易同时也有益于消费者。日益增长的全球贸易让全球的消费者能够以最具竞争力的价格买到最优质的产品。自由贸易和开放市场无论对一个国家的经济增长还是个人的切身利益都有深远影响。这也是为什么我们需要积极推动市场开放的原因。越开放，得到的利益就会越多。

他的言论表明自由贸易在推动经济发展，不论对国家还是个人都有着举足轻重的作用。

那么，应如何看待和应对贸易保护主义倾向？

西方七国集团表示，将在继续致力于稳定经济和金融形势的同时，强调反对贸易保护主义。世界银行行长也表示，在目前这一关头，"经济爱国主义"的做法从经济的角度或爱国主义的角度来看都没有意义，因为这种做法可能符合政治需要，但从经济角度来看则是不正确的。目前各方面临的问题是跨国界的，因此不应当局限于从一国国内来解决问题。

20 国会议也重申反对贸易保护主义，各国领导人表态，要进一步推进多边贸易的谈判。自由贸易要长期推进，否则贸易保护就回潮。

多哈回合贸易谈判，原定于 2005 年前全面结束，但至今仍然无果。世界贸易组织各成员国特别是发达国家固守保护主义理念，是谈判失败的最重要原因之一。多次谈判失败，不但农产品、工业品以及服务领域的贸易丧失了发展的新机遇，可促进贫穷国家经济增长和发展的更加强有力的贸易规则也无法完成。最严重的是，谈判的破裂导致对发达国家农业补贴进行根本改革的多边计划无法达成，在造成经济损失的同时，也造成了巨大的政治损失。

历经十多年的多哈谈判依然无果，正是自由贸易和贸易保护主义的力量对决。因此，反对贸易保护主义各国要达成共识，在舆论上应该制造高压。

而从历史经验和经济学常识表明，面对金融危机，贸易保护主义也绝不是出路，很可能会加剧世界经济的困境。

从历史经验看，贸易保护主义其实什么也保护不了。在 20 世纪 30 年代经济大萧条中，美国等国家采取保护主义措施引发贸易战，对国际贸易和世界经济造成严重不利影响。对此造成的后果，英国财政大臣说："当下与保护主义作斗争比过去任何时候都显得更有必要"；德国财政部长则表示，"要尽全力确保大萧条时期的历史不会重演"。

英国《每日电讯报》在一篇文章中提到，以 20 世纪 30 年代发生在美国的经济大萧条为例，指出保护主义解决不了危机，信奉保护主义的人最终只能是搬起石头砸自己的脚。美国商会的布拉多克认为，全球消费者约有 95% 生活在美国以外的地区，一旦其他国家针对这一条款采取报复措施，也只购买本地产品，那么，首先受到冲击的就将是美国企业。

从经济学常识看，贸易保护主义是一种相对落后的思维。而发展自由贸易，通过竞争发挥各自的比较优势，有益于所有贸易参与方。当然，发展自由贸易需要关一些易受影响的人群，需要帮助一些行业发展其比较优势，需要建立更加公正、合理的国际贸易秩序。但保护主义却不是从这些角度出发，其本质是拒绝竞争，试图关起门来保护少数人的利益。因此，在全球化日益发展的今天，保护主义注定难以取得成功。

加拿大国际贸易部长指出，美国采取贸易保护主义举措将引发贸易战，不利于世界经济复苏，没有任何国家会从中受益。而日本财务大臣则表示，贸易保护主义会对全世界造成负面影响，日本会坚决反对这一做法。在西方七国集团财长和央行行长会议召开前，英国和德国官员接受媒体采访时均表示，在应对金融危机时，应反对贸易保护主义倾向。

贸易保护主义还将对一些不太发达的国家造成灾难性影响，使金融危机演变成一场人道主义危机。过去几年，全球贸易持续增长，使得不少贫穷国家经济逐步发展、民众生活逐步改善。但随着金融危机持续发展，不少贫穷国家再次陷入困境。世界银行日前指出，2008年和2009年，全球因金融危机新增贫困人口数量有可能超过2亿，今后几年金融危机还将导致贫穷国家婴儿死亡率上升。毫无疑问，贸易保护主义抬头不但引发贸易纠纷，对国际贸易体系造成冲击，而且将加剧世界贫困问题，酿成更多悲剧。

当今国际金融危机是一场全球性的挑战，而加强合作是战胜危机的有效途径。在全球化的进程中，国与国之间的联系更加紧密，各国潜在的对贸易保护主义的反

贸易保护主义

贸易保护主义，是指在对外贸易中实行限制进口以保护本国商品在国内市场免受外国商品竞争，并向本国商品提供各种优惠以增强其国际竞争力的主张和政策。

保护的目的：主要是为了保护国内市场以促进国内生产力的发展。

保护的重点：对国家独立自主和经济发展有重要意义的工业。

制措施或者报复性措施，都是制约贸易保护的一种表现。只有加强合作，共同努力，才能有效应对危机。历史经验表明，越是危机关头越要坚持开放与合作。贸易保护主义不仅会加大危机的严重程度，还会使危机持续更长时间。因此，各国要积极推进贸易投资自由化便利化，深化国际经贸合作，推进多边贸易体制健康发展，从而早日渡过经济难关。

全球即将步入资源为王的新时代

有没有一种财富储备方式可以不受金融危机的掠夺，不仅可以在危机中保值，在未来还能有数倍的增值呢？有，那就是资源，尤其珍贵、稀缺资源的储备。因为全球正在步入资源为王的时代。

纸币是靠不住的，在未来资源将是真正意义上的财富。谁拥有足够多的资源，谁就能富甲世界。因此，中国必须全力以赴守卫资源。

如果说货币霸权的掠夺性是导致金融危机越来越频繁地爆发的根本原因，那么金融衍生品规模的过度扩张及以此为依托的虚拟经济规模的膨胀则是金融危机危害性越来越大的根本原因。

日本在自然资源缺乏的情况下，通过以知识和技术为核心构筑起资源体系，同时通过在世界范围内采购、囤积稀缺资源或收购、入股此类公司来弥补自然资源的短缺，奠定了其大国基础。

纸币信誉的逐渐崩溃，是资源代表的财富成倍上涨的一个重要催化剂。哪怕目前看起来尚且非常强势的货币，其强势状态只能是短暂的，而贬值趋势则是长期的和必然的。事实上，纸币的历史早已证明了这一点。纸币的发行者在最初的时候，就把基于纸币的这种掠夺性演绎得淋漓尽致。

纸币以及其衍生出来的电子货币，潜在的贬值源于货币掌控者的贪婪和不受抑制的欲望的膨胀，以及财政赤字下政府对通货膨胀税的偏好，这种状况给人们带来越来越大的不安全感。

实际上，在纸币贬值已是大势所趋的情况下，全球未来将逐渐步入资源为王的时代。什么是资源为王？就是以有色金属（包括黄金）、煤炭、森林等珍贵自然资源和以高科技人才与知识产品为核心，构筑起来的安全的财富体系，这些资源既是重要的原料，又是最强势的、值得信任的货币。谁拥有的资源（尤其珍贵、稀有资源）越多，谁就拥有更多的财富和更强的购买力。

无论何时，资源都是最靠得住的、最货真价实的货币。

全世界的稀缺资源由于消耗量增大正在快速减少，资源面临着枯竭的威胁，自然，其价值也会越来越大。英国石油公司在2007年6月13日公布的《世界能源统计评估》中称，如果按照现在的消费水平计算，世界上目前探明的石油储量还可供人类使用

资源储备

有没有一种财富储备方式可以不受金融危机的掠夺？有，那就是资源储备！资源储备包括两个部分：

一是包括煤炭、石油和铟、稀土等在内的日渐稀缺的矿产资源。

二是建立在高科技基础上的知识产品的研发、技术人才的培养和储备。

其中，第二种资源是一种重要的资源，但是却很容易被忽略。

40年。但是，一些科学家却表示，统计数字中包含了许多政治因素，仅2011年对于石油的需求就将超过产出，石油枯竭将提早来临。

另外，用以计算这些稀缺资源价值的货币（如美元）是在持续贬值的，反映到资源的价格上，自然是上涨的。国际大宗商品的价格大都是以美元计算的，以美元报价的商品价格与美元汇率之间有着较强的负相关性：美元贬值时，商品价格上涨；而当美元升值时，商品价格下跌。比如，2000～2004年底，美元贬值30%，黄金价格上涨57%，原油价格上涨112%，铜价格上涨116%。

以珍贵资源（比如黄金）为核心建立起来的货币体系，由于规模不可以随意无限制扩大而受到制约，不易引发通货膨胀；而以国家信用为基础构建起来的货币制度则会因滥发纸币而引发通货膨胀。

将来哪个国家拥有的资源最多，哪个国家的以资源为依托的纸币就能得到更大的信誉保障。一个国家拥有的资源越多，这个国家就越主动。美国、日本等西方国家，对在本国开采资源有着非常严格的规定，外国人根本别想染指。美国早在1920年颁布的《矿产租赁法》中就规定，除非通过持有某公司的股权，否则禁止外国人享有租赁物所有权。此后的一系列法律，进一步强化了其对资源的控制和保护。

资源不是货币，但是，在未来，人们将越来越清晰地认识到，不是货币的资源远远大于目前以纸币为核心的货币体系所代表的购买力，资源不仅具有货币所具有的功能，还具有货币没有的功能。比如，资源作为工业原料的功能，就是纸币所缺乏的。拥有越来越稀缺的资源，就意味着拥有持续升值的财富，意味着，随时可以兑换成任何一种货币的财富！

全球经济何时全面回暖

美国亿万富翁沃伦·巴菲特曾在美国主流财经媒体CNBC电视台一档节目中说，美国经济已"坠下悬崖"，但他对长期经济前景仍保持乐观。

巴菲特强调，恢复经济，需要先恢复民众信心。他说，金融危机使消费者和投资者被恐惧和混乱所笼罩，为了恢复民众信心，美国民主、共和两党应该放下党争，认识到美国正处于一场"经济战争"中。

他说，现行经济刺激政策的一个可能恶果是未来的通货膨胀，而且可能将超过20世纪70年代晚期的通胀水平，但这是美国人为经济复苏而不得不付出的代价。

但巴菲特仍秉承一贯的长期看好信念，认为今后5年美国经济将转好，因为美国拥有有史以来最伟大的经济机制。

国际货币基金组织表示，证券化市场的回暖是全球经济复苏的关键组成部分，但实施改革必须在维护市场可持续性和成本控制之间达成平衡。国际货币基金组织在一份研究中指出，重新启动私人领域证券化市场是十分必要的，尤其是在美国，该举措能够抑制危机产生的长期危害。

国际货币基金组织同时敦促各国政府将证券化市场建立在一个更加稳定且更具有可持续性的基础上，以避免危机前那种高风险产品的重现。

经济总有波动，基本上可以认定是规律性波动，像声波一样有低谷，有高峰，经济学上将低谷定义为经济衰退或紧缩，高峰定义为经济过热或通胀，处在低谷向高峰的阶段是经济增长或逐渐衰退的时间段。经济复苏简单可以认定是从低谷向高峰的运动。

曾经一度暴涨的原材料价格也开始下跌。由于投资机构的去杠杆化，致使原材料价格下降，这也加速了经济停滞造成的需求下降。而原材料价格的急速下跌使人们陷入极度的恐慌之中。某种原材料的价格跌至生产成本价格，甚至跌至比生产成

🖐 原材料价格大幅下跌的原因及影响

唉，都往外卖，价再低也没人买啊。

经济衰退时期，那些通过杠杆作用购买了期货、现货的投资机构开始亏本出售货物，市场上原材料过多造成了供大于求的局面。

怎么这次拉这么少的木材啊？

家具卖不出去，还是少买点材料少点吧。

经济衰退导致了需求的减少。

效益不好，这个车间暂停生产。

这个车间不开了吗？

原材料价格过低，相关原材料生产商就会缩小生产规模，从而引发供给崩溃的现象。而在未来，这种现象很可能会由于原材料的短缺而持续下去，并且供给崩溃现象会导致原材料价格跌至低谷。

本更低的水平。

例如,石油价格曾上涨到每桶 145 美元,让人们切实经历了石油峰值的恐怖。但是,仅过了 3 个月,石油价格暴跌到每桶 35 美元,又让人们体会了谷底的恐慌。伊朗、俄罗斯、委内瑞拉等原油出口国的收入急剧缩减,俄罗斯更是雪上加霜地爆发了外汇问题。

由于原材料价格下跌,生产原材料的企业陷入了资金紧张的困境。石油、煤炭和天然气的探索作业几乎被迫中断,负债的企业(进口商)到达了破产边缘。因此,许多原材料企业缩小规模,进入供给崩溃阶段。

一些经验丰富的分析专家认为供给崩溃迟早会使原材料价格反弹,尤其是各国史无前例的经济复兴政策会致使原材料价格急剧走高。不远的将来,原材料价格虽有可能持续走高,但考虑到当今通货紧缩的规模,不可排除原材料价格还要在价格低谷徘徊好几年的时间。

金融危机爆发以来,美国政府为了保持美元国际通货的地位而采取了多种救市举措。这些举措也确实在一定程度上起到稳定市场、提振信心的作用,但是,如前所述,这场危机所深刻揭示出的全球经济、金融失衡不会因为这些举措而得到根本性扭转。以"购买美国产品"等为口号的贸易保护主义却重新抬头,其实无异于缘木求鱼,其结果不仅无助于根治美国国内储蓄/消费失衡的痼疾,反而还可能会因为祸水外引导致各国经济共同恶化。

尽管经济的复苏存在多重制约,但长期作为世界经济火车头的美国经济并不会就此一蹶不振。目前来看,支撑其能够在比较合理的时期内取得复苏的理由同样可分为短期、长期两类,其中前者包括:其一,爆发金融危机以来,美国迅速采取了连续降息、财政救助等多种手段,其力度之大、范围之广、行动之快,在西方集团内部可谓卓然;其二,包括金融危机等因素所导致的石油等大宗商品价格的深度回调,大大降低了美国经济运行的成本;其三,美元适度贬值客观上有利于美国削减政府债务且大幅收窄贸易逆差;其四,在金融系统基本稳定的前提下,美国居民储蓄率有望企稳并取得小幅增长。

可以预测,这次的经济衰退结束时,原材料价格自然会上升。尽管有的国家错误的政策会阻碍经济复苏,但总有一天,经济结构会经由市场调节转换为适应现今经济发展的结构。

经济复苏,高油价会否再次来临的隐忧再现。在可能出现的"石油开发瓶颈时代",发展新能源,建立多元供应格局,仍将是一个长期课题。